Personelle Beteiligung in der Rechtsprechungstätigkeit der Schlichtungsstellen der katholischen Kirche

# Europäische Hochschulschriften

Publications Universitaires Européennes
European University Studies

**Reihe II**
**Rechtswissenschaft**

Série II Series II
Droit
Law

**Bd./Vol. 4483**

PETER LANG
Frankfurt am Main · Berlin · Bern · Bruxelles · New York · Oxford · Wien

Nicolai Girlich

# Personelle Beteiligung in der Rechtsprechungstätigkeit der Schlichtungsstellen der katholischen Kirche

PETER LANG
Europäischer Verlag der Wissenschaften

**Bibliografische Information der Deutschen Nationalbibliothek**
Die Deutsche Nationalbibliothek verzeichnet diese Publikation in der Deutschen Nationalbibliografie; detaillierte bibliografische Daten sind im Internet über <http://www.d-nb.de> abrufbar.

Zugl.: Regensburg, Univ., Diss., 2006

D 355
ISSN 0531-7312
ISBN 3-631-55606-3


www.peterlang.de

## Vorwort

Die vorliegende Arbeit wurde im Wintersemester 2005/2006 von der Juristischen Fakultät der Universität Regensburg als Dissertation angenommen.

Herrn Prof. Dr. Reinhard Richardi danke ich herzlich für die Überlassung des Themas und seine wertvolle Unterstützung und Förderung bei Erstellung der Arbeit.
Herrn Prof. Dr. Steiner gilt mein besonderer Dank für die Übernahme der Zweitkorrektur und die rasche Erstellung des Zweitgutachtens.

Für ihre vielfältige Unterstützung, die weit über das Maß kollegialer Verbindung hinausreicht, danke ich Herrn Dr. habil. Georg Annuß und Herrn Wissenschaftlicher Assistent Ulf Kortstock ebenso wie der unentbehrlichen Frau Carin Zeiser. Ohne das vorbehaltlose Vertrauen und den Rückhalt meiner Eltern und meiner Frau wäre diese Arbeit nicht vollendet worden.
Christl, Luca und Hannah, das ist für Euch.

Regensburg, im August 2006 Nicolai Girlich

**INHALTSVERZEICHNIS**

**ABKÜRZUNGSVERZEICHNIS**

| | |
|---|---|
| aA | andere(r) Ansicht |
| ABD | Arbeitsvertragsrecht der bayerischen (Erz-) Diözesen |
| ABl. EKD | Amtsblatt der Evangelischen Kirche in Deutschland |
| AcP | Archiv für die civilistische Praxis (Zeitschrift) |
| aE | am Ende |
| aF | alte Fassung |
| AG | Arbeitsgemeinschaft der Bistümer in der Bundesrepublik Deutschland für die Arbeitsrechtliche Kommission des deutschen Caritasverbandes |
| AGdD | Arbeitsgemeinschaft diakonischer Dienstgeber |
| AK | Arbeitsrechtliche Kommission des Deutschen Caritasverbandes |
| AK-GG | Alternativkommentar zum Grundgesetz |
| AKO | Verfahrensordnung für die arbeitsrechtliche Kommission des Deutschen Caritasverbandes |
| amtl. | amtlich(er) |
| Antidiskriminierungsrichtlinie | Richtlinie 2000/78/EG des Rates vom 27. November 2000 zur Festlegung eines allgemeinen Rahmens für die Verwirklichung der Gleichbehandlung in Beschäftigung und Beruf (Antidiskriminierungsrichtlinie) |
| AöR | Archiv des Öffentlichen Rechts (Zeitschrift) |
| AP | Nachschlagewerk des Bundesarbeitsgerichts – Arbeitsrechtliche Praxis |
| APS/*Bearbeiter* | Ascheid/Preis/Schmidt, Großkommentar zum Kündigungsrecht |

| | |
|---|---|
| ArbGG | Arbeitsgerichtsgesetz iF der Bekanntmachung vom 2. Juli 1979 |
| ArbuR | Arbeit und Recht – Zeitschrift für die Arbeitsrechtspraxis |
| ARRG | Kirchengesetze über das Verfahren zur Regelung der Arbeitsverhältnisse der Mitarbeiter im Dienst der Evangelisch-Lutherischen Kirche in Bayern und ihres Diakonischen Werkes (Arbeitsrechtsregelungsgesetze) |
| AuA | Arbeit und Arbeitsrecht – Monatsschrift für die betriebliche Praxis |
| AuR | Arbeit und Recht – Zeitschrift für Arbeitsrechtspraxis |
| AVR | Arbeitsvertragsrichtlinien des Deutschen Caritasverbandes |
| Az. | Aktenzeichen |
| BAG | Bundesarbeitsgericht |
| BAGE | Entscheidungen des Bundesarbeitsgerichts herausgegeben von den Mitgliedern des Gerichtshofes |
| Bay.Regional-KODA | Bayerische Kommission zur Ordnung des diözesanen Arbeitsvertragsrechts |
| BayVBl. | Bayerische Verwaltungsblätter – Zeitschrift für öffentliches Recht und öffentliche Verwaltung |
| BayVGH | Bayerischer Verwaltungsgerichtshof |
| BB | Betriebs-Berater, Zeitschrift für Recht und Wirtschaft |
| Bd. | Band |
| BDA | Bundesvereinigung der Deutschen Arbeitgeberverbände |
| Bde. | Bände |
| begr. | begründet |

| | |
|---|---|
| Betriebsräte-RL 94/45 | Richtlinie 94/45/EG des Rates vom 22. September 1994 über die Einsetzung eines Europäischen Betriebsrats oder die Schaffung eines Verfahrens zur Unterrichtung und Anhörung der Arbeitnehmer in gemeinschaftsweit operierenden Unternehmen und Unternehmensgruppen, Amtsblatt Nr. L 254 vom 30.9.1994 S. 0064 – 0072 |
| BetrVerf-RefG | Betriebsverfassungs-Reformgesetz vom 23. Juli 2001, BGBl. I S. 1852 |
| BetrVG | Betriebsverfassungsgesetz iF der Bekanntmachung vom 25. September 2001 |
| BGB | Bürgerliches Gesetzbuch |
| BGBl. | Bundesgesetzblatt |
| BGH | Bundesgerichtshof |
| BGHZ | Entscheidungen des Bundesgerichtshofes in Zivilsachen herausgegeben von den Mitgliedern des Bundesgerichtshofes und der Bundesanwaltschaft |
| Bistums-KODA-Ordnung Freiburg | Verordnung über die „Kommission zur Ordnung des Dienst- und Arbeitsvertragsrechts“ im Erzbistum Freiburg vom 22.12.1998, Stand Oktober 2000 |
| Bistums-KODA-Ordnung Fulda | Ordnung für die Kommission zur Ordnung des Diözesanen Arbeitsvertragsrechts vom 3.5.1999, Stand Oktober 2000 |
| BPersVG | Bundespersonalvertretungsgesetz vom 15. März 1974 |
| BT–Drucks. | Bundestagsdrucksache |
| BVerfG | Bundesverfassungsgericht |
| BVerfGE | Entscheidungen des Bundesverfassungsgerichts,<br>herausgegeben von den Mitgliedern des Bundesverfassungsgerichts |

| | |
|---|---|
| BVerwG | Bundesverwaltungsgericht |
| BVerwGE | Entscheidungen des Bundesverwaltungsgerichts, herausgegeben von Mitgliedern des Gerichts |
| can. | Canon |
| cc. | Canones |
| CIC | Codex Iuris Canonici vom 25. Januar 1983 |
| Datenschutzrichtlinie | Richtlinie 95/46/EG des Europäischen Parlaments und des Rates zum Schutz natürlicher Personen bei der Verarbeitung personenbezogener Daten vom 24.10.1995, ABl. Nr. L 281, S. 31 ff. |
| DB | Der Betrieb – Wochenschrift für Betriebswirtschaft, Steuerrecht, Wirtschaftsrecht, Arbeitsrecht |
| DBB | Deutscher Beamtenbund |
| DBK | Deutsche Bischofskonferenz |
| DCV | Deutscher Caritasverband |
| ders. | derselbe |
| dh. | das heißt |
| dies. | dieselbe(n) |
| Diss. | Dissertation |
| DKK-*Bearbeiter* | Däubler/Kittner/Klebe, Kommentar zum BetrVG |
| DÖV | Die Öffentliche Verwaltung, Zeitschrift für Verwaltungsrecht und Verwaltungspolitik |
| DP | Deutsche Partei |
| DRZ | Deutsche Rechts-Zeitschrift |

| | |
|---|---|
| DVBl. | Deutsches Verwaltungsblatt (Zeitschrift) |
| EGMR | Europäischer Gerichtshof für Menschenrechte |
| EKMR | Europäische Kommission für Menschenrechte |
| EMRK | Konvention zum Schutze der Menschenrechte und Grundfreiheiten |
| ErfK/*Bearbeiter* | Erfurter Kommentar |
| EssGespr. | Essener Gespräche zum Thema Staat und Kirche |
| ev. | evangelisch(e) |
| EzA | Entscheidungssammlung zum Arbeitsrecht |
| f. | folgende |
| ff. | fortfolgende |
| Fn. | Fußnote |
| FS | Festschrift |
| GBR | Gesamtbetriebsrat |
| gem. | gemäß |
| GG | Grundgesetz |
| GKÖD | Gesamtkommentar Öffentliches Dienstrecht |
| Gleichbehandlungsrichtlinie | Richtlinie 76/207/EGW des Rates zur Verwirklichung der Gleichbehandlung von Männern und Frauen hinsichtlich des Zugangs zur Beschäftigung, zur Berufsausbildung und zum beruflichen Aufstieg sowie in Bezug auf die Arbeitsbedingungen vom 9.2.1976, ABl. Nr. L 3, S. 40 ff. |
| GrOkathK | Grundordnung des kirchlichen Dienstes im Rahmen kirchlicher Arbeitsverhältnisse |

| | |
|---|---|
| GSZ | Großer Senat für Zivilsachen |
| GVOBl | Gesetz- und Verordnungsblatt |
| HdbKathKR | Handbuch des katholischen Kirchenrechts |
| HdbStKirchR | Handbuch des Staatskirchenrechts der Bundesrepublik Deutschland |
| HLKO | Haager Landkriegsordnung vom 18.10.1907 |
| hM | herrschende Meinung |
| Hrsg. | Herausgeber |
| hrsg. | herausgegeben |
| H/S/G-*Bearbeiter* | Hess/Schlochauer/Glaubitz, Kommentar zum BetrVG |
| HStR | Handbuch des Staatsrechts |
| iE | im Ergebnis |
| iF | in der Fassung |
| iS | im Sinne |
| iü. | im Übrigen |
| iVm. | in Verbindung mit |
| JöR | Jahrbuch des Öffentlichen Rechts der Gegenwart |
| JW | Juristische Wochenschrift |
| JZ | Juristenzeitung |
| KAGO | Kirchliche Arbeitsgerichtsordnung, erlassen durch die Vollversammlung der Deutschen Bischofskonferenz am 21.09.2004 |

| | |
|---|---|
| KAGOAnpG | Gesetz zur Anpassung arbeitsrechtlicher Vorschriften an die kirchliche Arbeitsgerichtsordnung – KAOG Anpassungsgesetz, |
| KGH.EKD | Kirchengerichtshof der EKD |
| KODA | Kommission zur Ordnung des diözesanen Arbeitsvertragsrechts |
| KODA Limburg | Ordnung zur Mitwirkung bei der Gestaltung des Arbeitsvertragsrechtes durch eine Kommission für den Bereich des Bistums Limburg vom 25.12.1993, Stand Dezember 1994 |
| KODA-O Region Nordrhein-Westfalen | Ordnung zur Mitwirkung bei der Gestaltung des Arbeitsvertragsrechts durch Kommissionen in den (Erz-)Diözesen Aachen, Essen, Köln, Münster (nordrhein-westfälischer Teil) und Paderborn vom 27.10.1997, Stand Juli 2002 |
| krit. | kritischer |
| KSchG | Kündigungsschutzgesetz |
| KuR | Kirche und Recht, Zeitschrift für die kirchliche und staatliche Praxis |
| LAG | Landesarbeitsgericht |
| LAGE | Entscheidungen der Landesarbeitsgerichte |
| Ls. | Leitsatz |
| MAVO | Rahmenordnung für eine Mitarbeitervertretungsordnung, beschlossen von der Vollversammlung des Verbandes der Diözesen Deutschlands vom 20. November 1995 |
| MünchArbR/*Bearbeiter* | Münchener Handbuch zum Arbeitsrecht |
| MVG.EKD | Kirchengesetz über Mitarbeitervertretungen in der Evangelischen Kirche in Deutschland (Mitarbeitervertretungsgesetz – MVG) vom 6. November 1992 (geändert durch Kirchengesetz vom 6. November 1996 und 5. November 1998) |

| | |
|---|---|
| mwN | mit weiteren Nachweisen |
| nF | neue Folge |
| NJW | Neue Juristische Wochenschrift (Zeitschrift) |
| NSDAP | Nationalsozialistische Deutsche Arbeiterpartei |
| nv. | nicht veröffentlicht |
| NVwZ | Neue Zeitschrift für Verwaltungsrecht |
| NZA | Neue Zeitschrift für Arbeitsrecht – Zweiwochenschrift für die betriebliche Praxis |
| OVG | Oberverwaltungsgericht |
| PersR | Der Personalrat – Zeitschrift für das Personalrecht im öffentlichen Dienst |
| PersV | Die Personalvertretung – Fachzeitschrift des gesamten Personalwesens für Personalvertretungen und Dienststellen |
| PWK | Personalwesenkommission des Verbandes der Diözesen Deutschlands |
| RdA | Recht der Arbeit – Zeitschrift für die Wissenschaft und Praxis des gesamten Arbeitsrechts |
| Rdnr.(n). | Randnummer(n) |
| Rechtspr. | Rechtsprechung |
| RefE | Referentenentwurf |
| RefE-MAVO | RefE zur Änderung der Rahmenordnung für eine Mitarbeitervertretungsordnung von Prof. Dr. Thüsing, 2002 |
| Regional-KODA-Ordnung Nord Ost | Kommission zur Ordnung des diözesanen Arbeitsvertragsrechts in den (Erz-)Bistümern Berlin, Dresden-Meißen, Erfurt, Görlitz, Hamburg und Magdeburg vom 2.2.1999, Stand Juli 2002 |

| | |
|---|---|
| RGRK | Das Bürgerliche Gesetzbuch – Kommentar mit besonderer Berücksichtigung der Rechtsprechung des Reichsgerichts und des Bundesgerichtshofes |
| rkr. | rechtskräftig |
| RR | Rechtsprechungs-Report |
| RsprB ABl. EKD | Rechtsprechungsbeilage, jeweils als Beilage zu Heft 4 des Amtsblatt der Evangelischen Kirche in Deutschland |
| S. | Seite / siehe |
| SchliVerfO | Schlichtungsverfahrensordnung |
| SprAuG | Gesetz über Sprecherausschüsse der leitenden Angestellten (Sprecherausschußgesetz - SprAuG) vom 20. Dezember 1988 |
| st. | ständig(er) |
| TVG | Tarifvertragsgesetz |
| ua. | unter anderem |
| umfangr. | umfangreich(en) |
| v. | vom |
| VDD | Verband der Diözesen Deutschlands |
| VddD | Verband der diakonischen Dienstgeber |
| VerwG.EKD | Verwaltungsgericht für mitarbeitervertretungsrechtliche Streitigkeiten der Evangelischen Kirche in Deutschland |
| Vorbem. | Vorbemerkung |
| VVDStRL | Veröffentlichungen der Vereinigung der Deutschen Staatsrechtslehrer |
| wN | weitere Nachweise |

| | |
|---|---|
| WRV | Weimarer Reichsverfassung |
| z. | zum |
| ZBR | Zeitschrift für Beamtenrecht |
| Zentral-KODA | Zentrale Kommission zur Ordnung des Arbeitsvertragsrechts im kirchlichen Dienst |
| Zentral-KODA-Ordnung | Ordnung für die Zentrale Kommission zur Ordnung des Arbeitsvertragsrechts im kirchlichen Dienst i.d. Fassung des Beschlusses der Vollversammlung des Verbandes der Diözesen Deutschlands |
| ZevKR | Zeitschrift für evangelisches Kirchenrecht |
| ZfA | Zeitschrift für Arbeitsrecht |
| ZInsO | Zeitschrift für das gesamte Insolvenzrecht |
| ZIP | Zeitschrift für Wirtschaftsrecht |
| ZKD | Zentralverband katholischer Kirchenangestellter Deutschlands |
| ZMV | Die Mitarbeitervertretung – Zeitschrift für die Praxis der Mitarbeitervertretung in den Einrichtungen der katholischen und evangelischen Kirche |
| ZTR | Zeitschrift für Tarif-, Arbeits- und Sozialrecht des öffentlichen Dienstes |

## A. Staatskirchenrecht[1] im Grundgesetz

### I. Einleitung

Die Positionsbestimmung der Kirche im Aufbau eines autonomen säkularisierten Nationalstaates, die Frage nach dem Vorhandensein eines aus staatlicher Sicht unberührbaren (inneren) Bereiches ihrer Selbstbestimmung ist nicht nur verbunden mit der Frage nach dem Wesen dieser Gemeinschaft der Gläubigen[2] und ihrem Verhältnis zur Zwecksetzung moderner Staatlichkeit, sondern auch mit der Frage nach Eröffnung und Kontrolle sozialer Mächtigkeit. Dabei gilt es aus Sicht des heutigen, weltanschaulich neutralen Staates auch die Entwicklungsgeschichte der beiden Gewalten zu berücksichtigen, um für die „Sonderstellung" der Kirchen ein angemessenes Problemverständnis zu entwickeln.

Bereits der Beginn der deutschen Verfassungsgeschichte ist eng mit der christlichen Lehre verbunden und wurde wesentlich von ihr geprägt.[3] Das Christentum drückte dem Sacrum Imperium, der unter Karl dem Großen aufkeimenden Idee vom Kaiserreich seinen Stempel auf, die „Universalität des Christentums verschmolz mit der Universalität des Römischen Reiches."[4] Zu diesem sehr frühen Zeitpunkt symbolisierten Kaiser und Papst noch nicht Antipoden sich missgünstig gegenüberstehender Machtansprüche, das zerstörerische Potential des Spannungsverhältnisses zwischen weltlicher und geistlicher Herrschaft wurde durch die allumfassende Reichsidee mit ihrer Hoffnung auf Ordnung und Frieden in der Ausrichtung auf ein gemeinsames Ziel gebunden, so dass „die beiden Universalitätsansprüche noch eine selbstverständlich erscheinende Einheit [bildeten]."[5] Im

---

[1] Zum Begriffsstreit s. *Czermak*, „Religions(verfassungs)recht" oder „Staatskirchenrecht", NVwZ 1999, 743 f.; *Görisch*, „Staatskirchenrecht" am Ende?, NVwZ 2001, 885 ff. mwN; s. auch *Hollerbach*, HdbStR, Bd. VI, § 138 Rdnrn. 1 ff.; *Preuß*, in: AK-GG, Art. 140 Rdnr. 1; *Weber*, Neuralgische Punkte in den Grundsatzfragen des Staatskirchenrechts, FS Maurer, 469 (469).

[2] Die sich mit Blick auf die katholische Kirche „schon nach der Lehre von ihrer Begründung und nach ihrem Begriffe als Rechtsorganismus charakterisirt", *Kahl*, Staat und Kirche, S. 6.

[3] *Kimminich*, Deutsche Verfassungsgeschichte, S. 33.

[4] *Franzen*, Kleine Kirchengeschichte, S. 154; bald nach der Erlangung der staatlichen Duldung im Römischen Reich – durch die *„Konstantinische Wende"* im Jahr 313 – etablierte sich das Christentum endgültig durch das Religionsedikt des Kaisers *Theodosius des Großen* vom 28. Februar 380 als Staatsreligion. Gleichwohl hatte diese Entwicklung aber keine völlige Verschmelzung der jeweiligen Wesensmerkmale iS einer Identifikation mit der Legitimationsquelle und einer Ausrichtung an den Zielen der weltlichen Macht zur Folge; gegenüber der vom Kaiser in Anspruch genommenen Schutz- und Schirmherrschaft gewinnt – in der lateinischen Kirche – das Bewusstsein der Eigenständigkeit zunehmend an Bedeutung und findet seinen Ausdruck in der am Ende des 5. Jahrhunderts von Papst *Gelasius* begründeten Lehre von den zwei Gewalten, die im Mittelalter wieder aufgegriffen und zur „Zwei-Schwerter-Lehre" weiterentwickelt wird, *Listl/Hollerbach*, HdbKathKR, § 117 I. 2., S. 1256 (1257 f.).

[5] *Kimminich*, Deutsche Verfassungsgeschichte, S. 49; in der idealisierten Staatsidee des untergegangenen Römischen Imperiums war das „universale, eine Reich ... das Reich des Christentums; sein Herrscher war der natürliche Schirmherr nicht nur des Papstes und des Kirchenstaates, sondern der ganzen Christenheit", aaO; unabhängig von der weltlichen Herrschaftsmacht hatte sich ein Organisationsgefüge „constituirt und consolidirt", das im Zeitpunkt

Verlauf der Teilung des Frankenreiches in eine östliche und westliche Hälfte kann seit Ende des 9. Jahrhunderts erstmals von einem „Sonderleben „der deutschen kirche im deutschen Staat"" gesprochen werden, dessen Entfaltung zunächst noch von einer in der karolingischen Tradition wurzelnden weltlichen Herrschaft bestimmt wird.[6] In der weiteren Entwicklung des Verhältnisses zwischen weltlichem und kirchlichem Souveränitäts- und Führungsanspruch gelang es dagegen den Vertretern der geistlichen Macht, das Blatt zu ihren Gunsten zu wenden, so dass als „Fazit des Mittelalters" die Erlangung und Festigung ihrer Vormachtstellung festgehalten werden kann; in diesem Zeitraum lag es letztlich nicht mehr in der Hand des Staates selbst, die „Grenzlinie" seines autonomen Herrschaftsbereichs zu ziehen, über diese Kompetenz verfügte der sowohl mit priesterlicher als auch weltlicher Macht ausgestattete Stellvertreter Christi auf Erden.[7]

Ein weiterer wesentlicher Schritt der Entwicklung des Verhältnisses von Staat und Kirche liegt im Verlust der Einheit im Glauben[8], der gleichzeitig die Anerkennung der kollektiven Religionsfreiheit durch das Reich zur Folge hatte.[9] Insgesamt konnten die Kirchen aber ihre Vorrangstellung gegenüber der weltlichen Macht nicht länger behaupten und sahen sich zunehmend Beschränkungen durch vielgestaltige Kontroll- und Eingriffsrechte profaner Institutionen ausgesetzt; die Auswirkungen auf die innere und äußere Struktur der Kirchen gestalteten sich dabei je nach deren bereits entwickelten Widerstandskraft unterschiedlich.

Wenn auch in vollständig gewandelter Form, nehmen die Kirchen auch heute noch eine – durch Art. 140 GG iVm. Art. 136 ff. WRV verfassungsrechtlich begründete – Sonderstellung innerhalb der staatlichen Gemeinschaft ein. Der moderne Staat fußt zwar nicht mehr auf religiöser Basis, die neu gewonnene Freiheit bürgerlicher Rechtsstellung ist aber nicht auf den rein materiell – gegenständlichen Bereich beschränkt, sondern umfasst auch die „geistig-ethische" Dimension menschlicher Existenz. Der Staat besitzt demnach nicht länger „die auch die Gesellschaft umfangende, sie in ihren Lebensäußerungen inhaltlich prägende Ordnungsmacht, er wird und ist in seiner Funktion insoweit zurückgenommen und begrenzt

---

seiner Anerkennung durch die weltliche Ordnungsmacht bereits auf eine lange Tradition zurückblicken konnte und auf Grund seiner dogmatischen Konstruktion - dem Aufbau auf einer unantastbaren Quelle göttlichen Rechts - weiterhin Geltungskraft besaß, *Kahl,* Staat und Kirche, S. 12 f. Die Auseinandersetzungen um die Abgrenzung der Reichweite von staatlicher und kirchlicher Macht „vollzogen sich innerhalb der einen „res publica christiana"", *Listl/Hollerbach,* HdbKathKR, § 117 I. 2., S. 1256 (1257 f.).

[6] *Kahl,* Die deutsche Kirche im deutschen Staat, S. 4.

[7] *Kahl,* Staat und Kirche, S. 15 f.

[8] Durch den Augsburger Religionsfrieden v. 25. September 1555 wurde neben dem katholischen auch das evangelische Bekenntnis anerkannt; daneben trat später die Duldung des reformierten Bekenntnisses durch den Westfälischen Frieden v. 24. Oktober 1648.

[9] *Listl/Hollerbach,* HdbkathKR, § 117 I. 3., S. 1256 (1259).

auf die Freiheitsgewähr für den Einzelnen und die Gesellschaft."[10] In der durch Art. 4 Abs. 1 GG gewährten Glaubens- und Gewissensfreiheit – als der Bedingung für einen weltanschaulich-religiös neutralen Staat – liegt somit nicht nur eine unabdingbare Voraussetzung zur Persönlichkeitsbildung des Einzelnen, sondern sie kann ebenfalls als „notwendige Bedingung moderner Verfassungsstaatlichkeit" gesehen werden.[11]

Wird der einleitende Satz der Präambel des Grundgesetzes auch als „Demutsformel"[12] bezeichnet, mit der das Bewusstsein der Begrenztheit und Unvollkommenheit menschlichen Tuns und damit auch jeder von Menschenhand errichteten Ordnung zum Ausdruck gebracht wird, ändert dies jedoch nichts daran, dass die Herrschaftsmacht auch eines modernen Staates als originäre, sich aus keiner höheren Quelle speisende Gewalt begriffen wird, die ihrer Natur nach allumfassend ist.[13]

Die in den Übergangs- und Schlussbestimmungen des Grundgesetzes festgeschriebene Eigenständigkeit von Kirchen und anderen Religionsgesellschaften verbunden mit dem Recht zur Selbstbestimmung der eigenen Angelegenheiten wirft also nach wie vor nicht nur grundsätzliche Fragen nach der Zuordnung von staatlicher Hoheitsmacht und der (organisierten) Gemeinschaft individueller Überzeugungsträger auf, sondern auch nach der Situation des Individuums als Adressat des Geltungsanspruchs wesensverschiedener Verhaltens- bzw. Rechtsordnungen; welche Maßstäbe dabei anzulegen sind, welche Rolle dem Ursprung einer Regelung auf die Möglichkeit zur Inanspruchnahme gerichtlichen Schutzes zukommt, und wie dieser in konkreto zu gewähren ist, soll im Folgenden untersucht und anhand einer vergleichenden Darstellung der Beschlusstätigkeit der Schlichtungsstellen der katholischen Kirche mit entsprechenden Problemlagen im Betriebsverfassungsrecht und im Personalvertretungsrecht dargestellt werden.

---

[10] *Böckenförde,* Staat – Gesellschaft – Kirche, S. 47; die hoheitlicher Gewalt unterworfene Gesellschaft ist somit nicht mit dem diese Gewalt ausübenden Staat gleichzusetzen; in „theologisch-politischer" Hinsicht kennzeichnend für die moderne Ordnungsgestalt ist die Abkehr vom „Prinzip der res publica christiana ... vom Prinzip nicht kirchenabhängigen, aber doch religionsgebundenen Staates, in dem die (christliche) Religion als notwendiges Fundament staatlich-gesellschaftlicher Ordnung anerkannt ist"; vgl. auch *Ebers,* Grundrechte und Grundpflichten der Reichsverfassung, S. 361 (362 f.).

[11] *Morlok,* in: Dreier (Hrsg.), Grundgesetz-Kommentar, Bd. 1, 1996, Art. 4 Rdnr. 12; s. auch *Listl/Hollerbach,* HdbKathKR, § 118 III. 2., S. 1268 (1274).

[12] *Dreier,* in: Dreier (Hrsg.), Grundgesetz–Kommentar, Bd. 1, 1996, Präambel Rdnr. 15; s. auch *Huber,* in: Sachs, GG, Präambel Rdnr. 35 mwN; *Kunig,* in: v. Münch/Kunig, GG I, Präambel Rdnrn. 15 f., wonach durch die Anrufung Gottes das Grundrecht der Religionsfreiheit „in seiner gesamten Breite" bestärkt wird und gleichzeitig totalitären Systemen eine Absage erteilt wird.

[13] *Creifelds,* Rechtswörterbuch, Stichwörter „Staatsgewalt", „Staat". Der Staat hat eine „potentiell umfassende ... Ordnungs-, Integrations- und Entscheidungsaufgabe, kraft deren er allen gesellschaftlichen "Untersystemen" *gegenüber* steht und diese seiner verbindlichen Regelungsgewalt unterworfen sind, die Kirche vertritt einen universalen Anspruch ... , der sich auf die menschliche Existenz in allen ihren Dimensionen [erstreckt] und daher der Begrenzung auf ein Segment gesellschaftlichen Lebens ... nicht zugänglich ist"; *Böckenförde,* Staat – Gesellschaft – Kirche, S. 60.

## II. Weimarer Kirchenartikel als Bestandteil des Grundgesetzes

Wer das zum 24. Mai 1949 in Kraft getretene Grundgesetz der Bundesrepublik Deutschland über die Wesensmerkmale der Beziehung zwischen Staat und Religionsgemeinschaften befragt, wird – zumindest bei erstmaliger Kontaktaufnahme – überrascht sein. Im Grundrechtsteil findet man zwar in Art. 4 Abs. 1 GG die bereits erwähnte Gewährleistung der Glaubens- und Gewissensfreiheit, auf eine Normierung des Verhältnisses von Staat und Kirche stößt man allerdings erst in Art. 140 GG, der sich mit der Anordnung begnügt, bestimmte Artikel der Weimarer Verfassung seien „Bestandteil dieses Grundgesetzes".

Mit der Einbeziehung von Normen einer überkommenen Rechts- bzw. Verfassungsordnung treten neben die ohnehin bestehenden Schwierigkeiten der Norminterpretation weitere Ungewissheiten, wie zB die Frage, ob dieser Vorgang auf der Basis gegenwärtiger Rechtsauffassung, also unter Berücksichtigung eines eventuell gewandelten Verständnisses erfolgen soll[14] oder ob weiterhin auch „das gesamte zu den Kirchenartikeln entwickelte dogmatische System" von Bedeutung ist.[15]

Weiter gefasst sieht man sich mit der Problematik konfrontiert, inwieweit Art. 140 GG überhaupt einen (neuen) eigenständigen Regelungsinhalt aufweist[16], wenn ja welchen und wie dieser zu ermitteln ist.

### 1. Rezeption und Inkorporation, alternative Begriffe zur Beschreibung desselben Sachverhalts?

Entgegen dem sonst in der Rechtswissenschaft vorherrschenden Bemühen um eine möglichst eindeutige Zuordnung von Begriffen zu bestimmten Inhalten, fällt bei der Sichtung der die Bedeutung des Art. 140 GG behandelnden Rechtsprechung und Literatur gerade die scheinbar alternative Verwendung der Begriffe „Rezeption"[17] und „Inkorporation"[18] auf; ohne damit unterschiedliche Ergebnisse oder Wertungen zum Ausdruck bringen zu wollen, werden

---

[14] Grundlegend *Smend*, Staat und Kirche nach dem Bonner Grundgesetz, ZevKR **1** (1951), 4 ff.

[15] *Jurina*, Der Rechtsstatus der Kirchen und Religionsgemeinschaften im Bereich ihrer eigenen Angelegenheiten, Diss., S. 71.

[16] *Hoffmann*, Die Inkorporation von Normen in eine Rechtsordnung – Zur rechtstechnischen Funktion des Art. 140 GG -, FS Klaus Obermayer, S. 33 (34).

[17] BVerfG, Beschluss v. 21.9.1976 – 2 BvR 350/75, BVerfGE **42**, 312 (326); *Badura*, Staatsrecht, L 42, S. 757; weiter abzugrenzen ist die Verwendung dieses Begriffes zur allgemeinen Beschreibung der allmählichen Übernahme des römischen Rechts im Mittelalter.

[18] *Bietmann*, Betriebliche Mitbestimmung im kirchlichen Dienst, S. 20 f.; *Link*, Staat und Kirche in der neueren deutschen Geschichte, S. 41 f.; *Morlok*, in: Dreier (Hrsg.), Grundgesetz-Kommentar, Bd. 1, 1996, Art. 4 Rdnr. 28; *Listl/Hollerbach*, HdbKathKR, § 118 III. 2., S. 1268 (1275); *Schlief*, Die Entwicklung des Verhältnisses von Staat und Kirche und seine Ausgestaltung im Bonner Grundgesetz, Diss., S. 127; BVerfG, Urteil v. 14.12.1965 – 1 BvL 31, 32/62, BVerfGE **19**, 226 (236); BVerfG, Urteil v. 14.12.1965 – 1 BvR 413, 416/60, BVerfGE **19**, 206 (218).

diese Termini teilweise abwechselnd gebraucht.[19] Ob ein entsprechendes Verständnis aber in der Sache zutreffend ist, hängt davon ab, wie weit deren inhaltliche Übereinstimmung reicht.

Bei der notwendigen Abschichtung der Begrifflichkeiten stellt man jedoch fest, dass die Beschreibung der Übernahme einer Norm als Inkorporation keine eindeutige Aussagekraft besitzt. Sollen bestehende oder bereits außer Kraft gesetzte Normen oder Rechtsgrundsätze einer fremden oder der eigenen Rechtsordnung (wieder) zur Geltung gebracht und damit in das aktuelle positive Recht integriert werden, so stehen grundsätzlich verschiedene Gestaltungsmöglichkeiten offen, deren korrekte Erfassung ein eindeutiges Begriffssystem verlangt. Innerhalb dieser Begriffspyramide stehen „Inkorporation" und „Rezeption" aber nicht auf der gleichen Stufe. Soweit man allgemein den Sachverhalt der „Einfügung einer bereits bestehenden Norm in eine Rechtsordnung" zum Ausdruck bringen will – mit der die bestehende Rechtsordnung auch verändert wird – bildet vielmehr der Begriff der „Inkorporation" den Oberbegriff.[20] Wird dagegen davon gesprochen, bestimmte Rechtssätze wären rezipiert, so wird damit der speziellere Vorgang der Übernahme einer Norm einer fremden Rechtsordnung beschrieben.[21]

Mit Blick auf Funktion und Bedeutung des hier interessierenden Art. 140 GG werfen sich mit der Frage nach der (völkerrechtlichen) Identität der Bundesrepublik Deutschland mit vorangehenden Staatsformen ebenso Fragen nach dem Geltungsanspruch bzw. dem Fortbestand der Weimarer Kirchenartikel nach der Machtübernahme Hitlers und zum Zeitpunkt des In-Kraft-Tretens des Grundgesetzes am 24. Mai 1949 auf.

## 2. Staat – Kirche Beziehung in der Weimarer Republik

In der verfassungsrechtlichen Verankerung der Neuordnung des Verhältnisses zwischen Staat und Kirche, dem in Art. 137 Abs. 1 WRV verkörperten sog. „Trennungssystem" liegt – jedenfalls formell[22] – die Abkehr nicht nur vom Staatskirchentum und landesherrlichen

---

[19] *Badura*, Staatsrecht, L 42, S. 757; *Maunz*, in: Maunz/Dürig, Grundgesetz Kommentar, Bd. V, Art. 140 Rdnr. 1; *Maunz/Zippelius*, Deutsches Staatsrecht, § 27 II. u. II. 7., S. 227 u. 230; Münch-ArbR/*Richardi*, § 192 Rdnrn. 1, 4; *ders.*, Arbeitsrecht in der Kirche, § 1 Rdnr. 4.

[20] *Hoffmann*, Die Inkorporation von Normen in eine Rechtsordnung – Zur rechtstechnischen Funktion des Art. 140 GG -, FS Klaus Obermayer, 33 (35); insoweit spricht er von einer Inkorporation im weiten Sinne; eine Inkorporation im engen Sinne liegt vor, soweit Normen einer fremden Rechtsordnung im Wege der Zurücknahme der eigenen Hoheitsmacht des übernehmenden Staates Raum zur Geltungsentfaltung eröffnet wird, sog. *„Adoption"*, aaO, S. 33 (36 f.).

[21] S. Fn. 20; weitergehend kann man dann zwischen einer *„Rezeption durch Parallelisation"*, also durch einen internen Rechtsetzungsakt ohne inhaltliche Änderung der zu übernehmenden Norm und einer *„Rezeption durch Transformation"*, einem internen Rechtsetzungsakt mit inhaltlicher Änderung, unterscheiden.

[22] Von welch großer Bedeutung in der Praxis noch die zur Tradition gewordene aufsichtliche Tätigkeit eines eingespielten Verwaltungsapparates war, „wird nur der ermessen können, der selbst in der geheimrätlich-konstanten Welt der kirchenpolitischen Referate der Länderministerien, besonders der

Kirchenregiment begründet, sondern auch die Verabschiedung eines Systems, das die Kirchen trotz grundsätzlicher Anerkennung ihrer Selbstständigkeit bewusst in die Funktionserfüllung des „christlichen Staates" einbezogen und damit einer „besonderen Kirchenhoheit und gesteigerten Staatsaufsicht" unterstellt hatte.[23] Gleichzeitig wurde die „Monopolstellung" der beiden Großkirchen durchbrochen und der für den modernen Staat prägende Grundsatz der religiösen Neutralität und Parität verfassungsrechtlich festgeschrieben.[24]

Trotzdem wurde mit der Schaffung der Weimarer Kirchenartikel hinsichtlich der Zuordnung von Staat und Kirche nicht radikal mit der historischen Entwicklung gebrochen und gleichsam mit einer neuen Zeitrechnung begonnen. Mit *Pirson* ist hinsichtlich Werthaltigkeit und inhaltlicher Bedeutung der Kirchenklauseln der Aspekt der konkreten zeitgeschichtlichen Problemstellungen und der dazu gefundenen Antworten stärker zu betonen. Zuerst galt es, den aus der einerseits beengenden, andererseits aber auch Schutz gewährenden staatlichen Umklammerung in die Freiheit entlassenen Glaubensgemeinschaften die für ihre Existenz notwendigen rechtlichen und organisatorischen Mittel zur Verfügung zu stellen; zentraler Punkt für ihre künftige Positionsbestimmung im staatlichen Ordnungsgefüge war dabei die Frage nach der Anerkennung der beiden großen Konfessionen in ihrer geschichtlichen Gestalt und deren Umsetzung in eine angemessene[25] rechtliche Existenzform. Zwar zeigt sich hier in der Gewährung des Status als Körperschaft des öffentlichen Rechts eine Referenz an die bisherige Entwicklung, diese darf allerdings nicht als das Ergebnis einer Anleihe in der überkommenen Zeit des Staatskirchentums und damit als Bruch des neuen Ordnungssystems (miss-)verstanden werden. Nachdem die Entscheidung gefallen war, den Fortbestand der Kirchen in der neuen Staatsordnung rechtlich anzuerkennen, da sie sich in

---

Geistlichen Abteilung des Preußischen Kultusministeriums, einmal beheimatet war", *Weber,* Die Gegenwartslage des Staatskirchenrechts, VVDStRL **11** (1954), 153 (154); s. auch Fn. 56.

[23] *Ebers,* in: Die Grundrechte und Grundpflichten in der Reichsverfassung, S. 361 (362, 365 f., 368); neben die allgemeine Religionshoheit trat bei den Großkirchen, die gehalten waren „christliche Religion und christlichen Geist zum Wohl des Staates zu pflegen", deren besondere Ausprägung als Kirchenhoheit, aaO, S. 367.

[24] In der liberalen Staatsverfassung wurde tendenziell eine „Privatisierung" der Kirchen verfolgt, die Ausdruck in deren Gleichstellung mit anderen Religionsgesellschaften gem. Art. 137 WRV fand und sich iü. auch bei dessen sprachlicher Fassung – dem Bemühen, den Begriff „Kirchen" zu vermeiden – bemerkbar macht, *Peters,* Die Gegenwartslage des Staatskirchenrechts, VVDStRL **11** (1954), 177 (186 f.); die Herstellung dieser rechtlichen Chancengleichheit der Religionsgemeinschaften vollzog sich also nicht unter Zertrümmerung der deutschen Kulturverfassung, *v. Campenhausen,* Die Trennung von Staat und Kirche in Deutschland und das kirchliche Selbstbestimmungsrecht, ZevKR **47** (2002), 359 (362).

[25] Haben die Großkirchen gegenwärtig auch – zumindest hinsichtlich des formell erfassbaren Bestandes ihrer Gläubigen – unter einer zunehmenden Säkularisierung weiter Lebensbereiche zu leiden, ist für den hier maßgebenden Zeitpunkt unabweisbar, dass sie „zum Staat ein qualitativ anderes Verhältnis besitzen als irgendeine andere gesellschaftliche Großgruppe", *Krämer,* Verfassungsrechtliche und staatskirchenrechtliche Probleme kirchlicher Gerichtsbarkeit, DVBl. 1981, 1 (4).

ihrem Bestand als dauerhaft erwiesen hatten und da die Kirchen zum damaligen Zeitpunkt auch noch über eine breite Basis in der Bevölkerung verfügten, hielt man es angesichts dieser Position der christlichen Glaubensverbände in Staat und Gesellschaft nicht für angemessen, sie hinsichtlich ihrer weltlichen Existenz schlicht auf den privatautonomen Gestaltungswillen zu verweisen. Es musste also eine Auswahl aus den noch zur Verfügung stehenden Rechtsformen getroffen werden.[26]

Betrachtet man die in den Kirchenklauseln enthaltenen Regelungen unter diesem Gesichtspunkt, so stellen sie sich nicht primär als „positives Konzept" zur abschließenden und festgefügten Regelung der Rechtsbeziehungen zwischen Staat und Kirche dar, sondern dienen eher als „Abwicklungsregelungen", also der Ermöglichung einer Auseinandersetzung bzw. Entflechtung sich vormals überlagernder Aufgaben-, Ordnungs- und Rechtssysteme, die gleichzeitig Raum für künftige noch nicht vorhersehbare Entwicklungen lassen soll.[27]

Ziel dieser Neugestaltung der Zuordnung von Staat und Kirche – und damit auch der sonstigen glaubensgeprägten Gemeinschaften – war demnach nicht die Ausklammerung und damit die Isolierung eines in den weltlichen Organisationsbereich nicht integrationsfähigen Fremdkörpers. Auch bei der – jetzt von staatlicher Seite unabhängigen – Gestaltung der „eigenen Angelegenheiten"[28] – sollten die Kirchen und Religionsgemeinschaften nicht vom Boden der staatlicher Rechtsordnung zurückgedrängt werden. Vielmehr wurde die Gewährleistung bzw. Anerkennung der besonderen Stellung der Kirchen und Religionsgemeinschaften ebenso wie ihr Schutz innerhalb des weltlichen Ordnungssystems gerade durch die neue Verfassungsordnung garantiert.

Das in Art. 137 Abs. 1 WRV zum Ausdruck kommende Trennungssystem war somit nicht als Kampfinstrument einer schlicht negativen Ausgrenzung gedacht, als deren Ergebnis sich

[26] AA wohl *Weber,* Neuralgische Punkte in den Grundsatzfragen des Staatskirchenrechts, FS Maurer, 469 (477 f.), wenn er davon spricht, die Gewährung des Status als Körperschaft des öffentlichen Rechts wäre durch die „strikt paritätische – Ausdehnung des Angebots dieses Status" auf alle Religionsgemeinschaften „erkauft"; vgl. auch *Magen,* Zum Verhältnis von Körperschaftsstatus und Religionsfreiheit, NVwZ 2001, 888 f.

[27] *Pirson,* Die zeitlose Qualität der Weimarer Kirchenartikel, FS für Maurer, 409 (416, 419 f. mwN, 423); seiner Ansicht nach ergibt sich aus der „Qualität der Kirchenartikel als Regelung zur Abwicklung einer historischen Rechtsgemeinschaft", dass sie „nicht in die Kategorie der „Wertentscheidungen"" fallen, da ihnen eine „spezifisch wertbezogene Zielvorstellung" gerade fehle, aaO, 409 (423); wenn dies auch für den Zeitpunkt der erstmaligen Einfügung der Kirchenklauseln in das staatliche Ordnungssystem zutreffen mag, ist damit aber noch keine abschließende Aussage über ihre jetzige Bedeutung getroffen.

[28] Einen historischen Vorläufer des Art. 137 Abs. 3 WRV stellt § 147 Unterabsatz 1 der Frankfurter Reichsverfassung vom 28.3.1849 dar, der folgenden Wortlaut hatte: „Jede Religionsgesellschaft ordnet und verwaltet ihre Angelegenheiten selbstständig, bleibt aber den allgemeinen Staatsgesetzen unterworfen." Die gegenüber dem damaligen Wortlaut geänderte Schrankenformel des Art. 137 Abs. 3 WRV hat in der Sache keinen relevanten Bedeutungswandel gebracht; mit ihr sollte nach wie vor nichts anderes als die allgemeine Rechtshoheit des Staates gegenüber der von katholischer Seite vertretenen Koordinationstheorie mit ihrer absoluten Gleichstellung der Kirche mit dem Staate gewahrt werden, *Schultze,* Die kirchenrechtliche Judikatur des Reichsgerichts, in: Die Reichsgerichtspraxis im deutschen Rechtsleben, Bd. I, S. 278 (287 f.).

zwei eindeutig zu unterscheidende Bereiche weltlicher und geistlicher Ordnung (feindlich) gegenüberstehen.

Die Verleihung des Status als Körperschaften des öffentlichen Rechts unter den Voraussetzungen des Art. 137 Abs. 5 WRV diente weder der erneuten Eingliederung der Kirchen und Religions- bzw. Weltanschauungsgemeinschaften in den organisatorischen Staatsaufbau[29], noch erlangten die Maßnahmen der entsprechenden Träger dadurch die Qualität von Akten öffentlich-rechtlicher hoheitlicher Staatsgewalt.[30]

Die Ablösung staatlicher Organisation und Zielsetzung von konfessionell geprägten Idealen kann insgesamt als „Epocheschwelle des deutschen Staatskirchenrechts" bezeichnet werden, mit der auch das Leitbild eines christlichen Staates im oben dargestellten Sinne[31] verabschiedet wurde.[32]

Diesen grundsätzlichen Veränderungen mit ihren weitverzweigten Auswirkungen standen aber sowohl die eigentlich von den Umwälzungen begünstigten Kirchen als auch der staatliche Beamtenapparat und Teile des Schrifttums skeptisch bis ablehnend gegenüber; zu präsent war die Jahrhunderte dauernde Verflechtung zwischen Staat und Kirche, die Funktionalisierung letzterer, zu prägend die kampferprobten dogmatischen Konstruktionen

---

[29] *Pirson*, Die zeitlose Qualität der Weimarer Kirchenartikel, FS Maurer, S. 409 (416).

[30] Auch nach *Ebers*, Die Grundrechte und Grundpflichten der Reichsverfassung, S. 361 (368, 378), sind die Kirchen in „Entstehung und Fortdauer, in Tätigkeit und deren Verbindlichkeit für ihre Mitglieder rechtlich völlig unabhängig vom Staat", ihre „Herrschaftsgewalt ist nicht erst vom Staat geschaffen oder verliehen, sondern kommt den Kirchen ursprünglich zu eigenem Recht zu."

[31] S. Fn. 23.

[32] *Heckel*, Kontinuität und Wandlung des deutschen Staatskirchenrechts unter den Herausforderungen der Moderne, ZevKR **44** (1999), 340 (347); mit der Weimarer Verfassung wurde 1919 „in bewußter Zäsur das Ende des Staatskirchentums und der Staatskirchenhoheit aus der Zeit der Monarchie konstitutionell besiegelt. ... Art. 137 I WRV hat vielmehr die Trennung eingeführt und zwar umfassend als *institutionelle Komplementärgarantie der Freiheit*, in dreifachem Sinn: Zur Emanzipation der Individuen und der Gesellschaft aus den Bindungen des Konfessionsstaates und der Staatskirche, - zur Befreiung der Religionsgesellschaften von den etatistischen Beschränkungen der Staatskirchenhoheit im Gefolge des älteren Staatskirchentums und ebenso von der Vereinnahmung durch die neuen totalitären Weltanschauungssysteme, - zur Sicherung des religiös-weltanschaulich neutralen Staates vor klerikaler Bevormundung und konfessionellen Privilegien aller Art.", aaO, S. 374 [Hervorhebung im Original]; *ders.*, Staatskirchenrecht und Kulturverfassung des Grundgesetzes 1949 – 1989, Gesammelte Schriften, Bd. IV, S. 917 (925); auch nach *Böckenförde*, Staat – Gesellschaft – Kirche, S. 57, wurde „durch den plötzlichen Abbruch des staats- und landeskirchlichen Systems, den die Weimarer Verfassung brachte", die Initialzündung zu einer Neuregelung des staatskirchenrechtlichen Systems, „die einer bestimmten einheitlichen Grundkonzeption folgte" gegeben; deren Umsetzung erfolgte jedoch im Wesentlichen erst nach dem Zweiten Weltkrieg; anders insoweit *Pirson*, Die zeitlose Qualität der Weimarer Kirchenartikel, FS Maurer, S. 409 (416), der die Kirchenartikel lediglich als Ausdruck eines „Abwicklungsverhältnisses" begreift und nach dem die Festschreibung der Trennung von Staat und Kirche „kein zielgerichteter oder gar revolutionärer Akt der Neugestaltung", sondern Bestätigung eines im Wesentlichen bereits abgeschlossenen Prozesses war, 409 (413 f.); s. auch *Köttgen*, Kirche im Spiegel deutscher Staatsverfassung der Nachkriegszeit, DVBl. 1952, 485 (486).

wechselseitiger Machtbegrenzung.[33] Der Grundstein zu einer echten Neuordnung des staatskirchenrechtlichen Systems, dessen subordinationsrechtliche Verfasstheit zwar erhalten blieb, aber unter geänderten Vorzeichen nun ua. die Grenze koordinationsrechtlicher Regelungen darstellt und die freie selbstbestimmte Entfaltung der Kirchen und Religionsgemeinschaften bei gleichzeitiger formaler Rechtsgleichheit ermöglicht, war somit gelegt; die tatsächliche Umsetzung dieser „Magna Charta libertatis"[34] ließ jedoch noch auf sich warten.[35]

Trotz der anscheinend klaren Linie wurde aber bereits zum damaligen Zeitpunkt der „ausgesprochene Kompromisscharakter, die Unfertigkeit und innere Unausgegeglichenheit der Regelung in den Art. 137, 138, 173 RVerf." beklagt.[36] Ein Befund, der auch heute, acht Jahrzehnte später, nichts von seiner Gültigkeit verloren hat.[37]

### 3. Staat – Kirche Beziehung im nationalsozialistischen Führerstaat

In der nationalsozialistischen Ideologie wurden die Kirchen vollständig unter den mit neuem Bedeutungsgehalt versehenen Begriff der „Volksgemeinschaft"[38] eingeordnet. Sie wurden reduziert auf eine rein weltliche Organisation „der religiösen Funktion des Volkes".[39] Gleichzeitig wurden vormals dem privaten Lebensbereich zugeordnete Bereiche zu einer Angelegenheit des öffentlichen Interesses umqualifiziert, an denen nun „die Gemeinschaft autoritativ Anteil nimmt."[40] Im völkischen Führerstaat übernahm die Partei[41] Aufgaben, die

---

[33] *Heckel,* Staatskirchenrecht und Kulturverfassung des Grundgesetzes 1949 – 1989, Gesammelte Schriften, Bd. IV, S. 917 (924); in der Tendenz: *Ebers,* Die Grundrechte und Grundpflichten der Reichsverfassung, S. 361 (370).

[34] *Ebers,* Die Grundrechte und Grundpflichten der Reichsverfassung, S. 361 (370).

[35] *Heckel,* Staatskirchenrecht und Kulturverfassung des Grundgesetzes 1919 – 1989, Gesammelte Schriften, Bd. IV, S. 917 (940); nach *Richardi,* Kollektivgewalt und Individualwille bei der Gestaltung des Arbeitsverhältnisses, S. 64, blieb die staatliche Kirchenhoheit bestehen.

[36] *Schultze,* Die kirchenrechtliche Judikatur des Reichsgerichts, in: Die Reichsgerichtspraxis im deutschen Rechtsleben, Bd. I, S. 278 (278).

[37] Nach *Heckel,* Kontinuität und Wandlung des deutschen Staatskirchenrechts unter den Herausforderungen der Moderne, ZevKR **44** (1999), 340 (350), war und ist dagegen „das Staatskirchenrecht der WRV im GG ... eben *nicht* eine bloße *„Verlegenheitslösung"* (*Rudolf Smend*), erst recht kein *dilatorischer „Formelkompromiß"* (*Carl Schmitt*) zur dezisionistischen Verfügung künftiger Machthaber." Ebenso *v. Campenhausen,* Die Trennung von Staat und Kirche in Deutschland und das kirchliche Selbstbestimmungsrecht, ZevKR **47** (2002), 359 (363).

[38] In der Volksgemeinschaft sollten „alle sozialen, konfessionellen und – ... in engeren Grenzen – auch politische[n] Unterschiede und Gegensätze" aufgehoben sein, *Hirsch/Majer/Meinck,* Recht, Verwaltung und Justiz im Nationalsozialismus, S. 236.

[39] *Winter,* Die Wissenschaft vom Staatskirchenrecht im Dritten Reich, S. 1.

[40] *Reuß,* Partei und Staat im Dritten Reich, JW 1935, Bd. II, 2314 (2318); das „Gemeinschaftsleben" – erstreckt sich in „umfassender Weise auf geistig-politische und völkisch-kulturelle Gebiete", aaO; in Bezug auf die innere Verwaltung ermöglichte das Führerprinzip „die Beherrschung des Lebens und der Wirklichkeit", was durch die „Erweiterung der Zuständigkeitschancen" möglich wurde, die „gegebenenfalls die Einbeziehung von formal vielleicht nicht mehr gedeckten Staatshandlungen in die die formale Vollmacht weit überschreitende persönliche Eigenverantwortung des jeweiligen Staatsdienstträgers ermöglicht", *Frank,* Das Führerprinzip in der Verwaltung, Vortrag vor der Verwaltungsakademie des Generalgouvernements in Krakau am 23.10.1943, IV., S. 13.

der abgelöste, auf dem Grundsatz von Neutralität in religiös-weltanschaulichen Fragen fußende Staat der autonomen Entscheidung des Einzelnen überlassen hatte.[42] Herrschaftsgewalt und Führungsanspruch beanspruchten damit nicht nur zur Durchsetzung und Aufrechterhaltung eines „äußeren" Ordnungssystems Geltung, sondern erstreckten sich auch auf den inneren persönlichkeitsbildenden Kern menschlicher Existenz.[43] Letztlich beanspruchte der Staat damit wieder die alleinige Herrschaftsgewalt über den Gesamtbereich kirchlicher Lebensentfaltung, denn innerhalb der „Volksgemeinschaft" existierte kein Freiraum für „verschiedene, unabhängige Eigenbezirke und Interessen".[44] Unter dem Stichwort einer „Entkonfessionalisierung" des öffentlichen Lebens war der Wille

[41] Dabei ging die Partei nicht im Staat auf, sondern bestand neben ihm; beide, Staat – verstanden in einem engen instrumentalen Sinn – und Partei waren die „tragenden Säulen der großen nationalen Gemeinschaft" – also des Staates in einem umfassenden Sinn –, speisten ihren Autoritätsanspruch aus dem „einheitliche[n] Quell" des Volkstums, blieben gleichzeitig aber in Funktion und Aufgabe voneinander unabhängig, *Reuß*, Partei und Staat im Dritten Reich, JW 1935, Bd. II, 2314 (2317).

[42] Nationalsozialistisches „Rechtsideal" war die Überzeugung, dass „der Nationalsozialismus ... die Weltanschauung des Deutschen" sei, die unter Ausschaltung aller schädlichen Tendenzen „die machtvolle Einheit eines wahrhaft deutschen Staats-, Kultur- und Soziallebens" erstrebe und damit „die weltanschauliche Einheitsbasis des gesamten deutschen Lebens" werde, *Frank*, Grundsätze des nationalsozialistischen Rechtsdenkens und Rechtswollens, Nationalsozialistisches Handbuch für Recht und Gesetzgebung, S. 3; nach nationalsozialistischer Doktrin war der vorgefundene „Tiefstand des Rechtslebens" durch den Umstand mitverursacht, „daß dem deutschen Volke in vergangenen Jahrhunderten künstlich ein Recht aufgezwungen wurde, das ihm fremd war", also nicht im germanischen Volkstum wurzelte, nach dessen Wertprinzipien die Einzelpersönlichkeit ausschließlich an ihrem Beitrag für die „völkische Gemeinschaft" gemessen wurde, *Frank*, Zeitschrift der Akademie für Deutsches Recht, 1934, 8 (8); *Reuß*, Partei und Staat im Dritten Reich, JW 1935, Bd. II, 2314 (2319); *C. Schmitt*, Unsere geistige Gesamtlage und unsere juristische Aufgabe, Zeitschrift der Akademie für Deutsches Recht, 1934, 11 (11), der insoweit von einer „geistigen Unterwerfung in fremde, in sich formierte, ausgearbeitete Begriffs- und Denksysteme" spricht, die Ursache des Zusammenbruchs einer „künstlichen Welt nicht nur im Rechtsdenken, sondern auf allen Gebieten des Geistes und der Seele" sei; dem setzte er die „positive Totalität" *Hitlers* Wahnvorstellungen entgegen, aaO, 11 (12). Dessen totaler Staat „ist gekennzeichnet durch den Vorrang der Politik auf allen Lebensgebieten, durch die Durchdringung aller Lebensbeziehungen mit einem volks- und staatsbezogenen Element. Vorherrschaft der Politik bedeutet in diesem Zusammenhang Vorherrschaft der Weltanschauung", *Wagner*, Die staatsrechtliche Stellung der Reichsregierung, Diss., S. 16.

[43] Die Partei „hat die Umbildung des deutschen Menschen ideell und sachlich in Angriff genommen", *du Brel*, Vom Parteienstaat zum Staat der Partei, JW 1934, Bd. 3, 2291 (2291); die „ganz große Mission des Nationalsozialismus" ist nach *Frank*, die „Zusammenfassung der großen Weltanschauung des deutschen Menschtums im Gesamtraum der Kultur", Grundsätze des nationalsozialistischen Rechtsdenkens und Rechtswollens, Nationalsozialistisches Handbuch für Recht und Gesetzgebung, S. 17; nach *Gerber*, Staatsrechtliche Grundlinien des neuen Reiches, S. 27 f, spricht „Gott ... *den Menschen in seiner konkreten Wirklichkeit an*, nicht als abstrakte Seele. Diese konkrete Wirklichkeit ist vor allem durch die Volksgebundenheit des Einzelnen auch im seelischen Erleben bestimmt." *Goebbels* erklärt in seinem „Begrüßungswunsch" zum Erscheinen der Zeitschrift der Akademie für Deutsches Recht: „Der Nationalsozialismus ringt täglich aufs Neue um die Seele des Volkes, denn nur dann kann er Jahrhunderte überdauern, wenn er sich immer eins weiß mit dem Willen des Volkes.", aaO, 1934, S. 3; ausdrücklich sprach *Reuß*, Partei und Staat im Dritten Reich, JW 1995, 2314 (2319), Fn. 70, von einer „Sozialisierung der Seelen".

[44] *Winter*, Die Wissenschaft vom Staatskirchenrecht im Dritten Reich, S. 1; nach *C. Schmitt*, Staat, Bewegung, Volk, S. 33, ergibt sich aus der Notwendigkeit eines einenden Normgedankens, dass es „keinen normalen Staat [gibt], der nicht total wäre."

des Führers, trotz anderslautender Lippenbekenntnisse[45], zumindest auf eine völlige Marginalisierung der Kirchen, eher aber auf deren komplette Ausschaltung gerichtet.[46] Auch

---

[45] In seiner Rede vor dem Reichstag am 23.3.1933 erklärte *Hitler* noch, in „den beiden christlichen Konfessionen wichtige Faktoren der Erhaltung unseres Volkstums" zu erkennen und dass „ihre Rechte nicht angetastet" würden, aus *Ebers*, Verfassungsrecht, S. 279; angesichts der vielfältigen und schwerwiegenden Verstöße – die an der grundsätzlichen innerstaatlichen Geltung des Konkordats aber nichts zu ändern vermochten, BVerfG, Urteil v. 26.3.1957 – 2 BvG 1/55, BVerfGE **6**, 309 (334) – ist hier auch das Reichskonkordat v. 20.7.1933 (RGBl. 1933 II, 679), zu nennen, das nach eigenen Aussagen *Hitlers* eine „zentrale Fessel" für eine offene Verwirklichung seiner ideologischen Ziele darstellte, *Picker*, Hitlers Tischgespräche im Führerhauptquartier, Tischgespräch Nr. 168, S. 414. Nach *Gerber*, Staatsrechtliche Grundlinien des neuen Reiches, S. 28, war der Zweck des Konkordats, die katholische Kirche „zu einer „deutschen katholische Kirche"" zu machen; allerdings hatte sich das Reichskonkordat nach *Hitlers* Ansicht aber mit dem Aufgehen der Länder im Reich ohnehin erledigt – einer Erweiterung auf die eroberten Gebiete stimmte Hitler entgegen den Bemühungen des Vatikans nicht zu – , da es „seinerzeit in Fortsetzung der Länderkonkordate abgeschlossen" worden sei, Tischgespräch Nr. 168, aaO, S. 413. Trotz der zugestandenen Freiheitsrechte ergab sich aus der neuen Verfassungsordnung des nationalsozialistischen Führerstaates – dessen „Entkonfessionalisierung" des öffentlichen Lebens nicht durch die Gewährung umfassender Freiheitsrechte seiner Staatsbürger flankiert wurde – aber „zwingend, dass der Staat seinen Totalitätsanspruch auf alle Bereiche ausdehnte ... und die NSDAP das ihr verliehene Recht ausschließlicher Führung und Durchdringung volksgemeinschaftlichen Organisationswesens auch gegen die Kirche durchsetzte", *Weber*, Die staatskirchenrechtliche Entwicklung des nationalsozialistischen Regimes in zeitgenössischer Betrachtung, FS für Rudolf Smend, 365 (371, 384). Die Kirchen wurden damit faktisch aus allen Bereichen zurückgedrängt, die nicht unmittelbar mit Wortverkündung oder Spendung der Sakramente zusammenhingen. Der Sache nach waren also die durch das Reich übernommenen Gewährleistungen und Verpflichtungen gegenüber der katholischen Kirche „praktisch völlig außer Kraft gesetzt", *Hollós*, Die gegenwärtige Rechtsstellung der katholischen Kirche in Deutschland, S. 10. Gegenüber der ev. Kirche erfolgten auf formaljuristischen Wege umfangreiche und schwerwiegende Eingriffe in deren Eigenständigkeit; genannt seien hier neben dem preußischen Gesetz über die Vermögensverwaltung in den ev. Landeskirchen v. 11.3.1935 (GS. S. 39) und der 15. Durchführungsverordnung zum Sicherungsgesetz v. 25.6.1937 (RGBl. I, 697) – durch die ein System staatlich kontrollierter Finanzabteilungen für die Deutsche Evangelische Kirche und alle Landeskirchen etabliert wurde – auch das Gesetz über das Beschlussverfahren in Rechtsangelegenheiten der Evangelischen Kirche v. 26.6.1935 (RGBl. I, 774), nach dem gegen Maßnahmen des Kirchenkampfes nicht mehr die ordentlichen Gerichte angerufen werden konnten und das Gesetz zur Sicherung der Deutschen Evangelischen Kirche v. 24.9.1935 (RGBl. I, 1178), das den Reichsminister für kirchliche Angelegenheiten, dessen Zuständigkeit durch den Erlass über die Zusammenfassung der Zuständigkeiten des Reichs und Preußens in Kirchenangelegenheiten v. 16.7.1935 (RGBl. I, 1029) begründet worden war, ermächtigte, „Verordnungen mit rechtverbindlicher Kraft zu erlassen". Hier wurde also mit anderen Mitteln versucht, eine „nationalsozialistisch-christliche Reichskirche" zu etablieren, *Hesse*, Die Entwicklung des Staatskirchenrechts seit 1945, JöR, Bd. **10** nF, 1961, 3 (7).

[46] Die christlichen Kirchen in Deutschland sah *Hitler* „quasi als 5. Feind von Weltgeltung", *Picker*, Hitlers Tischgespräche im Führerhauptquartier, S. 22; „nachdem alle Erschütterungen von Übel sind," erachtete *Hitler* es „für das schönste, wenn wir die Einrichtung der Kirche allmählich durch eine geistige Aufklärung überwinden und schmerzlos machen könnten", Tischgespräch Nr. 9, aaO, S. 77; seine Vorstellung eines gelebten Christentums war, „daß auf der Kanzel nur lauter Deppen stehen und vor ihnen nur alte Weiblein sitzen. Die gesunde Jugend ist bei uns", Tischgespräch Nr. 11, aaO, S. 80; Bestätigung seiner nationalsozialistischen Ersatz-Religiosität fand er in seiner Herrschaft über „sechs SS-Divisionen, die vollständig kirchenlos sind und doch mit der größten Seelenruhe sterben", aaO; die Überwindung der (christlichen) Religion würde bedeuten „die Herrschaft der Lüge" zu brechen, ein Kampf, den *Hitler* ohne zu zögern offen aufnehmen wollte, „wenn die Prüfung ergibt, dass es geschehen kann", Tischgespräch Nr. 18, aaO, S. 94; sobald das Fundament gelegt sei, wollte er „ohne langes Federlesen", ausgerichtet an „Zweckmäßigkeitsvorstellungen" die „Unwahrheit" ausrotten, Tischgespräch Nr. 24, aaO, S. 105; s. insoweit auch Fn. 45; dass von staatlicher Seite ein doppeltes Spiel betrieben wurde, in dessen Verlauf mit zunehmender Deutlichkeit die wahren Absichten ans Licht traten, erkennt auch *Weber*, Die staatskirchenrechtliche Entwicklung des

ohne formelle Außerkraftsetzung der für die Zuordnung von Staat und Kirche entscheidenden Normen der Weimarer Verfassung widersprach ihnen die Verfassungsrealität im Dritten Reich in jeder Beziehung. Das staatskirchenrechtliche System hat im Dritten Reich damit eine totale Destabilisierung erfahren, so dass eine schlichte Weitergeltung der Weimarer Kirchenartikel nicht in Frage kommt.[47] Auch die Beseitigung der unter nationalsozialistischer Führung in Bezug auf die evangelische Kirche erlassenen (Kampf)Gesetze[48] durch den Kontrollrat[49], bewirkte keine automatische Wiederherstellung

---

nationalsozialistischen Regimes in zeitgenössischer Betrachtung, FS für Rudolf Smend, 365 (369 f.), wenn er davon spricht, „dass die Kräfte, die bisher die staatliche Kirchenpolitik trugen ... sich immer weniger geneigt oder geeignet zeigen, ... das hergebrachte Verhältnis des Staates zu den Kirchen weiterzuführen" und den Forderungen von Parteifunktionären nachgeben, „die unfreundliche Distanzierung zwischen Partei und Kirche auch dem Verhältnis zwischen Staat und Kirche aufzuprägen"; die Entkonfessionalisierung des öffentlichen Lebens verdichtete sich zu einer „Entkirchlichung und Entchristlichung des öffentlichen Lebens im ganzen.", aaO, 365 (373). Mit Blick auf den zentralen Begriff des Volkstums (in „germanischer Tradition") in der nationalsozialistischen Ideologie scheint *Hitlers* „Glaubensbekenntnis" in einer im Volkserbe begründeten „Unverlierbarkeit der Materie" zu bestehen, deren Bedeutung durch das „Juden-Christentum" „umgebracht" wurde, das 1400 Jahre gebraucht habe, „um sich zur letzten Bestialität" – dem Bolschewismus – zu entwickeln, Tischgespräch Nr. 25, aaO, S. 106; Ziel war nicht nur eine eindeutige „Bereichsscheidung" kirchlicher und weltlicher Einflusssphären, sondern „das Wirken der Kirchen schlechthin zu treffen", *Hesse,* Die Entwicklung des Staatskirchenrechts seit 1945, JöR, Bd. **10** nF, 1961, 3 (8); Opfer dieser Politik war nicht nur der Bereich des karitativen Wirkens der Kirche, betroffen waren neben kirchlichen Jugendorganisationen, kirchlich geführte Schulen und theologische Hochschulen, sowie die religiöse Unterweisung in öffentlichen Schulen; dieser Säkularisation fiel auch der Status der Kirchen als öffentlich-rechtliche Körperschaft zum Opfer, staatliche Subventionen wurden gestrichen, die Zwangsmitgliedschaft ihrer Mitglieder wurde aufgehoben (s. § 6 Abs. 2 der VO über religiöse Vereinigungen und Religionsgesellschaften im Reichsgau Wartheland v. 13.9.1941, abgedruckt bei *Gürtler,* Nationalsozialismus und evangelische Kirchen im Warthegau, 1958, S. 260). Der hoheitliche Schutz kirchlicher Ordnungen wurde den Religionsgemeinschaften ebenso versagt, wie die Möglichkeit, sich durch Nutzung der Massenmedien wirkungsvoll in der Öffentlichkeit Gehör zu verschaffen.

[47] *Hammer,* Die Verfassung des Deutschen Reichs vom 11. August 1919 – die Weimarer Reichsverfassung, Jura 2000, 57 (62), geht ebenfalls davon aus, dass die „neuen Machthaber ... die Weimarer Verfassung von Grund auf zerstört [hatten], sie ließen sie nicht einmal als Ruine weiterbestehen"; nach *Gerber,* Staatsrechtliche Grundlinien des neuen Reiches, S. 31, bestand kein Zweifel daran, dass durch die nationalsozialistische Revolution die Verfassung von Weimar außer Kraft *war,* dh. *„die politische Substanz dieser Verfassung ist vernichtet und durch eine neue ersetzt"*, auch „wenn das kein Gesetz verfügt hat und wenn kein neues „Grundgesetz" formell an seine Stelle getreten ist" [Hervorhebung im Original]; das Staatsrecht wurde „trotz des formellen Fortbestandes der Verfassung, auf eine andere weltanschauliche Grundlage gestellt. Die Verfassung erfuhr dadurch eine Wandelung ihres Sinnes", *Wagner,* Die staatsrechtliche Stellung der Reichsregierung, Diss. 1934, S. 10, s. auch 17 f. mwN. AA *Hesse,* Die Entwicklung des Staatskirchenrechts seit 1945, JöR, Bd. **10** nF, 1961, 3, 3 (9 f.), der davon ausgeht, die „Schicht des nationalsozialistischen Staatskirchenrechts" sei mit dem Ende des Regimes in sich zusammengefallen, so dass auch die vom Alliierten Kontrollrat vorgenommene Aufhebung der im Kirchenkampf erlassenen Gesetze, Verordnungen und Erlasse nur eine gleichsam bestätigende Wirkung entfaltet habe; insgesamt sei es nur zu einer Freilegung des Weimarer Staatskirchenrechts gekommen, das „niemals außer Kraft gesetzt, sondern von jenen Vorschriften nur überlagert oder zeitweise verdrängt worden war"; so auch *Link,* Staat und Kirche in der neueren deutschen Geschichte, S. 157.

[48] S. Fn. 45.

[49] Gesetz Nr. 49 v. 20.3.1947, Amtsblatt des Kontrollrats in Deutschland Nr. 14 v. 31.3.1947, S. 265; Gesetz Nr. 62 v. 20.2.1948, Amtsblatt des Kontrollrats in Deutschland Nr. 19 v. 31.8.1948, S. 313.

der staatskirchenrechtlichen Situation, wie sie unter der Weimarer Verfassung bestand.[50] Für die verfassungsrechtliche Situation bezogen auf die Gesamtheit der von den Alliierten Truppen besetzten Gebiete waren damit die durch die nationalsozialistische Revolution bewirkten Veränderungen maßgebend. Für ein automatisches Wiederaufleben der staatskirchenrechtlichen Normen kann kein durchschlagender Grund angeführt werden.[51] Nach Kriegsende waren sie nicht mehr Bestandteil des geltenden positiven Rechts, so dass – selbst wenn die deckungsgleiche Übereinstimmung mit dem früheren Rechtszustand angestrebt worden wäre – dies nur im Wege eines Neuerlasses von einschlägigen Rechtssätzen hätte erreicht werden können.

---

[50] *Schlief,* Die Entwicklung des Verhältnisses von Staat und Kirche und seine Ausgestaltung im Bonner Grundgesetz, Diss., S. 103.

[51] *Nawiasky,* Die Grundgedanken des Grundgesetzes für die Bundesrepublik Deutschland – Systematische Darstellung und kritische Würdigung, § 2 5., S. 9; aA *Hesse,* Die Entwicklung des Staatskirchenrechts seit 1945, JöR, Bd. **10** nF, 1961, 3 (9), nach dessen Ansicht die „Schicht des nationalsozialistischen Staatskirchenrechts ... mit dem Ende des Regimes sofort in sich" zusammenfiel, so dass die Gesetze des Kontrollrats, die auf die Aufhebung der nationalsozialistischen Kampfgesetze gerichtet waren, keine gestaltende sondern nur bestätigende Wirkung hatten; *Weber,* Die Gegenwartslage des Staatskirchenrechts, VVDStRL **11** (1954), 153 (155 f.), geht davon aus, dass „Beschränkungen des kirchlichen Wirkens ... sofort in sich zusammen[fielen]." Vgl. auch *v. Campenhausen,* Die Trennung von Staat und Kirche in Deutschland und das kirchliche Selbstbestimmungsrecht, ZevKR **47** (2002), 359 (359). In anderem Zusammenhang glaubte auch der GSZ des BGH in seiner Entscheidung vom 11.6.1952 – GSZ 1/52, BGHZ **6**, 208 (211 f.), feststellen zu können, elementare Grundrechte der Weimarer Verfassung hätten auch nach 1933 nicht aufgehört als Verfassungsrecht weiter zu gelten; unter starker Anlehnung an den naturrechtlichen Ansatz, „es gebe ein absolut verpflichtendes, aktuell geltendes überpositives Recht" wurde „einerseits die die NS-Verfassung in ihrer juristischen Relevanz negiert und die *Kontinuität eines rechtsstaatlichen Rechtsbegriffs* – entgegen der diskontinuierlichen Verfassungsentwicklung – postuliert", ein Vorgang also, den man als „die juristische Variante der allgemeinen Verleugnungshaltung der Nachkriegszeit gegenüber dem Dritten Reich" bezeichnen kann, *Kirn,* Verfassungsumsturz oder Rechtskontinuität?, Diss., S. 85, 151 [Hervorhebung im Original]. Allerdings sah selbst Art. II des Gesetzes Nr. 62 v. 20.2.1948 die Bestimmung vor, dass „dieses Gesetz ... keinen Gesetzesakt wieder in Kraft [setzt], der durch die durch dieses Gesetz aufgehobenen Bestimmungen ... aufgehoben oder ersetzt worden ist"; auch *Hesse,* relativiert seine Ansicht insoweit, als durch die Beseitigung des nationalsozialistischen Rechts „das ältere *Landes*staatskirchenrecht wieder voll in Geltung treten" sollte; ob dagegen auch die Art. 135 bis 141 der WRV wieder auflebten und eventuell sogar Verfassungsrang erlangten, lässt auch er letztlich unbeantwortet, aaO, 3 (10) [Hervorhebung nicht im Original]; aus dem Fehlen einer schriftlich niedergelegten Verfassungsurkunde, ergibt sich ebenfalls keine automatische Weitergeltung der Weimarer Reichsverfassung, da der Staat die Existenz einer (geschriebenen) Verfassung nicht voraussetzt, *Klein,* Neues Deutsches Verfassungsrecht, S. 35; s. auch A.II.3, S. 11 ff. Im Zusammenbruch des nationalsozialistischen Regimes und der „Diktate der Siegermächte" sieht *Laun,* Zu den Eingriffen in das Versicherungswesen in der östlichen Besatzungszone, Versicherungswirtschaft 1946, Nr. 3 Sondernummer, 1 (5), dagegen wieder normativ wirkende Umstände, die – jedenfalls in den Bereichen „der Organisation, der Zuständigkeit und dem Verfahren der obersten Reichsorgane" – NS-Recht beseitigt und – wenn auch nicht „ohne weiteres die Wiederherstellung des vorher bestehenden Rechtszustandes" bewirkt – so doch letztlich zu dessen Weitergeltung geführt hätten.

4. Veränderte Lage und veränderte Ansprüche nach dem 2. Weltkrieg

Die Erfahrungen aus dem „Kirchenkampf" in Verbindung mit der Beseitigung des Gewaltmonopols des niedergerungenen deutschen Staates durch die Siegermächte hatten eine Akzentuierung der Unterschiede zwischen weltlicher und kirchlicher Aufgaben- und Zielausrichtung zur Folge, die zu einer erneuten und konsequenteren Abschichtung und damit zu einer deutlicheren Abgrenzung der jeweils wesenstypischen Elemente führte; die Rolle der Kirchen im Staatsgefüge wurde insgesamt neu definiert. Nicht nur aufgrund ihrer Rolle während des dunkelsten Kapitels deutscher Geschichte befreiten sie sich tatsächlich von den Fesseln der staatlichen Aufsicht und nahmen in vielen Bereichen auch politischer Gestaltung aktiv teil.[52] Verbunden mit dieser Entwicklung kirchlicher „Souveränität" war auch ein Über- bzw. Umdenken in dem Bereich hoheitlich-weltlicher Rechtskontrolle kirchlicher Aktivität, da insoweit staatliche Gerichtsbarkeit(Hoheit) als Relikt überkommener Tage angesehen wurde.[53]

Aus ihrem göttlichen Auftrag war beiden Großkirchen ein universeller Anspruch, der auf Durchdringung und Erfüllung des privaten wie auch des öffentlichen Lebens gerichtet war, eigen.[54] Mochte sich das Schicksal der christlichen Kirchen hinsichtlich der Einvernahme ihres Lebensraumes im nationalsozialistischen Unrechtsstaat zumindest bei formeller Betrachtung unterschiedlich entwickelt haben[55], konnten sie beide letztlich den staatlich betriebenen Zersetzungsprozess überstehen, ohne – als Institutionen – im Kern irreversiblen Schaden genommen zu haben. Nach der Zerschlagung der weltlichen Ordnungsmacht, ihrer allgemein offenbaren Pervertierung durch ein menschenverachtendes System war das Fundament ihres Gegenspielers nicht nur machtpolitisch, sondern auch in moralischer

[52] Zu dem erneuerten Rollenverständnis s. auch *Klostermann*, Öffentlichkeitsauftrag der Kirchen, Diss., S. 32 ff.; *Köttgen*, Kirche im Spiegel deutscher Staatsverfassung der Nachkriegszeit, DVBl. 1952, 485 (485 f.); *Maier*, in: HdbStKirchR, Bd. I, S. 86 ff.; *Weber*, Die Gegenwartslage des Staatskirchenrechts, VVDStRL **11** (1954), 155 (155), vermutet, die fehlende akademische Auseinandersetzung mit staatskirchenrechtlichen Problemfragen könne darauf zurückzuführen sein, dass der Staat „noch so gelähmt" oder „so sehr in den Einflußbereich der Kirchen geraten" sei, dass „er eine eigene Position gegenüber den Kirchen nicht mehr oder noch nicht habe beziehen können." S. auch dort S. 158.

[53] BVerfG, Beschluss v. 17.2.1965 – 1 BvR 732/64, BVerfGE **18**, 385 (386 f.); BVerfG, Beschluss v. 31.3.1971 – 1 BvR 744/67, BVerfGE **30**, 415 (428); BVerwG, Urteil v. 27.10.1966 – II C 98.64, BVerwGE **25**, 226 (229); BVerwG, Urteil v. 16.12.1966 – VII C 45.65, BVerwGE **25**, 364 (368); sa. *Hesse*, Der Rechtsschutz durch staatliche Gerichte im kirchlichen Bereich, S. 13 ff.

[54] *Peters*, Die Gegenwartslage im Staatskirchenrecht, VVDStRL **11**, 177 (184); „gerade heute mehr wie jemals vorher, ist die Kirche keineswegs nur zu einer geistlichen Führung berufen", sondern ihr soll – neben der praktizierten Nächstenliebe – die Rolle „eines Fürsprechers für ein unter dem Zwang der Umstände stumm gewordenes Volk" zuwachsen, *Hollós*, Die gegenwärtige Rechtsstellung der Kirche in Deutschland, S. 25; s. auch *Müller*, Diakonie in Deutschland, ZevKR **47**, 475 ff.; *Richardi*, Kirchlicher Dienst und Arbeitsrecht, ZevKR **19** (1974), 275 (286 ff.); BVerfG, Beschluss v. 16.10.1968 – 1 BvR 241/66, BVerfGE **24**, 236 (248); BVerfG, Beschluss v. 4.6.1985 – 2 BvR 1703, 1718/83 und 856/84, BVerfGE **70**, 138 (163).

[55] S. Fn. 45.

Hinsicht derart erschüttert, dass die Kirchen schnell nicht nur zu alter Stärke fanden, sondern darüber hinaus – die in Weimar bereits formell erreichte – tatsächliche Unabhängigkeit von staatlicher Aufsicht und Bevormundung einfordern und durchsetzten konnten.[56] In der Krise staatlicher Leitungsmacht übernahmen die Kirchen teilweise ordnungspolitische Funktionen und leisteten in Zeiten allgemeiner Not nicht nur für den Einzelnen unentbehrliche Hilfe. Insgesamt kam es nicht nur zu einem Wandel in der gesellschaftlichen Wahrnehmung religiös motivierter Tätigkeiten, also einer nur an äußerlichen Merkmalen orientierten Akzentverschiebung, sondern auch zu einer darüber hinausgehenden (Neu-)Positionierung der Kirchen in ihrer Beziehung zur weltlichen Autorität und ihrer Bedeutung für Belange der Allgemeinheit. Ohne der weiteren Darstellung vorgreifen zu wollen, kann bereits hier festgestellt werden, dass diese Umstände nicht ohne Einfluss für „die Deutung der rezipierten kirchenpolitischen Artikel der Weimarer Verfassung" geblieben sind.[57]
Nachdem die Feststellung und Ausarbeitung dieses Bedeutungswandels aber fast ausschließlich durch das staatskirchenrechtliche Schrifttum geschah, muss dabei jedoch auch bedacht werden, dass zwar die Interpretation der Verfassung einem Wandel der Verhältnisse durchaus Rechnung tragen kann, dass dabei allerdings mit besonderer Vorsicht zu Werke gegangen werden muss.[58]

5. Beratung im Parlamentarischen Rat

Als Ausgangspunkt für eine historische Spurensuche zur Entstehungsgeschichte des Art. 140 GG kommen nur die Beratungen des Parlamentarischen Rates[59] in Frage, der vom 1. September 1948 bis zum 8. Mai 1949 in Bonn tagte, denn der Konvent von Herrenchiemsee hatte in seinem Entwurf keine Aufnahme staatskirchenrechtlicher Bestimmungen vorgesehen. Wenn man auf die Begründung des Berichterstatters der CDU

[56] Dazu hat auch der Untergang eines monarchisch geprägten, „beamtenmäßig bestimmten Obrigkeitsstaates" beigetragen, der in der neuen Republik keine Fortsetzung fand, *Weber,* Die Gegenwartslage des Staatskirchenrechts, VVDStRL **11** (1954), 153 (158); im *Loccumer Vertrag* vom 19.3.1955 (Nds. GVBl. S. 159) zwischen dem Land Niedersachsen und den Evangelischen Landeskirchen schlägt sich die veränderte Situation besonders deutlich nieder; s. auch Fn. 22; auch wenn man – wie hier vertreten – vom Modell der Verfassungsdiskontinuität ausgeht, gilt es, angesichts der wortgetreuen Übernahme der Weimarer Kirchenartikel, dieses Faktum entsprechend zu beachten.

[57] *Hesse*, Die Entwicklung des Staatskirchenrechts seit 1945, JöR **10** nF, 1961, 3 (22).

[58] *Larenz,* Methodenlehre der Rechtswissenschaft, S. 363; s. auch den krit. Standpunkt von *Heckel,* Kontinuität und Wandlung des deutschen Staatskirchenrechts unter den Herausforderungen der Moderne, ZevKR **44** (1999), 340 (374 ff.).

[59] Dessen konstituierende Sitzung fand am 1.9.1948 statt; die Vorlagen der sieben Fachausschüsse stimmte der Allgemeine Redaktionsausschuss aufeinander ab und bereitete damit die Arbeit des Hauptausschusses vor; zur Klärung offen gebliebener Streitpunkte wurde später der sog. Fünfer-Ausschuss eingesetzt.

Fraktion *Süsterhenn* zurückgreift[60], so sollte durch die Aufnahme der Grundlagen der Staat – Kirche – Beziehung in das zu errichtende Grundgesetz der Rolle der Kirchen als einer „der stärksten Vorkämpfer für den Gedanken der persönlichen Freiheit und der Menschenwürde" – nicht nur in der Zeit des gerade niedergerungenen Verbrecherregimes, sondern auch in der gegenwärtigen Situation Rechnung getragen werden.[61]

In der Sache gingen die Auffassungen der Delegierten aber weit auseinander. Neben der unterschiedlichen Beurteilung der Frage, welche Position die Kirche im bzw. gegenüber dem Staat einnehmen sollte, war vor allem umstritten, ob der Bund angesichts der Kulturhoheit der Länder eigene Regelungskompetenz besitze, und selbst wenn, ob eine Regelung angesichts der Länderkonkordate überhaupt erforderlich sei; damit wurden aber auch grundsätzliche Probleme aktuell, etwa inwieweit die Länder noch eine rechtserhebliche Existenz aufwiesen oder welche Bedeutung dem Reichskonkordat[62], das am 10. September 1933 in Kraft getreten ist, beizumessen war.

Nachdem der gemeinsame Antrag der CDU/CSU, des Zentrums und der DP v. 29.11.1948[63] sowohl vom Grundsatzausschuss als auch vom Hauptausschuss abgelehnt worden war, kam es noch in der 22. Sitzung des Hauptausschusses[64] zur Abstimmung über einen Kompromissvorschlag, der auf *Theodor Heuss* von der FDP zurückging und von *Süsterhenn* aufgegriffen wurde.[65] Darin war ua. die Aufrechterhaltung der Weimarer Kirchenartikel vorgesehen.[66] Dieser Antrag wurde noch in derselben Sitzung angenommen.[67] In der zweiten Lesung fand trotz bzw. gerade wegen der Brisanz des Themas, des zwischenzeitlich bestehenden Zeitdrucks und der Zerbrechlichkeit des gefundenen Kompromisses überhaupt

[60] Zum ersten Mal hat sich der Parlamentarische Rat in der 24. Sitzung des Grundsatzausschusses vom 23.11.1948 mit Gestaltung der staatskirchenrechtlichen Beziehungen auf Antrag der DP-Fraktion vom 19.11.1948 (der in JöR 1952, Bd. I nF in Zusammenhang mit Art. 4, 140 GG nicht genannt wird) und zweier Eingaben der Evangelischen Kirche befasst, zum Nachweis s. *Schlief*, Die Entwicklung des Verhältnisses von Staat und Kirche und seine Ausgestaltung im Bonner Grundgesetz, Diss., S. 65 f. u. Fn. 235, 243; Herr *Dr. Süsterhenn* hat den gemeinsamen Antrag der CDU/CSU, des Zentrums und der DP v. 29.11.1948 in der 22. Sitzung des Hauptausschusses am 8.12.1948 begründet; der Grundsatzausschuss, der sich mit diesem Antrag in seiner 29. Sitzung v. 4.12.1948 (Stenoprotokoll, S. 61-67; Kurzprotokoll Drs. PR 12, 48-373 II S. 5) befasst hatte, brachte – ohne dass die einzelnen Abschnitte diskutiert worden sind – wegen der divergierenden Auffassungen keinen eigenen Vorschlag ein. Der Antrags ist auszugsweise in den Quellen (S. XXII) abgedruckt.

[61] Parlamentarischer Rat – Verhandlungen des Hauptausschusses Bonn 48/49, 22. Sitzung des Hauptausschusses am 8.12.1948, S. 255.

[62] RGBl II, S. 679 ff.

[63] S. Fn. 60.

[64] Diese fand am 8.12.1948 statt, s. Parlamentarischer Rat – Verhandlungen des Hauptausschusses Bonn 48/49, S. 255 ff.

[65] Parlamentarischer Rat – Verhandlungen des Hauptausschusses Bonn 48/49, S. 259.

[66] S. *Schlief*, Die Entwicklung des Verhältnisses von Staat und Kirche und seine Ausgestaltung im Bonner Grundgesetz, Diss., S. 80.

[67] Parlamentarischer Rat – Verhandlungen des Hauptausschusses Bonn 48/49, S. 260.

keine Beschlussfassung über den jetzigen Art. 140 GG statt.[68] Ohne weitere ausführliche Debatten passierte der modifizierte Antrag die dritte und vierte Lesung des Hauptausschusses und wurde schließlich auch vom Plenum des Parlamentarischen Rates angenommen.[69]

## III. Ergebnis

Wie sehr die in Art. 140 GG gefundene Formel auch das Produkt eines auf der Grundlage eines Minimalkonsenses errungenen Kompromisses sein mag, durch sie wurde ein – in Bezug auf die grundgesetzliche Gesamtordnung – voll- und gleichwertiger neuer Verfassungsrechtssatz „durch Rückgriff auf alte Gesetzesinhalte" geschaffen.[70] Das Staatskirchenrecht wurde – wenn auch in einem besonderen Verfahren – auf eine in der Tat neue verfassungsrechtliche Grundlage gestellt.[71] Trotz wortlautidentischer Übernahme der Weimarer Kirchenartikel in das Grundgesetz ist für deren Interpretation maßgeblich auf den Zeitraum bei ihrer Eingliederung in das bundesverfassungsrechtliche Ordnungssystem abzustellen; entscheidend ist die Herauslösung aus ihrem bisherigen Sinngefüge und die Verschmelzung mit dem System der gegenwärtigen Verfassungsordnung, so dass sie aus deren Genesis und den aufgenommenen „Staatszielnormen" historisch, systematisch und teleologisch auszulegen sind.[72] Soweit in diesem Zusammenhang schlicht von einem

[68] S. im Einzelnen *Schlief,* Die Entwicklung des Verhältnisses von Staat und Kirche und seine Ausgestaltung im Bonner Grundgesetz, S. 93 f.

[69] S. *Schlief,* Die Entwicklung des Verhältnisses von Staat und Kirche und seine Ausgestaltung im Bonner Grundgesetz, S. 97.

[70] *Hoffmann,* Die Inkorporation von Normen in eine Rechtsordnung, FS Klaus Obermayer, S. 33 (41); s. auch *Badura,* Staatsrecht, L 46, S. 760; auch nach *Hesse,* aaO, würde die „Grundannahme, daß das Grundgesetz historisch überkommene Deutungen festgeschrieben habe, ... das Staatskirchenrecht zum Fremdkörper innerhalb der Verfassung werden lassen und es darum unvermeidlich entwerten."

[71] *Jurina,* Der Rechtsstatus der Kirchen und Religionsgemeinschaften im Bereich ihrer eigenen Angelegenheiten, Diss., S. 73; entgegen dem überwiegenden Schrifttum sieht *Peters,* Die Gegenwartslage des Staatskirchenrechts, VVDStRL **11** (1954), 177 (186), in Art. 140 GG keine schlichte Verlegenheitslösung, sondern „eine im heutigen Verfassungssystem verwurzelte Notwendigkeit"; durch die zurückhaltende Regelung werde dem Umstand Rechnung getragen, dass insoweit die „verfassungsrechlichen politischen Entscheidungen in den Ländern fielen"; für einen Bedeutungswandel der durch Art. 140 GG inkorporierten Artikel, aaO, 177 (191); unverändert blieb aber „*Richtung und Substanz* der Verfassungsentscheidung von 1919", *Heckel,* Kontinuität und Wandlung des deutschen Staatskirchenrechts unter den Herausforderungen der Moderne, ZevKR **44** (1999), 340 (348) [Hervorhebung im Original]; *Heckel* erteilt insofern dem Gedanken eines Verfassungswandels eine eindeutige Absage, vielmehr führen „die unveränderten Verfassungsentscheidungen von 1919 seither zu *anderen Auswirkungen* normativer wie faktischer Art, weil sich das übrige Verfassungssystem, in das diese Artikel spolienartig eingebaut wurden, zu einem umfassend ausgebauten Sozial-, Kultur- und Rechtsstaat gewandelt hat", aaO [Hervorhebung im Original]; s. auch dort S. 376 f. BGH, Urteil v. 11.2.2000 – V ZR 271/99, NJW 2000, 1555 (1556) und OLG Naumburg, Urteil v. 11.9.1997– 7 U 1328/97, NJW 1998, 3060 (3061), betonen die Fortgeltung des Art. 137 Abs. 3 WRV über Art. 140 GG.

[72] *Heckel,* Staatskirchenrecht und Kulturverfassung des Grundgesetzes 1949 – 1989, Gesammelte Schriften, Bd. IV, S. 917 (923); in diesem Sinne wohl auch *Kirn,* Verfassungsumbruch oder

Bedeutungswandel der in Bezug genommenen Artikel der Weimarer Verfassung gesprochen wird[73], gilt es, sich diesen Befund ins Gedächtnis zu rufen.
Innerhalb des vorgegebenen verfassungsrechtlichen Rahmens ist mit „hin und her wandernden Blick", der Ausgleich zwischen dem ausgefüllten Freiraum selbstbestimmter Ziel- und Wertvorstellungen bzw. einer Glaubensüberzeugung und deren Öffentlichkeitsbezug und der staatlichen Rechtsordnung zu finden, in der sich (auch) kirchliches Leben entfaltet.

## B. Bedeutungsgehalt des „Ordnen und Verwalten der eigenen Angelegenheiten", vor allem kirchliche Normsetzung und Rechtskontrolle

Das staatskirchenrechtliche System mit der Sonderstellung der Kirchen findet seine Grundlegung in Art. 140 GG, dem gegenüber den in Art. 4 Abs. 1 u. 2 GG gewährten Freiheitsrechten[74] ein selbstständiger Bedeutungsgehalt zukommt.[75] Dieses „religionsgemeinschaftliche Selbstbestimmungsrecht" stellt nach Ansicht des BGH neben der

---

Rechtskontinuität?, S. 183, wenn er bezüglich der in Art. 123 GG angeordneten Geltungskontinuität ausführt, dass das „Grundgesetz die gesamte Rechtsordnung auf eine *neue* rechtliche und *Legitimitäts-Grundlage* gestellt hat und daß von ihm nur solches vorkonstitutionelle Recht rezipiert worden ist, das in dieses System paßt" [Hervorhebungen im Original]; ebenso *Peters*, Die Gegenwartslage des Staatskirchenrechts, VVDStRL **11** (1954), 177 (186); *Preuß*, in: AG-GG, Art. 140 Rdnr. 15; s. auch A.III, S. 17 f. Auch nach der ständigen Rechtsprechung der obersten Gerichtshöfe des Bundes bilden die inkorporierten Artikel der Weimarer Reichsverfassung mit dem Grundgesetz ein organisches Ganzes und sind daher nach dem Sinn und dem Geist der grundgesetzlichen Wertordnung auszulegen, BVerfG, Urteil v. 14.12.1965 – 1 BvR 413, 416/60, BVerfGE **19**, 206 (219); BVerfG, Urteil v. 14.12.1965 – 1 BvL 31, 32/62, BVerfGE **19**, 226 (236); BAG v. 21.10.1982 – 2 AZR 591/80, EzA § 1 KSchG Tendenzbetrieb Nr. 12 mit krit. Anm. *Rüthers*; s. auch *Morlok*, in: Dreier (Hrsg.), Grundgesetz–Kommentar, Bd. 1, 1996, Art. 4 Rdnr. 73. AA *Krüger*, Verfassungsänderung und Verfassungsauslegung, DÖV 1961, 721 (727), nach dessen Ansicht gerade bei der Rezeption der Weimarer Kirchenartikel „die übernommenen Sätze im Sinne der ihnen zugrundeliegenden Konzeption zu verstehen sind", da sich der Verfassungsgeber für eine bereits dagewesene Regelung entschieden habe, die er folglich für immer noch angemessen halte.

[73] Va. wenn *Heckel* ausführt, das „Weimarer Staatskirchensystem ist durch das Grundgesetz nicht verlassen, sondern in modernisierter Weise fortgeführt worden. ... Die Weimarer Kirchenartikel sind erst nach 1949 im Grundgesetz voll zur Entfaltung gelangt.", Staatskirchenrecht und Kulturverfassung des Grundgesetzes 1949 – 1989, Gesammelte Schriften, Bd. IV, S. 917 (924); vgl. *Smend*, Staat und Kirche nach dem Bonner Grundgesetz, ZevKR **1** (1951), 4 (10 f.).

[74] In deren Schutzbereich nicht nur Einzelpersonen, sondern auch ihr Zusammenschluss zu gemeinschaftlicher Ausübung fallen, *Mager*, in: v. Münch/Kunig, GGK I, Art. 4 Rdnr. 9.

[75] *Richardi*, Kollektivgewalt und Individualwille bei der Gestaltung des Arbeitsverhältnisses, S. 63. Der enge Zusammenhang zum grundrechtlich gewährleisteten Schutz des Art. 4 Abs. 1 u. 2 GG zeigt sich bei Begrenzungen der Freiheit der Religionsgesellschaften; diese bedeuten mittelbar einen Eingriff in die Religionsfreiheit ihrer Mitglieder, *Richardi/Thüsing*, Kein Arbeitskampf in der Diakonie, AuR 2002, 94 (96); *Richardi*, Arbeitsrecht in der Kirche, § 1 Rdnrn. 7 f.

Religionsfreiheit und der grundsätzlichen Trennung von Staat und Kirche die „dritte Säule der staatskirchenrechtlichen Ordnung des Grundgesetzes" dar.[76]

Das Selbstbestimmungsrecht der Kirchen und Religionsgemeinschaften erstreckt sich gem. Art. 137 Abs. 3 Satz 1 WRV auf deren eigene Angelegenheiten. Darin kommt einerseits die ausdrückliche Anerkennung der Existenz[77] eines von der staatlichen Ziel- und Aufgabenwahrnehmung losgelösten und insoweit abgrenzbaren[78] Bereiches glaubensgeprägter bzw. weltanschaulicher Lebensentfaltung in Gemeinschaft mit anderen zum Ausdruck. Andererseits verkörpert diese Bestimmung die institutionelle Absicherung der nach ihrem Selbstverständnis verfassten Glaubensgemeinschaft.

Von diesem umfassenden Begriffsverständnis der verfassungsrechtlichen Gewährleistung des kirchlichen Selbstbestimmungsrechs, dessen Konsequenzen weit über den rein geistlich – religiösen Kernbereich hinaus „in die Welt" hineinreichen können[79], ist weiter der Bereich der „innerkirchlichen" Angelegenheiten abzuschichten. Letzterer hat Bedeutung vor allem im Rahmen der Justizgewährleistung staatlicher Gerichte, insbesondere der Frage nach der Eröffnung des Rechtswegs und der Reichweite ihrer Entscheidungskompetenz erlangt.[80]

## I. Objektivrechtlicher Rahmen und Relevanz des kirchlichen Selbstverständnisses

### 1. Grundsatz

Nach Art. 140 GG iVm. Art. 137 Abs. 3 WRV haben die Religionsgesellschaften das Recht, ihre Angelegenheiten selbstständig innerhalb der Schranken des für alle geltenden Gesetzes zu ordnen und zu verwalten.[81] Der säkulare und religiös neutrale Staat ermöglicht durch die Gewährleistung des Selbstbestimmungsrechts[82] den Religionsgemeinschaften grundsätzlich, diesen Freiraum entsprechend ihren Glaubensinhalten auszugestalten und damit mit Leben zu erfüllen.[83] Als Entfaltungsraum für das durch das jeweilige Selbstverständnis geprägte Wesen einer Religionsgesellschaft steht somit nicht nur ein nach innen gewandter

[76] BGH, Urteil v. 11.2.2000 – V ZR 271/99, NJW 2000, 1555 (1556).

[77] Entsprechend dem Gebot der Art. 4 Abs. 1, 2, Art. 3 Abs. 3, Art. 33 Abs. 3 GG und Art. 137 Abs. I WRV iVm. Art. 140 GG nach weltanschaulich-religiöser Neutralität des Staates.

[78] Nicht aber im Sinne der Exemtion aus der staatlichen Rechtsordnung und damit einer Gegenüberstellung verschiedener voneinander unabhängiger Rechtskreise.

[79] *Heckel*, Die staatliche Gerichtsbarkeit in Sachen der Religionsgemeinschaften, Gesammelte Schriften, Bd. IV, S. 1026 (1045).

[80] Vgl. *Kästner*, Staatliche Justizhoheit und religiöse Freiheit, S. 239; aaO, Fünfzehntes Kapitel, Fn. 22 ff. mwN.

[81] Zur Frage des kircheninternen Rechtsschutzes s. S. 51 ff.; zur Normwirkung kirchlicher Rechtsetzungsakte im Bereich des Arbeitsrechts s. S. 70 ff.

[82] Seit dem 2. Weltkrieg nicht mehr iS einer „distanzierten", sondern jedenfalls iS einer „offenen" Neutralität, *Böckenförde*, Staat – Gesellschaft – Religion, S. 107 f.; die „Selbständigkeit der Kirchen ... ist nicht mehr ausgesparte Autonomie, sondern von anderer Art", *Weber*, Die Gegenwartslage des Staatskirchenrechts, VVDStRL **11** (1954), 153 (169).

[83] *Richardi*, Arbeitsrecht in der Kirche, § 1 Rdnr. 12; *ders.*, Geltungsbreich des kirchlichen Arbeitsrechts, ZMV 2005, 5 (5).

Eigenbereich im Sinne eines Kernbereichs oder eines besonders gearteten kirchlichen „Intramuranbereichs"[84] im Sinne von Gottesdienst, Glaubenspflege oder Dogma zur Verfügung, sondern „auch die Freiheit, sich in der Welt zu entfalten und zu wirken, wie es ihrer religiösen und diakonischen Aufgabe entspricht".[85] Mitumfasst wird danach auch der sog. „Heilsdienst an der Welt"".[86] Gerade auch die (selbstbestimmte) Zielsetzung eines Wirkens im öffentlichen Bereich, also Mission und gelebte Nächstenliebe[87], werden durch den verfassungsrechtlich gesteckten Freiheitsrahmen geschützt.[88] Eine in diesem Kontext entfaltete Tätigkeit kann, ohne ihrer wesensprägenden Merkmale entkleidet zu werden, nicht losgelöst von dieser Grundlage und in diesem Sinne "wertneutral" betrachtet bzw. ausgeübt werden.[89] Kann das öffentliche und politische Wirken der Religionsgemeinschaften nicht unabhängig vom jeweiligen Bekenntnis betrachtet werden, ist es damit grundsätzlich als Ausübung der Religionsfreiheit zu werten. Ein - im Verhältnis zu anderen gesellschaftlichen Gruppen - besonderes Teilhaberecht innerhalb der staatlichen Ordnung steht den Religionsgemeinschaften allerdings nicht zu. Andererseits bildet allein das soziologische Gewicht der Religionsgemeinschaft keinen Maßstab für die (juristische) Einordnung einer „Lebensäußerung" im oben genannten Sinne.[90]

a) Geltung kirchlichen Dienstrechts in Einrichtungen staatlichen und kirchlichen Rechts

Originärer Träger des kirchlichen Selbstbestimmungsrechts ist nicht zwangsläufig der Vertragspartner des in einer kirchlichen Einrichtung beschäftigten Dienstnehmers.[91] Der durch Art. 140 GG iVm. Art. 137 Abs. 3 WRV garantierte Freiheitsbereich kommt unmittelbar nur den Religionsgesellschaften selbst zu, die auch exklusiv zu dessen Ausgestaltung berufen sind.[92] Ist eine Einrichtung nach staatlichem (Organisations)Recht errichtet, liegt es damit nicht in der Kompetenz der nach staatlichem Recht berufenen Vertretungs- bzw. Leitungsorgane, unter Wahrung des (profan)gesetzlich vorgeschriebenen Verfahrens, ein

---

[84] *Heckel*, Die Kirchen unter dem Grundgesetz, VVDStRL **26** (1968), 5 (40).

[85] BAG Urteil v. 21.10.1982 – 2 AZR 591/80, EzA § 1 KSchG Tendenzbetrieb Nr. 12 mit krit. Anm. *Rüthers*.

[86] Art. 140 GG iVm. Art. 137 Abs. 3 WRV garantieren die kirchliche Autonomie, die „unbezweifelbar auch das Recht der kirchlichen Verkündigung enthält", *Herzog*, in: Maunz/Dürig, Grundgesetz Kommentar, Bd. I, Art. 4 Rdnr. 75; zur Grenze der Missionstätigkeit s. dort Rdnr. 84.

[87] Für die katholische Kirche mit dem Begriff der „Caritas" bezeichnet, für die evangelische Kirche mit dem der „Diakonie", s. *Müller*, Diakonie in Deutschland, ZevKR **47** (2002), 475 (475).

[88] *Heckel*, Zur Entwicklung des deutschen Staatskirchenrechts von der Reformation bis zur Schwelle der Weimarer Verfassung, ZevKR **12** (1996), 1 (34, Fn. 7 auf S. 35); MünchArbR/*Richardi*, § 193 Rdnr. 4.

[89] MünchArbR/*Richardi*, § 194 Rdnr. 11; *ders.*, Arbeitsrecht und kirchliche Ordnung, ZevKR **15** (1970), 219 (221, 224).

[90] S. *Klostermann*, Der Öffentlichkeitsauftrag der Kirchen, Diss., S. 2, 58 f.

[91] *Muckel*, in: HdbStKirchR, § 29 III. 2. a), S. 833 f.

[92] S. auch *Bielitz*, Privatrechtliche Organisationsformen in der evangelischen Kirche, ZevKR **47** (2002), 56 (70).

eigenständiges, von der kirchengesetzlichen Vorgabe abweichendes, System der Dienstnehmerbeteiligung zu schaffen.[93] Der von der jeweiligen Einrichtung in Bezug auf den Geltungsbereich der staatlichen Rechtsordnung eingenommene Sonderstatus wird gerade aus der Zugehörigkeit der Einrichtung zur Religionsgesellschaft empfangen. Hinsichtlich der arbeitsrechtlichen Mitbestimmungsordnung besteht kein eigenständiges Gestaltungsrecht der einzelnen Organisationseinheit: Arbeitsrechtliche Regelungsautonomie ist ein der verfassten Kirche aufgrund des verfassungsrechtlich gewährten Selbstbestimmungsrechts zukommendes Sonderrecht.[94]

Weigern sich Einrichtungen iS des Art. 2 Abs. 2 GrOkathK, die – hinsichtlich ihrer (autonomen) Zielsetzung und ihres Wirkungskreises – grundsätzlich als „Lebens- und Wesensäußerung" der Kirche anzusehen sind, die GrOkathK zu übernehmen, unterliegen sie zwangsläufig der staatlichen Mitbestimmungsordnung. Diese Einrichtungen können dem Geltungsanspruch der staatlichen Rechtsordnung nicht mehr ihren (vermeintlichen) Status als Einrichtung der Kirche entgegensetzen.[95]

b) Grenzen kirchlicher Regelungskompetenz

Umgekehrt wird aber durch die kirchenrechtlich relevante und staatlich anerkannte Zuordnung einer rechtlich verselbstständigten Einrichtung keine Brücke für die verfasste Kirche geschlagen, die es ihr ermöglicht, unmittelbar und verbindlich ohne Beteiligung der aus weltlicher Sicht zuständigen Organe Recht zu setzen.[96] Dazu bedarf es eines Übernahmeaktes der privatrechtlich organisierten Einrichtung. Die verfasste Kirche kann damit die aus ihrer Sicht maßgebenden Zuordnungskriterien definieren, ihre Einhaltung überwachen und sanktionieren. Ein unmittelbarer Durchgriff im Sinne autonomer für die

---

[93] *Frey/Coutelle/Beyer,* MAVO, § 1 Rdnr. 25; noch offen gelassen bei *Richardi,* Arbeitsrecht in der Kirche, § 18 Rdnr. 6.

[94] *v. Campenhausen,* in: v. Mangoldt/Klein/Starck, GG III, Art. 137 WRV Rdnr. 71; *Frey/Coutelle/Beyer,* MAVO, Präambel Rdnr. 7; MünchArbR/*Richardi,* § 192 Rdnr. 47; zur Kritik an der „Regelungsautonomie" s. *Hammer,* Kirchliches Arbeitsrecht, S. 172 f., 337 f.; im Falle des § 118 Abs. 2 BetrVG müssen die Zuordnung der Einrichtung zu einer Religionsgemeinschaft und die Ausrichtung auf ein erzieherisches oder karitatives Ziel kumulativ vorliegen, um die Anwendbarkeit der MAVO zu begründen, *Thüsing,* Mitbestimmung und Tarifrecht im kirchlichen Konzern, ZTR 2002, 56 (57); aA *Preuß,* AK-GG, Art 140 Rdnr. 48, der zwischen dem Amtsrecht der Kirchen, das als eigene Angelegenheit iS des Art. 140 GG iVm. Art. 137 Abs. 3 WRV dem kirchlichen Selbstbestimmungsrecht unterfallen soll und dem Dienst- und Arbeitsrecht der Kirchen differenziert, wofür sie keine selbstständige Regelungskompetenz besitzen sollen. Unausgesprochene Voraussetzung des staatskirchenrechtlichen Systems ist dabei, dass „die Wertungen in Staat und Kirche" sich nicht zu weit von einander entfernen, dh. es wird in gewisser Hinsicht ein Zusammenwirken vorausgesetzt, was nur möglich ist, „wenn und soweit Staat und Religionsgemeinschaften in ihren Zielen übereinstimmen, jedenfalls keine gegenläufigen Ziele verfolgen", *Rüfner,* Staatskirchenrecht im pluralistischen Staat – Wertungsdifferenzen zwischen Staat und Religionsgemeinschaften, FS Hollerbach, 691 (693 mwN).

[95] ArbG Mönchengladbach, Beschluss v. 12.7.2001 – 4 BV 34/01, ZMV 2001, 244 (246 f.).

[96] *Müller,* Diakonie in Deutschland, ZevKR **47** (2002), 475 (488 f.); s. auch S. 37 ff.

organisatorisch verselbstständigte Einrichtung verbindlicher Normsetzung steht der verfassten Kirche nicht zu. Mit der Verpflichtung verselbstständigter Einrichtungen gem. Art. 2 Abs. 2 GrOkathK zur rechtsverbindlichen Übernahme der Grundordnung wird diesem Umstand Rechnung getragen.[97]

Damit wird das kirchliche Arbeitsrechtsregelungsverfahren aber nicht nur eine schlichte „Option" für eine nach staatlichem Recht verselbstständigte Einrichtung. Ohne wechselseitige Zuordnung und Anerkennung der durch das kirchliche Selbstverständnis ausgestalteten verfahrens- und materiellrechtlichen Vorgaben geht der verfassungsrechtlich verliehene Sonderstatus im Sinne der Art. 140 GG i.V.m. Art. 137 WRV verloren.[98] Entsprechend hat auch die Schlichtungsstelle – Köln in ihrem Beschluss vom 18.10.2000 entschieden, dass ohne Geltung der GrOkathK auch die MAVO keine Anwendung findet.[99] Für den überindividuellen Bereich ergibt sich damit die Frage nach der Verbindlichkeit der aus dem jeweiligen Selbstverständnis abgeleiteten Verhaltensanforderungen und der Möglichkeit der Sanktionierung eventueller Verstöße, also die Frage nach Gegenstand und Umfang des Selbstbestimmungsrechts iS des Art. 137 Abs. 3 WRV iVm. Art. 140 GG innerhalb der von der staatlichen Rechtsordnung umfassten Gesellschaft. Allerdings soll dieser Fragestellung hier vor allem unter dem Aspekt der Sonderstellung der Kirche bei der Gestaltung des arbeitsrechtlich relevanten Bereichs nachgegangen werden.

2. Der Kirche zugeordnete Einrichtungen und die Inanspruchnahme einer Sonderstellung im staatlichen Recht

a) Kirchliche Einrichtungen und ihre Zuordnung zur verfassten Kirche

Neben den spezifischen, im universellen Kirchenrecht geregelten Formen des Zusammenschlusses von Gläubigen kann sich die Kirche zur Erfüllung ihrer Aufgaben aller zur Verfügung stehender Organisationsformen des profanen Rechts bedienen.[100] Unabhängig von ihrer Rechtsform, kann sich das Selbstbestimmungsrecht der Kirche auf jedwede Einrichtung erstrecken, wenn diese „nach kirchlichem Selbstverständnis ihrem Zweck oder ihrer Aufgabe entsprechend berufen [ist], ein Stück Auftrag der Kirche in dieser Welt wahrzunehmen und zu erfüllen".[101] Für die Zuordnung zur Kirche genügt dabei

---

[97] ArbG Mönchengladbach, Beschluss v. 12.7.2001 – 4 BV 34/01, ZMV 2001, 244 (246).

[98] S. B.I.1.a), S. 20 f.

[99] Schlichtungsstelle – Köln, Beschluss v. 18.10.2000 (MAVO 8/2000), ZMV 2001, 38 (39), leitet dies aus Art. 8 Satz 2 GrOkathK ab. Schlichtungsstelle – Köln, Beschluss v. 18.10.2000 (MAVO 5/99-KODA).

[100] Für den dabei zu beachtenden zusätzlichen Aspekt der Ausübung eines verfassungsrechtlich garantierten Freiheitsbereiches s. *Richardi*, Arbeitsrecht in der Kirche, § 2 Rdnrn. 25 f.; BVerfG, Beschluss v. 4.6.1985 – 2 BvR 1703/83, 1718/83, 856/84, BVerfGE **70**, 138 (165).

[101] BVerfG, Beschluss v. 11.10.1977 – 2 BvR 209/76, BVerfGE **46**, 73 (85); BVerfG, Beschluss v. 25.3.1980 – 2 BvR 208/76, BVerfGE **53**, 366 (391 ff.); BVerfG, Beschluss v. 17.2.1981 – 2 BvR

grundsätzlich, dass „die Einrichtung im Einklang mit dem Bekenntnis der Kirche und in Verbindung mit deren Amtsträgern tätig wird".[102] Solange und soweit die Einrichtung einem kirchlichen Zweck dient und diesbezüglich einem maßgeblichen Einfluss (s. dazu S. 24) der Kirche untersteht, reicht es aus, wenn der kirchliche Rechtsträger einer von mehreren – seien diese staatlicher oder privatrechtlicher Natur – ist.[103] Wird von einer „kirchlichen Einrichtung" gesprochen, sind damit alle Einrichtungen kirchlicher Rechtsträger erfasst.

Der Begriff „kirchliche Einrichtung" ist aus Sicht der Kirche nicht mit einer rechtlich verbindlichen Zuordnung zur Amtskirche besetzt, sondern kann grundsätzlich auch ohne besonderes Prüfungs- oder Zustimmungsverfahren verwendet werden. Im Gegensatz dazu hat der Führung des Zusatzes „katholisch" ein kircheninternes Approbationsverfahren vorauszugehen[104] und bringt damit mehr als eine „allgemeine Funktionsbezeichnung" zum Ausdruck.[105]

Sollen nach staatlichem Recht gebildete, einen kirchlichen Zweck verfolgende Zusammenschlüsse am kirchlichen Selbstbestimmungsrecht teilhaben – und damit auch den besonderen kollektiv- und individualarbeitsrechtlichen Bestimmungen unterfallen – bedarf es gem. Art. 2 Abs. 2 GrOkathK allerdings neben der bischöflichen Approbation der Übernahme der Grundordnung durch Beschlussfassung der jeweils berufenen Vertretungsorgane. Auf diese Weise wird zum einen dem Umstand Rechnung getragen, dass Träger dieses Selbstbestimmungsrechts nicht die einzelne Einrichtung, sondern die Kirche ist[106], zum anderen wird damit auch sichergestellt, dass die nach kirchlichem Recht erforderliche rechtliche Verbindung vorhanden ist.[107] Schließen sich Private aus eigener Initiative zur Verfolgung eines bestimmten Ziels zusammen, so reicht – auch aus Sicht der staatlichen Rechtsordnung – allein der Wille bzw. die Auffassung dieser Gruppierung, mit ihrer Tätigkeit

---

384/78, BVerfGE **57**, 220 (242); BVerfG, Beschluss v. 4.6.1985 – 2 BvR 1703, 1718/83 und 856/84, BVerfGE **70**, 138 (162); BAG, Beschluss v. 6.12.1977 – 1 ABR 28/77, BAGE **29**, 405 (409 f.); BAG, Beschluss v. 24.7.1991 – 7 ABR 34/90, BAGE **68**, 170 (174); BAG, Urteil v. 10.12.1992 – 2 AZR 271/92, AR-Blattei ES 960 Kirchenbedienstete Nr. 48 mit zust. Anm. v. *Richardi*; BayVGH, Beschluss v. 16.6.1999 – 17 P 98.1241, PersV 2000, 38 (40); ArbG Mönchengladbach, Beschluss v. 12.7.2001 – 4 BV 34/01, ZMV 2001, 244 (245).

[102] MünchArbR/*Richardi*, § 192 Rdnr. 42; s. auch S. 20.

[103] *Eder*, Kirchlichkeit und kirchliche Einrichtung, ZMV 2000, 159 (160); *Frey/Coutelle/Beyer*, MAVO, § 1 Rdnr. 23; s. zur Problematik der Beteiligungsrechte in einer gemischt kirchlich-weltlichen Konzernstruktur, *Thüsing*, Mitbestimmung und Tarifrecht im kirchlichen Konzern, ZTR 2002, 56 ff.

[104] S. cc 216, 808 CIC; BAG, Urteilv. 21.10.1982 – 2 AZR 591/80, EzA § 1 KSchG Tendenzbetrieb Nr. 12 mit krit. Anm. *Rüthers*; für die Problemlage hinsichtlich der Rechtsschutzmöglichkeit bei Namensverletzung öffentlich-rechtlich verfasster kirchlicher Einrichtungen s. *Renck*, Der Name der Kirche, NVwZ 2001, 859 ff.

[105] *Eder*, Kirchlichkeit und kirchliche Einrichtung, ZMV 2000, 159 (160).

[106] S. S. 20 f.

[107] *Eder*, Kirchlichkeit und kirchliche Einrichtung, ZMV 2000, 159 (161); s. auch S. 20 f. Erfüllen Zusammenschlüsse nach staatlichem Recht diese Voraussetzungen nicht, handelt es sich um bloße Einrichtungen mit kirchlicher Zielsetzung, die vollständig dem Geltungsbereich des staatlichen Arbeitsrechts unterliegen, *Eder*, aaO.

glaubensmotiviert eine wesensmäßig kirchliche Funktion wahrzunehmen, nicht aus, um diese Zuordnung zu bewirken.[108] Die Kirche muss sich keine Organisationen aufdrängen lassen. Im Gegenzug ist es der verfassten Kirche nicht möglich, auf der Basis des staatlichen Rechts gegründete Rechtsträger ohne deren feststellbaren Willen, dem kircheneigenen Recht zu unterstellen.[109]

b) Inhaltliche Anforderungen an die Zuordnung zur verfassten Kirche

Inhaltlich ist insgesamt ein Mindestmaß an Einflussnahmemöglichkeit seitens der verfassten Kirche erforderlich. Eine formell satzungsmäßige Absicherung ist insoweit nicht zwingend.[110] Eine kirchliche Trägerschaft, die Verantwortung der leitenden Personen gegenüber der Amtskirche oder eine wirtschaftliche Verflechtung und Absicherung durch sie sind ausreichend.[111] Entscheidend ist dabei nicht die Art und Weise der kirchlichen Einflussnahmemöglichkeit, deren Ausgestaltung gerade dem kirchlichen Selbstbestimmungsrecht unterfällt. Maßgebend ist allein das Vorhandensein einer kirchlichen Kontroll- oder Eingriffskompetenz bezogen auf die Einrichtung selbst, die es der verfassten Kirche erlaubt, einen etwaigen Dissens zwischen Kirche und Einrichtung bei der Verwirklichung des spezifisch kirchlichen Aspekts ihrer Tätigkeit zu unterbinden.[112] Sind diese Voraussetzungen erfüllt, liegt es unabhängig von der gewählten Organisationsform[113] (Stiftung, Verein, gGmbH usw.) in der Hand der Kirche, innerhalb der ihr zugeordneten

---

[108] Dies ergibt sich kirchenrechtlich bereits aus den cc. 216, 300, 803 § 3, 808 CIC; welchen Einfluss die Religionsgemeinschaft auf Einrichtungen haben muss, ist nach wie vor umstritten, s. die Darstellung bei *Thüsing,* in: Richardi, BetrVG, § 118 Rdnrn. 200 ff.

[109] BAG, Urteil v. 26.7.2001 – 6 AZR 350/00, nicht amtl. veröffentlicht; ArbG Mönchengladbach, Beschluss v. 12.7.2001 – 4 BV 34/01, ZMV 2001, 244 (246).

[110] *Richardi,* Arbeitsrecht in der Kirche, § 3 Rdnr. 12; BAG, Beschluss v. 14.4.1988 – 6 ABR 36/86, BAGE **58**, 92 (102 f.); BAG, Beschluss v. 30.4.1997 – 7 ABR 60/95, NZA 1997, 1240 (1241); aA *Fitting,* BetrVG, § 118 Rdnrn. 59 f., da ansonsten die Anwendung des BetrVG ohne jede gerichtliche Kontrollmöglichkeit „in das Belieben der Kirchen" gestellt sei.

[111] BAG, Beschluss v. 30.4.1997 – 7 ABR 60/95, EzA § 118 BetrVG 1972 Nr. 66; BAG, Beschluss v. 4.4.1988 – 6 ABR 36/86, ZTR 1988, 438 (438 Ls.); BAG, Urteil v. 26.7.2001 – 6 AZR 350/00, nicht amtl. veröffentlicht; *Thüsing,* Mitbestimmung und Tarifrecht im kirchlichen Konzern, ZTR 2002, 56 (57 f.), „"Ihre" Einrichtung ist also nicht notwendigerweise besitzanzeigend zu verstehen", einen bestimmenden Einfluss kann die Amtskirche danach auch dann ausüben, „wenn mehrere juristische Personen hintereinander gestaffelt sind", da auch durch solche Konstruktionen die tatsächlich mögliche Einflussnahme nicht ausgehebelt, sondern nur „formalisiert" wird; soweit es an einer Eigentümerstellung fehlt, kann sich die Mitgliedschaft eines Unternehmens im Caritasverband als ausreichend erweisen, offengelassen von BAG, Beschluss v. 24.11.1981 – 1 ABN 12/81, EzA § 72a ArbGG 1979 Nr. 37; s. auch BVerfG, Beschluss v. 11.10.1977 – 2 BvR 209/76, BVerfGE **46**, 73 (94); bejaht für das Diakonische Werk durch BAG, Beschluss v. 30.4.1997 – 7 ABR 60/95, EzA § 118 BetrVG 1972 Nr. 66; LAG Thüringen, Beschluss v. 25.1.2001 – 1 TaBV 7/2000, AuA 2001, 430 (Ls).

[112] *Thüsing,* in: Richardi, BetrVG, § 118 Rdnr. 200; *Fitting,* § 118 Rdnr. 61; BAG, Urteil v. 26.7.2001 – 6 AZR 350/00 (nicht amtl. veröffentlicht).

[113] *Richardi,* Arbeitsrecht in der Kirche, § 16 Rdnr. 59; BAG, Beschluss v. 14.4.1988 – 6 ABR 36/86, ZTR 1988, 438 (438 Ls.); BAG, Urteil v. 10.12.1992 – 2 AZR 271/92, EzA § 611 BGB Kirchliche Arbeitnehmer Nr. 38; BAG, Urteil v. 30.4.1997 – 7 ABR 60/95, EzA § 118 BetrVG 1972 Nr. 66 mwN.

Einrichtung von ihrem Recht zur Regelung der eigenen Angelegenheiten iS der Art. 140 GG iVm. 137 Abs. 3 WRV im erforderlichen Umfang – iS der verfassungsgemäßen Inanspruchnahme des Selbstbestimmungsrechts gem. Art. 140 GG iVm. Art. 137 Abs. 3 WRV – Gebrauch zu machen.[114]

## II. Begriff der eigenen Angelegenheiten

Zur Erfüllung ihrer Aufgaben besitzen die Kirchen die „unerlässliche Freiheit der Bestimmung über Organisation, Normsetzung und Verwaltung".[115] Dies umfasst auch die Befugnis, „in einem Verwaltungsverfahren und in einem kirchengerichtlichen Verfahren aus eigenem Recht kirchliche Rechtspflege zu üben."[116] Da dem weltanschaulich-religiös neutralen Staat eine inhaltliche Fixierung der durch Art. 4 Abs. 1 GG gewährten Freiheit untersagt ist[117], ist für die Frage nach dem Bereich der eigenen Angelegenheiten iS des Art. 137 Abs. 3 WRV iVm. Art. 140 GG gerade „das Selbstverständnis der Kirche von ihrem Wesen und Auftrag zu respektieren".[118] Es liegt somit in der Entscheidungsgewalt der religiös- oder weltanschaulichen Gemeinschaft, ihre (innere) Ordnung auf eine normative Grundlage zu stellen. Soweit sie sich dazu entschließt, macht sie – unabhängig von ihrer Rechtsform – von einer originären eigenständigen Kompetenz Gebrauch. Damit steht aber zugleich fest, dass die Ausfüllung des in Art. 137 Abs. 3 WRV anerkannten Bereichs der Selbstbestimmung nicht nur Bedeutung für den internen Bereich der jeweiligen Gemeinschaft hat, sondern darüber hinaus sich auch „auf den Inhalt des staatlichen Rechts aus[wirkt]."[119] Dieser Kompetenz können sich die Kirchen allerdings nicht beliebig bedienen, sie ist vielmehr ausgerichtet und in diesem Sinne funktionsbezogen auf die Verwirklichung des Selbstbestimmungsrechts gem. Art. 140 GG iVm. Art. 137 Abs. 3 WRV, im hier interessierenden Zusammenhang also auf die Verankerung und Umsetzung der Besonderheiten des kirchlichen Dienstes im grundsätzlich schrankenziehenden Bereich des staatlichen Arbeitsrechts.

Aus dem Blickwinkel des Staates hat dies zur Folge, dass die im Rahmen des verfassungsrechtlich gewährten Gestaltungsfreiraums errichtete kirchliche Ordnung grundsätzlich respektiert werden muss und Eingriffe in dieselbe einer entsprechenden

---

[114] S. *Frey/Coutelle/Beyer*, MAVO, § 1 Rdnrn. 8 ff.; *Hammer*, Kirchliches Arbeitsrecht, S. 255 ff.; s. auch hier Fn. 119; *Richardi*, Geltungsbreich des kirchlichen Arbeitsrechts, ZMV 2005, 5 (6).

[115] BVerfG, Beschluss v. 25.3.1980 – 2 BvR 208/76, BVerfGE **53**, 366 (401).

[116] *Hollerbach*, Die Kirchen unter dem Grundgesetz, VVDStRL **26** (1968), 57 (75); s. auch S. 53 ff.

[117] S. *Morlok*, in: Dreier, GG, Art. 4 Rdnrn. 121 ff.; *Starck*, in: v. Mangoldt/Klein/Starck, GG I, Art. 4 Rdnr. 9; BVerfG, Beschluss v. 21.9.1976 – 2 BvR 350/75, BVerfGE **42**, 312 (332).

[118] *Richardi*, Arbeitsrecht in der Kirche, § 1 Rdnr. 8; aA wohl Scheuner, Autonomie der Kirche – Symposion für Armin Füllkrug, S. 1 (19).

[119] BAG, Beschluss v. 11.3.1986 – 1 ABR 26/84, BAGE **51**, 238 (245 f.); BAG, Urteil v. 21.5.1992 – 2 AZR 49/92, KirchE **30**, 225 (227); s. auch *Hammer*, Kirchliches Arbeitsrecht, S. 108 f., 128 und S. 172, 336.

Rechtsgrundlage bedürfen. Im Folgenden soll kurz die Frage behandelt werden, inwieweit Stellung und Wesen der Kirche bzw. ihrer Einrichtungen innerhalb von Gesellschaft und Staat durch autonome Bestimmung definiert werden und inwieweit das Ergebnis dieses Prozesses vor der profanen Rechtsordnung Bestand hat.

### 1. Ermittlung des kirchlichen Proprium

Im Bereich der Rechtsanwendung sieht man sich grundsätzlich mit dem Problem einer möglichst umfassenden Beachtung der Umstände des jeweiligen Einzelfalles unter gleichzeitiger Wahrung allgemeiner Gesichtspunkte konfrontiert. Es wird im Rahmen der vorgegeben Rechtsordnung ein Ausgleich zwischen dem Verlangen nach Einzelfallgerechtigkeit und Berücksichtigung allgemeiner überindividueller Interessen vorgenommen. Vergegenwärtigt man sich diesen Grundsatz, wird deutlich, dass eine angemessene Ermittlung und Gewichtung der weltlichen und geistlichen Belange ebenfalls nur durch ein Hin- und Herwandernlassen des Blicks zwischen beiden Positionen gelingen kann. Ebenso kann eine Antwort auf die Frage, wie das Selbstverständnis der Kirchen in staatskirchenrechtlicher Hinsicht zu gewichten ist, nur auf grundsätzlicher Anerkennung der jeweils eingenommen Positionen basieren; einerseits „unter dem Gesichtspunkt des aus dem Selbstverständnis erhobenen Anspruchs, der den Eigenwert des Trägers in Gestalt eines grundsätzlich partikularen Interesses verkörpert – wie auch aus dem Blickwinkel des objektiven Gehalts des Rechts"[120], ohne dabei aber einem der beiden Gesichtspunkte a priori den Vorrang einzuräumen.

Bevor jedoch die Frage nach der rechtlichen Relevanz des kirchlichen Proprium verfolgt wird, gilt es, die Begrifflichkeiten zu klären.

#### a) Begriffsbestimmung

In seiner Grundbedeutung weist dieser Ausdruck lediglich auf ein faktisches Zugehörigkeitsverhältnis einer Eigenschaft zu ihrem Träger hin.[121] Ob diese Eigenschaft aber wesentlich oder notwendig mit dem Träger verknüpft und damit identitiätsbestimmender Natur ist, darüber wird insofern keine Aussage getroffen.[122] Diese Frage nach den wesensprägenden Elementen kirchlich und damit letztlich auch glaubensmotivierter Lebensgestaltung steht jedoch hier im Vordergrund. Gerade das typisch-prägende, dem Wandel der Zeit entzogene Eigentümliche und somit kirchliche Identität Vermittelnde gilt es

[120] *Pree*, Zur Frage nach dem Proprium kirchlicher Einrichtungen, in: EssGespr. **34** (2000), 47 (49).
[121] Der Große Herder – Nachschlagewerk für Wissen und Leben, Bd. 9, 4. Auflage, Freiburg i. Br. 1934, fasst unter dieses Stichwort eine Eigenschaft, „die einem bestimmten Wesen notwendig u. als Folge seiner Wesenheit zukommt, ohne ausdrücklich in dessen Begriffsbestimmung (Definition) vorzukommen".
[122] *Pree*, Zur Frage nach dem Proprium kirchlicher Einrichtungen, in: EssGespr. **34** (2000), 47 (51).

zu erfassen und für eine Differenzierung profaner und geistlicher Ausgangs- und Zielpunkte nutzbar zu machen.[123]

Ausgehend von dem bereits beschriebenen grundgesetzlich gewährten Freiheitsraum der Kirche ergibt sich zunächst, dass es – unter Wahrung des vorgegebenen verfassungsrechtlichen Rahmens – in der Entscheidungsmacht der Kirche selbst steht, ihr Proprium, ihr Wesen selbst zu definieren;[124] davon zu trennen ist aber die Frage nach der Einordnung der religiösen bzw. weltanschaulichen Gemeinschaften in die staatliche Rechtsordnung, also nach Qualität, Umfang und Kontrolle ihres Selbstbestimmungsrechtes.[125]

Bezogen auf das weite Feld des kirchlichen Dienst- und Arbeitsrechts mit seinen vielgestaltigen Erscheinungsformen ist dabei zunächst festzustellen, dass sich im universellen Kirchenrecht insoweit kein abgeschlossenes Regelungssystem findet. Mit Blick auf das konkrete Arbeitsverhältnis ist das wesensgemäß Kirchliche nach „trägerbezogenen" und „inhaltsbezogenen" Kriterien zu beurteilen, wobei „erstere für die rechtliche Zuordnung zum Proprium der Kirche ausschlaggebend" und letztere „unabdingbare Voraussetzung und zugleich ausschlaggebend für die Bestimmung der Nähe zum Kern kirchlicher Identität" sind.[126] Insoweit kommen als trägerbezogene Identitätskriterien insbesondere in Frage: statuarisch vorgesehene Unterstellung unter die kirchliche Autorität, die Visitations-, Eingriffs-, Zustimmungs- und Entscheidungsrechte nach sich zieht, weiterhin Sicherstellung der vigilantia der zuständigen kirchlichen Autorität bezüglich Glaube, Sitte und kirchliche Disziplin, ebenso wie der formelle Rechtsakt der Rekognoszierung oder Approbation der Statuten (vgl. cc. 117; 299 § 3 CIC). Darüber hinaus kommt die Errichtung als juristische

[123] *Pree*, Zur Frage nach dem Proprium kirchlicher Einrichtungen, in: EssGespr. **34** (2000), 47 (52); die proprietates essentiales – also die notwendigen Folgerungen – sind von der essentia – dem Kern – zu trennen.

[124] *Heckel*, Die Kirchen unter dem Grundgesetz, VVDStRL **26** (1968), 5 (41); *Richardi*, Kollektivgewalt und Individualwille bei der Gestaltung des Arbeitsverhältnisses, S. 65 f., 86; BVerfG, Beschluss v. 21.9.1976 – 2 BvR 350/75, BVerfGE **42**, 312 (334); aA *Ehlers*, Die Lage des Staatskirchenrechts in der Bundesrepublik Deutschland, ZevKR **45** (2000), 201 (203 f.); *Isensee*, Wer definiert die Freiheitsrechte?, S. 38 ff., die Grundrechte enthalten „Definitionsgebote", für die das Selbstverständnis keine Verbindlichkeit besitzt; allerdings ist es nicht völlig irrelevant, sondern „kann Orientierungshilfe leisten, wenn unscharfe Begriffe einzugrenzen sind" – bezogen auf das Staatskirchenrecht aber mit der Einschränkung, dass „Erkenntnisquelle objektivierender Auslegung ... nicht ein Selbstverständnis, das souverän hic et nunc deklariert wird, sondern nur ein solches sein kann, das auf vorkonstitutionelle Ursprünge zurückgeht", ohne dabei aber einem Wandel auf dem sicheren Fundament des Überkommenen verschlossen zu sein, aaO, S. 59, 61; *Jurina*, Der Rechtsstatus der Kirchen und Religionsgemeinschaften im Bereich ihrer eigenen Angelegenheiten, Diss., S. 61: „Der Begriff der "eigenen Angelegenheiten" von Kirchen und Religionsgemeinschaften ist Bestandteil eines Rechtssatzes der staatlichen Verfassung, ist also selbst ein Begriff des staatlichen Rechts Sein Inhalt kann daher nicht zur Disposition der Kirchen ... und ihres jeweils verschiedenen Selbstverständnisses stehen".

[125] *Jurina*, Der Rechtsstatus der Kirchen und Religionsgemeinschaften im Bereich ihrer eigenen Angelegenheiten, Diss., S. 57.

[126] *Pree*, Zur Frage nach dem Proprium kirchlicher Einrichtungen, in: EssGespr. **34** (2000), 47 (73).

Person durch die zuständige Autorität, die Verankerung statuarischer Vorkehrungen zur Sicherung des katholischen Charakters der Einrichtung. Als inhaltsbezogene Identitätskriterien können die religiöse Grundlage, Motivation und Zweckrichtung des Handelns, sowie die direkte Entsprechung im Verhältnis zwischen den statutenmäßigen und den kanonischen Zwecken angesehen werden.[127]

b) Verfassungsrechtliche Grundlagen des kirchlichen Selbstbestimmungsrechts

Mit dieser zuletzt getroffenen Feststellung erhebt sich jedoch fast automatisch die Frage, durch wen und inwieweit dieser Freiheitsraum begrenzt wird bzw. werden kann und wer über „Grenzverletzungen" wacht.

Bezüglich des den Kirchen eingeräumten Bereichs der Selbstbestimmung gilt es zunächst zu beachten, dass „nicht eine besondere Rechtsgestalt der Religionsgesellschaften die Autonomie trägt, sondern dass sie unabhängig von dem staatskirchenrechtlichen Grundsatz aus der Anerkennung der Religionsfreiheit heraus sich durchsetzt".[128] Zwischen den grundgesetzlich garantierten Freiheitsbereichen besteht eine innere Verbundenheit, die es bei der Bestimmung des durch Art. 137 Abs. 3 WRV iVm. Art. 140 GG gewährten Freiheitsraumes zu berücksichtigen gilt. Eine Reduktion der in Art. 4 Abs. 1 und 2 GG verbürgten Religions- und Glaubensfreiheit auf eine rein individualrechtliche Komponente verbietet sich bereits aus der Natur des geregelten Sachverhalts. Zumindest in den „Grundzügen" wird damit auch das „korporative Leben der Kirchen" von der Religionsfreiheit umfasst.[129] Der Kern der den Religionsgesellschaften gewährten Autonomie wird somit jedenfalls auch von Art. 4 GG geschützt; eigenständige Bedeutung erlangt die Regelung des Art. 137 Abs. 3 WRV dadurch, dass der Staat durch die Einräumung des Selbstbestimmungsrechts anerkennt, dass die Kirchen als Institutionen „ihrem Wesen nach unabhängig vom Staat sind und ihre Gewalt nicht von ihm herleiten".[130]

Damit soll aber nicht einer strikten Bereichsscheidung[131] von Staat und Kirche iS von zwei autarken und berührungslos nebeneinander bestehenden Rechtsbereichen das Wort geredet werden; das kirchliche Leben und Wirken vollzieht sich ja gerade innerhalb unserer Gesellschaftsordnung, so dass in den weiten Tätigkeitsfeldern kirchlich-caritativer Aufgabenstellungen eine vielfältige gegenseitige Durchdringung und Wechselwirkung beider

---

[127] S. auch *Richardi*, Geltungsbreich des kirchlichen Arbeitsrechts, ZMV 2005, 5 (6).
[128] *Scheuner*, Autonomie der Kirche – Symposion für Armin Füllkrug, S. 1 (14).
[129] *Scheuner*, Autonomie der Kirche – Symposion für Armin Füllkrug, S. 1 (14).
[130] BVerfG, Beschluss v. 17.2.1965 – 1 BvR 732/64, BVerfGE **18**, 385 (386); BVerfG, Beschluss v. 31.3.1971 – 1 BvR 744/67, **30**, 415 (428); BVerfG, Beschluss v. 21.9.1976 – 2 BvR 350/75, BVerfGE **42**, 312 (321 f., 332); BVerfG, Beschluss v. 17.2.1981 – 2 BvR 384/78, BVerfGE **57**, 220 (244); BVerfG, Beschluss v. 13.12.1983 – 2 BvL 13, 14, 15/82, BVerfGE **66**, 1 (19).
[131] S. 54 ff. u. 67 ff.

Lebenskreise besteht. Sowohl die Ausfüllung wie die Auswirkungen des Selbstbestimmungsrechts der Kirche verwirklichen sich nicht auf einer der staatlichen Ordnung wesensfremden metaphysischen Ebene, jenseits weltlicher Ordnungsgewalt und Funktion, sie bleiben vielmehr in dieser verhaftet.[132] Soweit also im Rahmen des kirchlichen Selbstbestimmungsrechts erlassene Regelungen auch bei Auslegung bzw. Anwendung des staatlichen Rechts Beachtung verlangen und damit zur Geltung gebracht werden[133] – also in diesem Sinne in den weltlichen Bereich „hinüberwirken" – wird dadurch gerade die in den eigenen Angelegenheiten iS der Art. 140 GG iVm. Art. 137 Abs. 3 WRV bestehende kirchliche Selbstbestimmung realisiert.[134] Soweit sich die Kirche zum Abschluss von Arbeitsverträgen entschließt und als Folge der Wahl dieser Rechtsform die betroffenen Arbeitsverhältnisse in den Anwendungsbereich der staatlichen Ordnung des Arbeitsrechts fallen, bleibt die Zugehörigkeit zu den eigenen Angelegenheiten im oben genannten Sinne erhalten;[135] die durch die Kirche vorgenommene besondere Gestaltung ihrer Dienstverhältnisse soll auf diese Weise gerade zur Entfaltung gebracht werden und wird durch die Berührung mit dem staatlichen Rechtskreis nicht in Frage gestellt.[136]

### 2. Arbeitsrechtlich relevantes kirchliches Recht

Die Kirchen sind damit nicht nur in der Lage, verbindlich organisatorische oder strukturelle Vorgaben zu setzen, sondern auch die ihrer Aufgabenstellung gemäße Wertverwirklichung in der Dienstverfassung mit Bindungswirkung auch im weltlichen Raum zu gewährleisten.[137] Den Kirchen steht sowohl in individual- als auch in kollektivrechtlicher[138] Hinsicht ein verfassungsrechtlich verbürgter Gestaltungsspielraum zu, der es ihnen erlaubt, besondere Anforderungen für einen Dienst aus dem Glauben nicht nur festzusetzen, sondern der auch deren Umsetzung fordert und gewährt. In diesem Sinne steht den Kirchen in Folge des

[132] *Richardi*, Arbeitsrecht in der Kirche, § 1 Rdnr. 1, 16.
[133] Wie es gerade bei der dienstgeberseitigen Beendigung von Dienstverhältnissen und im kollektivrechtlichen Bereich der Fall ist.
[134] MünchArbR/*Richardi*, § 192 Rdnr. 21; BVerfG, Beschluss v. 21.9.1976 – 2 BvR 350/75, BVerfGE **42**, 312 (334).
[135] MünchArbR/*Richardi*, § 192 Rdnrn. 22 ff., § 193 Rdnr. 2; so grundsätzlich auch *Hammer*, Kirchliches Arbeitsrecht, S. 209 f.; s. aber Fn. 136; BVerfG, Beschluss v. 25.3.1980 – 2 BvR 208/76, BVerfGE **53**, 366 (392); BVerfG, Beschluss v. 4.6.1985 – 2 BVR 1703/83, 1718/83, 856/84, BVerfGE **70**, 138 (164 f.).
[136] BVerfG, Beschluss v. 4.6.1985 – 2 BVR 1703/83, 1718/83, 856/84, BVerfGE **70**, 138 (165). Den Rückgriff auf das kirchliche Selbstbestimmungsrecht im Rahmen der auf rechtsgeschäftlicher Grundlage abgeschlossenen Dienstverhältnisse lehnt *Hammer*, Kirchliches Arbeitsrecht, S. 173, strikt ab; aA *Richardi*, Arbeitsrecht in der Kirche, § 2 Rdnr. 25.
[137] MünchArbR/*Richardi*, § 192 Rdnr. 36; BVerfG, Beschluss v. 4.6.1985 – 2 BVR 1703/83, 1718/83, 856/84, BVerfGE **70**, 138 (167).
[138] *v. Campenhausen*, in: v. Mangoldt/Klein/Starck, GG III, Art. 137 WRV Rdnrn. 92 ff.; *Frey/Coutelle/Beyer*, MAVO, Vorbem. zu §§ 40-42, Rdnr. 7; *v. Hoyningen-Huene*, Öffnungsklauseln für Kirchen in Arbeitsrechts-Gesetzen?, RdA 2002, 65 (67); MünchArbR/*Richardi*, § 192 Rdnr. 60; *ders.*, ebenda § 194 Rdnr. 1.

verfassungsrechtlich gewährten Selbstbestimmungsrechts eine arbeitsrechtliche Regelungsautonomie zu.[139] Gleichwohl verwirklichen sich die individuelle und institutionelle Entfaltung religiösen bzw. weltanschaulichen Lebens innerhalb der staatlichen Gemeinschaft und ihrer Rechtsordnung. Als Adressat des Anwendungsbefehls Letzterer hat die verfasste Kirche die von weltlicher Seite gezogenen Grenzen zu achten.[140]
Neben dem Codex Iuris Canonici von 1983 prägen innerhalb der katholischen Kirche vor allem die im Folgenden nur schlagwortartig genannten Normen die Rechtsbeziehungen zwischen kirchlichen Dienstgebern und den außerhalb eines besonderen Statusverhältnisses beschäftigten kirchlichen Dienstnehmern.

a) Grundordnung der katholischen Kirche

Die Deutsche Bischofskonferenz hat auf ihrer Herbst-Vollversammlung am 22. September 1993 die „Grundordnung des kirchlichen Dienstes im Rahmen kirchlicher Arbeitsverhältnisse" als kirchenrechtliche Verlautbarung verabschiedet; ihre Wirkung als zwingendes kirchliches Gesetz[141] beruht nach can. 391 CIC auf der Gesetzgebungskompetenz der Diözesanbischöfe[142], die sie für ihre Teilkirche durch Veröffentlichung in den jeweiligen Amtsblättern inhaltsgleich promulgiert haben.[143] Dementsprechend handelt es sich bei der Grundordnung um ein Diözesangesetz[144], durch das die kirchlichen Dienstverhältnisse auch auf eine einheitliche, dh. von den Grenzen der einzelnen (Erz-) Bistümer unabhängige[145] Grundlage gestellt werden sollten. Dabei darf aber nicht der Umstand aus den Augen verloren werden, dass die jetzt geschaffene Ordnung keine unumstößliche Bindung der kirchlichen Gesetzgeber bedeutet; kirchenrechtlich kann die Gesetzgebungskompetenz des (Erz-) Bischofs keiner Einschränkung unterworfen werden, also erzeugt auch die

[139] *Richardi,* 25 Jahre Bundesarbeitsgericht, S. 429 (452); für eine allgemeine Regelungskompetenz im Bereich des kirchlichen Dienstrechts, s. auch VG Stuttgart, Urteil v. 10.5.2000 – 17 K 1930/99, NVwZ-RR 2001, 242 (243); für den Bereich des „Dritten Weges" betont *Hammer,* Kirchliches Arbeitsrecht, S. 135, dagegen die im weltlichen Arbeitsrecht bestehenden Gestaltungsmöglichkeiten zur Verwirklichung der Besonderheiten des kirchlichen Dienstes; s. ebenda S. 354.

[140] Bei gleichzeitiger Beachtung des Wertes der Glaubensfreiheit im verfassungsrechtlichen Ordnungsgefüge; allerdings nicht iS einer gleichwertigen Gegenüberstellung von Staat und Kirche iS der überkommenen Koordinationslehre, *Heckel,* Die Kirchen unter dem Grundgesetz, VVDStRL **26** (1968), 5 (41); s. auch BGH, Urteil v. 19.9.1966 – III ZR 199/64, BGHZ **46**, 96 (99 ff.).

[141] Schlichtungsstelle – Köln, Beschluss v. 29.9.1994 (3/94-KODA); das BAG hat im Rahmen eines Kündigungsschutzprozesses die Verfahrensgrundsätze des Art. 5 GrOkathK als „auf einer Ebene mit den Dienstanweisungen, mit denen etwa ein privater Arbeitgeber festlegt, wie er auf bestimmte Pflichtverstöße des Arbeitnehmers zu reagieren beabsichtigt" angesiedelt betrachtet, BAG, Urteil v. 16.9.1999 – 2 AZR 712/98, NZA 2000, 208 (210); s. auch S. 22 f.

[142] S. dazu auch Fn. 168.

[143] Nachweise s. *Richardi,* Arbeitsrecht in der Kirche, § 4 Fn. 52; s. auch Fn. 141.

[144] *Eder,* Kirchengerichtliche arbeitsrechtliche Verfahren gegen Diözesanbischöfe im Bereich des Dritten Weges, KuR 1999, 9 (14 Fn. 21).

[145] Insoweit begrenzen ja Bestimmungen des universellen Kirchenrechts die Leitungsmacht des einzelnen (Erz-)Bischofs.

Verlautbarung der Bischofskonferenz insofern keine Bindungswirkung.[146] Auch nach Erlass der Grundordnung bleiben die Bischöfe damit in ihrer Gesetzgebung frei. Ihnen bleibt also die Möglichkeit erhalten, auf dem Gebiet des kirchlichen Arbeitsvertragsrechts Grundsatznormen zu erlassen. Wird von dieser Kompetenz aber Gebrauch gemacht, wird damit unweigerlich das einheitliche Ordnungssystem preisgegeben, dessen Bestand gerade in einer Zeit einer auch im privaten Bereich weitgreifenden Entkirchlichung, wenn nicht gar Entchristlichung, wesentlich für die Akzeptanz der besonderen Anforderungen im kirchlichen Dienst ist. Davon unberührt bleibt aber die Kompetenz des (Erz-)Bischofs, für seine Diözese eine anderslautende Grundordnung zu erlassen.[147]

Soweit diese Normen individualrechtlich relevanten Inhalt aufweisen, gestalten sie – ordnungsgemäße Verkündung und Eröffnung des Anwendungsbereichs iS des Art. 2 GrOkathK vorausgesetzt – ohne zusätzliche Mitwirkung sonstiger Organe die einzelnen Arbeitsverhältnisse.[148] Die Grundordnung bildet somit die Grundlage des von der katholischen Kirche in Anspruch genommenen verfassungsrechtlich eröffneten Freiraums zur Gestaltung der eigenen Angelegenheiten iS der Art. 137 Abs. 3 WRV, 140 GG auf dem Gebiet des kirchlichen Arbeitsrechts.[149]

b) KODA – System[150]

Im Geltungsbereich der Grundordnung (Art. 2 GrOkathK) liegt die primäre Zuständigkeit zum Erlass von Rechtsnormen, die Inhalt, Abschluss oder Beendigung von Arbeitsverhältnissen betreffen, bei der Kommission zur Ordnung des Diözesanen Arbeitsvertragsrechts (Bistums-KODA)[151] bzw. bei der Arbeitsrechtlichen Kommission des Deutschen Caritasverbandes

---

[146] S. S. 34 f.

[147] *Eder,* Kirchengerichtliche arbeitsrechtliche Verfahren gegen Diözesanbischöfe im Bereich des Dritten Weges, KuR 1999, 9 (24); wohl auch *Huber,* Der Diözesanbischof und die KODA, KuR 1999, 211 (216), der sich zwar ausdrücklich nur mit der Beziehung zwischen KODA und Diözesanbischof befasst; wenn er aber feststellt, „nur eine hierarchisch übergeordnete Autorität" könnte der Gesetzgebungsbefugnis des (Erz-)Bischofs Schranken ziehen – eine Voraussetzung, die nach dem eben Gesagten für die GrOkathK gerade nicht zutrifft –, ansonsten sei dieser „und zwar er allein [derjenige], der das Arbeitsvertragsrecht verbindlich bestimmt", geht er ebenfalls von keiner Bindungswirkung aus.

[148] Schlichtungsstelle – Köln, Beschluss v. 29.9.1994 (3/94-KODA).

[149] HdbKathKR-*Kalb,* § 20 I. 3. c), S. 261; ablehnend *Klimpe-Auerbach,* Die Grundordnung des kirchlichen Dienstes im Rahmen kirchlicher Arbeitsverhältnisse, ArbuR 1995, 170 (174 f.), va. hinsichtlich der Loyalitätsanforderungen an nichtchristliche Dienstnehmer gem. Art. 4 Abs. 3 GrOkathK, den Folgen eines Kirchenaustritts gem. Art. 5 Abs. 2, 3 und 5 GrOkathK und den Grundsätzen des „Dritten Weges" gem. Art. 7 GrOkathK.

[150] S. auch *Richardi,* Arbeitsrecht in der Kirche, §§ 14 u. 15; *Hammer,* Kirchliches Arbeitsrecht, S. 194 ff. Zur Normwirkung kirchlicher Arbeitsvertragsregelungen s. S. 70 ff.

[151] Entsprechende Kommissionen können auch von mehreren Diözesen gebildet werden, sog. Regional-KODA.

(AK)[152], die nunmehr im Hinblick auf die Normsetzungskompetenz der Bistums-KODA gleichgestellt ist.[153] Bei den kirchlichen Kommissionen zur Ordnung des Arbeitsvertragsrechts handelt es sich um auf kirchengesetzlicher Grundlage errichtete Organe der verfassten Kirche.[154] Institutionell gesichert ist dieses kirchliche Arbeitsrechts-Regelungsverfahren durch Art. 7 Abs. 1 GrOkathK; zwar stellt die Grundordnung für sich genommen gegenüber den KODA-Ordnungen keine höherrangige Rechtsquelle[155] dar, doch ist der in Art. 7 GrOkathK zum Ausdruck gekommene übereinstimmende Wille der Bischöfe über das Ordnungssystem des kirchlichen Arbeitsrechts „für die feste Verankerung des „Dritten Weges" im deutschen Partikularkirchenrecht von erheblicher prinzipieller Bedeutung".[156]

Zur Wahrung der Einheit und Glaubwürdigkeit des kirchlichen Dienstes auf dem Felde des gesamten kirchlich geprägten Arbeitsrechts ist auf einer zweiten (bistumsübergreifenden) Stufe die Zentrale Kommission zur Ordnung des Arbeitsvertragsrechts im kirchlichen Dienst gebildet (Zentral-KODA), die sich im Rahmen ihres Aufgabenbereichs[157] zur „Sicherung der Einheit und Glaubwürdigkeit des kirchlichen Dienstes in allen Diözesen und für alle der Kirche zugeordneten Einrichtungen" um einheitliche arbeitsvertragliche Regelungen bemühen soll.[158] Entgegen ihres früheren Aufbaus – es konnten in funktioneller Hinsicht zwei

---

[152] Obwohl es sich beim Deutschen Caritasverband nicht um einen Personenzusammenschluss sondern um einen Zusammenschluss verschiedener Vereine zu einem Verband handelt, besitzt er innerhalb der katholischen Kirche die Qualität eines privaten kirchlichen Vereins ohne eine eigene Rechtspersönlichkeit, *Falterbaum*, Caritas und Diakonie, S. 40 f.; zu dessen Struktur s. *Hammer*, Kirchliches Arbeitsrecht, S. 149 ff. und dort Fn. 45.

[153] *Richardi*, Arbeitsrecht in der Kirche, § 14 Rdnrn. 17, 29; Zentrale Gutachterstelle beim VDD, Gutachten über die Zugrundelegung des BAT Bund/Land bei Neueinstellungen v. 16.8.2001, die „AVR-Regelung stellt eine historisch gewachsene spezifische Regelung für den Caritasbereich dar."

[154] *Hammer*, Kirchliches Arbeitsrecht, S. 399.

[155] Auch durch den Erlass der Grundordnung sind die Diözesanbischöfe in ihrer gesetzgebenden Gewalt keiner substanziellen Einschränkung unterworfen, s. S. 31; s. *Jurina*, Zur Entwicklung des „Dritten Weges" in der Katholischen Kirche, FS Listl, 519 (532); § 3 Abs. 4 der Zentral-KODA-Ordnung stellt aber klar, dass die Zentral-KODA – neben den übrigen Kirchengesetzen – an die Grundordnung gebunden ist.

[156] *Jurina*, Zur Entwicklung des „Dritten Weges" in der Katholischen Kirche, FS Listl, 519 (532); *Hammer*, Kirchliches Arbeitsrecht, S. 405, verneint bereits den kollektivrechtlichen Charakter des kirchlichen Arbeitsrechts-Regelungssystems.

[157] Gem. § 3 Abs. 2 Zentral-KODA-Ordnung ist die Regelungszuständigkeit der Zentral-KODA nicht ausschließlicher Natur, die Bistums- bzw Regional-KODA besitzt vielmehr eine konkurrierende Zuständigkeit, wobei von ihr bereits erlassene Regelungen nachträglich durch eine Kompetenzausübung der Zentral-KODA abgelöst werden können, *Richardi*, Neugestaltung im kollektiven Arbeitsrecht der katholischen Kirche, NZA 1998, 1305 (1308).

[158] Präambel der Zentral-KODA-Ordnung v. 15.6.1998 (abgedruckt in: Arbeitsvertragsrecht der Bayerischen (Erz)Diözesen (ABD), Stand: 1.11.1999); zu den ausführlichen Nachweisen der Umsetzung in den einzelnen Diözesen s. *Richardi*, Arbeitsrecht in der Kirche, § 14 Fn. 12. Umstritten ist die Rechtsnatur der in diesem besonderen Verfahren erlassenen Regelungen, konkret deren unmittelbare Einwirkung auf das vertraglich begründete Arbeitsverhältnis, s. dazu, S. 70 ff.

Abteilungen unterschieden werden[159] – stellt sich die Zentral-KODA jetzt als einheitliches Organ dar.[160] Herzstück der Novellierung der KODA-Ordnungen aus dem Jahre 1998[161] ist die Übertragung einer echten Beschlusskompetenz auf die Zentral-KODA, deren sachliche Zuständigkeit sich nun auf sämtliche Rechtsträger im Geltungsbereich der GrOkathK erstreckt und damit über den Bereich der verfassten Kirche die verselbstständigten Einrichtungen in privatrechtlicher Form erfasst, also auch Einrichtungen des Deutschen Caritasverbandes.[162] Im Zuge dieser Überarbeitung der KODA-Ordnungen wurde die Zentral-KODA gem. § 3 Abs. 1 Zentral-KODA-Ordnung mit einer eigenständigen Beschlusskompetenz ausgestattet, deren Reichweite dort durch die Nrn. 1 – 3 abschließend geregelt wird.[163] Unabhängig davon bleibt gem. § 3 Abs. 3 Zentral-KODA-Ordnung die Befugnis der Zentral-KODA bestehen, insoweit ohne Einschränkungen, Empfehlungen für die Beschlussfassung über Rechtsnormen durch die anderen Kommissionen auszusprechen.

Auch soweit die Zentral-KODA – oder die Bistums- bzw. Regional-KODAen – im Rahmen ihrer eigenen Beschlusskompetenz iS des § 3 Abs. 1 Zentral-KODA-Ordnung tätig wird[164],

---

[159] S. RGRK/*Gehring*, § 630 Anh. III Rdnrn. 145 Fn. 2 und 148: neben den Abteilungen A und B konnten diese auch als „Gesamtbesetzung der Abteilung A und B (Gesamtbesetzung)" zusammentreten.

[160] *Jurina*, Zur Entwicklung des „Dritten Weges" in der Katholischen Kirche, FS Listl, 519 (533); *Richardi*, Neugestaltung im kollektiven Arbeitsrecht der katholischen Kirche, NZA 1998, 1305 (1307).

[161] Auf ihrer Vollversammlung haben die Bischöfe am 15.6.1998 die Zentral-KODA-Ordnung neu gefasst und auch die Rahmenordnung der Bistums/Regional-KODA angepasst; zu den umfassenden Nachweisen der Umsetzung in den einzelnen Diözesen s. *Richardi*, Arbeitsrecht in der Kirche, § 14 Fn. 12 und 13.

[162] *Jurina*, Zur Entwicklung des „Dritten Weges" in der Katholischen Kirche, FS Listl, S. 519 (532); nachdem ⅓ der Mitarbeitervertreter von der AK gestellt werden und Beschlüsse mit einer Mehrheit von ¾ der Gesamtzahl der Mitglieder gefasst werden, §§ 4 Abs. 2 Unterabsatz 1 u. 4 Satz 1, 10 Abs. 8 Satz 1 Zentral-KODA-Ordnung, ist sichergestellt, dass ohne deren Beteiligung eine Entscheidung der Zentral-KODA nicht zustande kommen kann, aaO, S. 533; *Richardi*, Neugestaltung im kollektiven Arbeitsrecht der katholischen Kirche, NZA 1998, 1305 (1307). Beschlüsse der Zentral-KODA, die nicht von allen Diözesanbischöfen in Kraft gesetzt werden, haben für die Arbeitsrechtliche Kommission des Deutschen Caritasverbandes nur die Qualität einer „qualifizierten Empfehlung", finden also nicht unmittelbar Eingang in dessen AVR, § 10 Abs. 5 Zentral-KODA-Ordnung.

[163] *Richardi*, Neugestaltung im kollektiven Arbeitsrecht der katholischen Kirche, NZA 1998, 1305 (1308), spricht insoweit von einem „Enumerationskatalog"; krit. *Jurina*, Zur Entwicklung des „Dritten Weges" in der Katholischen Kirche, FS Listl, 519 (534), wonach die „neuen Befugnisse der Zentral-KODA ... keinen wirklichen Kompetenz*katalog* dar[stellen]; es handelt sich vielmehr um eher zufällig aneinandergereihte Einzelbefugnisse" [Hervorhebung im Original]. Der Betonung der Bedeutung der Zentral-KODA dient auch die Einführung eines Vermittlungsausschusses, der in einem zweistufigen Verfahren in einfacher oder erweiterter Besetzung zusammentreten kann, wobei mit einer Modifikation der zur Beschlussfassung erforderlichen Mehrheitsverhältnisse die Mehrheitsfindung erleichtert werden soll, so dass die Zentral-KODA ihre Rolle als treibende Kraft zur Schaffung einheitlicher Arbeitsbedingungen effektiv ausfüllen kann, s. dazu auch *Jurina*, aaO, S. 536; s. auch S. 93.

[164] Beschlüsse der Zentral-KODA schließen die Bay. Regional-KODA nicht automatisch von jedweder Handlungsmöglichkeit auf diesem Gebiet aus, letztere hat gem. § 12 a Abs. 3 Bay. Regional-KODA-Ordnung die Möglichkeit, nach einer Beratung des vorgelegten Beschlusses, ihre begründete Ablehnung über die Generalvikare den (Erz)Bischöfen mitzuteilen und diese zu bitten, Einspruch gegen den abgelehnten Beschluss einzulegen.

wird dadurch ein wesentliches Strukturprinzip des Organisationsrechts der katholischen Kirche nicht eingeschränkt: innerhalb des Bistums liegt letztlich die Gesetzgebungskompetenz bei dem einzelnen (Erz-)Bischof, der sich ihrer – auch für bestimmte Teilbereiche – nicht vollständig begeben kann.[165] Zwar knüpft der (neu gefasste) Wortlaut der §§ 3 Abs. 1, 10 Abs. 1 Zentral-KODA-Ordnung an § 1 Abs. 1 TVG an, also an die Normen des weltlichen Rechts, die für die Normwirkung der Kollektivverträge maßgeblich sind. Dennoch kommt weder den Beschlüssen der Bistums- bzw. Regional-KODA noch denen der Zentral-KODA unmittelbar diese Wirkung zu, sie bedürfen gem. § 10 Abs. 1 Satz 2 Zentral-KODA-Ordnung vielmehr der Inkraftsetzung durch den jeweiligen Diözesanbischof.[166] Die Bischöfe sind auch nicht lediglich Vollzugsorgane im Rahmen des Arbeitsrechts-Regelungsverfahren, dh. sie trifft – konsequenterweise – keine Verpflichtung, die übermittelten Beschlüsse in Kraft zu setzen. Ihre Gesetzgebungskompetenz ist vielmehr zweistufig[167] gesichert: Sie haben einerseits die Möglichkeit, Einwendungen gegen den Beschluss zu erheben, diese Zurückweisung mit Gegenvorschlägen zu verbinden und damit eine erneute Beratung und Beschlussfassung in der Kommission zu erzwingen; darüber hinaus sind sie schließlich auch nicht verpflichtet, einen eventuell modifizierten Beschluss der Kommission, in ihrer Diözese in Kraft zu setzen, sondern können diesen gem. § 10 Abs. 4 Satz 2 Zentral-KODA-Ordnung als „qualifizierte Empfehlung" betrachten.

c) MAVO – Einrichtungsbezogene Dienstnehmerbeteiligung

Die Mitarbeitervertretungsordnung ist die in Form eines kirchlichen Gesetzes durch den jeweiligen Diözesanbischof erlassene verbindliche Ordnung zur „innerbetrieblichen" Beteiligung der abhängig Beschäftigten.[168] Sie untersteht damit keiner Kontrolle durch

[165] Die KODA-Regelungen müssen also „in Zusammenhang mit dem katholischen Verständnis der Ämterorganisation" gesehen werden und dürfen nicht als „Instrument zur Einebnung der hierarchischen Struktur der Kirche" missverstanden werden, *Richardi*, Arbeitsrecht in der Kirche, § 15 Rdnr. 17.

[166] § 10 Abs. 1 Satz 2 Zentral-KODA-Ordnung, die gleichsam als gesetzlicher Regelfall die Inkraftsetzung des Beschlusses der Zentral-KODA durch den Bischof innerhalb einer Frist von drei Monaten vorsieht, bezeichnet *Jurina*, Zur Entwicklung des „Dritten Weges" in der Katholischen Kirche, als eine Vorschrift mit „jedenfalls appellativen Charakter", die „eine gewisse politische Selbstbindung der Diözesanbischöfe [enthält], die ja die Zentral-KODA-Ordnung beschlossen und in Kraft gesetzt haben." Die (Erz-)Bischöfe der bayerischen (Erz-)Diözesen haben sich mit der Schaffung des § 17 Abs. 4b Bay. Regional-KODA-Ordnung kein Alleinentscheidungsrecht vorbehalten; selbst im Falle eines durch das KODA-Gericht festgestellten unabweisbaren Regelungsbedarfs ist es ihnen nicht gestattet, arbeitsvertraglich relevantes Recht gänzlich ohne Beteiligung der KODA zu setzen; vielmehr hat eine Beschlussfassung – allerdings unter dem Druck eines durch das KODA-Gericht festgesetzten Termins – in der KODA zu erfolgen, *Thiel*, Kirchliche Arbeitsvertragsregelungen nicht ohne KODA, KuR 2000, 65 (66); s. auch *Eder*, Tarifpartnerin Katholische Kirche?, Diss., S. 80 ff.

[167] *Richardi*, Neugestaltung im kollektiven Arbeitsrecht der katholischen Kirche, NZA 1998, 1305 (1309).

[168] Dem zuständigen Ortsbischof steht im Rahmen der Hirtengewalt – in seiner Eigenschaft als kirchlicher Gesetzgeber – für seine Diözese die Gesetzgebungskompetenz zu; gem. Art. 8a des

staatliche Gerichte.[169] Nicht nur mit Blick auf den in Art. 1 GrOkathK normativ fixierten Leitgedanken einer wirklichen Gemeinschaft im Dienst[170] der in der Kirche Tätigen sind die Grenzen bei der inhaltlichen Bestimmung des Mitarbeiterbegriffs weit zu ziehen.[171] Es handelt sich um einen Oberbegriff, dessen Reichweite grundsätzlich nicht von der juristischen Qualifikation des der Beschäftigung zugrundeliegenden (Rechts)Verhältnisses zwischen Dienstgeber und Dienstnehmer bestimmt wird.[172] Entscheidend für die Bildung einer Dienstnehmervertretung ist das Bestehen eines einheitlichen organisatorischen Rahmens, der auf der Ebene des individualvertraglichen Rechtsverhältnisses seine Entsprechung in einer einheitlichen Zuordnung zu einem gemeinsamen Anstellungsträger findet, und der auf ein einheitliches Leitungsorgan ausgerichtet ist.[173]

In ihrem Anwendungsbereich (§ 1 MAVO) wirkt die Mitarbeitervertretungsordnung aufgrund der in Art. 140 GG iVm. Art. 137 Abs. 3 WRV verfassungsrechtlich anerkannten Regelungsautonomie der Kirche[174] unmittelbar gegenüber den Dienstnehmern.[175] Mit Erlass

---

Dekrets „Christus Dominus" [abgedruckt in: Das Zweite Vatikanische Konzil – Konstitutionen, Dekrete und Erläuterungen – Lateinisch und Deutsch, Kommentare, Teil II, Freiburg Basel Wien 1967], steht den Bischöfen als Nachfolger der Apostel in den „ihnen anvertrauten Diözesen von selbst jede ordentliche, eigenständige und unmittelbare Gewalt zu, die zur Ausübung ihres Hirtenamtes erforderlich ist". Auch im Bereich der ev. Kirche liegt die Gesetzgebungskompetenz bezüglich der normativen Ordnung einer Beschäftigtenbeteiligung bei den einzelnen Gliedkirchen, die diese Kompetenz nicht auf die EKD übertragen haben, *Fey/Rehren*, MVG.EKD, Einleitung K 10.1.

[169] *Frey/Coutelle/Beyer*, MAVO, Vorbem. zu §§ 40-42 Rdnrn. 1 f., 13; MünchArbR/*Berkowsky*, § 146 Rdnr. 44; *Richardi*, Staatlicher und kirchlicher Gerichtsschutz für das Mitarbeitervertretungsrecht der Kirchen, NZA 2000, 1305 (1306); BAG, Beschluss v. 11.3.1986 – 1 ABR 26/84, BAGE **51**, 238 (244 ff.); BAG, Beschluss v. 25.4.1989 – 1 ABR 88/87, BAGE **61**, 376 (382); BAG, Urteil v. 9.9.1992 – 5 AZR 456/91, BAGE **71**, 157 (159 f.); s. auch BayVGH, Beschluss v. 17.6.1997 – 7 NE 97.1696, ZMV 1998, 37 (38); BayVGH, Urteil v. 22.4.1998 – 7 N 97.1698, BayVBl. 1999, 275 (275).

[170] Vgl. auch Erklärung der deutschen Bischöfe zum kirchlichen Dienst v. 22.9.1993 unter 1., III. 1. und IV. 2.

[171] So auch *Buballa*, Grundprobleme der kirchlichen Mitarbeitervertretung, Diss., 1993, S. 158, unter Verweis auf can. 208 CIC wonach unter „allen Gläubigen „eine wahre Gleichheit in ihrer Würde und Tätigkeit" besteht."

[172] Ob das Beschäftigungsverhältnis auf öffentlich-rechtlicher Grundlage basiert, also gem. Art. 137 Abs. 5 WRV iVm. Art. 140 GG unter Berufung in ein Beamtenverhältnis oder auf der Ebene der Gleichordnung durch Abschluss eines privatrechtlichen Vertrags begründet wird, ist insoweit ohne Belang; eindeutig ist insoweit die Regelung des § 2 Abs. 1 MVG.EKD, die ausdrücklich den persönlichen Geltungsbereich auf „alle in öffentlich-rechtlichen Dienst- oder privatrechtlichen Dienst- und Arbeitsverhältnissen" erstreckt.

[173] *Frey/Coutelle/Beyer*, MAVO, § 1 Rdnrn. 3 ff., 7 ; s. auch S. 19 ff.

[174] S. S. 29. Darüber hinaus finden sich in §§ 118 Abs. 2 BetrVG, 112 BPersVG, § 1 Abs. 3 Nr. 2 SprAuG und in § 1 Abs. 4 Satz 2 MitbestG einfachgesetzliche Normen, die diese kollektiv-rechtliche Gestaltungskompetenz der Kirche ausdrücklich bestätigen. Diese Regelungen tragen aber nur der verfassungsrechtlichen Lage Rechnung, haben also lediglich deklaratorische Bedeutung, *Spengler*, Die Rechtsprechung zum Arbeitsrecht in kirchlichen Angelegenheiten – insbesondere zur Loyalitätspflicht der kirchlichen Mitarbeiter, NZA 1987, 833 (836); BVerfG, Beschluss v. 11.10.1977 – 2 BvR 209/76, BVerfGE **46**, 73 (95); zur Qualität kirchlich gesetzten Rechts in der staatlichen Rechtsordnung s. *Frey/Coutelle/Beyer*, MAVO, § 26 Rdnr. 10, S. 10 f.; vgl. aber auch dort § 28 Rdnr. 7; entgegen *Edenfeld*, Arbeitnehmerbeteiligung, S. 63, hängt diese ‚Sonderstellung' aber nicht von „der Stellung der Religionsgemeinschaften als Körperschaften des öffentlichen Rechts, Art. 140 GG iVm Art. 137 Abs. 5 WRV" ab, sondern ergibt sich aus der durch Art. 137 Abs. 3 WRV iVm. Art. 140 GG anerkannten Regelungsautonomie der Kirchen durch einen religiös-weltanschaulich neutralen

der MAVO wurde auf kirchlicher Seite das durch die verfassungsrechtliche Bereichsausnahme bestehende Vakuum hinsichtlich der Beteiligung kirchlicher Dienstnehmer ausgefüllt und dem auf staatlicher Seite bestehenden Beteiligungsmodell ein kircheneigenes zur Seite gestellt, das den spezifischen Anforderungen angemessen Rechnung trägt.[176] Wie bereits ausgeführt, fallen unter den Begriff der eigenen Angelegenheiten nicht nur individualvertragliche Komponenten, sondern auch kollektivrechtliche Bestimmungen, so dass sowohl Einrichtung als auch Ausgestaltung der Mitarbeiterbeteiligung im Rahmen der autonom zu setzenden kirchlichen Dienstverfassung liegen.[177] Innerhalb der kirchlichen Ordnung ist von einem einheitlichen Begriff der

---

Staat; s. auch *Frey/Coutelle/Beyer*, MAVO, § 38 Rdnr. 27; *Badura*, Staatsrecht, L 56 u. 59, erkennt zwar auch in diesem Bereich die Bedeutung des Selbstbestimmungsrechts der Kirchen an, spricht insoweit aber nur von einem „arbeitsrechtlichen Tendenzschutz". *Hammer*, Kirchliches Arbeitsrecht, S. 128 f., geht dagegen von einer weitgehenden Gestaltungsfreiheit des staatlichen Gesetzgebers aus; soweit bestimmte Bereiche aber den Kirchen zur eigenen Regelung überlassen werden, habe dies, „die Verpflichtung der zuständigen staatlichen Stellen zur wirksamen Überwachung der kirchlichen (Arbeitsrechts-)Regelungs- und Rechtsanwendungspraxis" zur Folge, aaO, S. 129. Zum Rechtsschutz s. hier S. 51 ff.

[175] *Frey/Coutelle/Beyer*, MAVO, Vorbem. zu §§ 40-42 Rdnr. 13.

[176] Inwiefern dabei einer Rechtspflicht entsprochen wurde oder das kirchliche Selbstbestimmungsrecht iS des Art. 137 Abs. 3 WRV iVm. Art. 140 GG auch eine Absage an eine Beteiligung der Dienstnehmer gedeckt hätte, ist für das Faktum der bestehenden Regelung und deren Geltungsanspruch nicht erheblich; nach *Dütz*, Aktuelle kollektivrechtliche Fragen des kirchlichen Dienstes, EssGespr. **18** (1984), 67 (104), gilt für den gesamten kirchlichen Autonomiebereich, dass „die Kirchen ... den staatlichen Erwartungen zur Ausfüllung des ihnen zur Selbstregelung überlassenen Freiraums auf materiellem und verfahrensmäßigem Gebiet auch im Bereich des Arbeitslebens nachkommen [müssen]"; *Hanau/Thüsing*, Änderungen der Arbeitsbedingungen in Kirche und Diakonie, KuR 1999, 143 (159), lehnen eine „völlige Freizeichnung von jeglicher kollektiver Interessenvertretung" unter Berufung auf das Selbstbestimmungsrecht iS Art. 137 Abs. 3 WRV ab; nach *Hollerbach*, Das Staatskirchenrecht in der Rechtsprechung des Bundesverfassungsgerichts (II), AöR **106** (1981), 218 (244 Fn. 60) steht hinter den Bereichsausnahmen der §§ 112 BPersVG und 118 Abs. 2 BetrVG eine entsprechende Erwartung des Gesetzgebers, die für die Kirche dem Grunde nach pflichtbegründend wirkt; auch *Richardi*, Arbeitsrecht in der Kirche, § 17 Rdnr. 9, erkennt insoweit zwar keine „die Kirchen bindende Pflicht", geht gleichwohl aber davon aus, die Kirchen *müssten* den staatlicherseits anerkannten Freiraum entsprechend ihrem Bekenntnis ausfüllen, aaO, Rdnr. 10 [Hervorhebung nicht im Original]; ausdrücklich gegen eine bindende Pflicht aber unter Betonung der „Erwartungshaltung" des staatlichen Gesetzgebers, *Thüsing*, in: Richardi, BetrVG, § 118 Rdnr. 217; so auch *Edenfeld*, Arbeitnehmerbeteiligung, S. 63; Lorenzen/*Gerhold*, BPersVG, § 112 Rdnr. 20, spricht sich sowohl gegen eine Pflicht der Kirchen bzw. Religionsgemeinschaften zur Schaffung eines eigenständigen Systems der Dienstnehmerbeteiligung als auch einer beachtlichen staatlichen Erwartungshaltung aus. Skeptisch dagegen *Hammer*, Kirchliches Arbeitsrecht, S. 133 f.

[177] Kirchenrechtlich fußt die MAVO auf der Grundordnung des kirchlichen Dienstes im Rahmen kirchlicher Arbeitsverhältnisse, GrOkathK, v. 22.9.1993; die kirchenrechtliche Einordnung der MAVO ist dagegen mit Schwierigkeiten behaftet, „da die *Normae generales* des universellen Kirchenrechts keine adäquaten Kategorien für diese Rechtsform" bereithalten, HdbKathKR-*Kalb*, § 20 I. 3. b), S. 260 mwN; wichtig ist allerdings zu erkennen, dass hinsichtlich der Frage nach den Grenzen der Rechtsetzungsgewalt des kirchlichen Gesetzgebers kein ausschließlich auf die staatliche Rechtsordnung – mit ihrer strikten Unterscheidung rechtlicher Zuordnungssubjekte – fixierter und begrenzter Maßstab angelegt werden darf; maßgebend ist in diesem Zusammenhang nicht die juristische Organisationsform der Einrichtung, sondern ihre aus kirchlicher wie aus staatlicher Sicht verbindliche Zuordnung zur Kirche, als deren „Wesens- und Lebensäußerung" sie sich darstellen muss, BAG, Urteil v. 10.12.1992 – 2 AZR 271/92, EzA § 611 BGB Kirchliche Arbeitnehmer Nr. 38 = AR-Blattei ES 960 Kirchenbedienstete Nr. 48 mit zust. Anm. v. *Richardi*; s. auch Fn. 93 f.

„Einrichtung" auszugehen; die unterschiedlichen Beteiligungsrechte (§§ 27 ff. MAVO) haben keinen Einfluss auf die Abgrenzung der maßgebenden Organisationseinheit iS des § 1 Abs. 1 MAVO.[178] Der Bedeutungsgehalt des Art. 2 Abs. 1 GrOkathK und § 1 Abs.1 MAVO entspricht nach einer Entscheidung der Schlichtungsstelle Limburg dem des Betriebes iS des § 111 Satz 3 Nr. 2 BetrVG und dem der Dienststelle iS des § 78 Abs. 1 Nr. 2 BPersVG.[179] In Abgrenzung zu einer Dienststelle hat eine Einrichtung iS von des § 1 MAVO – abgesehen von der Möglichkeit des § 1a Abs. 2 MAVO – aber in jedem Falle zur Voraussetzung, dass es sich um eine selbstständig geführte Stelle handelt.[180]

Die kirchliche Dienstnehmerbeteiligung geht von dem Grundsatz aus, dass jeweils die für eine konkrete Organisationseinheit gebildete Mitarbeitervertretung einem bestimmten einheitlichen Dienstgeber, gem. § 2 Abs. 1 MAVO dem Träger einer Einrichtung, gegenübersteht und selbstständig und eigenverantwortlich die Interessen der von ihr repräsentierten Dienstnehmer durch die Wahrnehmung der übertragenen Aufgaben und Rechte vertritt. Die demokratisch legitimierten Mitarbeitervertreter nehmen dabei aus Sicht der verfassten Kirche (entgegen der staatskirchenrechtlichen Wertung) bei der Ausübung ihres Ehrenamtes kein Kirchenamt im engeren Sinne (*officium ecclesiasticum*, can. 145 § 1 CIC) wahr.[181]

Die MAVO regelt also die innerbetriebliche Mitwirkung bei allen dem kirchlichen Selbstbestimmungsrecht zugeordneten kirchlichen Einrichtungen[182]; Bindungswirkung kommt ihr nicht nur im „innerkirchlichen" Bereich zu, sondern auch innerhalb der staatlichen Rechtsordnung.[183]

### 3. Grenzen der kirchlichen Selbstbestimmung

Unterschiedliche Ansichten werden auch bezüglich der Frage der Grenzziehung des kirchlichen Selbstbestimmungsrechtes vertreten. Während einerseits – mit Blick auf den dargestellten Zusammenhang mit Art. 4 GG – der Schwerpunkt auf die Einheit der

---

178 Dabei fallen unter den Begriff der Einrichtung nicht unselbstständige nachgeordnete Dienststellen; krit. *Crüwell*, Der Einrichtungsbegriff in der Mitarbeitervertretungsordnung, ZMV 2002, 113 (114 f.).

179 Schlichtungsstelle – Limburg, Beschluss v. 14.9.1998 (MAVO 12/98); für das Vorliegen eines „wesentlichen Teil[s] einer Einrichtung" sieht es die Schlichtungsstelle als entscheidend an, ob dieser Teil „bei einer objektiven Gesamtschau eine erhebliche Bedeutung für die gesamte Einrichtung hat"; die Erfüllung einer bedeutsamen Aufgabe allein reiche nicht aus; als Bewertungsmaßstab sei neben der Zahl der Beschäftigten ua. heranzuziehen, ob die „Dienstleistung auch von den Kirchengemeinden selbst oder von Dritten" erbracht werden kann, aaO.

180 Schlichtungsstelle-Limburg, Beschluss v. 14.9.1998 (13/98); Schlichtungsstelle – Limburg, Beschluss v. 13.11.2000 (MAVO 13/2000).

181 *Thiel*, in: Bleistein/Thiel, MAVO, § 5 Rdnrn. 10, 14 mwN auch zur abweichenden Ansicht.

182 *Eder*, Tarifdispositive Normen und Kirchenklausel; ablehnend *v. Nell-Breuning S.J.*, Arbeitnehmer im kirchlichen Dienst, AuR 1979, 1 (5).

183 S. auch S. 25 f.; *Frey/Coutelle/Beyer*, MAVO, Vorbem. zu §§ 40-42, Rdnr. 5; *Thüsing*, in: Richardi, BetrVG, § 118 Rdnr. 218.

Verfassung und somit auf die Ausgestaltung dieses Freiheitsbereiches „von innen" her gelegt wird, schließen andere aus dem Umstand, dass es sich bei dem durch Art. 140 GG iVm. Art. 137 Abs. 3 WRV gewährten Freiheitsraum um eine Norm der staatlichen Rechtsordnung handelt, könne die inhaltliche Konkretisierung der eigenen Angelegenheiten „als Rechtsbegriff des staatlichen Verfassungsrechts nicht zur Disposition der Kirchen und Religionsgemeinschaften und ihres jeweils verschiedenen Selbstverständnisses stehen."[184] Dafür spräche außerdem der Zweck der Schrankenziehung, die eine „objektive Markierung" verfolge und ein subjektives Gestaltungsmoment nicht zulasse.[185]

a) Schranke des für alle geltenden Gesetzes, Art. 137 Abs. 3 WRV

Auch für die in Art. 137 Abs. 3 WRV iVm. Art. 140 GG enthaltene Schranke des allgemeinen Gesetzes ist nach der vom Bundesverfassungsgericht bezüglich der Interpretation von Art. 5 Abs. 2 GG entwickelten Wechselwirkungstheorie zu beachten, dass die Schrankengesetze – soweit ihr Ziel tatsächlich in einer schlicht negativen Begrenzung des Selbstbestimmungsrechts liegt – ihrerseits den Wertgehalt des verbürgten Grundrechts zu achten haben und insoweit selbst einer Beschränkung unterliegen.[186] Insoweit gilt es zu beachten, dass „jedes...dem kirchlichen Selbstbestimmungsrecht Schranken ziehende Gesetz seinerseits auf eine ebensolche Schranke, nämlich auf die materielle Wertentscheidung der Verfassung [trifft], die über einen für die Staatsgewalt unantastbaren Freiheitsbereich hinaus die besondere Eigenständigkeit der Kirchen und ihrer Einrichtungen gegenüber dem Staat anerkennt."[187]

Schrankengesetze iS des Art. 137 Abs. 3 Satz 1 WRV sind also nicht bloße Kampfinstrumente gegenüber (der Gefahr) der rücksichtslosen Ausübung eines überlassenen Freiheitsraumes, sondern haben letztlich die Funktion, eine sowohl mit dem Gemeinwohl als auch weiteren Rechten Dritter verträgliche Gestaltung der eigenen Angelegenheiten zu gewährleisten; *Heckel* spricht ihnen „insoweit eine dienende Instrumentalfunktion" zu.[188] Auch das Bundesverfassungsgericht misst dem

---

[184] *Jurina*, Das Dienst- und Arbeitsrecht im Bereich der Kirchen, S. 27; *Scheuner*, Autonomie der Kirche – Symposion für Armin Füllkrug, S. 1 (19).
[185] *Scheuner*, Autonomie der Kirche – Symposion für Armin Füllkrug, S. 1 (19).
[186] *Heckel*, Die Kirchen unter dem Grundgesetz, VVDStRL **26** (1968), 5 (41 Fn. 51); *ders.* Die staatliche Gerichtsbarkeit in Sachen der Religionsgemeinschaften, Gesammelte Schriften, Bd. IV, S. 1026 (1037); *Hollerbach*, ebenda, 57 (75); *Morlok/Müller*, Keine Theologie ohne die Kirche / keine Theologie gegen die Kirche?, JZ 1997, 549 (553); s. BVerfG, Urteil v. 15.1.1958 – 1 BvR 400/51, BVerfGE **7**, 198 (208 f.); BVerfG, Beschluss v. 3.12.1985 – 1 BvL 15/84, BVerfGE **71**, 206 (214).
[187] BVerfG, Beschluss v. 25.3.1980 – 2 BvR 208/76, BVerfGE **53**, 366 (404); BVerfG, Beschluss v. 14.5.1986 – 2 BvL 19/84, BVerfGE **72**, 278 (289).
[188] *Heckel*, Religionsfreiheit. Eine säkulare Verfassungsgarantie, in: Gesammelte Schriften: Staat, Kirche, Recht, Geschichte, Band IV, S. 647 (701); *ders.*, Die staatliche Gerichtsbarkeit in Sachen der Religionsgemeinschaften, Gesammelte Schriften, Bd. IV, S. 1026 ( 1037); s. auch *ders.*, Kontinuität

Schrankenvorbehalt die Bedeutung als Basis für eine Konkordanz bei, auf der eine wechselseitige Respektierung der beiden Ordnungen aufbauen kann.[189] Durch die Aufnahme des Schrankenvorbehalts wird aber zusätzlich klargestellt, dass die Sicherstellung dieses Ausgleichs verschiedener Rechtspositionen in den Aufgabenbereich und damit in die (Letzt-)Verantwortung des weltlichen Gesetzgebers fällt. Die Kompetenz des Gesetzgebers zum Erlass schrankenziehender Normen findet eine innere Begrenzung damit bereits in der Natur der übertragenen Aufgabe.[190] Durch die Gewähr des Raumes freier Selbstbestimmung soll gerade gesichert werden, „dass die Kirchen nicht jenseits der staatlichen Ordnung des Kultur- und Soziallebens geraten, sondern in ihr die Freiheit zur Entfaltung positiviert erhalten."[191]

Durch den Schrankenvorbehalt wird also weder ein Subordinationsverhältnis zwischen Kirche und Staat begründet[192] noch ein „ekklesiologisches Mandat" übertragen, welches dem Staat ein Aufsichtsrecht über die aus dem religiösen Selbstverständnis entwickelte Dienstverfassung – je nach Standpunkt – erhält oder gewährt.[193] Auch soweit Religions- bzw. Weltanschauungsgemeinschaften den Status einer Körperschaft des öffentlichen Rechts iS des Art. 137 Abs. 5 WRV besitzen – durch den sie weder unmittelbar noch mittelbar in das staatliche Organisationsgefüge eingegliedert werden[194] –, folgt daraus kein Aufsichtsrecht des Staates.

Sondergesetze scheiden bereits im Hinblick auf den Wortlaut des Art. 137 Abs. 3 WRV iVm. Art. 140 GG als Instrument der Begrenzung des kirchlichen Selbstbestimmungsrechts aus. Darüber hinaus bleibt aber auch einem allgemeinen Gesetz iS der "Jedermann-Formel" eine Schrankenziehung verwehrt, soweit die Verfassung der Kirche oder ihr Auftrag bzw. die Zweckbestimmung ihres Dienstes betroffen werden.[195] Auch grundrechtlich abgesicherte

und Wandlung des deutschen Staatskirchenrechts unter den Herausforderungen der Moderne, ZevKR **44** (1999), 340 (376 Fn. 43); für einen inneren Bezug von Schrankennorm und Freiheitsgewährung *Jurina*, Der Rechtsstatus der Kirchen und Religionsgemeinschaften im Bereich der eigenen Angelegenheiten, S. 55.

[189] BVerfG, Beschluss v. 21.9.1976 – 2 BvR 350/75, BVerfGE **42**, 312 (340).

[190] *Hesse* in: HdbStKirchR, Bd. I., § 17 II. 2., S. 532.

[191] *Heckel*, Die Kirchen unter dem Grundgesetz, VVDStRL **26** (1968), 5 (45 ).

[192] MünchArbR/*Richardi*, § 194 Rdnr. 5.

[193] *Richardi*, Arbeitsrecht in der Kirche, § 2 Rdnr. 44; *ders.*, MünchArbR, § 193 Rdnr. 2.

[194] *Richardi*, Kollektivgewalt und Individualwille bei der Gestaltung des Arbeitsverhältnisses, S. 66; *ders.*, Arbeitsrecht in der Kirche, § 1 Rdnr. 26; nach *Kästner*, Staatliche Justizhoheit und religiöse Freiheit, S. 181, Fn. 25, handelt es sich „beim Korporationsstatus der rel. Verbände ... angesichts seiner Querverbindungen zur Garantie des Selbstbestimmungsrechts um eine *staatskirchenrechtliche* Rechtsqualität" [Hervorhebung im Original]; *Maunz*, in: Maunz/Dürig, Grundgesetz Kommentar, Bd. V, Anh. zu Art 140 GG, Art. 137 WRV Rdnr. 25; *Schmidt-Aßmann*, in: Maunz/Dürig, Grundgesetz Kommentar, Bd. II, Art. 19 Abs. IV Rdnr. 112; BVerfG, Beschluss v. 17.2.1965 – 1 BvR 732/64, BVerfGE **18**, 385 (386 f.); BVerfG, Beschluss v. 31.3.1971 – 1 BvR 744/67, BVerfGE **30**, 415 (428).

[195] *Richardi*, Die arbeitsrechtliche Regelungsautonomie der Kirchen, in: 25 Jahre Bundesarbeitsgericht, S. 429 (446); *ders.*, MünchArbR, § 192 Rdnr. 30; aus Sicht der Kirche ist es unerheblich, auf welche Weise ein Eingriff in diesen zentralen Bereich erfolgt. Demgemäß ist nach

Freiheitsräume - sogar die mit Drittwirkung ausgestattete und durch Art. 9 Abs. 3 GG gewährte Koalitionsfreiheit - vermögen im Hinblick auf die Dienstverfassung der Kirche keine Beschränkung des kirchlichen Selbstbestimmungsrechts zu rechtfertigen.[196] Dieser uneinschränkbare Freiheitsraum betrifft jedenfalls die Punkte, welche Dienste in welcher Rechtsform eingerichtet werden und welche Anforderungen an die Personenauswahl gestellt werden.[197] Über ein rein negatives Eingriffsverbot hinaus trifft den staatlichen Gesetzgeber positiv die Verpflichtung, den Kirchen eigene Wege zur Gestaltung und Ausfüllung ihres Selbstbestimmungsrechts offen zu halten – jedenfalls soweit die jeweilige Materie in den Schutzbereich des verfassungsrechtlich garantierten Selbstbestimmungsrechts fällt.[198] Wesensmäßig unterscheiden sich Staat und Kirche in „Organisation und Trennung der Kompetenzen und Maßstäbe", die für den jeweiligen Rechtsträger maßgeblich sind und damit eine "begrenzende" Verbindlichkeit besitzen; nicht in einer strikten Bereichsscheidung, sondern „in dieser Maßstabsregelung liegt der Schlüssel zur Lösung der komplizierten staatskirchlichen Spezialprobleme".[199]

b) Art. 9 EMRK

Von der Intention der Menschenrechte als Sicherung eines Mindeststandards individueller Rechte und Interessen her konsequent – jedem Bürger durch die unmittelbare Geltung der EMRK in den Mitgliedsstaaten durchsetzungsfähigen Rechtsschutz zu ermöglichen[200] –, steht auch bei Art. 9 Abs. 1 EMRK die Garantie einer persönlichen Wahl- und Ausübungsfreiheit im Blickpunkt.[201] Gerade aus der Gewährleistung der Ausübungsfreiheit (*religious practice*) in Gemeinschaft mit anderen wird im Rahmen der individualrechtlichen

---

*Richardi* der „Schrankenvorbehalt nicht isoliert von der Gewährleistung des kirchlichen Selbstbestimmungsrechts" zu interpretieren; *ders.*, Arbeitsrecht in der Kirche, § 1 Rdnr. 8; § 2 Rdnr. 39.

[196] *Richardi*, 25 Jahre Bundesarbeitsgericht, S. 429 (446).

[197] MünchArbR/*Richardi*, § 193 Rdnr. 7 f.; BVerfG, Beschluss v. 4.6.1985 – 2 BVR 1703/83, 1718/83, 856/84, BVerfGE **70**, 138 (165).

[198] *Heckel*, Die Kirchen unter dem Grundgesetz, VVDStRL **26** (1968), 5 (41); BVerfG, Beschluss v. 25.3.1980 – 2 BvR 208/76, BVerfGE **53**, 366 (401); BVerfG v. 17.12.1981 – 2 BvR 384/78, BVerfGE **57**, 220 (244). *Richardi* sieht den unlösbaren Zusammenhang „der institutionellen Kirchenfreiheit mit dem Grundrecht der Glaubensfreiheit" als "Schlüssel" für eine gelungene Auslegung des Schrankenvorbehalts an, Arbeitsrecht in der Kirche, § 2 Rdnr. 30.

[199] *Heckel*, Die staatliche Gerichtsbarkeit in Sachen der Religionsgemeinschaften, Gesammelte Schriften, Bd. IV, S. 1026 (1041 u. 1047); *ders.*, Kontinuität und Wandlung des deutschen Staatskirchenrechts unter den Herausforderungen der Moderne, ZevKR **44** (1999), 340 (377), der Staat stellt unter Ausrichtung an den Kriterien des gemeinen Wohls die „weltlichen Rahmenbedingungen", die Religionsgemeinschaften füllen die für den weltanschaulich-religiös neutralen Staat unzugänglichen Bereiche entsprechend ihrem Glauben.

[200] Seit dem 1.1.1999 durch den als ständiges Gericht eingerichteten Europäischen Gerichtshof für Menschenrechte (EGMR) mit Sitz in Straßburg, durch das 11. Zusatzprotokoll zur EMRK v. 11.5.1994, BGBl. II 1995, S. 578; zuvor durch die Europäische Kommission für Menschenrechte (EKMR).

[201] Wortlaut der Norm s. Anhang.

Anspruchsposition geschlossen, dass sich der Regelungsgehalt und damit der Schutzbereich dieser Norm nicht auf den unmittelbar religions- bzw. glaubensspezifischen Kern – zB Bestimmung des Glaubensinhalts, Form und Art der gemeinsamen Glaubensfeier – beschränkt, sondern darüber hinaus auch den Bereich der privaten Lebensgestaltung umfasst.[202] Darüber hinaus ist durch die Europäische Kommission für Menschenrechte anerkannt, dass auch eine Gemeinschaft von Gläubigen als Träger der Religionsfreiheit iS des Art. 9 Abs. 1 EMRK in Frage kommt.[203] Ob und inwieweit sich eine Religionsgemeinschaft auf ein mit Art. 140 GG iVm. Art. 137 Abs. 3 WRV vergleichbares Selbstbestimmungsrecht berufen kann, bleibt zunächst fraglich.[204]

*Blum* findet die Verbindung zwischen der gemeinschaftlichen Inanspruchnahme der Religionsfreiheit – Art. 9 Abs. 1 EMRK als Kollektivgrundrecht – und der davon abzuschichtenden (institutionell) korporativen Komponente in deren wechselseitiger Bedingtheit; das volle Spektrum des Schutzes individueller Glaubensüberzeugung wird danach erst dann ausgeschöpft, wenn auch deren wesensmäßig angelegte Ausrichtung auf Erfüllung in der Gemeinschaft effektiv abgesichert ist.[205] Über inhaltliche Konkretisierungen

---

[202] *Blum,* Die Gedanken-, Gewissens- und Religionsfreiheit nach Art. 9 der Europäischen Menschenrechtskonvention, Diss., S. 68, da die „traditionellen religiösen Handlungen bereits durch die Begriffe Gottesdienst und Beachtung religiöser Gebräuche geschützt sind", so dass dem Merkmal der *religious practice* nur bei dieser Interpretation ein selbstständiger Schutzbereich zukommt; dem entspricht auch, dass die durch Art. 9 Abs. 1 EMRK eingeräumte Gewissensfreiheit sich nicht auf das *forum internum* beschränken lässt, sondern nicht nur aufgrund ihrer historischen Wurzeln „so verstanden werden [muss], dass sie auch die Gewissensäußerung und das gewissensgemäße Verhalten absichert", *ders.,* S. 157. Die Grenzen dieser glaubensgeprägten Lebensführung sind dabei aber noch nicht exakt gezogen, s. auch *Bleckmann,* Von der individuellen Religionsfreiheit des Art. 9 EMRK zum Selbstbestimmungsrecht der Kirchen, S. 25 f.; bestätigt durch EGMR, Case of *Metropolitan Church of Bessarabia and Others v. Moldova,* Urteil v. 13.12.2001, Application no. 45701/99, Rdnr. 101, im Internet abzurufen unter http://hudoc.echr.coe.int/hudoc/default.asp?Cmd=Query.

[203] *Chappell v. the UK,* DR 53, p.241; *Omkarananda and the Devine Light Zentrum v. the UK,* DR 25 p. 125; *Church of Scientology v. Sweden,* DR 16, p. 68 at p. 70; EKMR Nr. 73/74/76 X :7: Dänemark, DR 5 (1976), S. 157 f.; so auch *Frowein,* Die Bedeutung des die Gedanken-, Gewissens- und Religionsfreiheit garantierenden Artikels 9 der Europäischen Menschenrechtskonvention, EssGespr. **27** (1993), 46 (49).

[204] Zur Unterscheidung von individueller, kollektiver und institutioneller Freiheit s. auch *Herzog,* in: Maunz/Dürig, GG, Art. 4 Rdnr. 93; *Weber,* Neuralgische Punkte in den Grundsatzfragen des Staatskirchenrechts, FS Maurer, S. 469 (486). Zur grundsätzlichen Kritik „intermediärer Gewalten", *Picker,* Tarifautonomie – Betriebsautonomie – Privatautonomie, NZA 2002, 761 (762 ff.).

[205] *Blum,* Die Gedanken-, Gewissens- und Religionsfreiheit nach Art. 9 der Europäischen Menschenrechtskonvention, Diss., S. 170 mwN; in der Anerkennung des eigenständigen kirchlichen Disziplinarrechts durch die EKMR sieht *Blum,* aaO, S. 177, „implizit" die Anerkennung des kirchlichen Selbstbestimmungsrechts bestätigt, ohne dass dadurch aber bestimmte oder verbindliche Vorgaben für das Staatskirchenrecht der Mitgliedstaaten verbunden wären. Zur rechtsvergleichenden Argumentation s. *Bleckmann,* Von der individuellen Religionsfreiheit des Art. 9 EMRK zum Selbstbestimmungsrecht der Kirchen, S. 35 ff.; s. auch Übersicht der Rechtsprechung des EGMR bei *Robbers,* Religionsfreiheit in Europa, FS Listl, S. 201 (208 ff.); *ders.,* Die Kirchen und das Europarecht, in: Staatliches Religionsrecht im europäischen Vergleich, 177 (182), sieht in Art. 9 Abs. 1 EMRK ebenfalls „eine institutionelle kollektive Komponente" enthalten, zumindest „soweit Kirche Ausdruck individuellen Handelns ist". Zum Zusammenhang der individuellen und der korporativen

des Glaubens hinaus erfordert gemeinsam praktizierte Ausübung desselben aber nicht nur die Kompetenz zur Aufstellung ritusbezogener Regeln, sondern auch die Möglichkeit, auf der Grundlage der Glaubenswahrheiten und unter Ausrichtung auf sie, ein eigenständiges Ordnungs- bzw. Organisationssystem zu errichten und damit letztlich auch verbindliches kirchliches Recht zu setzen.[206] Die Schwierigkeit der Auslotung der Tiefe dieser institutionellen Komponente und ihrer Grenze liegt nicht nur in der eine Auslegung erfordernde Fassung der Norm begründet, sondern auch in den unterschiedlichen staatskirchlichen Systemen der Mitglieder, die angemessen zu berücksichtigen sind; hier einen gangbaren Weg einzuschlagen, obliegt der Rechtsprechung des Europäischen Gerichtshofs für Menschenrechte.[207]

---

Religionsfreiheit unter dem Grundgesetz vgl. auch *Heckel*, Kontinuität und Wandlung des deutschen Staatskirchenrechts unter den Herausforderungen der Moderne, ZevKR **44** (1999), 340 (372 ff.).

[206] *Bleckmann*, Von der individuellen Religionsfreiheit des Art. 9 EMRK zum Selbstbestimmungsrecht der Kirchen, S. 41 f., mit weitergreifenden Begründungsansatz; *Frowein*, Die Bedeutung des die Gedanken-, Gewissens- und Religionsfreiheit garantierenden Artikels 9 der Europäischen Menschenrechtskonvention, EssGespr. **27** (1993), 46 (55), leitet aus dem Gemeinschaftsbezug des Art. 9 Abs. 1 EMRK auch die Gewährleistung eines Organisationsrechts ab; s. auch *Heintzen*, Die Kirchen im Recht der Europäischen Union, FS Listl, S. 29 (37), nach dem das Selbstverwaltungsrecht der Religionsgemeinschaften aus der „korporativen Gewährleistungsdimension" des Art. 9 Abs. 1 EMRK folgt; s. auch *Weber*, Die Religionsfreiheit im nationalen und internationalen Verständnis, ZevKR **45** (2000), 109 (159), wonach „dem kollektiven Freiheitsrecht ... die Anerkennung eines Mindestbestands eines kirchlichen Selbstverwaltungs- und Organisationsrechts enthalten [ist]." *Winter*, Das Verhältnis von Staat und Kirche als Ausdruck der kulturellen Identität der Mitgliedstaaten der Europäischen Union, FS Hollerbach, S. 893 (900); jetzt auch EGMR, Case of *Hasan* u. *Chaush v. Bulgaria*, Urteil v. 26.10.2000, Application no. 30985/96, Rdnrn. 60 ff., im Internet abzurufen unter http://hudoc.echr.coe.int/hudoc/default.asp?Cmd=Query; der EGMR führt unter Rdnr. 62 zur Reichweite des Art. 9 EMRK folgendes aus:

*"62 The Court recalls that religious communities traditionally and universally exist in the form of organised structures. They abide by rules which are often seen by followers as being of a divine origin. Religious ceremonies have their meaning and sacred value for the believers if they have been conducted by ministers empowered for that purpose in compliance with these rules. The personality of the religious ministers is undoubtedly of importance to every member of the community. Participation in the life of the community is thus a manifestation of one's religion, protected by Article 9 of the Convention.*

*Where the organisation of the religious community is at issue, Article 9 must be interpreted in the light of Article 11 of the Convention which safeguards associative life against unjustified State interference. Seen in this perspective, the believer's right to freedom of religion encompasses the expectation that the community will be allowed to function peacefully free from arbitrary State intervention. Indeed, the autonomous existence of religious communities is indispensable for pluralism in a democratic society and is thus an issue at the very heart of the protection which Article 9 affords. It directly concerns not only the organisation of the community as such but also the effective enjoyment of the right to freedom of religion by all its active members. Were the organisational life of the community not protected by Article 9 of the Convention, all other aspects of the individual's freedom of religion would become vulnerable."*

Ua. wird auf den Aspekt des Gemeinschaftscharakters der Kirche zur Begründung der gesetzgebenden Gewalt auch von kirchlicher Seite abgestellt, s. HdbKathKR/*Listl*, § 8 I. 1., S. 102.

[207] Auffallend ist in diesem Zusammenhang, dass in der einschlägigen Literatur wieder ein Rückgriff auf die aus den Tagen der Bereichslehre bekannten Instrumente zu erfolgen scheint, also zwischen rein innerkirchlichen Bereichen (in einem engen Sinn) und innerkirchlichen Tätigkeitsfeldern im weiten Sinn differenziert wird, auf die sich das kirchliche Selbstbestimmungsrecht (noch) erstrecken können soll; davon abgegrenzt wird ein Bereich, der in keinem inneren Zusammenhang mehr mit kirchlicher

c) Europarecht

Durch die Öffnung der deutschen Rechtsordnung und die Zurücknahme souveräner Hoheitsmacht im Zuge der Gründung und Fortentwicklung der Europäischen Gemeinschaften gerät die durch die Kirche auf der Basis der Art. 4 Abs. 1 und 2, 140 GG iVm. 137 Abs. 3 WRV errichtete Ordnung unter zunehmenden Druck. Dabei ist in erster Linie gar nicht an eine spezifisch auf die Kirchen ausgerichtete europäische Gesetzgebung gedacht, die die Kirche gerade in ihrer Rolle als Dienstgeber oder Träger von selbstständigen Einrichtungen ins Visier nimmt, sondern an die Konsequenzen allgemeiner europarechtlicher Regelungen, deren Wirkungsbereich sich (unterschiedslos) auf das bestehende innerstaatliche Arbeitsrecht erstreckt.[208]

Einer zunehmenden Europäisierung der innerstaatlichen Rechtsordnung und einer Spruchpraxis des Europäischen Gerichtshofs, die sich sehr stark um eine effektive Durchsetzung des Gemeinschaftsrechts bemüht und den Anwendungsvorrang europäischen Rechts auch gegenüber den nationalen Verfassungen bejaht, ist der deutsche Gesetzgeber durch Art. 23 Abs. 1 Satz 3 iVm. 79 Abs. 3 GG mit der Errichtung einer Schutzzone für elementare Verfassungsprinzipien begegnet.[209] Auf Unionsseite entspricht dem der in Art. 5 Abs. 1 EGV positivierte Grundsatz der begrenzten Ermächtigung, wonach die Gemeinschaft „nur aufgrund einer ausdrücklich im Vertrag verankerten Kompetenzermächtigung tätig

---

Lebensentfaltung steht und auf den sich folgerichtig das Selbstbestimmungsrecht nicht mehr erstreckt, s. *Bleckmann*, Von der individuellen Religionsfreiheit des Art. 9 EMRK zum Selbstbestimmungsrecht der Kirchen, S. 47 f.

[208] Insoweit steht der Gemeinschaft keine umfassende Regelungskompetenz zu, diese ist vielmehr auf die in Art. 137 Abs. 1 u. 2 EGV genannten Bereiche beschränkt; *Bleckmann*, Von der individuellen Religionsfreiheit des Art. 9 EMRK zum Selbstbestimmungsrecht der Kirchen, S. 49. Eine Sonderrolle spielen dabei zum einen die kirchlichen Beamtenverhältnisse, die weder unter das nationale noch das europäische Arbeitsrecht fallen und zum anderen die geistlichen Amtsträger und die Gemeinschaften kirchlichen Lebens, deren rechtliches Verhältnis zur verfassten Kirche ebenfalls von spezieller Natur ist, *Bleckmann*, aaO, S. 5 f.; s. auch *Robbers*, Die Kirchen und das Europarecht, in: Staatliches Religionsrecht im europäischen Vergleich, 177 (178 f., 183). S. auch *Richardi*, Arbeitsrecht in der Kirche, § 1 Rdnrn. 14 f., 19; *Weber*, Geltungsbereiche des primären und sekundären Europarechts für die Kirchen, ZevKR **47** (2002), 221 (229 ff.).
Darüber hinaus können sich primärrechtlich aus Art. 13 EGV (Antidiskriminierungsmaßnahmen), Art. 87 ff. EGV (Beihilfeverbot), Art. 39 EGV (Freizügigkeit der Arbeitnehmer), Art. 43EGV (Niederlassungsfreiheit), Art. 49 EGV (freier Dienstleistungsverkehr), Art. 56 EGV (freier Kapital- und Zahlungsverkehr) und den Art. 81 ff. EGV Einschränkungen für das kirchliche Selbstbestimmungsrecht ergeben; auf sekundärrechtlicher Ebene hervorzuheben sind die Antidiskriminierungsrichtlinie (Richtlinie 2000/78 EG des Rates), die Datenschutzrichtlinie (Richtlinie 95/46/EG des Europäischen Parlaments und des Rates) und die Gleichbehandlungsrichtlinie (Richtlinie 76/207/EGW des Rates), vgl. auch *Robbers*, Die Fortentwicklung des Europarechts und seine Auswirkungen auf die Beziehungen zwischen Staat und Kirche in der Bundesrepublik Deutschland, EssGespr. **27** (1993), 81 (88 ff.); s. auch *de Wall*, Europäisches Staatskirchenrecht, ZevKR **45** (2000), 157 (160 ff.); *ders.*, Neue Entwicklungen im Europäischen Staatskirchenrecht, ZevKR **47** (2002), 205 (208 ff.).

[209] S. auch *Müller-Volbehr*, Europa und das Arbeitsrecht der Kirchen, Diss., S. 37 ff.; Art. 23 Abs. 1 Satz 3 GG dient als „Verfassungsbindungsklausel", die ihre Bedeutung nicht nur bei der Übertragung von Hoheitsrechten entfaltet, sondern darüber hinaus „für alle Formen der Mitwirkung an der Europäischen Union" gilt, *Streinz*, in: Sachs, Grundgesetz, Art. 23 Rdnr. 15 mwN.

werden" darf; eine umfassende bzw. allgemeine Rechtsetzungskompetenz der Gemeinschaft ist damit nicht zu vereinbaren und die Souveränität der Mitgliedstaaten insoweit gewahrt.[210] In dieselbe Richtung zielt die Regelung des Art. 6 Abs. 3 EUV, wonach die Union die nationale Identität ihrer Mitgliedstaaten wahrt.

(1) Grundrechtscharta der Europäischen Union

Bislang ohne unmittelbare Rechtsgeltung[211] in den Mitgliedstaaten stellt die Grundrechtscharta als konzentrierter Ausdruck der gemeinsamen Verfassungsüberlieferung der Mitgliedstaaten einen bedeutenden Schritt zur Überwindung rein marktorientierter Einzelinteressen zur Begründung eines umfassenden Schutzes der Unionsbürger auf grundrechtlicher Ebene dar; ihrer fehlenden Rechtsverbindlichkeit zum Trotz, besitzt sie zwar Rechtserheblichkeit[212], ihre Regelungen verdichten sich aber nicht zu einem unionsweit geltenden Wertesystem.[213]

Eine Garantie des kirchlichen Selbstbestimmungsrechts iS der Art. 140 GG iVm. Art. 137 Abs. 3 WRV ist in der Grundrechtecharta zwar nicht ausdrücklich vorgesehen, Art. 10 Abs. 1 Satz 1 der Charta gewährleistet vielmehr jeder Person das Recht „auf Gedanken-, Gewissens- und Religionsfreiheit"; nach Satz 2 ist damit auch „die Freiheit, seine Religion oder Weltanschauung einzeln oder gemeinsam mit anderen öffentlich oder privat durch Gottesdienst, Unterricht, Bräuche und Riten zu bekennen" umfasst, die auch das Recht zu selbstständiger Ordnung „eigener" Angelegenheiten einschließt; die Reichweite dieser Gewährleistung ist damit aber nicht mit derjenigen gleichzusetzen, wie sie sich in deutschen staatskirchenrechtlichen System aus den Art. 140 GG iVm. Art. 137 Abs. 3 WRV ergibt.[214] Allein aus dieser Formulierung, die den Individualschutz der Unionsbürger in den

---

210 *Lienbacher*, in: EU-Kommentar, Art. 5 EGV Rdnr. 7; *Turowski*, Staatskirchenrecht der Europäischen Union?, KuR 1/1995, 13 (18).

211 Feierlich proklamiert wurde die Charta der Grundrechte der Europäischen Union (ABlEG Nr. C 364, S. 1; im Internet unter http://www.eizniedersachsen.de/europa-fokus/2000-2/beitrag-04.htm) am 8.12.2000 in Nizza; *Hilf*, Die Charta der Grundrechte der Europäischen Union, in: Beilage zu NJW Heft 49/2000, 5 (6), Europäisches Parlament, Rat und Kommission sind mit damit aber eine „Selbstbindung" eingegangen, so dass trotz fehlender Aufnahme in die Verträge oder förmlicher mitgliedstaatlicher Zustimmung zur Ratifizierung von einer „Beachtung in der Praxis der Rechtsgestaltung und Rechtsanwendung" auszugehen ist; s. auch *Weber*, Neuralgische Punkte in den Grundsatzfragen des Staatskirchenrechts, FS Maurer, S. 469 (489); *ders.*, Die individuelle und kollektive Religionsfreiheit im europäischen Recht einschließlich ihres Rechtsschutzes, ZevKR **47** (2002), 265 (284).

212 *Robbers*, Religionsrechtliche Gehalte der Europäischen Grundrechtecharta, FS Maurer, S. 425 (425).

213 *Schröder*, Wirkungen der Grundrechtscharta in der europäischen Rechtsordnung, JZ 2002, 849 (850).

214 *Heinig*, Die Religion, die Kirche und die Europäische Grundrechtscharta – Anmerkungen zu einer Etappe im europäischen Verfassungsprozess, ZevKR **46** (2001), 440 (450); in sachlicher Hinsicht geht seiner Ansicht nach „zumindest auch ein Selbstbestimmungsrecht in zentralen religiösen Anliegen wie der religiösen Lehre, des Kultes oder der Ämterordnung einher", dessen Konkretisierung durch die Rechtsprechung erfolge.

Vordergrund rückt, kann im Umkehrschluss kein völliger Ausschluss der korporativen Religionsfreiheit abgeleitet werden. Ausweislich der Erläuterungen des Präsidiums des die Charta ausarbeitenden Konvents[215] soll Art. 10 Abs. 1 der Charta der Grundrechte der EU „dieselbe Bedeutung und Tragweite" wie der entsprechende Artikel der EMRK – hier also Art. 9 EMRK – besitzen; damit erlangen dessen inhaltliche Gewährleistungen und deren Interpretation durch Schrifttum und Rechtsprechung Bedeutung auch für grundrechtlichen Sicherungsstandard auf gemeinschaftsrechtlicher Ebene.[216] Wie oben[217] bereits gezeigt, wird durch Art. 9 Abs. 1 EMRK über den personenbezogenen Schutz der Religionsfreiheit gerade auch eine institutionell korporative Komponente hinsichtlich der Religionsgemeinschaften mitumfasst. Auch hier kann aber noch keine endgültige und trennscharfe Inhaltsbestimmung vorgenommen werden, dazu bedarf es eingehender rechtsvergleichender Studien und deren Kristallisation am konkreten Fall.[218]

(2) Primärrecht

Im Primärrecht der Europäischen Union findet sich keine ausdrückliche Kompetenzzuweisung hinsichtlich der Bereiche Religion und Kultus.[219] Der Grundsatz der begrenzten Einzelermächtigung gem. Art. 5 EUV, Art. 5 Abs. 1 EGV und das in Art. 5 Abs. 2 EGV verankerte Subsidiaritätsprinzip gestatten demnach keine Entwicklung eines eigenständigen einheitlichen, unionsweit Geltung beanspruchenden staatskirchenrechtlichen Systems, das das der Mitgliedstaaten verdrängt. Im Gegenteil ist in der Erklärung Nr. 11 zur Schlussakte des Vertrags von Amsterdam ausdrücklich aufgenommen, dass die Union den

[215] Erläuterung zu Art. 52 der Charta der Grundrechte der EU, abgedr. in Beilage zu NJW Heft 49/2000, S. 15; im Internet unter http://www.europarl.eu.int/charter/pdf/04473_ de.pdf; die Erläuterungen besitzen aber keine Rechtsverbindlichkeit, sondern dienen der Verdeutlichung der Grundrechte.

[216] Auch im geltenden Recht der EU wird hinsichtlich der Gewährleistung der Religionsfreiheit durch Art. 6 Abs. 2 EUV auf Art. 9 Abs. 1 EMRK abgestellt; s. auch *Weber,* Die individuelle und kollektive Religionsfreiheit im europäischen Recht einschließlich ihres Rechtsschutzes, ZevKR **47** (2002), 265 (285 f.).

[217] S. 40 f.

[218] Wenn mit der Gewährleistung der Religionsfreiheit zumindest in einem Kernbereich auch das Recht der Religionsgemeinschaften zur Selbstbestimmung verbunden ist, hat dies im europäischen Rechtsbereich zur Folge, dass das durch Art. 140 GG iVm. Art. 137 Abs. 3 WRV erreichte Schutzniveau nicht über einen (postulierten) Grundsatz des „Maximalstandards" – nach dem sich der Grundrechtsschutz innerhalb der Europäischen Union nach dem höchsten nationalen Standard der Mitgliedsstaaten richten soll – erreicht werden kann, *de Wall,* Europäisches Staatskirchenrecht, ZevKR **45** (2000), 157 (167 f.). Die – auch hinsichtlich der Gesetzgebungstätigkeit – auf europäischer Ebene Bindungswirkung entfaltende Vielfältigkeit der Staat-Kirche Beziehungen in den Mitgliedstaaten folgt nach *Heinig,* Die Religion, die Kirche und die Europäische Grundrechtscharta – Anmerkungen zu einer Etappe im europäischen Verfassungsprozess, ZevKR **46** (2001), 440 (451 f.), „nicht aus Art. 10 der Charta für sich alleine, sondern wie bisher aus dem Gesamtensemble das EU-Religions(verfassungs)recht prägender Normenkomplexe des nationalen und europäischen Grundrechtsschutzes, des Schutzes der nationalen Identität, der kulturellen Vielfalt, der Subsidiarität und der Erklärung Nr. 11 der Regierungskonferenz von Amsterdam."

[219] *Reichold,* Europa und das deutsche kirchliche Arbeitsrecht, NZA 2001, 1054 (1056); s. auch *de Wall,* Europäisches Staatskirchenrecht, ZevKR **45** (2000), 157 (158 mwN).

Status achtet, „den Kirchen und religiöse Vereinigungen oder Gemeinschaften in den Mitgliedstaaten nach deren Rechtsvorschriften genießen", und ihn nicht beeinträchtigt. Zwar kommt dieser Erklärung nicht die Bedeutung einer negativen Kompetenzvorschrift zu und kann dementsprechend auch nicht zur Begründung einer europarechtlichen Bereichsausnahme in Bezug auf das Staatskirchenrecht seiner Mitgliedstaaten herangezogen werden;[220] im Zusammenwirken mit Art. 6 EUV[221] ergibt sich aber, dass auch auf der Ebene des primären Gemeinschaftsrechts die Pflicht besteht, in angemessener Weise zumindest auf „gemeineuropäische Standards" Rücksicht zu nehmen und zwar im Sinne einer „echten Rechtspflicht".[222]

Wenn auch innerhalb der Mitgliedstaaten kein einheitliches oder eindeutig dominierendes staatskirchenrechtliches Ordnungssystem auszumachen ist[223], sich dieser Bereich im Gegenteil durch einen besonderen Differenzierungsgrad auszeichnet[224], hat dies keine unmittelbaren Konsequenzen für die in Deutschland als Ausprägung des den Kirchen gem. Art. 140 GG iVm. Art. 137 Abs. 3 WRV gewährten Rechts auf Selbstbestimmung etablierte Sonderstellung des kirchlichen Arbeitsrechts.[225] Gerade der EuGH lehnt die vollständige Ausklammerung bestimmter Bereiche aus dem Anwendungsbereich europarechtlicher Regelungen ab. Den „Arbeitgeber Kirche" treffende europarechtliche Maßnahmen können sich nicht nur unter Ausübung der inhaltlich weitreichenden Ermächtigungsnorm des Art. 13 EGV ergeben[226], wonach geeignete Vorkehrungen getroffen werden können, um Diskriminierungen aus Gründen der Religion zu bekämpfen[227]; gerade auch aus „wertneutralen" Bestimmungen, die innerhalb des Binnenmarktes erwerbswirtschaftlich

---

[220] *Heinzen,* Die Kirchen im Recht der Europäischen Union, FS Listl, S. 29 (36); s. auch Fn. 244.

[221] Der Norm des EUV, mit der nach *Heintzen,* Die Kirchen im Recht der Europäischen Union, FS Listl, S. 29 (39), die stärkste Verbindung besteht.

[222] *Heintzen,* Die Kirchen im Recht der Europäischen Union, FS Listl, S. 29 (46); krit. *de Wall,* Europäisches Staatskirchenrecht, ZevKR **45** (2000), 157 (158), der in der Erklärung „in erster Linie eine politische Willenserklärung" sieht, die allerdings „eine Auslegungshilfe für das geltende Europarecht sein kann und für die Fortentwicklung des sekundären Gemeinschaftsrechts richtungsweisend ist."

[223] Durch die Zusatzerklärung Nr. 11 zum Vertrag von Amsterdam wird nach *Winter,* Das Verhältnis von Staat und Kirche als Ausdruck der kulturellen Identität der Mitgliedstaaten der Europäischen Union, FS Hollerbach, S. 893 (901), klargestellt, dass „nach dem Willen der Vertragspartner das Verhältnis der Mitgliedsstaaten zu den Religions- und Weltanschauungsgemeinschaften nicht im Sinne eines einheitlichen religionsrechtlichen Systems in Europa nivelliert werden darf."

[224] S. den Überblick bei *Bleckmann,* Von der individuellen Religionsfreiheit des Art. 9 EMRK zum Selbstbestimmungsrecht der Kirchen, S. 73 ff.; s. auch *Heintzen,* Die Kirchen im Recht der Europäischen Union, FS Listl, S. 29 (40-45).

[225] Zur Begründung eines dem Selbstbestimmungsrecht der Kirchen nach deutscher Prägung zumindest inhaltlich entsprechendem Recht auf europäischer Ebene, *v. Hoyningen-Huene,* Öffnungsklauseln für Kirchen in Arbeitsrechts-Gesetzen?, RdA 2002, 65 (71 f.).

[226] *Joussen,* Die Folgen der europäischen Diskriminierungsverbote für das kirchliche Arbeitsrecht, RdA 2003, 32 (35).

[227] Für eine unmittelbare Anwendbarkeit des Art. 13 EGV, s. *Holoubek,* in: EU-Kommentar, Art. 13 Rdnrn. 9 f.; s. dagegen *Joussen,* Die Folgen der europäischen Diskriminierungsverbote für das kirchliche Arbeitsrecht, RdA 2003, 32 (34).

Tätige erfassen, können sich in Zusammenhang mit der durch den Europäischen Gerichtshof geübten Praxis einer weiten Auslegung der Grundfreiheiten und seiner Rechtsprechung zum *effet utile* – wonach die einzelnen Bestimmungen der europäischen Verträge mit Blick auf eine möglichst wirksame Entfaltung der jeweils angelegten Inhalte – schrankenziehende Wirkung iS des Art. 137 Abs. 3 Satz 1 WRV ergeben.[228] Unmittelbare Geltung beanspruchen außerdem Art. 39 EGV, der inzwischen zum Bürgerrecht[229] verdichtete Grundsatz der Arbeitnehmerfreizügigkeit und Art. 141 EGV[230] als spezielle Ausprägung des Grundsatzes auf Entgeltgleichheit für Mann und Frau. Verstärkt wird dieser Befund auf der Ebene des Primärrechts durch die Entflechtung der Sozialpolitik von der Wettbewerbspolitik und damit der erstmaligen Begründung „einer genuin sozialpolitische[n] Kompetenz der EG", zu der auch Fragen des Arbeitsrechts zählen.[231]

Lag das Schiff der Kirche also bisher trotz der hohen Eigendynamik der Entwicklung des europäischen Rechts in einem relativ sicheren Hafen[232], hat sich die Situation durch neue Initiative des Brüsseller Gesetzgebers geändert und der Wellenschlag nimmt zu.

(3) Sekundärrecht

Während der Bereich des kollektiven Arbeitsrechts nur punktuell Gegenstand europäischer Rechtsetzung war[233], weist das Individualarbeitsrecht eine weit höhere Regelungsdichte auf.[234] Zwar entfalten Richtlinien – im Gegensatz zu Verordnungen – grundsätzlich keine unmittelbare und zwingende Wirkung, sondern richten sich gem. Art. 249 Abs. 3 EGV nur an die Mitgliedsstaaten, die diese umzusetzen haben. Ausgeschlossen ist eine solche Wirkung

---

[228] Zum Arbeitnehmerbegriff iS des Art. 39 EGV, s. *Schneider/Wunderlich*, in: EU-Kommentar, Art. 39 EGV Rdnrn. 10 ff.; *Reichold*, Europa und das deutsche kirchliche Arbeitsrecht, NZA 2001, 1054 (1057); *de Wall*, Europäisches Staatskirchenrecht, ZevKR **45** (2000), 157 (160); s. auch Fn. 208.

[229] *Schneider/Wunderlich*, in: EU-Kommentar, Art. 39 EGV Rdnr. 8.

[230] In § 612 Abs. 3 BGB findet sich dessen Umsetzung in nationales Recht.

[231] *Rebhahn*, in: EU-Kommentar, Art. 136 EGV Rdnrn. 1, 5; dadurch wird zwar – wie sich auch aus der einleitenden Formel des Art. 137 Abs. 1 EGV ergibt – weder eine Kompetenz der Gemeinschaft zu einer „flächendeckenden sozialpolitischen Rechtsetzung" noch zur Regelung von Randfragen begründet, allerdings ist die Sozialpolitik - im Gegensatz zu den ex-Art. 117 ff. – aber auch keine ausschließlich den Mitgliedstaaten zukommende Aufgabe mehr, aaO, Rdnrn. 13 f.; auch nach *v. Hoyningen-Huene*, Öffnungsklauseln für Kirchen in Arbeitsrechts-Gesetzen?, RdA 2002, 65 (69), besteht keine Möglichkeit, die Kirchen über die Art. 138 f. EG „zu einer Teilnahme am sozialen Dialog oder zum Abschluß von Tarifverträgen" zu zwingen.

[232] Erwähnung fanden die Kirchen nur in der Erklärung Nr. 11 der Schlussakte der Amsterdamer Konferenz vom 2.10.1997 (BGBl. 1998 II, S. 438), also im sog. „soft law", dem keine unmittelbar bindende Wirkung innewohnt, *Reichold*, Europa und das deutsche kirchliche Arbeitsrecht, NZA 2001, 1054 (1055). Unabhängig vom konkreten juristischen Bedeutungsgehalt dieser Erklärung, verhindert sie die „Ausgrenzung der religiösen Dimension im europäischen Kontext" und verbessert die „Absicherung gegen direkte und indirekte Eingriffe der Gemeinschaft in die staatskirchlichen Verhältnisse der Mitgliedstaaten", *Winter*, FS Hollerbach, Das Verhältnis von Staat und Kirche, 893 (901, 905); dagegen findet sich in Art. 13 EGV, also im „hard law" das Verbot der Diskriminierung aus religiös- oder weltanschaulichen Gründen.

[233] Betriebsräte-RL 94/45, Amtsblatt Nr. L 254 vom 30.9.1994, S. 0064 – 0072.

[234] S. *Hanau/Thüsing*, Europarecht und kirchliches Arbeitsrecht, S. 39 und den Überblick bei *Rebhahn*, in: EG-Kommentar, Art. 136 EGV Rdnr. 26.

aber nicht.[235] Im Falle der Direktwirkung einer Richtlinie wird allerdings nicht ein von den Mitgliedstaaten zu unterscheidender Dritter unmittelbar verpflichtet[236], so dass auch aus dieser Konstellation kein europarechtlicher Eingriff in das kirchliche Selbstbestimmungsrecht zu fürchten ist.[237] Gefahr droht also vor allem durch die Umsetzung der europäischen Vorgaben durch den nationalen Gesetzgeber.[238]

In diesem Zusammenhang gilt es insbesondere die Richtlinie 2000/78/EG des Rates vom 27.11.2000 zu nennen[239], deren mögliche Auswirkungen (gerade) auch auf den Bereich des kirchlichen Arbeitsrechts deutlich vor Augen führten, dass letzteres – zumindest nicht in allen Teilbereichen – europafest ist. In Ausübung der Kompetenz des Art. 13 EGV untersagt Art. 2 Abs. 1 eine unmittelbare oder mittelbare Diskriminierung in Beschäftigung und Beruf ua. aufgrund von Religion oder Weltanschauung; anders jedoch, wenn diese Merkmale aufgrund der Art einer beruflichen Tätigkeit oder der Bedingungen ihrer Ausübung eine wesentliche und entscheidende berufliche Anforderung darstellt, soweit es sich um einen rechtmäßigen Zweck und eine angemessene Anforderung handelt, Art. 4 Abs. 1 der Richtlinie. Gemäß Art. 4 Abs. 2 Satz 1 der Richtlinie kann innerstaatlich eine unterschiedliche Behandlung an der persönlichen Glaubenshaltung anknüpfen, wenn die Religion oder die Weltanschauung einer Person nach der Art der Tätigkeit oder den Umständen ihrer Ausübung eine wesentliche, rechtmäßige und gerechtfertigte Anforderung „angesichts des Ethos dieser Organisation" darstellt. Entgegen der ursprünglichen Fassung dieser „Kirchenklausel"[240], bleibt es damit der verfassten Kirche überlassen – unabhängig von der konkret ausgeübten Tätigkeit und deren Nähe zu einem „Kernbereich"[241] kirchlicher Angelegenheiten – nach ihrem Selbstverständnis an der Einheit in der Gemeinschaft im Dienst festzuhalten und – wie

---

[235] *Borchardt*, Die rechtlichen Grundlagen der Europäischen Union, Rdnrn. 341 ff.; *Herdegen*, Europarecht, Rdnrn. 177 f., 183 ff.

[236] *Herdegen*, Europarecht, Rdnr. 185; obwohl die katholische Kirche die Rechtsform einer Körperschaft des öffentlichen Rechts gem. Art. 137 Abs. 5 WRV iVm. Art. 140 GG besitzt, ist sie nicht in die Staatsorganisation einbezogen, BVerfG, Beschluss v. 17.2.1965 – 1 BvR 732/64, BVerfGE **18**, 385 (386); s. auch Fn. 256, 291.

[237] *Robbers*, Die Fortentwicklung des Europarechts und seine Auswirkungen auf die Beziehungen zwischen Staat und Kirche in der Bundesrepublik Deutschland, Essener Gespräche **27** (1993), 81 (86), unmittelbare Bindungswirkung können Richtlinien gegenüber den Kirchen als juristischer Person des öffentlichen Rechts aber entfalten, soweit diese „in Ausübung staatlicher Hoheitsgewalt" tätig werden.

[238] *v. Hoyningen-Huene*, Öffnungsklauseln für Kirchen in Arbeitsrechts-Gesetzen?, RdA 2002, 65 (70); s. *Joussen*, Die Folgen der europäischen Diskriminierungsverbote für das kirchliche Arbeitsrecht, RdA 2003, 32 ff.; im Einzelnen zur fehlenden Kirchenklausel im TzBfG und der umzusetzenden Richtlinie, s. dort, 70 ff.

[239] ABlEG Nr. L 303 v. 2.12.2000, S. 16 – 22 (im Internet unter http://europa.eu.int/comm/employment_social/news/2001/jul/directive78ec_de.pdf); s. dazu *Reichold*, Europa und das deutsche kirchliche Arbeitsrecht, NZA 2001, 1054 (1058 ff.); daneben s. RL 2000/43/EG v. 29.06.2000, Abl.EG, Nr. L 180/22, 2002/73/EG v. 23.9.2002, Abl.EG Nr. L 269/15, 2004/113/EG v. 13.12.2004, Abl.EG, Nr. L 373/37.

[240] S. zur Entstehungsgeschichte *Hanau/Thüsing*, aaO (Fn. 234), S. 28 ff.

[241] S. auch S. 54.

in Art. 3 Abs. 2 GrOkathK geschehen – besondere Anforderungen an (alle) ihre Dienstnehmer festzulegen.[242] Eine Verpflichtung der Kirche, dieses Grundverständnis ihrer Aufgabenerfüllung in Frage zu stellen und eine Abschichtung ihrer Dienste nach staatlichen Vorgaben vorzunehmen, läuft nicht nur dem deutschen Verfassungsrecht zuwider, sondern kann auch nicht auf Art. 13 EGV gestützt werden.[243]

(4) Bewertung

Erkennt man an, dass sich in der Fähigkeit zu Glaube und in der Möglichkeit zur Ausrichtung des Lebens an bestimmten Werten ein wesensprägendes Element menschlicher Natur findet, kann daraus folgerichtig abgeleitet werden, dass jedenfalls „bestimmte Aspekte einer institutionellen Verfestigung dieses Glaubens" von der Menschenwürde bestimmt sind und damit der Ewigkeitsgarantie des Art. 79 Abs. 3 GG unterfallen.[244] Wird dem Gemeinschaftsrecht insoweit eine ultimative Grenze gesetzt[245], steht damit aber zugleich fest, dass weder das allgemeine deutsche Staatskirchenrecht noch seine besondere Ausprägung im kirchlichen Arbeitsrecht gegenüber europarechtlichen Vorgaben resistent ist.[246] Für das kirchliche Arbeitsrecht gilt dieser Befund um so mehr, je weniger sich seine Regelungen als Ausprägung des oben genannten „subjektbezogenen Menschenwürdegehalt[s] des Grundrechts der Religionsfreiheit" darstellen.[247] Demnach fallen zwar nicht alle Bereiche des kirchlichen Arbeitsrechts in diesen verfassungsrechtlich geschützten Kernbestand des kirchlichen Selbstbestimmungsrechts, vollständig ausgenommen sind sie aber auch nicht; insoweit könnte trotz der innerstaatlichen Unterschiede in der Beziehung zwischen Staat und Kirche ein europaweiter „Mindeststandard" Anhaltspunkte geben.[248] Nachdem eine spezielle Kompetenzzuweisung an die Europäische Union im Bereich von Religions- oder Weltanschauungsfragen auf der

---

242 *Joussen,* Die Folgen der europäischen Diskriminierungsverbote für das kirchliche Arbeitsrecht. RdA 2003, 32 (37).

243 *Joussen,* Die Folgen der europäischen Diskriminierungsverbote für das kirchliche Arbeitsrecht. RdA 2003, 32 (37).

244 *Hanau/Thüsing,* Europarecht und kirchliches Arbeitsrecht, S. 18; *Heinzen,* Die Kirchen im Recht der Europäischen Union, FS Listl, S. 29 (35), hält es durchaus für möglich, „dass nationale Identität durch Staatskirchenrecht geprägt wird."; auch *Robbers,* Die Kirchen und das Europarecht, in: Staatliches Religionsrecht im europäischen Vergleich, 177 (186), zählt die „grundlegenden Strukturprinzipien des Staatskirchenrechts" zum europafesten Kern der Verfassungsordnung, allerdings beschränke sich dieser auf die staatliche Pflicht zur Neutralität, die Parität der Religionsgemeinschaften und das Gebot staatlicher Toleranz gegenüber den Religionsgemeinschaften; *ders.,* Die Fortentwicklung des Europarechts und seine Auswirkungen auf die Beziehungen zwischen Staat und Kirche in der Bundesrepublik Deutschland, EssGespr. **27** (1993), 81 (85); s. auch *de Wall,* Europäisches Staatskirchenrecht, ZevKR **45** (2000), 157 (159); *ders.,* Neue Entwicklungen im Europäischen Staatskirchenrecht, ZevKR **47** (2002), 205 (205 f.); *Weber,* Neuralgische Punkte in den Grundsatzfragen des Staatskirchenrechts, FS Maurer, S. 469 (488).

245 S. S. 43.

246 So noch MünchArbR/*Richardi,* § 192 Rdnr. 11.

247 *Müller-Volbehr,* Europa und das Arbeitsrecht der Kirchen, Diss., S. 41 f.

248 *Hanau/Thüsing,* Europarecht und kirchliches Arbeitsrecht, S. 19.

Ebene des Primärrechts nicht besteht, ergeben sich Beschränkungen des kirchlichen Selbstbestimmungsrechts vor allem als Folge von Regelungen der europäischen Organe. Dabei gilt es in Bezug auf das jeweilige staatskirchenrechtliche Ordnungssystem aus gemeinschaftsrechtlicher Sicht zu beachten, dass dieses zur nationalen Identität iS des Art. 6 Abs. 3 EUV[249] zählt und somit nicht zur Disposition steht, sondern Rücksichtnahme verlangt.[250] In diesem Sinne wird auch Art. 6 Abs. 2 EUV verstanden, der die Union ua. zur Achtung der Grundrechte verpflichtet, wie sie in der am 4. November 1950 in Rom unterzeichneten Europäischen Konvention zum Schutze der Menschenrechte und Grundfreiheiten gewährleistet sind und damit auch den oben[251] dargestellten Schutzbereich des Art. 9 EMRK umfasst.

Eine eindeutige Schranke ergibt sich aus Art. 137 Abs. 6 EGV. Danach besitzt die Europäische Union keine Kompetenz für Regelungen, die das Arbeitsentgelt, das Koalitionsrecht, das Streik- sowie das Aussperrungsrecht betreffen. Der von den Kirchen entwickelte „Dritte Weg", basierend auf der Gemeinschaft der im Dienst der Kirche Tätigen, ist somit einer gemeinschaftsrechtlichen Regulierung entzogen.[252] Wie in der „Kirchenklausel" des Art. 4 Richtlinie der 2000/78/EG[253] deutlich wird, bleibt den Kirchen aufgrund fehlender Ermächtigungsnormen und der Neutralität des Gemeinschaftsrechts die Ausrichtung ihres Dienstrechts an ihrer Glaubensüberzeugung unbenommen, so dass sie nach wie vor besondere Loyalitätspflichten ihrer Dienstnehmer festsetzen und die Sanktionen eines Verstoßes festlegen können.[254]

Obwohl sich der nationale Gesetzgeber in §§ 118 Abs. 2 BetrVG und 112 BPersVG einer Regelung der Dienstnehmerbeteiligung auf betrieblicher Ebene entsprechend den verfassungsrechtlichen Vorgaben in Art. 140 GG iVm. Art. 137 Abs. 3 WRV enthielt, wird damit – in den oben genannten Grenzen – keine Kompetenzschranke für das Gemeinschaftsrecht gesetzt.[255] Gerade hier entfalten – auch nicht spezifisch auf kirchliche Besonderheiten abzielende – Regelungen aus der Ebene des Sekundärrechts Bedeutung auch für und gegen die Kirchen, und sei es wegen deren fehlender unmittelbarer Drittwirkung

---

[249] AA *Reichold,* Europäisches Rahmenrecht für die kirchliche Mitbestimmung?, ZTR 2000, 57 (59), der eine Kontroll- und Begrenzungsfunktion des Art. 6 Abs. 3 EUV ablehnt und ihm lediglich „rechtspolitische Bedeutung" beimisst.

[250] *Hanau/Thüsing,* Europarecht und kirchliches Arbeitsrecht, S. 21 mwN; *Reichold,* Europa und das deutsche kirchliche Arbeitsrecht, NZA 2001, 1054 (1057); *Richardi,* Arbeitsrecht in der Kirche, § 2 Rdnrn. 31 ff.

[251] S. 40 f.

[252] *Hanau/Thüsing,* Europarecht und kirchliches Arbeitsrecht, S. 76; *Reichold,* Europa und das deutsche kirchliche Arbeitsrecht, S. 1054 (1058).

[253] S. 233 f.

[254] *Hanau/Thüsing,* Europarecht und kirchliches Arbeitsrecht, S. 76.

[255] *Reichold,* Europa und das deutsche kirchliche Arbeitsrecht, NZA 2001, 1054 (1058 mwN).

auch „nur" als verbindlicher Auslegungsmaßstab.[256] Solange aber keine konkreten Organisationsstrukturen oder Beteiligungsformen vorgeschrieben werden, liegt – in diesem Bereich – noch kein unzulässiger Eingriff in den „europafesten" Kern des kirchlichen Arbeitsrechts vor.[257] Im Rahmen der gebotenen Rücksicht auf gewachsene nationale Regelungen, der oben genannten Einschränkungen, die sich aus Art. 6 Abs. 2, 3 EUV iVm. Art. 9 EMRK ergeben und der Anordnung des Art. 136 Abs. 2 EGV, die Vielfalt der einzelstaatlichen Gepflogenheiten zu beachten, kann gemeinschaftsrechtlich ein auch für die Kirchen verbindlicher Mindeststandard hinsichtlich der Arbeit- bzw. Dienstnehmer gesetzt werden.[258]

Insgesamt droht der ausdifferenzierten Situation im deutschen Staatskirchenrecht damit durch europarechtliche Vorgaben keine zwangsweise „Säkularisation"; allerdings hat eine steigende Regelungsdichte in Bezug auf das allgemeine nationale Arbeitsrecht durchaus Auswirkungen auf das kirchliche Arbeitsrecht, das hier keine Sonderstellung in Anspruch nehmen kann. Eine effektive Möglichkeit zur Wahrung der kirchlichen Propriums in den hier angesprochenen Bereichen liegt in der genauen Beobachtung der Entwicklung des sekundären Gemeinschaftsrechts, um so frühzeitig unangemessene Beeinträchtigungen erkennen und auf die Aufnahme von Kirchenklauseln hinwirken zu können.[259]

### III. Staatliches Rechtsprechungsmonopol contra kirchliches Selbstbestimmungsrecht?

#### 1. Verfassungsrechtliche Grundlage der Justizgewährungspflicht

Zu den genuinen Aufgaben unseres Gemeinwesens zählt der staatliche Schutz individueller Rechte.[260] In dieser allgemeinen und umfassenden Form korrespondiert der staatlichen Leistungs- und Schutzpflicht ein entsprechender Individualanspruch. Dessen Fundament bildet nicht eine isolierte verfassungs- oder einfachgesetzliche Normierung, sondern das in

[256] S. die bereits unter Fn. 233 genannten Richtlinien; *Reichold*, Europäisches Rahmenrecht für die kirchliche Mitbestimmung?, ZTR 2000, 57 (61), nimmt sogar – unter Berufung auf das Bosman-Urteil – eine horizontale Direktwirkung der Richtlinien gegenüber der Kirche an, da sie in ihrer Funktion als Arbeitgeber aufgrund ihrer „Gesetzgebungskompetenz" nicht einem Privaten gleichgestellt werden könne; dagegen zutreffend *Hanau/Thüsing*, Europarecht und kirchliches Arbeitsrecht, S. 42: wenn die Kirchen auch „öffentlich" wirken, so sind sie eben keine innerstaatlichen Organe; ebenso vermag der Vergleich mit dem Bosman-Urteil nicht zu überzeugen, da Grundlage dieser Entscheidung Art. 39 EGV nF, also eine Grundfreiheit, war, deren Drittwirkung anerkannt ist; s. auch *Reichold*, Europa und das deutsche kirchliche Arbeitsrecht, NZA 2001, 1054 (1058).

[257] *Reichold*, Europa und das deutsche kirchliche Arbeitsrecht, NZA 2001, 1054 (1058).

[258] *Hanau/Thüsing*, Europarecht und kirchliches Arbeitsrecht, S. 25.

[259] *Weber*, Geltungsbereiche des primären und sekundären Europarechts, ZevKR **47** (2002), 221 (247), der insoweit in der Erklärung Nr. 11 in der Schlussakte zum Amsterdamer Vertrag einen geeigneten „Transmissionsriemen für den Transport kirchlicher Belange" erkennt.

[260] *Stern*, Das Staatsrecht der Bundesrepublik Deutschland, Bd. III/1, § 67 V 2 α ββ; *Kästner*, Tendenzwende in der Rechtsprechung zum staatlichen Rechtsschutz in Kirchensachen, NVwZ 2000, 889 (890); *ders.*, Staatliche Justizhoheit und religiöse Freiheit, S. 99.

den Art. 20 Abs. 3, 28 Abs. 1 Satz 1 GG verankerte Rechtsstaatsprinzip.[261] Der Anspruch des eine Verletzung seines Rechtskreises beklagenden Bürgers – unabhängig davon, ob diese Beeinträchtigung durch staatlich legitimierte Gewalt oder durch Private erfolgt – auf unabhängige und verbindliche Kontrolle bildet einerseits das Gegengewicht zum Gewaltmonopol des Staates[262] und andererseits eine unabdingbare Voraussetzung für dessen Durchsetzung und Akzeptanz.[263] Im Zusammenhang mit dem Verbot, subjektive Rechte eigenmächtig zur Geltung zu bringen, trifft den Staat die Verpflichtung, Einrichtungen zu schaffen und zu unterhalten, die nicht nur eine umfassende Prüfung des Streitgegenstandes in tatsächlicher und rechtlicher Hinsicht[264], sondern auch eine effektive Rechtsdurchsetzung gewährleisten.[265] Demgemäß liegt auch die Festsetzung der Zuständigkeit dieser Gerichte in seiner Kompetenz.

Die ausdrückliche Garantie des Art. 19 Abs. 4 GG[266] bedeutet in diesem Zusammenhang keine Begrenzung der umfassenden Verpflichtung des Staates zur Justizgewähr auf den Bereich des Schutzes vor hoheitlichen Maßnahmen, sondern „konkretisiert das rechtsstaatliche Element in Richtung auf Gerichtsschutz, formt es als Grundrecht, als subjektives Recht, aus".[267]

Insgesamt fordert die verfassungsrechtliche Ordnung „den Primat des Rechts in allen Bereichen der Rechtsordnung", also auch im Privatrecht.[268] Soweit Kirchen oder Religionsgemeinschaften die Rechtsbeziehungen zu ihren Mitarbeitern auf die Grundlage eines im Wege freier Übereinkunft geschlossenen Vertrages stellen und damit am allgemeinen Rechtsverkehr teilnehmen, lässt allein die verfassungsrechtliche Sonderstellung eines Vertragspartners den Anspruch der Dienstverpflichteten auf Zugang zu den staatlichen

---

[261] *Schmidt-Aßmann*, HStR, Bd. I, § 24 Rdnr. 71; *Stern*, Das Staatsrecht der Bundesrepublik Deutschland, Bd. I, § 20 IV 5 b); daneben findet sich in Art. 19 Abs. 4 GG ein ausdrücklich geregelter und davon zu unterscheidender besonderer Justizgewährungsanspruch, *Sonnauer*, Die Kontrolle der Schiedsgerichte durch staatliche Gerichte, Diss., S. 25.

[262] Die „dritte Gewalt" gem. Art. 20 Abs. 2 GG stellt sich iS der Art. 92 ff. GG als Ausübung von Staatsgewalt dar und hat insofern Teil am staatlichen Gewaltmonopol, *Bettermann*, HStR, Bd. III, § 73 Rdnr. 72; *Kästner*, Staatliche Justizhoheit und religiöse Freiheit, S. 99; *Schmidt-Aßmann*, HStR, Bd. I, § 24 Rdnr. 71.

[263] *Classen*, in: v. Mangoldt/Klein/Starck, GG III, Art. 92 Rdnr. 1 mit umfangr. wN.

[264] St. Rechtspr. BVerfG, Beschluss v. 11.6.1980 – 1 PBvU 1/79, BVerfGE **54**, 277 (291); BVerfG, Beschluss v. 9.5.1989 – 1 BvL 35/86, BVerfGE **80**, 103 (107); BVerfG, Beschluss v. 12.2.1992 – 1 BvL 1/89, BVerfGE **85**, 337 (345); BVerfG, Beschluss v. 18.9.1998 – 2 BvR 1476/94, NJW 1999, 349 (349) mwN; BGH, Urteil v. 11.2.2000 – V ZR 271/99, NJW 2000, 1555 (1556); s. auch mit umfangreichen Nachweisen *Kästner*, Staatliche Justizhoheit und religiöse Freiheit, S. 100 f.; im Einzelnen werden insoweit die Art. 2 Abs. 1, 92, 20 Abs. 3, 19 Abs. 4 GG herangezogen.

[265] Zur Durchsetzbarkeit der Entscheidungen der Schlichtungsstellen s. S. 77.

[266] Als besondere Justizgewährungspflicht, s. *Sonnauer*, Fn. 261.

[267] *Stern*, Das Staatsrecht der Bundesrepublik Deutschland, Bd. I, § 20 IV 5 b).

[268] *Kästner*, Staatliche Justizhoheit und religiöse Freiheit, S. 102; *Stern*, Das Staatsrecht der Bundesrepublik Deutschland, Bd. I, § 20 IV 4; s. auch S. 102, Fn. 29 mwN.

Gerichten grundsätzlich unberührt.[269] Werden daneben innerkirchliche Einrichtungen zur Beilegung oder Entscheidung streitiger Fragen im Verhältnis von Dienstgeber und Dienstnehmer geschaffen, ergibt sich zwischen der umfassenden staatlichen Justizgewährungspflicht und dem von den Kirchen in Anspruch genommenen Recht zur selbstbestimmten Gestaltung ihrer eigenen Angelegenheiten iS des Art. 137 Abs. 3 Satz 1 WRV iVm. Art. 140 GG ein Spannungsverhältnis, das es aufzulösen gilt.[270]

2. Kirchliches Selbstbestimmungsrecht und kircheneigene Rechtskontrolle

a) Widerspruch zum staatlichen Rechtsprechungsmonopol?

Mit der knappen Feststellung des Art. 137 Abs. 1 WRV wird „die gegenseitige Freigabe und Verselbständigung von Staat und Kirche konstituiert".[271] Aus dem Selbstverständnis der verfassten Kirche und des kanonischen Rechts zählt die richterliche Gewalt (potestas regiminis) zum kirchlichen Proprium. [272]

Wenn auch die letztverbindliche Streitentscheidung gem. Art. 92 Halbsatz 1 GG[273] den Richtern anvertraut ist, hinsichtlich der staatlichen Rechtsprechung also ein entsprechender Funktionsvorbehalt besteht[274], so werden damit nicht gleichzeitig außerstaatliche Einrichtungen von vornherein für unzulässig erklärt. Gerade in der Funktionsbeschränkung zur verbindlichen Erledigung streitiger Sachverhalte wird deutlich, dass auch dieses Rechtsprechungsmonopol keinen absoluten Exklusivitätsanspruch der hoheitlichen Konfliktentscheidung begründet.[275] Zwar finden sich weder im Grundgesetz noch im einfachgesetzlichen Recht ausdrückliche Bestimmungen, die die Zulässigkeit oder die Voraussetzungen einer außerstaatlich institutionalisierten Schlichtungs- oder Entscheidungsinstanz betreffen, doch kann insoweit das allgemeine Grundprinzip der Privatautonomie aktiviert und auf den durch das Grundgesetz selbst eingeräumten Gestaltungsraum zurückgegriffen werden. Literatur und Rechtsprechung verorten in der den

---

[269] Zu den öffentlich rechtlich begründeten Dienstverhältnissen s. S. 56 f.; nach *Bettermann*, Die Grundrechte, Bd. III/2, S. 630 Fn. 577, kann eine kircheneigene Gerichtsbarkeit – soweit sie überhaupt zulässig sein sollte – sogar immer nur neben die staatliche treten.

[270] *Hollerbach*, HStR, Bd. VI, § 138 Rdnr. 148; *Jeand'Heur/Korioth*, Grundzüge des Staatskirchenrechts, Rdnr. 358; BVerfG, Beschluss v. 18.9.1998 – 2 BvR 1476/94, NJW 1999, 349 f.

[271] *Heckel*, Die staatliche Gerichtsbarkeit in Sachen der Religionsgemeinschaften, Gesammelte Schriften, Bd. IV, S. 1026 (1040); s. auch S. 15 ff. und Fn. 27.

[272] *Pree*, Zur Frage nach dem Proprium kirchlicher Einrichtungen, in: EssGespr. **34** (2000), S. 47 (75 f.).

[273] Zu dessen umstrittenen subjektiven Rechtsgehalt s. *Classen*, in: v. Mangoldt/Klein/Starck, GG III, Art. 92 Rdnr. 4 mwN.

[274] *Bettermann*, HStR, Bd. III, § 73 Rdnr. 73; *Wassermann*, in: AK-GG, Art. 92 Rdnr. 33; krit. *Herzog*, in: Maunz/Dürig, Grundgesetz Kommentar, Art. 92 Rdnrn. 46 ff.

[275] *Bettermann*, HStR, Bd. III, § 73 Rdnr. 77; allerdings könnte sich die staatliche Justizhoheit als Schranke iS des Art. 140 GG iVm. Art. 137 Abs. 3 WRV erweisen, so *Hollerbach*, VVDStRL **26** (1968), 57 (72), jedenfalls in Bezug auf die wirtschaftliche Seite kirchlicher Beschäftigungsverhältnisse.

Kirchen durch Art. 137 Abs. 3 Satz 1 WRV garantierten Freiheit, ihre eigenen Angelegenheiten innerhalb der Schranken des für alle geltenden Gesetzes selbst zu ordnen, neben der originären Normsetzungskompetenz[276] auch die Befugnis der verfassten Kirche, „Organisation und Verfahren des Gerichtsschutzes in der eigenen Verantwortung" zu regeln.[277]

b) Problemdarstellung aus staatsgerichtlicher Sicht

Soweit der Streitgegenstand eines Verfahrens Bezüge zum staatskirchenrechtlichen Regelungsbereich aufweist, sehen sich staatliche Gerichte mit einem vielschichtigen Problemkomplex konfrontiert: zunächst stellt sich die Frage, ob sie angesichts der besonderen Stellung der Kirche überhaupt in eine Prüfung der vorgebrachten Streitfrage eintreten dürfen; daran schließen sich im Fall der Bejahung weitere Probleme hinsichtlich der Ermittlung des einschlägigen innerstaatlichen Rechtsweges und die Auswirkungen eines bestehenden innerkirchlichen Rechtsschutzsystems bzw. kircheneigener Kontrollinstanzen an.

Den Ausgangspunkt für eine Lösung der angesprochenen Problemkreise bildet auch hier die Erkenntnis, dass es durch das den Kirchen eingeräumte Selbstbestimmungsrecht zwar zu keiner grundsätzlichen Exemtion von der staatlichen Gerichtsbarkeit kommt[278], sich unter

---

[276] S. *Hesse*, HdbStKirchR, Bd. I, § 17 III. 2. a), S. 535 mwN; BAG, Beschluss v. 6.12.1977 – 1 ABR 28/77, BAGE **29**, 405 (411 f.); *Jurina*, Das Dienst- und Arbeitsrecht im Bereich der Kirchen in der Bundesrepublik Deutschland, S. 68 f.; aA *Hammer*, Kirchliches Arbeitsrecht, S. 128 f., 172 f.

[277] BAG, Beschluss v. 25.4.1989 – 1 ABR 88/87, BAGE **61**, 376 (385); BAG, Urteil v. 9.9.1992 – 5 AZR 456/91, BAGE **71**, 157 (160); OVG Lüneburg, Beschluss v. 20.10.1998, NJW 1999, 1882 (1883); LAG Rheinland-Pfalz, Urteil v. 6.12.2001 – 4 Sa 1070/01, NZA-RR 2002, 383 (383); *v. Campenhausen*, in: v. Mangoldt/Klein/Starck, GG III, Art. 137 WRV Rdnr. 133; *Frey/Coutelle/Beyer*, MAVO, Vorbem. zu §§ 40-42, Rdnr. 10; *Hesse*, HdbStKirchR, Bd. I, § 117 III. 2. b), S. 537; *Hollerbach*, Die Kirchen unter dem Grundgesetz, VVDStRL **26** (1968), 57 (75); *ders.*, HdbStR, Bd. VI, § 138 Rdnr. 148; *Jurina*, Der Rechtsstatus der Kirchen und Religionsgemeinschaften im Bereich ihrer eigenen Angelegenheiten, Diss., S. 68, 136; *Schmidt-Aßmann*, in: Maunz/Dürig, GG, Art. 19 Abs. IV Rdnr. 111; *Wassermann*, in: AK-GG, Art. 92 Rdnr. 50; *Maunz*, in: Maunz/Dürig, Grundgesetz Kommentar, Bd. V, Anh. zu Art. 140 GG, Art. 137 WRV Rdnr. 18. Bezüglich der Rechtsschutzgewährleistung für die durch Arbeitsvertrag begründeten Rechtsverhältnisse ist zu berücksichtigen, dass diese im universellen Kirchenrecht dem Vermögensrecht zugeordnet werden, also dem Anwendungsbereich des can. 1290 CIC, vgl. auch can. 1286 CIC; Ziel dieser Regelung ist „eine größtmögliche Übereinstimmung der Rechtslage mit dem staatlichen Recht", *Pree*, Zur Frage nach dem Proprium kirchlicher Einrichtungen, in: EssGespr. **34** (2000), S. 47 (75). Gemäß can. 1401, 1 CIC beansprucht die Kirche Entscheidungskompetenz *iure proprio et exclusivo* nicht nur in den geistlichen Angelegenheiten, sondern auch in den *causae quae respiciunt res spiritualibus adnexas*; eine umfassende Exklusivzuständigkeit der Kirche für den Bereich der arbeitsvertraglichen Rechtsverhältnisse wird dadurch aber nicht begründet, abzustellen ist vielmehr auf wesensmäßig kirchlichen Aspekt, *Pree*, aaO; s. auch S. 64 ff.

[278] Mit dem erneuten Umbruch im staatskirchenrechtlichen System, s. S. 14 f., sahen die staatlichen Gerichte bestimmte Maßnahmen als außerhalb der allgemeinen staatlichen Justizgewährleistungspflicht angesiedelt und somit auch als außerhalb ihrer Prüfungs- und

bestimmten Voraussetzungen – insoweit waren und sind die Gerichte einer Unterscheidung verschiedener „Bereiche“ kirchlicher Tätigkeit verhaftet[279] – aber deutliche Einschränkungen der Justitiabilität ergeben können.[280] Angesichts der in den jeweiligen Einzelfällen gleichzeitig angeschnittenen Grundsatzfragen zum Staat-Kirche Verhältnis kann es nicht verwundern, dass nicht nur auf der Ebene der Instanzgerichte, sondern auch auf höchstrichterlicher Ebene kein einheitliches Leitmotiv zu den aufgeworfenen Problemen gefunden wurde. Hier soll kein ins Einzelne gehender Verlauf dieser Entwicklung nachgezeichnet werden, sondern es geht darum, – mit Blick vor allem auf den Rechtsschutz kirchlicher Dienstnehmer – nur kurz wesentliche Lösungsansätze zu beleuchten.

Unabhängig von den abzuleitenden Folgen für die Prüfungs- und Entscheidungskompetenz staatlicher Gerichte, lässt sich im Bereich der Dritten Gewalt ein übereinstimmendes Element in der Unterscheidung der eigenen Angelegenheiten iS des Art. 137 Abs. 3 WRV in die Bereiche der (rein) innerkirchlichen Angelegenheiten[281] und solcher Bereiche, die unmittelbare Auswirkungen auf die bzw. in der weltlichen Rechtsordnung besitzen, finden.[282] Das BVerfG und mit ihm das BVerwG enthalten sich im zuerst genannten Fall nicht nur der Überprüfung in der Sache, sondern verneinen darüber hinaus bereits die Zuständigkeit staatlicher Gerichte überhaupt.[283] Die Ablehnung des staatlichen Rechtswegs zeigt sich

Entscheidungskompetenz liegend an; es wurde insoweit nach positiv-rechtlichen Regelungen gesucht, die zur (ausnahmsweisen) Begründung staatsgerichtlicher Entscheidungskompetenz führen sollten.

279 BVerfG, Beschluss v. 17.2.1965 – 1 BvR 732/64, BVerfGE **18**, 385 (387); BVerfG, Beschluss v. 18.9.1998 – 2 BvR 1476/94, NJW 1999, 349 (350); BGH, Urteil v. 11.2.2000 – V ZR 271/99, NJW 2000, 1555 (1556); BVerwG, Urteil v. 25.11.1982 – 2 C 21.78, BVerwGE **66**, 241 (241 ff.); BayVGH, Urteil v. 22.4.1998 – 7 N 97.1698, BayVBl. 1999, 275 (275); VGH Kassel, Beschluss v. 11.11.1998, NJW 1999, 377 (377).

280 S. BVerfG, Beschluss v. 17.2.1965 – 1 BvR 732/64, BVerfGE **18**, 385 (386 ff.); BVerfG, Beschluss v. 21.9.1976 – 2 BvR 350/75, BVerfGE **42**, 312 (334); BayVGH, Urteil v. 5.12.1990 – 4 B 87.2014, NVwZ 1991, 794 (795).

281 Eine feststehende Begrifflichkeit hat sich insoweit nicht etabliert; daneben finden sich Bezeichnungen wie „innerer Autonomiebereich“, oder „Kernbereich innerkirchlicher Angelegenheiten“.

282 BVerfG, Beschluss v. 17.2.1965 – 1 BvR 732/64, BVerfGE **18**, 385 (387 f.); BVerfG, Beschluss v. 21.9.1976 – 2 BvR 350/75, BVerfGE **42**, 312 (334); BVerwG, Urteil v. 25.11.1982 – 2 C 21.78, BVerwGE **66**, 241 (242 f.); BVerwG, Urteil v. 7.10.1983 – 7 C 44/81, BVerwGE **68**, 62 (63); BVerwG, Urteil v. 28.4.1994 – 2 C 23/92, BVerwGE **95**, 379 (380); gerade bei Klagen von Geistlichen wurden sog. Statusklagen als unzulässig verworfen und eine Aufspaltung in ein geistliches Amts- und ein weltliches Dienstverhältnis mit dem Hinweis auf das einheitliche Wesen des kirchlichen Amtsrechts abgelehnt, BVerwG, Urteil v. 25.11.1982 – 2 C 21.78, BVerwGE **66**, 241 (246); BVerwG, Urteil v. 28.4.1994 – 2 C 23/92, BVerwGE **95**, 379 (380 ff.); aA *Schmidt-Aßmann,* in: Maunz/Dürig, Grundgesetz Kommentar, Bd. II, Art. 19 Abs. 4 Rdnr. 115; *Weber,* Staatliche und kirchliche Gerichtsbarkeit, NJW 1989, 2217 (2225 f.). Nach *Dütz*, Anm. zu BAG AP Nr. 25 zu Art. 140 GG, gilt die „grundgesetzl. Gerichtsschutzgarantie ... nicht in eigenen kirchl. Angelegenheiten von Art. 137 Abs. 3 WRV, deren Behandlung einschließl. eines eventuellen Gerichtsschutzes dem kirchl. Selbstbestimmungsrecht vorbehalten ist.“; dagegen nimmt *Schmidt-Aßmann,* aaO, Rdnr. 113, auch den innerkirchlichen Bereich inzwischen nicht mehr von vornherein von der allgemeinen Justizgewährleistungspflicht des Staates aus.

283 BVerfG, Beschluss v. 17.2.1965 – 1 BvR 732/64, BVerfGE **18**, 385 (388); BVerfG (Vorprüfungsausschuss), Beschluss v. 30.3.1984 – 2 BvR 1994/83, NVwZ 1985, 105 (105), ausdrücklich offengelassen aber hinsichtlich der Beurteilung der vermögensrechtlichen Folgen

verstärkt auch bei der Spruchtätigkeit der Instanzgerichte.[284] Der Verlauf der weiteren Konkretisierung dieser Maßstäbe war dabei angesichts der sozialen Relevanz der betroffenen Rechtsverhältnisse und der sich ergebenden Konsequenzen für den Einzelnen aber nicht von dem Bemühen geprägt, diese „Bereichsausnahmen" möglichst restriktiv zu handhaben, im Gegenteil wurde ihr Anwendungsbereich schrittweise ausgedehnt.[285] Neben dem Amtsrecht, der Ämterhoheit, dem Dienst- und Versorgungsrecht der Geistlichen[286], dem Disziplinarrecht[287] wurde darunter allgemein das kirchliche Dienstrecht subsumiert.[288] Soweit die Kirche auf einem dieser Gebiete tätig wurde und dabei gar keine oder nur mittelbare Rechtswirkungen im Bereich der staatlichen Zuständigkeit ausgelöst hat, sollte sie nicht den Schranken des für alle geltenden Gesetzes iS des Art. 137 Abs. 3 WRV unterworfen sein.[289] Weiterhin trägt zur Unübersichtlichkeit der Situation der Umstand bei, dass beide Großkirchen gem. Art. 137 Abs. 5 WRV den Status einer Körperschaft des öffentlichen Rechts und damit auch Dienstherrenfähigkeit besitzen. Neben der Begründung von Dienstverhältnissen auf vertraglicher Basis haben sie die Möglichkeit, Beschäftigungsverhältnisse durch Hoheitsakt einzugehen. Soweit die Kirchen davon Gebrauch machen, eröffnet dies bei der Festsetzung der Arbeitsbedingungen einerseits eine weitergehende Freiheit zur Berücksichtigung der eigenen Wertvorstellungen bzw.

---

disziplinarischer Maßnahmen; BVerfG, Beschluss v. 18.9.1998 – 2 BvR 1476/94, NJW 1999, 349 (350); BVerwG, Urteil v. 27.10.1966 – II C 98.64, BVerwGE **25**, 226 (230 f., 234); BVerwG, Urteil v. 25.11.1982 – 2 C 21/87, BVerwGE **66**, 241 (244); BVerwG, Urteil v. 28.4.1994 – 2 C 23.92, BVerwGE **95**, 379 (380 ff.); ebenso BGH, Beschluss v. 11.2.2000, NJW 2000, 1555 (1556 mwN); hinsichtlich sog. „verkappter Statusklagen" *Haastert*, Auf dem Weg zu einem gleichwertigen staatlichen Rechtsschutz für Beschäftigte im Kirchendienst?, DÖV 1996, 363 ff.; s. auch Fn. 282.

[284] OLG Köln, Beschluss v. 4.8.1987 – 22 U 57/87, NJW 1988, 1736 (1736); OVG Lüneburg, Urteil v. 16.1.1991 – 13 A 108/88, NVwZ 1991, 796 (797); VGH München, Beschluss v. 23.3.1998 – 3 C 97.2767, NJW 1999, 378 (379); VG Neustadt a.d.W., Urteil v. 27.7.1998 – 1 K 1617/98, NVwZ 1999, 797 (797); VG Neustadt a.d.W., Urteil v. 27.7.1998 – 1 K 2037/98, NVwZ 1999, 796 (796); VGH Kassel, Beschluss v. 11.11.1998 – 24 DH 2230/98, NJW 1999, 377 (377).

[285] Die Bemühungen, dennoch eine Prüfungskompetenz staatlicher Gerichte zu begründen, waren vielfältig; man versuchte Art. 19 Abs. 4 GG einer extensiven Auslegung zuzuführen und damit das Handeln der Kirche als „öffentliches" zu erfassen oder Art. 19 Abs. 3 GG als Schranke iS des Art. 137 Abs. 3 WRV zu interpretieren; s. die ausführlichen Nachweise bei *Kästner*, Staatliche Justizhoheit und religiöse Freiheit, S. 103 ff.

[286] BVerfG, Beschluss v. 21.9.1976 – 2 BvR 350/75, BVerfGE **42**, 312 (335 ff.); BVerfG, Beschluss v. 5.7.1983 – 2 BvR 514/83, NJW 1983, 2569 (2569 f.); BVerwG, Urteil v. 27.10.1966 – II C 98.64, BVerwGE **25**, 226 (230 f.); BVerwG, Urteil v. 15.12.1967 – VI C 68.67, BVerwGE **28**, 345 (349 f.); BVerwG, Urteil v. 25.10.1968 – VI C 1.65, BVerwGE **30**, 326 (330 f.); BGH, Urteil v. 17.12.1956 – III ZR 89/55, BGHZ **22**, 383 (391 f.); BGH, Urteil v. 16.3.1961 – III ZR 17/60, BGHZ **34**, 372 (374).

[287] BVerfG (Vorprüfungsausschuss), Beschluss v. 30.3.1984 – 2 BvR 1994/83, NVwZ 1985, 105 (105).

[288] BVerfG, Beschluss v. 4.6.1985 – 2 BVR 1703/83, 1718/83, 856/84, BVerfGE **70**, 138 (164 f.); BVerwG, Urteil v. 25.11.1982 – 2 C 21.78, BVerwGE **66**, 241 (243); *Richardi*, Arbeitsrecht in der Kirche, § 2 Rdnr. 15; klargestellt sei hier, dass nicht die Zuordnung dieser Bereiche zu den eigenen Angelegenheiten iS des Art. 137 Abs. 3 WRV kritisch hinterfragt wird, sondern nur die daraus abgeleiteten Folgerungen im Rahmen der Klärung der Rechtsschutzproblematik.

[289] BVerfG, Beschluss v. 21.9.1976 – 2 BvR 350/75, BVerfGE **42**, 312 (334); BVerwG, Urteil v. 25.11.1982 – 2 C 21.78, BVerwGE **66**, 241 (245).

Glaubensüberzeugungen[290], führt andererseits aber hinsichtlich der Prüfungs- und Entscheidungskompetenz staatlicher Gerichte zu einer Erweiterung, da insoweit zumindest abgeleitete staatliche öffentliche Gewalt ausgeübt wird.[291] In diesem Zusammenhang wurde eine Lösung des Konflikts weltlicher und kirchlicher Souveränitätsansprüche über die Interpretation des § 135 Satz 2 BRRG versucht; dieser sollte ein Angebot an die Kirchen zur Übertragung der Rechtsprechungskompetenz in innerkirchlichen Angelegenheiten an die staatlichen Gerichte enthalten. Im Ergebnis sollte dieses „Angebot" nicht nur auf die öffentlich rechtlich geregelten Dienstverhältnisse beschränkt, sondern darüber hinaus von grundsätzlicher Bedeutung sein, so dass staatliche Gerichte nur im Einvernehmen mit den kirchlichen Entscheidungsträgern tätig werden können sollten.[292]

Diese eingefahrenen Bewertungsmuster sind in jüngster Zeit allerdings in Bewegung geraten. Den Auslöser bilden Entscheidungen des Bundesverfassungsgerichts vom 18.09.1998[293] und des Bundesgerichtshofs vom 11.02.2000.[294] Das Bundesverfassungsgericht scheint nunmehr von der gerade in Statussachen geübten kategorischen Ablehnung der Zuständigkeit staatlicher Gerichte abzurücken und dem aufgeworfenen Problemkomplex differenzierter zu Leibe zu rücken. Wenn es sich – entgegen seiner Ankündigung – wiederum einer Entscheidung in der Sache enthielt, so tat es das jedoch nicht mehr mit dem Argument, dem stünde die Qualität der Regelungsmaterie von vornherein entgegen. Vielmehr sah es sich angesichts eines von kirchlicher Seite vorgehaltenen Rechtsschutzsystems aus „einer verfassungsrechtlich geschuldete[n] Rücksichtnahme" daran gehindert, „über Fragen des kirchlichen Amtsrechts nach Maßgabe

---

[290] *Richardi*, Arbeitsrecht in der Kirche, § 2 Rdnr. 15.

[291] Die Kirchen werden dadurch aber nicht Teil des staatlichen Organisationssystems, *v. Campenhausen*, in: v. Mangoldt/Klein/Starck, GG III, Art. 137 WRV Rdnr. 163; st. Rechtspr. BVerfG, Beschluss v. 17.2.1965 – 1 BvR 732/64, BVerfGE **18**, 385 (386 f.); BVerfG, Beschluss v. 21.9.1976 – 2 BvR 350/75, BVerfGE **42**, 312 (321); BVerwG, Urteil v. 25.11.1982 – 2 C 38/81, NJW 1983, 2582 (2582 f.); BVerwG, Urteil v. 25.11.1982 – 2 C 21.78, BVerwGE **66**, 241 (242 f.); OVG Lüneburg, Urteil v. 16.1.1991, NVwZ 1991, 796 (796).

[292] BVerwG, Urteil v. 27.10.1966 – II C 98.64, BVerwGE **25**, 226 (233); BVerwG, Urteil v. 15.12.1967 – VI C 68.67, BVerwGE **28**, 345 (346 ff.); BVerwG, Urteil v. 25.10.1968 – VI C 1.65, BVerwGE **30**, 326 (327); BVerwG, Urteil v. 25.11.1982 – 2 C 21.78, BVerwGE **66**, 241 (247 f.); BVerwG, Urteil v. 28.4.1994 – 2 C 23.92, BVerwGE **95**, 379 (380 f.); BGH, Urteil v. 18.2.1954 – III ZR 311, BGHZ **12**, 321 (325); BGH, Urteil v. 16.3.1961 – III ZR 17/60, BGHZ **34**, 372 (374); BGH, Urteil v. 19.9.1966 – III ZR 199/64, BGHZ **46**, 96 (99); BVerfG (Vorprüfungsausschuss), Beschluss v. 30.3.1984 – 2 BvR 1994/83, NVwZ 1985, 105 (105); OVG Schleswig, Beschluss v. 12.4.1996 – 12 L 7/95, AP Nr. 1 zu § 22 MitarbeitervertretungsG-EK Schleswig-Holstein, wonach die Zuständigkeit staatlicher Gerichte weder einseitig durch Kirchengesetz noch im Wege einer Vereinbarung begründet werden kann, es sei denn, eine staatliche Ermächtigungsnorm gestatte dies; OVG Magdeburg, Beschluss v. 24.2.1997 – B 2 S 30/96, NJW 1998, 3070 (3071) allerdings einschränkend auf den Bereich des Amtsrechts; das OVG Lüneburg, Urteil v. 16.1.1991 – 13 A 108/88, NVwZ 1991, 796 (797), schließt ausdrücklich aus, „mit Blick auf die allgemeine Justizgewährleistungspflicht des Staates (Art. 20 III, 90 GG)" könne, wenn im Einzelfall auch kein kirchlicher Rechtsschutz gewährt werde und sich damit ein rechtsschutzloser Raum auftut, die Zuständigkeit staatlicher Gerichte begründet werden.

[293] BVerfG, Beschluss v. 18.9.1998 – 2 BvR 1476/94, NJW 1999, 349 f.

[294] BGH, Urteil v. 11.2.2000 – V ZR 271/99, NJW 2000, 1555 ff.

der allgemeinen Gesetze und in Erfüllung des Justizgewährungsanspruchs ... vor Erschöpfung des insoweit gegebenen Rechtswegs zu entscheiden."[295] Ob damit, um einen Dammbruch zu vermeiden, die Schleusen zu einer umfassenden (staats)richterlichen Kontrollmöglichkeit geöffnet wurden, darf bezweifelt werden. Eingeleitet und beschränkt hatte das Gericht diese Erkenntnis mit der Formel: „Wenn und soweit die Kirchen die Möglichkeit geschaffen haben, Rechtsstreitigkeiten von einem kirchlichen Gericht beurteilen zu lassen und somit die Gelegenheit besteht, die Streitigkeit im Einklang mit dem kirchlichen Selbstverständnis beizulegen".[296]

Der gleiche Schwung, mit dem der Rechtschutz-Suchende nun durch die nicht mehr verriegelte Tür Einlass in das vormals verschlossene staatliche Rechtsschutzsystem begehrt, kann ihn – beim Weiterdrehen der Tür – auch wieder außerhalb der Schranken der staatlichen Gerichtsbarkeit befördern. Das Vorhandensein von funktionierenden und effektiven, rechtsstaatlichen Mindestanforderungen genügenden innerkirchlichen Rechtsschutzmöglichkeiten, ist – soviel Interpretationsspielraum gewährt die Entscheidung jedenfalls – in der Lage, die nun grundsätzlich mögliche Anrufung der staatlichen Gerichte im Ergebnis wieder auszuschließen.[297]

Löst man sich von dem damals konkret zur Entscheidung stehenden Sachverhalt, so stellt sich die weitere Frage, ob mit diesem Spruch des Bundesverfassungsgerichts nun auch höchstrichterlich die Einrichtung einer kircheninternen Gerichtsbarkeit[298] mit feststehender und abschließender – also auch die staatlichen Gerichte und Behörden bindender[299] – Entscheidungskompetenz anerkannt wurde.[300] Als den staatlichen Gerichten vorgeschaltete Institutionen ist insoweit an die Überprüfung von Verstößen gegen Loyalitätspflichten, deren rechtliche Folgen und die anzulegenden Maßstäbe zu denken. Erneut überdacht werden muss in diesem Zusammenhang ebenfalls die sich aus einem etablierten innerkirchlichen Rechtsschutzsystem ergebende Wirkung auf die Beurteilung der Zulässigkeit einer Klage vor den staatlichen Gerichten, soweit der Kläger sich unmittelbar an diese wendet.

---

[295] BVerfG, Beschluss v. 18.9.1998 – 2 BvR 1476/94, NJW 1999, 349 (350).

[296] BVerfG, Beschluss v. 18.9.1998 – 2 BvR 1476/94, aaO.

[297] Auf diese Ambivalenz weist auch *Kirchberg*, Staatlicher Rechtsschutz in Kirchensachen, NVwZ 1999, 734 (734), hin.

[298] Zur Eigenschaft der Schlichtungsstellen der katholischen Kirche als Gericht aus der staatlicher Sicht s. S. 70 ff.

[299] Vgl. auch Fn. 340; *Dütz*, Staatskirchenrechtliche Gerichtsschutzfragen im Arbeitsrecht, in: FS Wolfram Henkel, S. 145 (151, 154 mwN); *ders.*, Aktuelle kollektivrechtliche Fragen des kirchlichen Dienstes, EssGespr. **18** (1984), 67 (106); *ders.*, Anm. zu BAG, Beschluss v. 11.3.1986 – 1 ABR 26/84, AP Nr. 25 zu Art. 140 GG; *Richardi*, Arbeitsrecht in der Kirche, § 20 Rdnrn. 2 f.; *ders.*, Staatlicher und kirchlicher Gerichtsschutz für das Mitarbeitervertretungsrecht der Kirche, NZA 2000, 1305 (1308).

[300] S. S. 70 f. In der ev. Kirche wurde mit Beschluss der 10. Synode der EKD v. 6. November 2003 mit Wirkung zum 01.01.2004 das Kirchengesetz über die Errichtung, die Organisation und das Verfahren der Kirchengerichte der Evangelischen Kirche in Deutschland erlassen.

Soweit keine besonderen Gründe[301] vorliegen, könnte es insoweit am erforderlichen Rechtsschutzbedürfnis fehlen.[302]

c) Staatsgerichtliche Prüfungs- und Sachentscheidungskompetenz neben kircheninterner Rechtsschutzgewährleistung?

Soweit staatliche Gerichte im Rahmen ihrer verfassungsmäßigen Aufgabe nicht nur mit der Ermittlung, Auslegung und Anwendung hoheitlich gesetzten Rechts befasst sind, wohnt ihrer Tätigkeit unmittelbar die Gefahr inne, in besonders geschützte Freiheitsbereiche Dritter einzugreifen und damit nicht den geforderten Rechtsschutz zu gewährleisten, sondern selbst die Ursache weiterer Verletzungen zu sein. Insoweit gilt es zusätzlich zu beachten, dass die Ausübung kirchlicher Rechtskontrolle nicht über den Umweg der Übertragung von staatlicher Hoheitsmacht legitimiert wird, sondern ihre Quelle innerhalb des kirchlichen Autonomiebereichs findet.[303] Dieser Gesichtspunkt erfährt durch die ausdrückliche Garantie der Ämterhoheit gem. Art. 137 Abs. 3 Satz 2 WRV eine zusätzliche Bedeutung im Bereich von Rechtsschutzfragen in Angelegenheiten der kirchlichen Dienstverhältnisse. Dabei spielt keine Rolle, ob diese auf öffentlich rechtlicher oder privatrechtlicher Grundlage fußen.[304]

Zur Ermittlung des „Spielraums" staatlicher Gerichte im Bereich kirchlicher Rechtsverhältnisse kommt es damit in erster Linie auf den Bedeutungsgehalt bzw. die Reichweite des den Kirchen durch Art. 137 Abs. 3 WRV iVm. Art. 140 GG garantierten Selbstbestimmungsrechts und der dort genannten Einschränkung an;[305] die Frage einer möglichen Subsidiarität des staatlichen Rechtsschutzes oder der Beurteilung des Rechtsschutzbedürfnisses bei einem innerkirchlich eröffneten Rechtsweg rückt damit aus dem Zentrum der Überlegungen.

---

301 Etwa in einem zumutbaren Zeitrahmen Rechtsschutz zu erlangen.

302 *v. Campenhausen,* in: v. Mangoldt/Klein/Starck, GG III, Art. 137 WRV, Rdnrn. 144 ff., 148 mwN; *Hollerbach,* HStR, Bd. VI, § 138 Rdnr. 156; vgl. auch *Schenke,* Die verfassungsrechtliche Garantie eines Rechtsschutzes kirchlicher Bediensteter, FS Faller, S. 133 (143); *Steiner,* Staatliche und kirchliche Gerichtsbarkeit, NVwZ 1989, 410 (415); aA *Maurer,* Kirchenrechtliche Streitigkeiten vor den allgemeinen Verwaltungsgerichten, FS C.F. Menger, S. 285 (300); VerwG.EKD, Beschluss v. 27.11.1998 – 0124/B19-97; soweit dagegen zur Streiterledigung auf vertraglicher Grundlage zunächst ein kircheninternes Verfahren vorgesehen ist, wird dadurch kein Prozesshindernis begründet, *Fitting,* BetrVG, § 118 Rdnr. 70; *Hammer,* Kirchliches Arbeitsrecht, S. 559 f.; *Richardi,* NZA 2000, 1305 (1307); *ders.* Arbeitsrecht in der Kirche, § 20 Rdnr. 6; *ders.,* in: MünchArbR, § 193 Rdnr. 50; *Thiel,* Wirkung der Beschlüsse der KODA und der Arbeitsrechtlichen Kommission im Arbeitsverhältnis, ZMV 1995, 213 (216); BAG, Urteil v. 18.5.1999 – 9 AZR 682/98, NZA 1999, 1350 (1351 f.), jedenfalls soweit prozessuale Fragen keine eindeutige vertragliche Regelung erfahren haben. § 8 Abs. 3 ABD Teil A schreibt hinsichtlich individualrechtlicher Streitigkeiten vor Anrufung des Arbeitsgerichts einen Schlichtungsversuch vor; zur Rechtsnatur dieser kirchlichen Schlichtungsstelle s. Fn. 377.

303 *Krämer,* Verfassungsrechtliche und staatskirchenrechtliche Probleme kirchlicher Gerichtsbarkeit, DVBl. 1981, 1 (2).

304 S. auch *Richardi,* Arbeitsrecht in der Kirche, § 2 Rdnrn. 1 ff.; BVerfG, Beschluss v. 4.6.1985 – 2 BVR 1703/83, 1718/83, 856/84, BVerfGE **70**, 138 (164 ff.).

305 *v. Campenhausen,* in: v. Mangoldt/Klein/Starck, GG III, Art. 137 WRV, Rdnr. 134.

Als Ausgangspunkt hat man sich auch hier wieder darauf zu besinnen, dass unabhängig von der konkreten inhaltlichen Ausgestaltung dieses Freiraumes der Kirchen die staatlichen Gerichte – auch mit Blick auf das oben skizzierte Rechtsprechungsmonopol - jedenfalls zur Entscheidung solcher Streitigkeiten berufen sind, für die Normen der staatlichen Rechtsordnung, seien diese auch durch kirchliche Erlasse modifiziert, einschlägig sind.[306] Die oben bereits kurz angesprochenen Versuche, aus staatsgerichtlicher Sicht die Entstehung rechtskontrollfreier Oasen in kirchenrechtlichen Angelegenheiten zu vermeiden, waren ebenso vielfältig wie unzureichend.[307]

Die Möglichkeit zur Errichtung einer eigenständigen kirchlichen Gerichtsbarkeit wird vielfach als schlichte Konsequenz der den Kirchen zukommenden (Binnen)Normsetzungsbefugnis dargestellt, um als deren notwendige Ergänzung die Wahrung des selbst gesetzten Rechts durch eigene Kontrollinstanzen sicherstellen zu können.[308] Dennoch gilt es den aus unterschiedlicher Aufgabenstellung und Legitimationsbasis resultierenden wesensmäßigen Unterschied zwischen weltlicher und religiöser Gemeinschaft auch in diesem Bereich nicht nur vom Standpunkt des Trägers des Selbstbestimmungsrechts, sondern auch aus der umgekehrten Blickrichtung zu beachten. Gerade dem weltanschaulich-religiös neutralen Staat in seiner Eigenschaft als freiheitlicher sozialer Rechtsstaat obliegt nach der Verfassungsordnung die Pflicht, den seiner Hoheitsgewalt unterworfenen Rechtssubjekten umfassenden Rechtsschutz zu gewährleisten[309], damit gleichzeitig auch den verbürgten Freiheitsraum der Kirchen und Religionsgemeinschaften in der gesellschaftlichen Wirklichkeit durchzusetzen, abzusichern und vor einer Aushöhlung zu bewahren. Ein vergleichbares Mandat steht den Religionsgemeinschaften und Kirchen dagegen nicht zu und wird auch durch deren besonderen Funktions- und Wirkungsbereich nicht gefordert. Damit verfügen sie nicht über die Möglichkeit, aus eigenem Recht für die Erledigung bestimmter Streit- bzw. Rechtsfragen verbindlich auf den Bereich der staatlichen Justizverfassung zu verweisen; aus Sicht der staatlichen Gerichte wiederum hängt die Befugnis, sich dort um Rechtsschutz zu bemühen, nicht von dem Einverständnis einer Religionsgemeinschaft ab.[310] Staatliche

---

[306] BGH, Urteil v. 11.2.2000 – V ZR 271/99, NJW 2000, 1555 (1556 mwN).
[307] S. 54 ff. u. Fn. 285.
[308] *v. Campenhausen,* in: v. Mangoldt/Klein/Starck, GG III, Art. 137 WRV, Art. 137 WRV Rdnr. 112; vgl. *Eder,* Kirchengerichtliche arbeitsrechtliche Verfahren gegen Diözesanbischöfe im Bereich des Dritten Weges, KuR 1999, 9 (9); *Dütz,* Aktuelle kollektivrechtliche Fragen des kirchlichen Dienstes, EssGespr. **18** (1984), 67 (103 mwN).
[309] S. auch S. 51 ff.
[310] *v. Campenhausen,* in: v. Mangoldt/Klein/Starck, GG III, Art. 137 WRV Rdnr. 128 mwN; aA HessVGH, Urteil v. 13.6.1995 – 1 UE 438/94, NZA 1995, 1201 (1202 f.); innerhalb des später noch näher abzugrenzenden verfassungsrechtlichen Rahmens beansprucht der Staat insofern noch das „iudicium finium regundorum", *Kästner,* Staatliche Justizhoheit und religiöse Freiheit, S. 150, Fn. 45; *Bock,* Das für alle geltende Gesetz und die kirchliche Selbstbestimmung, Diss., S. 311 f. u. Fn. 183; im

Justizgewährung steht somit nicht von vornherein in einem Subsidiaritätsverhältnis zur kircheneigenen Rechtskontrolle.[311] Dem Rechtsprechungsmonopol des Staates korrespondiert neben der oben genannten Verpflichtung zur Rechtsschutzgewährleistung auch ein subjektiver Anspruch des Einzelnen, woran das Bestehen einer kircheneigenen Kontrollinstanz dem Grunde nach nichts zu ändern vermag.[312]
Die Errichtung einer kircheneigenen Gerichtsbarkeit[313] kann damit zu keiner Suspendierung der staatlichen Pflicht zur Justizgewähr und damit zu einer vollständigen Verdrängung der Zuständigkeit staatlicher Gerichte in Angelegenheiten mit Bezug zum kirchlichen Selbstbestimmungsrecht iS des Art. 137 Abs. 3 WRV führen.[314] In den Grenzen des Willkürverbots können aber bestimmte Aspekte des kirchlichen Dienstverhältnisses gleichwohl, wie zB im kollektivrechtlichen Bereich hinsichtlich der Ausgestaltung der Beteiligung der Dienstnehmer in kirchlichen Einrichtungen[315], der Entscheidungskompetenz staatlicher Gerichte entzogen werden.

3. Auflösung des Spannungsverhältnisses zwischen kirchlichem Selbstbestimmungsrecht und staatlicher Justizgewährleistungspflicht

a) Keine trennscharfe Abgrenzung kirchlicher und staatlicher Gerichtsbarkeit

Ansätze, die einem profanen einen geistlichen Souverän gegenüberstellten und den notwendig werdenden Ausgleich beider Gewalten als „ein *System der Zuordnung* (Koordination) zweier voneinander unabhängiger, in ihren Bereichen selbständiger Gemeinwesen, die ihre jeweilige Höchstzuständigkeit in dem ihnen zugewiesenen Raum

---

Ergebnis auch OVG Lüneburg, Beschluss v. 20.10.1998, NJW 1999, 1882 (1883); s. auch S. 57 und Fn. 326.

[311] BGH, Urteil v. 11.2.2000 – V ZR 271/99, NJW 2000, 1555 (1556 mwN), unter ausdrücklicher Klarstellung gegenüber BGH, Urteil v. 16.9.1966 – III ZR 199/64, BGHZ **46**, 96 (101), jedenfalls soweit es um die Beurteilung von Rechtsfragen „nach staatlichem Recht" geht; OVG Lüneburg, Beschluss v. 20.10.1998, NJW 1999, 1882 (1883 mwN), wonach „die kirchenrechtlich statuierte Zuständigkeit kirchlicher Gerichte für das staatliche Recht" nicht beachtlich ist; so auch *Rüfner*, Staatlicher Rechtsschutz gegen Kirchen und kirchliches Selbstbestimmungsrecht, FS Schiedermair, S. 165 (167 mwN); *v. Campenhausen*, in: v. Mangoldt/Klein/Starck, GG III, Art. 137 WRV Rdnr. 125; *Badura*, Staatsrecht, L 60 mwN, verneint die Zuständigkeit staatlicher Gerichte auch in vermögensrechtlichen Streitigkeiten, soweit gem. § 135 S. 2 BRRG ein kirchliches Gericht zur Entscheidung berufen ist; anders noch Stein/Jonas/*Schumann*, ZPO[20], Einl. Rdnr. 627.

[312] *Kästner*, Tendenzwende in der Rechtsprechung zum staatlichen Rechtsschutz in Kirchensachen, NVwZ 2000, 889 (890); *ders.*, Staatliche Justizhoheit und religiöse Freiheit, S. 113.

[313] S. S. 58 f.

[314] Vgl. auch *Sonnauer*, Die Kontrolle der Schiedsgerichte durch staatliche Gerichte, Diss., S. 28, 32, der für den Bereich der Schiedsgerichte ebenfalls zwischen einem unzulässigen Verzicht auf den Justizgewährungsanspruch und dem zulässigen „Ausschluß der Klagbarkeit" für bestimmte Rechtsverhältnisse unterscheidet; *Hammer*, Kirchliches Arbeitsrecht, S. 354.

[315] BAG, Beschluss v. 11.3.1986 – 1 ABR 26/84, ZevKR **32** (1987), 88 (92 f.); BayVerwGH, Urteil v. 22.4.1998 – 7 N 97.1698, ZevKR **44** (1999), 543 (546 ff.); BAG, Beschluss v. 25.4.1989 – 1 ABR 88/87, NJW 1989, 2284 f.

gegenseitig anerkennen"[316], beschrieben, konnten nicht überzeugen. Insoweit finden sich fast Anklänge der mittelalterlichen „Zwei – Gewalten – Lehre". Dieses Postulat einer „Partnerschaft" zwischen Staat und Kirche, wonach Bindungen nur auf wechselseitig getragenen Vereinbarungen beruhen können, ist mit der gegenwärtigen Verfassungslage nicht zu vereinbaren. Selbstbestimmungsrecht und Eigenständigkeit von Religions- und Weltanschauungsgemeinschaften werden in der und durch die staatliche Rechtsordnung – wegen des insoweit bestehenden Aufgaben und Kompetenzdefizits der säkularen Ordnung – anerkannt und geschützt.

Ebenso wenig lassen sich aber trennscharfe Bereiche bilden, denen abhängig von ihrer Art[317] unterschiedliche Tätigkeiten zugeordnet werden, die von vornherein eine komplette Exemtion von staatlicher Kontrolle nach sich ziehen.[318]

Dem komplexen „Durchdringungsgeflecht" weltlicher und konfessioneller bzw. weltanschaulicher Lebensbereiche, dessen Wurzeln sowohl in dem verfassungsrechtlich vorgegebenen System als auch in der gesellschaftlichen Wirklichkeit zu finden sind, kann der Versuch einer chirurgisch präzisen Bereichsscheidung nicht gerecht werden.[319] Gerade wegen des – zumindest bei den Großkirchen – bestehenden Öffentlichkeitsauftrags und der Identität von (religiös- oder weltanschaulichen) Überzeugungsträgern und staatlicherseits Gewaltunterworfenen ist die typische Grundrelation im Felde des Staatskirchenrechts nicht

---

[316] *Mikat,* Kirchen und Religionsgemeinschaften, in: Die Grundrechte, Bd. IV/1, S. 145 [Hervorhebung im Original], wobei kirchlicher und weltlicher Bereich nicht beziehungslos nebeneinander existieren, sondern zwar organisatorisch getrennt aber in „freundschaftliche[r] Verbundenheit" bestehen sollten, aaO, S. 146 f.; auch BGH, Urteil v. 16.3.1961 – III ZR 17/60, BGHZ **34**, 372 (373 f.); BGH, Urteil v. 16.9.1966 – III ZR 199/64, BGHZ **46**, 96 (99, 101); s. auch abweichende Meinung v. Richter *Dr. Rottmann* zu BVerfG, Beschluss v. 25.3.1980 – 2 BvR 208/76, BVerfGE **53**, 408 (410).

[317] BVerfG, Beschluss v. 17.2.1965 – 1 BvR 732/64, BVerfGE **18**, 385 (387); BGH, Urteil v. 11.2.2000 – V ZR 271/99, NJW 2000, 1555 (1556); OVG Magdeburg, Beschluss v. 24.2.1997 – B 2 S 30/96, NJW 1998, 3070 (3071); in der Tat verheißt diese scheinbar griffige Formel auch in der Rechtsanwendung praktikabel zu sein. Allerdings muss man gewahr sein, dass sie eine Wertung voraussetzt, „die ihrerseits eines Maßstabes bedarf", so dass ihre Aussagekraft gerade in Zweifelsfällen doch kritisch zu bewerten ist, *Jurina,* Der Rechtsstatus der Kirchen und Religionsgemeinschaften im Bereich ihrer eigenen Angelegenheiten, Diss., S. 60; ablehnend auch *Heckel,* Kontinuität und Wandlung des deutschen Staatskirchenrechts unter den Herausforderungen der Moderne, ZevKR **44** (1999), 340 (376 Fn. 43).

[318] *Jurina,* Der Rechtsstatus der Kirchen und Religionsgemeinschaften im Bereich ihrer eigenen Angelegenheiten, Diss., S. 141 ff.; auch *Heckel,* Die staatliche Gerichtsbarkeit in Sachen der Religionsgemeinschaften, Gesammelte Schriften, Bd. IV, S. 1026 (1034, 1036 , 1045) hält die Anrufung staatlicher Gerichte in „rein innerkirchlichen Angelegenheiten" bzw. bezüglich des „rein geistliche[n] Kernbereich[s] der rein geistlichen Angelegenheiten" (S. 1049) für unzulässig (wohl unter falscher Bezugnahme auf *Kästner,* Staatliche Justizhoheit und religiöse Freiheit, S. 245, der in den dafür aufgeführten Sachbereichen nur eine „deskriptive *Katalogisierung* genuin religiöser Funktionen" sieht, von der sich weder „eindeutige rechtliche Konsequenzen" ableiten ließen, noch Hilfe gerade in den umstrittenen Bereichen erwarten lasse, S. 246); BVerwG, Urteil v. 27.10.1966 – II C 98.64, BVerwGE **25**, 226 (230).

[319] *Heckel,* Die staatliche Gerichtsbarkeit in Sachen der Religionsgemeinschaften, Gesammelte Schriften, Bd. IV, S. 1026 (1039).

die Bereichstrennung, sondern die Überlagerung der kirchlichen und der staatlichen Aktivitäten in demselben "Bereich" der allgemeinen Kultur- und Sozialordnung.[320]

Unter Zuhilfenahme prozessrechtlicher Mittel, eine inhaltliche Auseinandersetzung mit konfessionell geprägten Sachgebieten zu vermeiden, kann jedoch den komplexen materiellen Anforderungen und den involvierten verfassungsrechtlichen Problemfeldern nicht gerecht werden, vielmehr wird, nach *Heckel,* mit „schneidig simplifizierten Patentrezepten des materiellen Rechts oder gar des Prozessrechts ... das Verfassungssystem der staatlichen Justizhoheit und ebenso des Staatskirchenrechts verkannt und verletzt."[321]

Zur Auflösung dieses Verhältnisses bei gleichzeitig größtmöglicher Entfaltung der betroffenen Rechtsgüter gilt es zu beachten, dass zwar „die integrative Zusammenordnung aller Wirkkräfte und Sachbereiche in einem raumzeitlichen Gemeinwesen zur Gemeinwohlverantwortung" zählt, also die in der Verfassungswirklichkeit relevanten Faktoren die „Allbezüglichkeit der Staatsgewalt ... nicht die virtuelle Omnipotenz und Omnikompetenz des Staates [bedeutet]"[322], sondern „Mittel zum Zweck, Wirkmittel zur Erfüllung staatlicher Aufgaben" ist, so dass in einem weltanschaulich-religiös neutralen Staat die Bereiche „Glaube, Bekenntnis und Kirche" jenseits seines ursprünglichen Aufgabenbereichs liegen.[323] Dieser Grundsatz bedeutet jedoch keine Exemtion kirchlicher Rechtsverhältnisse aus dem staatlich gewährten Rechtsschutz, sondern fordert gerade die angemessene Berücksichtigung des verfassungsrechtlich gewährten Selbstbestimmungsrechts auch im Bereich der staatlichen Rechtsordnung ein. Kirchliche Lebensäußerungen nehmen nicht "von außen" Bezug auf eine von ihnen getrennte bürgerliche Gemeinschaft, sondern sie sind von vornherein ein(er von vielen anderen) Bestandteil(en) dieser Gemeinschaft, dessen Besonderheit aus der selbstgesetzten Aufgabe resultiert. Auch soweit also Maßnahmen der Religionsgesellschaften auf den weltlichen Teil der Gemeinschaft ausstrahlen und damit – aus Sicht des Adressaten – im Einzelfall ein besonderer Aspekt hinzutritt, wird dadurch die verbindende Wirkung des einheitlichen Ordnungssystems nicht außer Kraft gesetzt.[324]

In Bezug zur einleitenden Feststellung muss außerdem weiter differenziert werden. Die

---

[320] So selbst *Heckel,* Die staatliche Gerichtsbarkeit in Sachen der Religionsgemeinschaften, Gesammelte Schriften, Bd. IV, S. 1026 (1035).

[321] *Heckel,* Die staatliche Gerichtsbarkeit in Sachen der Religionsgesellschaften, Gesammelte Schriften, Bd. IV, S. 1026 ( 1031).

[322] *Hollerbach,* Die Kirchen unter dem Grundgesetz, VVDStRL **26** (1968), 57 (59); BVerfG, Beschluss v. 21.9.1976 – 2 BvR 350/75, BVerfGE **42**, 312 (331 f.).

[323] *Jurina,* Der Rechtsstatus der Kirchen und Religionsgemeinschaften, S. 80.

[324] *Böckenförde,* Staat – Gesellschaft – Kirche, S. 61 f.: Dies bezeugt gerade auch die grundrechtlich abgesicherte Religionsfreiheit, in der „die Freiheit und Freigabe der Religion zur eigenständigen, ihr angemessenen Wirksamkeit und organisatorischen Form ... unter den Bedingungen des Pluralismus und der allgemeinen Rechtsordnung" enthalten ist und somit einen „gemeinsamen Rechtsboden" darstellt, der von Staat und Kirche "problemlos" betreten werden kann.

Kompetenz bzw. Pflicht zur Überprüfung kirchlicher Maßnahmen durch staatliche Gerichte allein aus der Gegenüberstellung von staatlichem Gewaltmonopol und staatlicher Justizgewährungspflicht abzuleiten, greift für sich genommen zu kurz. Denn mit der grundsätzlichen Feststellung, der Staat habe für alle Rechtssubjekte effektiven Rechtsschutz zu gewährleisten, ist noch keine Aussage darüber getroffen, inwieweit staatliche Gerichte die Kompetenz besitzen, „in entscheidungserheblichen Sachfragen materiell zu eigener Prüfung und Beurteilung zu schreiten."[325]

Während den Religionsgesellschaften im Hinblick auf Einrichtung und Inanspruchnahme staatlich gewährten Rechtsschutzes keine Kompetenz zusteht[326], kann das verfassungsrechtlich verbürgte Selbstbestimmungsrecht im zuletzt genannten Bereich gerade Geltung beanspruchen; es kommt somit nicht zu einer bereichsspezifischen Ausklammerung staatlicher Justizgewährung, vielmehr haben staatliche Gerichte, soweit kirchliche Regelungen die oben beschriebene Ausstrahlungswirkung besitzen und grundlegende rechtsstaatliche Anforderungen nicht verletzt sind, das Präjudiz kirchlicher Einrichtungen bzw. Gerichte zu respektieren und damit auch zur Geltung zu bringen.[327]

b) Inzidentkontrolle innerkirchlichen Rechts durch staatliche Gerichte

Auch der innerkirchliche Bereich ist der Kontrolle durch die staatliche Gerichtsbarkeit nicht vollständig entzogen. Eine materielle Prüfungskompetenz besitzen staatliche Gerichte ua. im Wege der Inzidentkontrolle.[328] Insoweit handelt es sich nicht um einen unzulässigen Eingriff

---

[325] *v. Campenhausen*, ZevKR **45** (2000), Neues zum staatlichen Rechtsschutz im kirchlichen Bereich, 622 (624). Für eine Vorrangstellung der staatlichen Arbeitsgerichte und der Anwendung des staatlichen Arbeitsrechts *Hammer*, Kirchliches Arbeitsrecht, S. 254, 338.

[326] Die Zuständigkeitsgrenzen seiner Gerichte legt der Staat fest, BGB – RGRK/*Gehring*, § 630 Anh. III Rdnr. 198; OVG Schleswig-Holstein, Beschluss v. 12.4.1996 – 12 L 7/95, PersR 1996, 293 (294) mit zust. Anm. *Weiß*; s. auch Fn. 311.

[327] *v. Campenhausen*, ZevKR **45** (2000), Neues zum staatlichen Rechtsschutz im kirchlichen Bereich, 622 (624); BGH, Urteil v. 11.2.2000 – V ZR 271/99, NJW 2000, 1555 (1556); s. auch *Hammer*, Kirchliches Arbeitsrecht, S. 251 dort Fn. 251.

[328] *Bernards*, Die Schlichtungsstelle im Mitarbeitervertretungsrecht der katholischen Kirche, Diss., S. 99; *Eder*, Kirchengerichtliche arbeitsrechtliche Verfahren gegen Diözesanbischöfe im Bereich des Dritten Weges, KuR 1999, 9 (29); *Frey/Coutelle/Beyer*, MAVO, Vorbem. zu §§ 40-42, Rdnr. 3; *Hammer*, Kirchliches Arbeitsrecht, S. 568; *Jurina*, Der Rechtsstatus der Kirchen und Religionsgemeinschaften im Bereich ihrer eigenen Angelegenheiten, Diss., S. 144 f. Fn. 31; *Kästner*, Staatliche Justizhoheit und religiöse Freiheit, S. 181 f.; *Richardi*, NZA 2000, 1305 (1307); *ders.*, Arbeitsrecht in der Kirche, § 20 Rdnr. 5; *ders.*, Anm. zu BAG, Urteil v. 10.12.1992 – 2 AZR 271/92, AR-Blattei ES 960 Kirchenbedienstete Nr. 48; *Hammer*, Kirchliches Arbeitsrecht, S. 227, 253 f.; auch *Hesse*, Rechtsschutz durch staatliche Gerichte im kirchlichen Bereich, S. 129, lehnt nur eine inzidente Kontrolle kirchlichen Rechts „auf seine formelle und inhaltliche Vereinbarkeit mit der Kirchenverfassung" ab, nicht aber am Maßstab des für alle geltenden Gesetzes iS des Art. 137 Abs. 3 WRV; *Krämer*, Verfassungsrechtliche und staatskirchenrechtliche Probleme kirchlicher Gerichtsbarkeit, DVBl. 1981, 1 (3), schränkt eine eventuelle Inzidentkontrolle auf den Fall der Nichtigkeit der kirchlichen Maßnahme ein. Als Anwendungsfall einer Inzidentkontrolle kommen Streitigkeiten im Individualarbeitsrecht in Frage, also va. im Rahmen des Urteilsverfahrens gem. § 2 Abs. 1 Nr. 3 ArbGG vor staatlichen Arbeitsgerichten; diese können anlässlich der Auflösung des

in die kraft des Selbstbestimmungsrechts erlassene kircheneigene Ordnung, sondern im Rahmen der „Normanwendung" um eine zulässige Konkretisierung der „normativen Bedeutung" selbstgesetzten Rechts.[329] Im Hinblick auf das Mitarbeitervertretungsrecht folgt diese Kompetenz staatlicher Gerichte zudem aus der Entscheidung der Kirchen, sich bei der Begründung von Dienstverhältnissen ua. des weltlichen Rechts zu bedienen. Damit nehmen sie aus eigenem Entschluss den Brückenschlag zwischen weltlicher und kirchlicher (Arbeits)Ordnung vor[330] und müssen dann aber auch die genannten Konsequenzen in Kauf nehmen.[331] Soweit die Kirche in diesen Fragen auf die Errichtung einer eigenen Gerichtsbarkeit verzichtet[332], kann eine richtige Entscheidung nur dann getroffen werden, wenn das Arbeitsgericht insoweit das kirchliche Recht auch anwendet.[333] Macht sie von dieser Möglichkeit aber Gebrauch, drängt sie die Prüfungskompetenz staatlicher Gerichte zurück und bindet sie an die durch die kircheninterne Entscheidungsinstanz getroffene Auslegung des kirchlichen Rechts.[334]

In diesem Bereich ergibt sich im Zusammenspiel der weltanschaulich religiösen Neutralität des Staates, der Reichweite des kirchlichen Selbstbestimmungsrechts iS der Art. 140 GG iVm. 137 Abs. 3 Satz 1 WRV und dessen Schrankenvorbehalt aber eine Grenze

---

Arbeitsverhältnisses durch dienstgeberseitige Kündigung auch die ordnungsgemäße Beteiligung der Mitarbeitervertretung prüfen; s. auch Fn. 384.

[329] *Kästner*, Staatliche Justizhoheit und religiöse Freiheit, S. 182, Fn. 28; dabei muss das staatliche Gericht aber den aus der religiösen Neutralität gezogenen Rahmen beachten, insbesondere bezüglich der hinter der Norm stehenden Wertentscheidung des Normgebers.

[330] *Dütz*, Staatskirchenrechtliche Gerichtsschutzfragen im Arbeitsrecht, in: FS für Wolfram Henkel, S. 145 (149); *ders*, Aktuelle kollektivrechtliche Fragen des kirchlichen Dienstes, EssGespr. **18** (1984), 67 (105); *ders.*, Anm. zu BAG, Beschluss v. 11.3.1986 – 1 ABR 26/84, AP Nr. 25 zu Art. 140 GG; s. auch *Frey/Coutelle/Beyer*, MAVO, Vorbem. zu §§ 40-42, Rdnr. 3; nach *Matthes*, in: Germelmann/Matthes/Prütting/Müller-Glöge, ArbGG, § 2 Rdnr. 143, liegt der ausschlaggebende Grund darin, dass „die Entscheidung über die Vorfrage nicht in Rechtskraft erwächst".

[331] Unabhängig davon ist die oben dargestellte Gewährung umfassenden staatlichen Rechtsschutzes; diese Pflicht ist nicht von einer Zustimmung oder Öffnung der Kirche abhängig; vgl. auch *Weber*, Staatliche und kirchliche Gerichtsbarkeit, NJW 1989, 2217 (2222); andererseits dürfen die staatlichen Gerichte die Inzidentkontrolle nicht zum Eingriff in das kirchliche Selbstbestimmungsrecht missbrauchen, also über den Normvollzug hinaus durch die Kirche vorgegebene Glaubenswahrheiten und daraus abgeleitete Wertentscheidungen selbstständig einer inhaltlichen Kontrolle und Abwägung zuführen, *Dütz*, Anm. zu BAG, Beschluss v. 11.3.1986 – 1 ABR 26/84, AP Nr. 25 zu Art. 140 GG; *ders.*, Aktuelle kollektivrechtliche Fragen des kirchlichen Dienstes, EssGespr. **18** (1984), 67 (106).

[332] S. S. 58.

[333] Ohne Begründung, *Bleistein*, Schlichtungsverfahren in Streitigkeiten nach der Mitarbeitervertretungsordnung der Katholischen Kirche, RdA 1998, 37 (38); *Geiger*, Die Rechtsprechung des Bundesverfassungsgerichts zum kirchlichen Selbstbestimmungsrecht, ZevKR **26** (1981), 156 (158 f.); s. auch *Matthes*, in: Germelmann/Matthes/Prütting/Müller-Glöge, ArbGG, § 2a Rdnr. 27; BGB – RGRK/*Gehring*, § 630 Anh. III Rdnr. 204; *Richardi*, Die Bedeutung der Grundordnung für die Zuständigkeit der Schlichtungsstelle, ZMV 1995, 3 (3).

[334] *Dütz*, Aktuelle kollektivrechtliche Fragen des kirchlichen Dienstes, EssGespr. **18** (1984), 67 (106); s. auch *Jurina*, Das Dienst- und Arbeitsrecht im Bereich der Kirchen in der Bundesrepublik Deutschland, Diss., S. 164; *Stein/Jonas/Schumann*, ZOP[20], Einl. Rdnr. 627; s. aber S. 68. Zur Qualität der Schlichtungsstellen S. 70 ff.

staatsgerichtlicher Prüfungskompetenz.[335] Insoweit ist auf die in der verfassten Kirche anerkannten Maßstäbe zurückzugreifen und „in Zweifelsfällen durch entsprechende gerichtliche Rückfragen bei den zuständigen Kirchenbehörden aufzuklären", in welchem Umfang die bei der Entscheidung zu Grunde zu legenden kirchlichen Vorgaben, „den anerkannten Maßstäben der verfaßten Kirchen Rechnung tragen".[336] Für die Erfassung und Auslegung des kirchenrechtlich relevanten Normenbestandes bietet § 293 ZPO dem staatlichen Gericht die Möglichkeit, sich die notwendigen Informationen, zB im Wege gutachterlicher Stellungnahmen, bei fehlender eigener Sachkunde zu beschaffen. Als weitere Grenze staatsgerichtlicher Inzidentkontrolle ist im Einzelfall die „Reichweite" der innerkirchlichen Norm, ihre Ausstrahlung und das Maß ihrer Einwirkung auf das konkrete Arbeitsverhältnis zu berücksichtigen.[337] Für die Inzidentkontrolle kirchlicher Maßnahmen durch staatliche Gerichte ist damit wesentlich, dass diese „innerkirchliche Entscheidungen, welche als Hauptfrage nicht vor die staatlichen Gerichte gebracht werden können, nur auf ihre Wirksamkeit, nicht auf ihre Rechtmäßigkeit zu überprüfen haben."[338] Die Möglichkeit,

---

[335] Eine Auslegung bzw. inhaltliche Kontrolle von Regelungen, die einen „bekenntnisgebunden Inhalt haben" scheiden damit grundsätzlich aus, *Jurina*, Der Rechtsstatus der Kirchen und Religionsgemeinschaften, S. 145, Fn. 31; *Kästner*, Staatliche Justizhoheit und religiöse Freiheit, S. 196; *Rüfner*, Staatlicher Rechtsschutz gegen Kirchen, FS Schiedermair, S. 165 (171 ff.).

[336] BVerfG, Beschluss v. 4.6.1985 – 2 BVR 1703/83, 1718/83, 856/84, BVerfGE **70**, 138 (168); *Frey/Coutelle/Beyer*, MAVO, Vorbem. zu §§ 40-42 Rdnr. 14; zur Klärung und Entscheidung solcher mit der kirchlichen Dienstverfassung in Zusammenhang stehender Fragen kann aber auch eine spezielle kirchliche Einrichtung geschaffen werden, so zB eine Schlichtungsstelle für den individualrechtlichen Bereich, s. auch Fn. 377 und *Dütz*, Nachweise in Fn. 330; *Richardi*, Arbeitsrecht in der Kirche, § 20 Rdnr. 3, § 21 Rdnr. 19.

[337] *Dütz*, Staatskirchenrechtliche Gerichtsschutzfragen im Arbeitsrecht, in: FS Wolfram Henkel, S. 145 (150); inwieweit der profan-rechtlichen Wirksamkeit kirchlicher Regelungen einfachgesetzliche Ermächtigungen, zB in den §§ 118 Abs. 2 BetrVG, 112 BPersVG zu Grunde liegen oder ob der Anwendungsbereich der Art. 140 GG iVm. Art. 137 Abs. 3 WRV soweit reicht, ist strittig; einerseits *Dütz*, aaO, S. 150 mwN; *ders.*, Die „Tarif"-Wirkung von kirchlichen Arbeitsrechtsregelungen, FS Schaub, S. 157 (168 ff., 171 f.); *ders.*, Arbeitsgerichtliche Überprüfung von kollektiven kirchlichen Arbeitsrechtsregelungen, FS Listl, S. 573 (583); *Kienitz*, Die Beteiligung der Mitarbeitervertretung bei Kündigungen nach dem Mitarbeitervertretungsgesetz der EKD, S. 1; s. auch *Pirson*, Kirchliches Recht in der weltlichen Rechtsordnung, FS Ruppel, S. 277 (305), der die „Möglichkeit staatlicher Organe, auf kirchliches Dienstrecht zurückzugreifen, ... sachlich begrenzt durch den sachlichen Umfang der anzunehmenden stillschweigenden Ermächtigung" sieht, aaO, S. 306; andererseits *Richardi*, Arbeitsrecht in der Kirche, § 15 Rdnr. 14, wonach die „Rechtsnormen, die nach den kirchlichen Verfahrensordnungen des „Dritten Weges" zustande kommen, ... ein Instrument der Privatautonomie für den Bereich der kirchlichen Arbeitsverhältnisse" sind und die Suche nach einer staatlichen Ermächtigungsgrundlage eine beschränkt „*öffentlich-rechtliche Sicht* der Rechtsbildung" zugrunde liegt [Hervorhebung im Original], aaO, § 15 Rdnr. 45; für die Frage nach der Rechtsgeltung der im kirchlichen Arbeitsrechts-Regelungsverfahren erlassenen Normen stellt die Suche „nach einer besonderen Gesetzesvorschrift" den falschen Ansatz dar, ausschlaggebend „ist vielmehr allein, daß mit dem kirchlichen Arbeitsrechts-Regelungssystem für den kirchlichen Bereich eine Arbeitsverfassung geschaffen wird, in die der individuelle Vertrag eingebettet ist, um die Funktionsfähigkeit einer rechtsgeschäftlichen Ordnung der Arbeitsverhältnisse im kirchlichen Bereich zu gewährleisten", aaO, § 15 Rdnr. 50; s. auch dort § 16 Rdnr. 19 mwN; s. auch S. 70 ff.

[338] *Rüfner*, Staatlicher Rechtsschutz gegen Kirchen, FS Schiedermair, S. 165 (172). Jedenfalls solange die kirchlichen Maßnahmen „nicht willkürlich sind oder gegen fundamentale Rechtsprinzipien verstoßen" und damit im Zweifel ohnehin der Nichtigkeit anheim fallen; s. auch *Thieme*, Kirche und

innerkirchliche Maßnahmen als Hauptfrage vor ein staatliches (Arbeits-)Gericht zu bringen, besteht zB anlässlich eines Streits um die Rechtswirksamkeit einer Kündigung; macht der Dienstnehmer als einzigen Unwirksamkeitsgrund gem. § 30 Abs. 5 MAVO eine fehlerhafte Beteiligung der Mitarbeitervertretung geltend, kann er gem. § 2 Abs. 1 Nr. 3b ArbGG direkt das Arbeitsgericht anrufen.[339]

Insgesamt wird somit deutlich, dass die Rechtswirkungen kirchlicher Rechtsprechungs- bzw. Beschlusstätigkeit nicht lediglich im innerkirchlichen Raum verbleiben, sondern – gerade auch im kirchlichen Dienstrecht – darüber hinaus auch im Bereich der staatlichen Rechtsordnung Geltungskraft erlangen können.[340]

In diesem Sinne kann also festgehalten werden, dass das Selbstbestimmungsrecht der Kirchen nicht zu einer Einschränkung der staatlichen Justizgewährungspflicht führt, „sondern nur das Maß der konkreten Justiziabilität [begrenzt]".[341]

4. Ergebnis

Individuell oder kollektiv wahrgenommene Freiheit und rechtsstaatliches Ordnungssystem – zu dessen Bestandteilen auch ein effektives und umfassendes staatliches Gerichtswesen gehört – sind kein Gegensatzpaar; die Entfaltung des einen ist nicht gleichbedeutend mit einer einseitigen Beschränkung des anderen.[342] Somit stehen das Rechtsprechungsmonopol und der Justizgewährungsanspruch des Staates nicht im normativen Gegensatz zur Garantie

Arbeitsrecht, DÖV 1986, 62 (65), der zwar aus dem Rechtsstaatsprinzip die Zuständigkeit staatlicher Gerichte ableiten will, falls es – gerade mit Blick auf arbeitsrechtliche Streitigkeiten – an einem innerkirchlichen Rechtsschutz mangeln sollte, allerdings auch in einem solchen Fall die Überprüfung der „kirchlichen Gesichtspunkte" ausdrücklich ausschließt, denn der Staat müsse „der Kirche das lassen, was der Kirche ist."

[339] S. 165.

[340] Klarstellend jetzt auch *v. Campenhausen*, in: v. Mangoldt/Klein/Starck, GG III, Art. 137 WRV Fn. 266; danach kommt diesen Entscheidungen „mindestens eine Tatbestandswirkung [zu], die der von kirchlichen Verwaltungsakten vergleichbar ist" und über die sich auch die staatlichen Gerichte oder Behörden nicht hinwegsetzen können, aaO, Rdnr 133; soweit in diesem Zusammenhang ein Vergleich zum Vereinsrecht gezogen wird, muss allerdings beachtet werden, dass den Mitgliedern der Kirchen keine Möglichkeit zur Beeinflussung des „Vereinszwecks" offensteht, s. auch *Preuß*, in AK-GG, Art. 140 GG Rdnr. 17 f., allerdings unter deutlicherer Betonung dieser Divergenz und mit anderer Zielrichtung; BGH, Urteil v. 11.2.2000 – V ZR 271/99, NJW 2000, 1555 (1556 mwN); OVG Magdeburg, Beschluss v. 24.2.1997 – B 2 S 30/96, NJW 1998, 3070 (3071); OVG Naumburg, Urteil v. 11.9.1997 – 7 U 1328/97, NJW 1998, 3060 (3062 f.).

[341] *Steiner*, Staatliche und kirchliche Gerichtsbarkeit, NVwZ 1989, 410 (415); so auch *Jeand'Heur/Korioth*, Grundzüge des Staatskirchenrechts, Rdnr. 366; nach *Dütz*, Staatskirchenrechtliche Gerichtsschutzfragen im Arbeitsrecht, in: FS Wolfram Henkel, S. 145 (159), erstreckt sich „die verfassungsmäßige Gerichtsschutzgarantie ... nicht auf den Bereich ..., in welchem den Kirchen aufgrund ihres verfassungsmäßigen Selbstbestimmungsrechts eine ausschließliche Regelungszuständigkeit zukommt."

[342] Krit. *Rüfner*, Staatlicher Rechtsschutz gegen Kirchen und kirchliches Selbstbestimmungsrecht, FS Schiedermair, 165 (165).

des Selbstbestimmungsrechts der Religionsgemeinschaften, „sondern dienen auch zu seiner Entfaltung innerhalb des staatlichen Rechtsbereichs und Rechtsschutzsystems."[343]
Hinsichtlich des im Einzelfall zu gewährleistenden Rechtsschutzes ist zwischen der Frage nach der Zulässigkeit der Anrufung staatlicher Gerichte und deren materieller Prüfungskompetenz zu unterscheiden. Allein der Umstand der schlichten Existenz eines kircheneigenen Ordnungssystems und dessen Relevanz im einschlägigen Verfahren führen nicht automatisch zu einem Rückzug staatlicher Gerichtsbarkeit.[344] Den Gerichten ist die Anwendung kirchenrechtlicher Normen nicht a priori untersagt.[345] Der Ursprung einer Rechtsquelle als solcher begrenzt nicht die staatliche Pflicht zur Justizgewährung.[346] Das in Art. 137 Abs. 3 WRV verankerte Selbstbestimmungsrecht wirkt sich für die staatlichen Gerichte dagegen auf der Ebene der Begründetheitsprüfung – abhängig von den jeweiligen Umständen, dh. der Bedeutung der betroffenen Bereiche für die jeweilige Religionsgemeinschaft aus deren Sicht – als eine Begrenzung der Reichweite ihrer Prüfungskompetenz aus.[347]
Eigener Beurteilungsspielraum, etwa in Bezug auf die Bedeutung des Problemkreises für die Religionsgemeinschaft oder die Überzeugungskraft bzw. Nachvollziehbarkeit der vorgebrachten Ansicht, besteht dagegen bei innerkirchlichen Maßnahmen nicht. Grenzen ergeben sich insoweit nur aus der Verpflichtung zur Wahrung fundamentaler Rechtsprinzipien und dem allgemeinen Willkürverbot. Spezifisch weltanschaulich bzw. religiös geprägte Aspekte eines Sachverhalts gilt es im Rahmen der Begründetheitsprüfung adäquat – dh. unter Beachtung der besonderen Bedeutung der Freiheit religiöser

---

[343] *Heckel*, Die staatliche Gerichtsbarkeit in Sachen der Religionsgemeinschaften, Gesammelte Schriften, Bd. IV, S. 1026 (1036); nach *v. Hoyningen-Huene*, Öffnungsklauseln für Kirchen in Arbeitsrechts-Gesetzen?, RdA 2002, 65 (67), ist ein schrankenziehendes Gesetz iS des Art. 140 GG iVm. Art. 137 Abs. 3 WRV in seiner „inhaltlichen Komponente als Abwägungsprogramm zu verstehen".
[344] *Sachs*, Staatliche und kirchliche Gerichtsbarkeit, DVBl 1989, 487 (494); BGH, Urteil, v. 11.2.2000 – V ZR 271/99, NJW 2000, 1555 (1556).
[345] BVerwG, Urteil v. 25.11.1982 – 2 C 21.78, BVerwGE **66**, 241 (248).
[346] *Heckel*, Die staatliche Gerichtsbarkeit in Sachen der Religionsgemeinschaften, Gesammelte Schriften, Bd. IV, S. 1026 (1042).*Classen*, in: v. Mangoldt/Klein/Starck, GG III, Art. 92 Rdnr. 19, nimmt zwar zunächst eine Eingrenzung auf das von „nichtstaatlichen Rechtsträgern auf der Basis der staatlichen Rechtsordnung gesetzte private Recht" vor, kommt aber in Fn. 70 für die Anwendung einer Norm des kirchlichen Rechts zu keinem anderen Ergebnis (ohne sich dabei festzulegen, ob der Erlass dieser Normen noch auf der Basis des staatlichen Rechts erfolgt); vgl. auch *Heckel*, Die staatliche Gerichtsbarkeit in Sachen der Religionsgemeinschaften, Gesammelte Schriften, Bd. IV, S. 1026 (1041); *Hesse*, Der Rechtsschutz durch staatliche Gerichte im kirchlichen Bereich, S. 127 ff.; *Kästner*, Staatliche Justizhoheit und religiöse Freiheit, S. 130, 177, 180; *Schumann*, in: Stein/Jonas, ZPO[20], Einl. Rdnr. 627; BAG, Urteil v. 10.12.1992 – 2 AZR 271/92, EzA § 611 BGB Kirchliche Arbeitnehmer Nr. 38.
[347] *Classen*, in: v. Mangoldt/Klein/Starck, GG III, Art. 92 Fn. 83; *Heckel*, Die staatliche Gerichtsbarkeit in Sachen der Religionsgemeinschaften, Gesammelte Schriften, Bd. IV, S. 1026 (1042); sog. *Ebers*, Die Grundrechte und Grundpflichten der Reichsverfassung, S. 361 (388), geht davon aus, dass der Staat die von Kirchen (die er von den sonstigen Religionsgemeinschaften unterscheidet) erlassenen Normen, „wie immer ihre rechtliche Natur sein mag", „vor seinen Gerichten und Verwaltungsbehörden bis zum Beweis des Gegenteils als für die Mitglieder verbindlich anerkennt."

Selbstbestimmung und der säkularen Selbstbeschränkung staatlicher Zielsetzung – zur Geltung zu bringen.[348] Ein angemessener Ausgleich zwischen religiös-weltanschaulichen Freiheitsrechten bzw. deren Wahrnehmung auf der einen und effektiver staatlicher Funktionsgewähr auf der anderen Seite, bedarf im konkreten Einzelfall einer Abwägung zwischen beiden Spannungspolen, die unter Berücksichtigung der jeweiligen Umstände eine bestmögliche Entfaltung der betroffenen Positionen anstrebt.[349]

Auf diese Weise wird einerseits eine dem verfassungsrechtlichen System der Zuordnung von Staat und Kirche zuwider laufende staatliche Ingerenz in spezifisch weltanschaulich-religiös geprägte Belange vermieden und andererseits wird in Angelegenheiten, die keine Relevanz im Bereich der säkularen Rechtsordnung aufweisen, mithin außerhalb seines Aufgabenbereiches und damit auch der Justizverfassung anzusiedeln sind[350], die „Letztentscheidung" des Trägers der Selbstbestimmung gesichert.[351]

Als Konsequenz der hier vertretenen Auffassung kann im Einzelfall im Ergebnis ein Freiraum kirchlicher Selbstbestimmung verbleiben, der jeglicher staatlicher Kontrolle vorenthalten bleibt; eine Unterscheidung der eigenen Angelegenheiten iS des Art. 137 Abs. 3 WRV in verschiedene Bereiche kirchlicher Lebensentfaltung bleibt insofern aber nicht nur ohne Relevanz, sondern ist bereits mit der verfassungsrechtlichen Gewährleistung nicht zu vereinbaren.[352]

---

[348] *v. Campenhausen*, in: v. Mangoldt/Klein/Starck, GG III, Art. 137 WRV Rdnr. 140 mwN.

[349] Zur Lösung des Zuordnungsproblems betonen jetzt auch BVerfG, Beschluss v. 18.9.1998 – 2 BvR 1476/94, NJW 1999, 349 (350) u. BGH, Urteil v. 11.2.2000 – V ZR 271/99, NJW 2000, 1555 (1556) den Grundsatz der Güterabwägung, allerdings bleiben sie den Grundsätzen der „Bereichslehre" treu; *v. Campenhausen*, Staatskirchenrecht, S. 118, 123; *ders.*, in: v. Mangoldt/Klein/Starck, GG III, Art. 137 WRV Rdnr. 163; nach *Kästner*, Staatliche Justizhoheit und religiöse Freiheit, S. 260, ist der Vorbehalt eines effektiven staatlichen Justizgewährungssystems entsprechend dem Gedanken der strukturell-inhaltlichen Kohärenz des verfassungsrechtlichen Ordnungsgefüges bereits als „tatbestandsimmanente" Einschränkung des in Art. 137 Abs. 3 Satz 1 WRV gewährten Selbstbestimmungsrechtes anzusehen; *Steiner*, Staatliche und kirchliche Gerichtsbarkeit, NVwZ 1989, 410 (412); aA *Heckel*, Die staatliche Gerichtsbarkeit in Sachen der Religionsgemeinschaften, Gesammelte Schriften, Bd. IV, S. 1026 (1045), der insoweit einen Anwendungsfall der Schranken des für alle geltenden Gesetzes annimmt; kritisch *Rüfner*, Staatlicher Rechtsschutz gegen Kirchen und kirchliches Selbstbestimmungsrecht, FS Schiedermair, S. 165 f.

[350] *Heckel*, Die staatliche Gerichtsbarkeit in Sachen der Religionsgemeinschaften, Gesammelte Schriften, Bd. IV, S. 1026 (1034); so wohl auch BGH v. 11.2.2000 – V ZR 271/99, ZevKR **45** (2000), 650 (652).

[351] Im Ergebnis auch: *Geiger*, Die Rechtsprechung des Bundesverfassungsgerichts zum kirchlichen Selbstbestimmungsrecht, ZevKR **26** (1981), 156 (156 f.), nach dem zwischen Staat und Kirche zwar ein „rechtliches Subordinationsverhältnis" besteht, das nationale Recht aber „;nur eine *Teilordnung* innerhalb der geltenden Gesamtrechtsordnung" darstellt, zu der „heute vor allem das sogenannte supranationale Recht der Europäischen Gemeinschaften, und auch das Kirchenrecht – alles Rechte aus eigener Wurzel, unabhängig vom nationalen Recht und in ihrem Geltungsanspruch nicht angewiesen auf die Anerkennung durch das nationale Recht" zählen [Hervorhebung im Original]; *Weber*, Die Religionsgemeinschaften als Körperschaften des öffentlichen Rechts, S. 39 f., 150 f.

[352] *Hesse*, HdbStKirchR, Bd. I, § 117 IV. 3., S. 551 ff.; s. auch dort Fn. 112; s. auch Fn. 349.

## IV. Streitentscheidung und Schlichtung im Bereich des kirchlichen Arbeitsrechts

### 1. Kirchliche Arbeitsgerichte

Innerhalb der verfassten Kirche gilt es mit Blick auf die Möglichkeit, Rechtsschutz durch innerkirchliche Institutionen zu erlangen, zwischen den amtskirchlich auf der Grundlage des CIC errichteten Gerichten und anderen Einrichtungen zu unterscheiden. Für den erstgenannten Bereich ist eine aus der staatlichen Rechtsordnung bekannte Trennung zwischen Streit-, Straf- und Verwaltungsgerichtsprozess in can. 1400 § 1 und § 2 CIC vorgesehen.[353] Entscheidungen dieser Gerichte kam im Bereich der staatlichen Rechtsordnung keine unmittelbare und bindende Wirkung zu.[354]

Vor Inkrafttreten[355] der kirchlichen Arbeitsgerichtsordnung fielen auf einem Beschäftigungsverhältnis mit einem kirchlichen Dienstgeber basierende Streitigkeiten nicht in die Zuständigkeit dieser Kirchengerichte. Mit Inkrafttreten der KAGO am 01.07.2005 wurde für die deutschen (Erz-)Bistümer im Bereich des kollektiven Arbeitsrechts erstmals ein einheitlich geltendes zweistufiges (kirchen-)gerichtliches Rechtsschutzsystem etabliert.[356]

Die vormals ausschließlich den Schlichtungsstellen iS der MAVO vorbehaltene Kompetenz zur Entscheidung von Rechtsstreitigkeiten aus dem Bereich der MAVO – dieser Sachverhalt liegt den nachfolgenden Ausführungen noch zu Grunde[357] – wird nunmehr gem. § 2 Abs. 2 KAGO in erster Instanz von den sog. Kirchlichen Arbeitsgerichten und in zweiter Instanz vom zentralen Kirchlichen Arbeitsgerichtshof mit Sitz in Bonn als Revisionsgericht wahrgenommen.[358] Zudem ist diesem Zweig der kirchlichen Gerichtsbarkeit gem. § 2 Abs. 1 KAGO die Entscheidung von Rechtsstreitigkeiten aus dem Recht der nach Art. 7 GrOkathK gebildeten Kommissionen zur Ordnung des Arbeitsvertragsrechts und gem. § 2 Abs. 2 KAGO aus dem Verfahren vor den ebenfalls neu geschaffenen Einigungsstellen[359] zugewiesen. Die Einigungsstellen haben über Regelungsstreitigkeiten zu befinden, deren Gegenstand sich aus einem enumerativen Katalog des durch Art. 4 KAGOAnpG geänderten § 45 Rahmen-MAVO ergibt. Bis die Kirchlichen Gerichte für Arbeitssachen aber gebildet

[353] Dabei nimmt die Kirche nach can. 1401 CIC grundsätzlich eine umfassende eigenständige Rechtsprechungskompetenz in Anspruch, s. dazu HdbKathKR/*May*, § 108.

[354] *Eder*, Individualverfahren vor kirchlichen Gerichten?, ZMV 1999, 120 (120).

[355] Die KAGO wurde durch die Vollversammlung der Deutschen Bischofskonferenz nach Erteilung eines besonderen Mandats des Apostolischen Stuhles gem. can. 455 § 1 CIC am 21.09.2004 beschlossen und durch Dekret des Obersten Gerichtshofs der Apostolischen Signatur v. 31.01.2005 für einen Zeitraum von 5 Jahren ad experimentum rekognosziert, § 56 KAGO.

[356] S. die Darstellung von *Thiel*, Kirchliche Arbeitsgerichtsordnung (KAGO) zum 1. Juli 2005 in Kraft gesetzt, ZMV 2005, 165 ff. und *Richardi*, Kirchliche Arbeitsgerichtsordnung für die Bistümer der katholischen Kirche, NJW 2005, 2744 ff.

[357] S. auch S. 72.

[358] §§ 21, 49 Abs. 1 KAGO.

[359] Durch Art. 4 des KAGOAnpG erfahren die §§ 40 bis 47 der Rahmen-MAVO eine entsprechende Änderung; in § 40 Rahmen-MAVO wird nunmehr die Bildung einer ständigen Einigungstselle für den Bereich der (Erz-)Diözese angeordnet.

sind, nehmen gemäß der Übergangsvorschrift in § 1 Abs. 1 des Art. 7 KAGOAnpG die Schlichtungsstellen iS des § 40 MAVO in seiner bis zum Inkrafttreten des KAGOAnpG lautenden Fassung die Aufgaben des Kirchlichen Arbeitsgerichts erster Instanz und der Einigungsstelle wahr.

2. Kirchliche Schlichtungsstellen vor Inkrafttreten der KAGO

Von den auf diözesaner Ebene gebildeten Schlichtungsstellen iS des § 40 MAVO aF waren Schlichtungsstellen abzugrenzen, die aufgrund einer individualvertraglichen Abrede oder durch Festsetzung in kirchlichen Arbeitsvertragsordnungen zur außergerichtlichen Konfliktlösung auch in einzelarbeitsvertraglichen Fragen anzurufen waren.[360] Weiterhin sind auch im Bereich des Arbeitsrechts-Regelungsverfahrens bis zur Errichtung der Kirchlichen Arbeitsgerichte iS des Art. 10 Abs. 2 GrOkathK bestimmten MAVO-Schlichtungsstellen Rechtsprechungsaufgaben zugewiesen.[361]

Soweit im Folgenden die „Rechtsprechungstätigkeit" kirchlicher Schlichtungsstellen dargestellt wird, ist damit ausschließlich die nach den genannten Bestimmungen der MAVO zu bildende Schlichtungsstelle angesprochen.

a) Unabhängige Organe der Konfliktlösung

Gemeinsam ist den institutionalisierten Gremien in der staatlichen wie in der kirchlichen Arbeitsrechtsordnung, dass sie selbstständige, sowohl von den jeweiligen Beschäftigtenvertretungen als auch von den Arbeit- bzw. Dienstgebern und von den in Einrichtungen, Dienststellen oder Betrieben vorhandenen Koalitionen unabhängige Organe der Konfliktlösung sind.[362] Ebenso wird die paritätische Besetzung mit Arbeitgeber- und Arbeitnehmervertretern durch das jeweils maßgebende Gesetz angeordnet.[363] Der sowohl im Betriebsverfassungs- und Personalvertretungsrecht als auch im Mitarbeitervertretungsrecht das Verhältnis zwischen den Betriebspartnern prägende Grundsatz der vertrauensvollen

[360] S. auch Fn. 302 und 377.

[361] Organisation und Bezeichnung dieser MAVO-externen Einrichtungen im arbeitsrechtlichen Bereich können dabei von den Diözesen unterschiedlich gestaltet werden; § 17a Abs. 1a Bay. Regional-KODA weist dem Vermittlungsausschuss iS des § 13 Bay. Regional-KODA in den aufgezählten Fällen die Rolle als kirchliches KODA-Gericht zu.

[362] *Altvater/Bacher/Hörter/Peiseler/Sabottig/Vohs*, BPersVG, § 71 Rdnr. 1; *Grabendorff/Ilbertz/Widmaier*, BPersVG, § 71 Rdnr. 16; *Richardi*, in: Richardi, BetrVG, § 76 Rdnr. 6; *Bleistein/Thiel*, in: Bleistein/Thiel, MAVO, § 40 Rdnr. 5; § 59 Abs. 1 Satz 1 MVG.EKD stellt ausdrücklich klar, dass die Mitglieder des Kirchengerichts „unabhängig und nur an das Gesetz und ihr Gewissen gebunden" sind. Für Modifikationen hinsichtlich der Kriterien des Gewerkschaftsbegriffs unter den Besonderheiten des kirchlichen Dienstes, s. *Richardi*, Arbeitsrecht in der Kirche, § 11 Rdnrn. 7 ff.

[363] Das BetrVerf-RefG v. 23.7.2001, BGBl. I S. 1852, ist „spurlos" an den Vorschriften über die Einrichtung der Einigungsstelle vorbeigegangen, *Richardi*, Die neue Betriebsverfassung - Ein Grundriss, § 17 Rdnr. 1.

Zusammenarbeit (§§ 2 Abs. 1, 74 Abs. 1 u. 2 BetrVG, §§ 2, 66 BPersVG, § 26 Abs. 1 Satz 1 MAVO) hat die Subsidiarität des Einigungsstellen- bzw. Schlichtungsverfahrens gegenüber direkten Verhandlungen der Betriebspartner zur Folge.[364]

b) Rechtsnatur

Zwischen kirchlichen Schlichtungsstellen und betriebs- sowie personalvertretungsrechtlichen Einigungsstellen bestand bereits in Rechtsnatur und Funktion ein wesentlicher Unterschied. Während letztere Institutionen der Betriebs- bzw. der Dienststellenverfassung sind[365], mit deren Schaffung der Gesetzgeber „einen besonderen Konfliktlösungsmechanismus" vorgegeben hat, „durch den die Betriebsparteien vor der »Selbstblockade« bewahrt werden sollen"[366], stellten Schlichtungsstellen – jedenfalls aus staatlicher Sicht – kirchliche Gerichte[367] dar, die „das staatliche Gericht im Mitarbeitervertretungsrecht ersetzen".[368] Aus Sicht der Kirche wurden die Schlichtungsstellen dagegen nicht der kircheneigenen Gerichtsbarkeit iS der cc. 1417 ff. CIC zugerechnet. Eindeutig klargestellt wurde dies durch die Ablehnung des Antrags einer Mitarbeitervertretung auf Überprüfung des Verhaltens eines Schlichtungsstellenvorsitzenden durch die Apostolische Signatur aus dem Jahre 2001.[369] Danach rechnete die Tätigkeit der Schlichtungsstellen gerade nicht zur kirchlichen Verwaltungstätigkeit[370], für deren Kontrolle die Apostolische Signatur als höchster Gerichtshof gem. can. 1445 § 1 CIC der Kirche zuständig ist.[371]

Bis zur Errichtung einer kircheneigenen Arbeitsgerichtsbarkeit iS des Art. 10 Abs. 2 GrOkathK übten die Schlichtungsstellen die Funktion eines Gerichtes aus, soweit sie über Rechtsstreitigkeiten befanden.[372] Zwar wies die MAVO keine mit § 56 MVG.EKD

---

[364] *Felser/Roos*, Rechte des Betriebsrats und ihre Durchsetzung, S. 80; § 66 Abs. 3 BPersVG untersagt ausdrücklich die Anrufung außenstehender Stellen, zu denen auch die Einigungsstellen gehören, *Grabendorff/Ilbertz/Widmaier*, BPersVG, § 66 Rdnr. 18, bevor nicht alle dienststelleninternen Einigungsversuche gescheitert sind.

[365] GKÖD-*Fischer/Goeres*, Bd. V: PVR, K § 71 Rdnr. 4a; H/S/G-*Worzalla*, BetrVG, § 76 Rdnr. 4.

[366] DKK-*Schneider*, BetrVG, Einleitung Rdnr. 159. *Felser/Roos*, Rechte des Betriebsrats und ihre Durchsetzung, S. 79, sprechen insoweit von einer „»Schlichtungsstelle« zur innerbetrieblichen Konfliktlösung".

[367] Zur Qualifizierung der Schlichtungsstellen aus kirchlicher Sicht s. S. 72.

[368] *Bernards*, Die Schlichtungsstelle im Mitarbeitervertretungsrecht der katholischen Kirche, Diss., S. 39.

[369] Supremum Signaturae Apostolicae Tribunal: Prot. N. 31493/00, VT vom 28.7.2001, ZMV 2001, 300.

[370] Der Aufbau der katholischen Kirche folgt nicht dem Grundsatz der Gewaltenteilung, so dass auch die Rechtsprechung zum Bereich der Verwaltung zählt.

[371] HdbKathKR/*Schmitz*, § 32 VI 2, S. 376.

[372] Zentrale Gutachterstelle beim VDD, Gutachten über die Informationspflicht nach § 31 Abs. 1 MAVO Trier v. 28.8.2002; *Bernards*, Die Schlichtungsstelle im Mitarbeitervertretungsrecht der katholischen Kirche, Diss., S. 26; *Bleistein/Thiel*, in: Bleistein/Thiel, MAVO, § 40 Rdnr. 21, 27; aA *Eder*, Anmerkung zu Supremum Signaturae Apostolicae Tribunal: Prot. N. 31493/00, VT vom 28.7.2001, ZMV 2001, 300 (301), wonach die für die kirchliche Einrichtungsverfassung gebildeten Schlichtungsstellen nach der kirchlichen Rechtsordnung insgesamt zum Bereich der Schlichtung und nicht der Rechtsprechung

vergleichbare Regelung auf, die den Beschluss der Schlichtungsstelle ausdrücklich als „gerichtliche Entscheidung" qualifizierte, eine entsprechende Bedeutung ergab sich aber aus den der Schlichtungsstelle in § 41 Abs. 1 und 2 MAVO aF übertragenen Aufgaben, zu denen auch die Entscheidung von Rechtsfragen mitarbeitervertretungsrechtlicher Art gehörte.[373] Auch die staatlichen Gerichte sahen in der durch Kirchengesetz geschaffenen Schlichtungsstelle die Mindestanforderungen, die aus rechtsstaatlicher Sicht an ein Gericht zu stellen sind – dazu zählte die Weisungsfreiheit der Mitglieder der Schlichtungsstelle, deren institutionelle Trennung von den weiteren kirchlichen Organen sowie die persönliche und sachliche Unabhängigkeit – als erfüllt an.[374]

Aus diesem Charakter der kirchlichen Schlichtungsstelle folgte gleichzeitig ein weiterer wesentlicher Unterschied: Entscheidungen der Einigungsstelle führen – jedenfalls soweit ein im Urteilsverfahren vor dem Arbeitsgericht zu beurteilender Sachverhalt betroffen ist – zu keiner abschließenden Erledigung des Verfahrensgegenstandes. In diesen Angelegenheiten ist stets die Anrufung des staatlichen Arbeitsgerichts möglich.[375] In mitarbeitervertretungsrechtlichen Angelegenheiten stellte die Schlichtungsstelle dagegen zugleich die erste und letzte Instanz der Streitentscheidung dar und ihr Spruch war keiner unmittelbaren Kontrolle durch staatliche Gerichte zugänglich.[376] Im Gegensatz dazu kam den für individualrechtliche Streitigkeiten zuständigen Schlichtungsstellen nicht die Funktion als innerkirchliches Gericht zu. Im Rahmen ihres Zuständigkeitsbereichs wurden sie in der Tat als außergerichtliche Einrichtungen tätig, deren Ziel in einer gütlichen Einigung der Beteiligten bestand. Ein Ausschluss der staatlichen Gerichtsbarkeit war nicht möglich[377]; § 2 Abs. 1 Nr. 3 ArbGG bestätigt insoweit die ausschließliche Zuständigkeit der staatlichen Arbeitsgerichte.[378]

---

gehören, sondern „eine Art „Disziplinargericht" für den Bereich des kollektiven kirchlichen Arbeitsrechts" darstellen.

[373] S. auch Fn. 367.

[374] BAG, Beschluss v. 25.4.1989 – 1 ABR 88/87, BAGE **61**, 376 (384 f.) – Gegenstand dieser Entscheidung war zwar die Mitarbeitervertretungsordnung einer diakonischen Einrichtung, das Ergebnis lässt sich jedoch auch auf den durch die MAVO geregelten Bereich übertragen; BAG, Urteil v. 21.5.1992 – 2 AZR 49/92, KirchE **30**, 225 (229); LAG Rheinland-Pfalz, Urteil v. 6.12.2001 – 4 Sa 1070/01, NZA-RR 2002, 383 (384). S. auch *Bernards*, Die Schlichtungsstelle im Mitarbeitervertretungsrecht der katholischen Kirche, Diss., S. 26; *Frey/Coutelle/Beyer*, MAVO, Vorbem. §§ 40-42 Rdnr. 10.

[375] *Germelmann*, in: Germelmann/Matthes/Prütting/Müller-Glöge, ArbGG, § 4 Rdnr. 2; auch nach dem BPersVG müssen die Beschlüsse der Einigungsstelle „der Rechtmäßigkeitskontrolle durch die Gerichte" unterliegen, *Altvater/Bacher/Hörter/Peiseler/Sabottig/Vohs*, BPersVG, § 71 Rdnr. 10.

[376] Zur Inzidentkontrolle staatlicher Gerichte s. S. 64. Gegen Entscheidungen des Kirchengerichts erster Instanz (§ 56 MVG.EKD) ist in der evangelischen Kirche in den von § 63 Abs. 2 Nrn. 1 bis 4 MVG.EKD genannten Fällen die Beschwerde zum KGH.EKD, zulässig.

[377] BGB – RGRK/*Gehring*, § 630 Anh. III Rdnr. 200; s. auch Fn. 302.

[378] Insoweit besteht also eine gesetzliche Regelung als schrankenziehendes für alle geltendes Gesetz iS des Art. 137 Abs. 3 WRV, die einer inhaltlich abweichenden kirchlichen Regelung entgegensteht;

Neben der Entscheidung von Rechtsstreitigkeiten war den kirchlichen Schlichtungsstellen auch die Erledigung von Regelungsstreitigkeiten übertragen. Weiterhin waren sie durch § 41 Abs. 4 Satz 1 MAVO aF dazu verpflichtet, „in jedem Fall eine Einigung anzustreben" und vor einer eigenen Entscheidung, den Beteiligten einen Einigungsvorschlag zu unterbreiten. Kirchliche Schlichtungsstellen übten damit letztlich eine Doppelfunktion aus.

c) Zuständigkeit

Für kirchliche Schlichtungsstellen fand sich in § 41 Abs. 1 Nr. 1 bis 8 MAVO aF ein Zuständigkeitskatalog, der nach Erlass der GrOkathK gem. Art. 10 Abs. 2 GrOkathK allerdings nicht mehr abschließender Natur war.[379] Folgerichtig wurde mit Einfügung des § 41 Abs. 2 MAVO aF eine Generalklausel geschaffen, die in allen sonstigen Rechtsstreitigkeiten mitarbeitervertretungsrechtlicher Art die Anrufung der Schlichtungsstelle ermöglichte.[380] Art. 10 Abs. 2 GrOkathK selbst begründete für Rechtsschutzsuchende dagegen keine Möglichkeit, sich unmittelbar an die Schlichtungsstelle zu wenden oder auf diesem Wege ihr Tätigwerden außerhalb des in der MAVO festgelegten Zuständigkeitsbereichs zu veranlassen.[381]

d) Rechtskraftwirkung

Mit Ausnahme der Fälle des § 42 Abs. 2 MAVO aF entschied die Schlichtungsstelle endgültig und für die Verfahrensbeteiligten verbindlich.[382] Dieser Grundsatz war unabhängig von der Rechtsnatur des Beschlusses der Schlichtungsstelle, also der Frage, ob in einer Rechts- oder Regelungsstreitigkeit entschieden wurde.[383]

Eine Einschränkung[384] ergab sich allerdings aus unterschiedlichen Gesichtspunkten. Zum einen wurde gem. § 42 Abs. 2 Satz 2 MAVO aF der Dienstgeber durch den Beschluss der

*Matthes,* in: Germelmann/Matthes/Prütting/Müller-Glöge, ArbGG, § 2 Rdnrn. 2, 5, 49 ff. und § 2a Rdnr. 27.

[379] Zentrale Gutachterstelle beim VDD, Gutachten über die Informationspflicht nach § 31 Abs. 1 MAVO Trier v. 28.8.2002; s. auch *Richardi,* Arbeitsrecht in der Kirche, § 21 Rdnr. 13.

[380] *Bleistein/Thiel,* in: Bleistein/Thiel, MAVO, § 41 Rdnrn. 2, 48 ff.; der neugefasste § 60 Abs. 1 MVG.EKD sieht ausdrücklich vor, dass die Kirchengerichte „über alle Streitigkeiten, die sich aus der Anwendung dieses Kirchengesetzes zwischen den jeweils Beteiligten ergeben" angerufen werden kann, so dass im Bereich der evangelischen Kirche von einer mitarbeitervertretungsrechtlichen „Allzuständigkeit" der Kirchengerichte gesprochen werden kann, s. *Fey/Rehren,* MVG.EKD, § 60 Rdnr. 1; *Baumann-Czichon/Germer,* MVG.EKD, § 60 Rdnr. 3.

[381] S. Schlichtungsstelle-Berlin, Beschluss v. 11.10.1994 (9/94).

[382] *Bleistein/Thiel,* in: Bleistein/Thiel, MAVO, § 42 Rdnrn. 7 ff.; *Frey/Coutelle/Beyer,* MAVO, § 41 Rdnr. 34.

[383] *Bernards,* Die Schlichtungsstelle im Mitarbeitervertretungsrecht der katholischen Kirche, Diss., S. 92 f.

[384] Allein mit der Behauptung, die Schlichtungsstelle habe die Rechtslage verkannt, kann sich jedenfalls keiner der Beteiligten dem Spruch der Schlichtungsstelle entziehen, *Frey/Coutelle/Beyer,* MAVO, § 42 Rdnr. 10 aE.

Schlichtungsstelle nur soweit gebunden, als für durchzuführende Maßnahmen finanzielle Deckung in den Haushalts-, Wirtschafts- und Finanzierungsplänen ausgewiesen waren. In der Sache entsprach dieser Vorbehalt § 71 Abs. 3 Satz 4 BPersVG, der die gem. Art. 100 GG dem Gesetzgeber zustehende Haushaltshoheit vor kostenintensiven Entscheidungen der Einigungsstelle sichert.[385] Die Entscheidung, welche Mittel für welche Aufgaben über einen festzulegenden Zeitraum zur Verfügung stehen, ist eine der wesentlichen Leit- und Lenkungsinstrumente, über die nicht außerhalb einer durchgehenden parlamentarischen Verantwortungs- und Legitimationskette durch eine zur Exekutive zählende Einrichtung entschieden werden soll. Damit vergleichbar war die Situation bei der einrichtungsbezogenen Dienstnehmerbeteiligung: im Rahmen des Selbstbestimmungsrechts gem. Art. 140 GG iVm. Art. 137 Abs. 3 WRV hat die Kirche sich eine eigene Verfassung gegeben, deren Kompetenzverteilung in Bezug auf die wirtschaftliche Verantwortung und Lenkung § 42 Abs. 2 Satz 2 MAVO aF Rechnung trug.[386] Diese Einschränkung entsprach höherrangigem kirchlichen Recht und ließ damit auch keine Abweichungen zu.[387] Damit lag letztlich auch keine Entwertung der einrichtungsbezogenen Dienstnehmerbeteiligung vor, es wurde – wie im Personalvertretungsrecht – nur eine „Mitdirektion" durch ein Organ der Interessenvertretung verhindert.[388] Zum anderen blieb den Parteien die Möglichkeit erhalten, sich im wechselseitigen Einvernehmen doch noch auf eine vom Spruch der Schlichtungsstelle abweichende Lösung zu verständigen. Denn die Schlichtungsstelle verfügte über keinerlei Sanktionsmaßnahmen, ihre Entscheidung gegen den Willen der Beteiligten durchzusetzen."[389]

Eine weitere Ausnahme von der Bindungswirkung ergab sich schließlich aus allgemeinen Rechtsgrundsätzen. War die Entscheidung einer Schlichtungsstelle im Einzelfall unter so schwerwiegenden und offensichtlichen Verstößen gegen die „an ihr Zustandekommen zu stellenden Elementarforderungen" ergangen, konnte sie von vornherein gar keine Rechtswirkungen erzeugen.[390] Zu diesen Elementarbedingungen der ordnungsgemäßen Beschlussfassung rechneten: die Gegenwart der Beisitzer bei Beratung und Beschlussfassung, die schriftliche Abfassung und Begründung des Beschlusses, die

385 *Grabendorff/Ilbertz/Widmaier*, BPersVG, § 71 Rdnr. 24; *Lorenzen*, in: Lorenzen, BPersVG, § 71 Rdnr. 37c.
386 *Frey/Coutelle/Beyer*, MAVO, § 42 Rdnr. 8.
387 S. aber *Bleistein/Thiel*, in: Bleistein/Thiel, MAVO, § 42 Rdnr. 18.
388 S. *Dietz/Richardi*, BPersVG, Vorbem. vor § 69 Rdnr. 15.
389 *Bernards*, Die Schlichtungsstelle im Mitarbeitervertretungsrecht der katholischen Kirche, Diss., S. 94; s. auch Fn. 393.
390 BAG Urteil v. 21.5.1992 – 2 AZR 49/92, KirchE **30**, 225 (232).

Unterschrift der Mitglieder der Schlichtungsstelle, die formgerechte Verlautbarung der Entscheidung und die Zustellung des Beschlusses an die Beteiligten.[391]

e) Vollstreckbarkeit

Unabhängig vom jeweiligen Streitgegenstand der Einigungsstellenentscheidung kann aus ihr selbst heraus nicht vollstreckt werden.[392] Die MAVO enthielt keine Normen, die sich speziell mit der Vollstreckbarkeit von Beschlüssen der Schlichtungsstelle befassten. Allerdings wurden entsprechende Regelungen wegen der Besonderheit des kirchlichen Dienstes als einer Gemeinschaft des Dienstes auch nicht für erforderlich erachtet. Die Besonderheiten der kirchlichen Dienstgemeinschaft sollten insoweit ausreichend sein, eine Umsetzung der Entscheidung durch die Verfahrensbeteiligten auch ohne gesetzlichen Vollzugsdruck zu gewährleisten.[393] Darüber hinaus konnte jedenfalls im Bereich der verfassten Kirche über Weisungen von Aufsichtsbehörden oder Mitteln des Disziplinarrechts auf unwillige Dienstgeber eingewirkt werden. Eine erneute Anrufung der Schlichtungsstelle war in diesen Fällen – jedenfalls soweit die anzuwendende Verfahrensordnung keine Regelungen über die Vollstreckbarkeit enthält – keine Option. Der Streitgegenstand wurde durch die abschließende Entscheidung der Schlichtungsstelle verbraucht, so dass ein entsprechender Antrag als unzulässig abzuweisen war.[394]

Auch nach staatlichem Prozessrecht konnte der bestandskräftige Beschluss der Schlichtungsstelle nicht vollstreckt werden. Die Schlichtungsstelle war kein Schiedsgericht iS der §§ 1025 ff. ZPO, so dass es bereits an einem Vollstreckungstitel iS der §§ 704, 794 ZPO fehlte.[395] Ein Anspruch darauf, dass staatliche Gerichte die Entscheidungen der Schlichtungsstelle für vollstreckbar erklärten, bestand ebenfalls nicht. Zur Begründung einer entsprechenden Pflicht staatlicher Gerichte konnte weder auf den Gedanken der Rechtshilfe iS des Art. 35 Abs. 1 GG noch auf die staatliche Justizgewährleistungspflicht, zurückgegriffen werden. Staatliche Gerichte haben zwar die in Ausfüllung des kirchlichen Selbstbestimmungsrechts iS der Art. 140 GG iVm. Art. 137 Abs. 3 WRV errichtete kirchliche

---

[391] BAG Urteil v. 21.5.1992 – 2 AZR 49/92, KirchE **30**, 225 (233).

[392] S. auch DKK-*Berg*, BetrVG, § 76 Rdnr. 89; H/S/G- *Worzalla*, BetrVG, § 76 Rdnr. 56.

[393] Schlichtungsstelle – Limburg, Beschluss v. 15.6.1998 (MAVO 3/98); *Bernards*, Die Schlichtungsstelle im Mitarbeitervertretungsrecht der katholischen Kirche, Diss., S. 67, 94; kritisch dagegen *Leser*, Brauchen wir Bußgelder zur Durchsetzung von Schlichtungssprüchen?, ZMV 1996, 121 (121); § 60 Abs. 8 MVG.EKD sieht dagegen die Möglichkeit der Ersatzvornahme im Falle einer Verweigerungshaltung der Dienststellenleitung durch ein von den Gliedkirchen zu bestimmendes Aufsichtsorgan vor.

[394] Zentrale Gutachterstelle beim VDD, Gutachten über die Informationspflicht nach § 31 Abs. 1 MAVO Trier v. 28.8.2002.

[395] *Bleistein/Thiel*, in: Bleistein/Thiel, MAVO, § 42 Rdnr. 20.

Gerichtsbarkeit zu respektieren, es besteht aber keine staatliche „Garantenstellung für einen wirkungsvollen kirchengerichtlichen Rechtsschutz" Sorge zu tragen.[396]

f) Inhaltliche Kontrolle durch staatliche Gerichte

Obwohl durch Art. 10 Abs. 2 der GrOkathK vorgesehen, konnten vor Inkrafttreten der KAGO Entscheidungen der Schlichtungsstelle vor kein höheres kirchliches (Arbeits)Gericht gebracht werden. Der Weg zu den Kirchengerichten im Sinne des CIC war ebenfalls verschlossen, da die gefassten Beschlüsse keinen zulässigen Verfahrensgegenstand gem. can. 1400 ff. CIC darstellen.[397] Die unmittelbare Anrufung staatlicher Gerichte scheiterte bereits an der fehlenden Eröffnung des Rechtswegs.[398]

Völlig ausgeschlossen war eine Kontrolle der Beschlusstätigkeit kirchlicher Schlichtungsstellen aber gleichwohl nicht. Ihre Entscheidungen konnten – unter Achtung des kirchlichen Selbstbestimmungsrechts – im Rahmen der Inzidentkontrolle[399] von den staatlichen Gerichten zumindest auf die Einhaltung der wesentlichen Verfahrensgrundsätze und der tatbestandlichen Voraussetzungen der maßgebenden kirchlichen Verfahrensvorschriften überprüft werden.[400]

3. Zentrale Gutachterstelle vor Inkrafttreten der KAGO

Wie gezeigt, bestand bis zum Zeitunkt des Inkrafttretens der KAGO für den Bereich der kirchlichen Arbeitsrechtsordnung über den Schlichtungsstellen keine zweite Instanz innerhalb der kircheneigenen Gerichtsbarkeit. Um eine Fixierung der unabhängigen Schlichtungsstellen auf die jeweilige innerdiözesane Ordnung und den konkreten Einzelfall zu vermeiden und damit über diese Schranken hinaus, das kirchliche Arbeitsrecht in die Gesamtrechtsordnung einzufügen und allgemeine Rechtsgrundsätze herauszuarbeiten, wurde beim Verband der Diözesen Deutschlands die – zwischenzeitlich aufgelöste[401] – Zentrale Gutachterstelle errichtet.

Zur Erreichung dieses Ziels war allerdings die Kooperation der einzelnen Schlichtungsstellen unabdingbare Voraussetzung, denn die gutachterlichen Stellungnahmen der Zentralen Gutachterstelle besaßen weder für die antragstellende noch für die weiteren

[396] OVG Lüneburg, Beschluss v. 20.10.1998, NJW 1999, 1882 (1883); OVG Nordrhein-Westfalen, Beschluss v. 28.3.2002 – 5 E 286/01, DVBl. 2002, 1056 (1057); dagegen leitet das OLG Naumburg, Urteil v. 11.9.1997 – 7 U 1328/97, NJW 1998, 3060 (3063), „auch aus der allgemeinen Justizgewährungspflicht" die Pflicht des Staates ab, „den innerkirchlichen Akten zur Durchsetzung zu verhelfen".

[397] S. *Frey/Coutelle/Beyer*, MAVO, § 40 Rdnr. 8; HdbKathKR/*May*, § 108 III, S. 1157 f.

[398] S. S. 35.

[399] S. S. 64 ff.

[400] S. S. 75.

[401] § 2 Abs. 2 Nr. 2. Art. 7 KAGOAnpG.

Schlichtungsstellen Bindungswirkung.[402] Die Zentrale Gutachterstelle erstellte ihr Gutachten zu einer bestimmten, in einem vor einer Schlichtungsstelle anhängigen Verfahren entscheidungsrelevanten Rechtsfrage.[403] Die Zentrale Gutachterstelle wurde demnach nicht als Revisionsgericht tätig und besaß auch keine Kassationsbefugnis hinsichtlich einzelner Entscheidungen.[404] Sie bildete keine zweite Instanz innerhalb des innerkirchlichen Rechtsschutzsystems und ihr Tätigwerden diente nur mittelbar dem Rechtsschutz der potentiellen Parteien eines Schlichtungsverfahrens.[405]

§ 1 Abs. 2 Ordnung für die Zentrale Gutachterstelle beschränkte die Möglichkeit zur Anrufung der Zentralen Gutachterstelle auf Fälle, in denen von der Entscheidung einer anderen Schlichtungsstelle abgewichen werden soll oder es sich um einen Fall von grundsätzlicher Bedeutung[406] handelte.

## V. Kirchliches Arbeitsrechts-Regelungsverfahren und Normwirkung der ergangenen Beschlüsse

### 1. Überblick

Die Frage nach der rechtlichen Qualität der im kirchlichen Arbeitsrechts-Regelungsverfahren ergangenen Beschlüsse besitzt in mehrfacher Hinsicht praktische Relevanz. Dies gilt nicht nur mit Blick auf die inhaltliche Gestaltung der Arbeitsverträge[407], sondern auch hinsichtlich der Frage nach der Möglichkeit und der Modalität einer späteren, auf Verschlechterung abzielenden Änderung der bestehenden Arbeitsbedingungen. Die im Rahmen des weltlichen Rechts durch § 4 Abs. 1 TVG angeordnete normative Wirkung tarifvertraglicher Vereinbarungen[408] bewirkt eine Einflussnahme auf die Arbeitsverhältnisse „von außen".[409]

---

[402] S. auch *Fink*, Defizite des kirchlichen Gerichtsschutzes, ZMV 1995, 111 (113).

[403] § 1 Ordnung für die Zentrale Gutachterstelle.

[404] Zentrale Gutachterstelle beim VDD, Gutachten über die Informationspflicht nach § 31 Abs. 1 MAVO Trier v. 28.8.2002.

[405] *Bernards*, Die Schlichtungsstelle im Mitarbeitervertretungsrecht der katholischen Kirche, S. 111 f.

[406] Ein konkret zu bezeichnender Sachverhalt musste über den jeweiligen örtlichen Zuständigkeitsbereich der zunächst angerufenen Schlichtungsstelle hinausgreifende Relevanz besitzen, s. Zentrale Gutachterstelle beim VDD, Gutachten über die Informationspflicht nach § 31 Abs. 1 MAVO Trier v. 28.8.2002; s. auch Zentrale Gutachterstelle beim VDD, Gutachten über die Zugrundelegung des BAT Bund/Land bei Neueinstellungen v. 16.8.2001; Zentrale Gutachterstelle beim VDD, Gutachten über die Vorlage eines Stellenplans nach § 26 Abs. 2 MAVO Speyer v. 16.8.2001.

[407] Also nach Notwendigkeit, Art und Umfang sog. Einbeziehungsabreden; s.a. IV.3.

[408] Nach MünchArbR/*Löwisch/Rieble*, § 253 Rdnrn. 19, 26 f., verleiht § 1 Abs. 1 TVG tariflichen Regelungen die Eigenschaft von Rechtsnormen, diese werden also Bestandteil der staatlichen *Rechts*ordnung; nur insoweit läge ein staatlicher Delegationsakt vor, der Kernbereich tarifautonomer Vertragsgestaltung, diese *normativ* vornehmen zu können, beruht dagegen auf kollektiv ausgeübter Privatautonomie [Hervorhebungen nicht im Original].

[409] *Wank*, in: Wiedemann, TVG, § 4 Rdnrn. 320 ff.; *P. Hanau*, in: Ermann, BGB, § 613a Rdnr. 71; aA MünchArbR/*Löwisch/Rieble*, § 270 Rdnr. 20.

Soweit also unmittelbare Tarifgeltung gegeben ist[410], folgt daraus[411] eine substantielle Gestaltung des einzelnen Arbeitsverhältnisses, wobei die Tarifklauseln aber nicht selbst Bestandteil des jeweiligen Arbeitsvertrags werden.[412]

Sollte im kirchlichen Bereich eine Einbeziehung der im Arbeitsrechts-Regelungsverfahren ergangenen Beschlüsse lediglich auf Grund einer Unterwerfungserklärung in Frage kommen, so werden die in Bezug genommenen Regelungen dagegen in die individualvertragliche Absprache miteinbezogen.[413] In diesem Fall steht dem Dienstgeber für eine sein Direktionsrecht überschreitende Veränderung der Arbeitsbedingungen nur noch eine Änderungskündigung gem. § 2 KSchG zur Verfügung.[414] Soweit dagegen eine normative Wirkung anzunehmen ist[415], könnte – entsprechend der Situation im tarifvertraglichen Bereich – gemäß dem Grundsatz *lex posterior derogat legi priori* durch eine erneute Beschlussfassung und bischöfliche Inkraftsetzung die bis dato bestehende Rechtslage „abgelöst" werden.

Mit der Frage nach der Rechtsnatur der im Arbeitsrechts-Regelungsverfahren ergangenen Bestimmungen hängt außerdem die Frage nach dem Maßstab bzw. der Möglichkeit deren inhaltlicher Kontrolle durch die staatlichen Gerichte zusammen, insbesondere, ob diese zu Recht eine Kompetenz zur Billigkeitskontrolle[416] von im kirchlichen Arbeitsrechts-Regelungsverfahren[417] ergangenen Regelungen in Anspruch nehmen.[418]

---

410 Beim Firmentarifvertrag durch Mitgliedschaft der Arbeitnehmer in der tarifschließenden Gewerkschaft, beim Verbandstarifvertrag durch arbeitnehmer- und arbeitgeberseitige Mitgliedschaft in der den Tarifvertrag schließenden Koalition oder durch Allgemeinverbindlicherklärung iS des § 5 TVG oder durch Rechtsverordnung iS des § 1 Abs. 1 AEntG.

411 Bei Erfüllung der sonstigen Voraussetzungen (persönlicher, sachlicher, räumlicher Geltungsbereich).

412 AA MünchArbR/*Löwisch/Rieble*, § 270 Rdnr. 20.

413 Zum Koalitionsbeitritt als Unterwefungsakt unter das von den Tarifparteilen rechtsgeschäftlich geschaffene Recht s. MünchArbR/*Richardi*, § 12 Rdnr. 5 mwN, 16; aaO, *Löwisch/Rieble*, § 253, Rdnr. 26, § 258 Rdnr. 3.

414 So *Hammer*, Kirchliches Arbeitsrecht, S. 393.

415 Dagegen st. Rechtsp. des BAG; s. BAG Urteil v. 4.2.1976 – 5 AZR 83/75, BAGE **28**, 14 (20 f.); BAG, Beschluss v. 24.9.1980 – 4 AZN 289/80, BAGE **34**, 182 (184); BAG, Beschluss v. 5.1.1989 – 4 AZN 629/88, BAGE **60**, 344 (348); BAG, Urteil v. 6.12.1990 – 6 AZR 159/89, BAGE **66**, 314 (320), wo zu bedenken gegeben wird, „daß kirchliche Arbeitsvertragsregelungen niemals unmittelbar und zwingend wie Tarifverträge Arbeitsverhältnisse gestalten"; BAG, Urteil v. 6.11.1996 – 5 AZR 334/95, BAGE **84**, 282 (286); s. auch B.V.3.a), S. 84.

416 BAG, Urteil v. 17.4.1996 – 10 AZR 558/95, NZA 1997, 55 (57); in dieser Entscheidung wird der Kontrollmaßstab – entgegen der vorangegangenen Praxis - nicht mehr aus § 315 Abs. 3 Satz 1 BGB, sondern aus den §§ 317, 319 Abs. 1 BGB entnommen, so dass ein korrigierendes Eingreifen der staatlichen Arbeitsgerichte nicht bereits bei einer unbilligen Regelung, sondern erst im Falle grober Unbilligkeit zulässig ist. Von einer inhaltlichen Billigkeitskontrolle Abstand nimmt das BAG in seinen Urteilen v. 28.1.1998 – 4 AZR 491/96, BAGE **84**, 282 (288 f.) = ZevKR **44** (1999), 90 ff. mit Anm. *Thüsing* und v. 6.11.1996 – 5 AZR 334/95, soweit Regelungen eines Tarifvertrags „ganz oder mit im wesentlichen gleichen Inhalten „übernommen" werden, die dann kraft arbeitsvertraglicher Vereinbarung für das einzelne Arbeitsverhältnis gelten"; dieser Einschränkung soll nach *Richardi*, Arbeitsrecht in der Kirche, § 15 Rdnr. 11, aber „kein Gewicht mehr" zukommen, da sie sich ausschließlich daraus erkläre, daß sie im fraglichen Fall vorgelegen habe und sich aus dem

2. Grundzüge des „Dritten Weges“

Bei der Frage nach der kollektiv-rechtlichen Gestaltung arbeitsvertraglicher Regelungen gilt es bezüglich der Organisationsstruktur auf der Seite der verfassten Kirche zunächst festzustellen, dass ein einheitlicher Arbeitgeber „Kirche“ nicht existiert. Wegen der Besonderheit des kirchlichen Dienstes, basierend auf dem Sendungsauftrag der Kirche und der damit zusammenhängenden speziellen Ausrichtung bzw. Sinngebung jeder Tätigkeitsentfaltung, haben sich die deutschen Bischöfe in Ausübung des verfassungsrechtlich gewährten Selbstbestimmungsrechts[419] für die eigenständige Konzeption eines diesem Selbstverständnis entsprechenden Modells der Beteiligung der abhängig Beschäftigten hinsichtlich Abschluss, inhaltlicher Gestaltung und Auflösung der Arbeitsverträge mit ihren Dienstnehmern entschieden. In der Grundordnung des kirchlichen Dienstes[420] liegt die Abkehr von dem im staatlichen Recht etablierten Tarifvertragssystem, dem sog. „Zweiten Weg“, Art. 7 Abs. 2 GrOkathK .[421] Gleichzeitig scheidet damit auch eine schlicht einseitige Bestimmung der Arbeitsvertragsinhalte durch kirchliche Organe aus, sog. „Erster Weg“.

---

Begründungszusammenhang ergebe, dass es darauf nicht entscheidend ankomme; denn für das Bundesarbeitsgericht sei allein wesentlich, dass „eine materielle Richtigkeitsgewähr anzuerkennen ist“, die sich aus der Unabhängigkeit der Dienstnehmerrepräsentanten in der Arbeitsrechtlichen Kommission des Deutschen Caritasverbandes und deren paritätischer Besetzung ergibt; aus dem paritätischen Kräfteverhältnis zwischen Dienstgeber und Mitarbeitervertretung in der KODA schließen auch *Frey/Coutelle/Beyer,* MAVO, § 38 Rdnr. 28 f., auf die materielle Richtigkeitsgewähr kirchlicher Arbeitsvertragsrichtlinien. Ablehnend *Hammer,* Kirchliches Arbeitsrecht, S. 400 ff., S. 409.

[417] S. 31 ff.

[418] S. *Jurina,* Zur Entwicklung des „Dritten Weges“ in der katholischen Kirche, FS Listl, 519 (541). Zu der durch die Schuldrechtsreform hinzugekommenen Problematik einer Inhaltskontrolle gem. §§ 305 ff. BGB und der fehlenden Kirchenklausel s. S. 97 ff. Weitere Gesichtspunkte finden sich in der Frage nach Möglichkeit und Grenze einer rückwirkenden Verschlechterung der Arbeitsbedingungen, dem anzuwendenden Auslegungsmaßstab und der Geltung des Bestimmtheitsgrundsatzes, s. *Thüsing,* 20 Jahre „Dritter Weg“ – Rechtsnatur und Besonderheiten der Regelung kirchlicher Arbeitsverhältnisse, RdA 1997, 163 (166).

[419] S. 31 ff.; aA *Klimpe-Auerbach,* Die Grundordnung des kirchlichen Dienstes im Rahmen kirchlicher Arbeitsverhältnisse, ArbuR 1995, 170 (176 f.), wonach das TVG ein für alle geltendes Gesetz iS des Art. 140 GG iVm. Art. 137 Abs. 3 WRV darstellt, das keine ausdrückliche Bereichsausnahme zugunsten der Kirchen vorsieht, so dass sich die Kirchen auch keines abweichenden Regelungsmodelles zur Schaffung einer gleichwertigen Arbeitsverfassung bedienen könnten.

[420] Vorausgegangen war die Verabschiedung der Grundordnung als kirchenrechtliche Verlautbarung auf der Herbst-Vollversammlung der Deutschen Bischofskonferenz vom 22.9.1993 in Fulda; s. auch, S. 30 f.

[421] Für den „Zweiten Weg“ haben sich dagegen entschieden: Evangelische Kirche in Berlin-Brandenburg mit dem Kirchengesetz über die tarifvertragliche Regelung der Rechtsverhältnisse der in einem privatrechtlichen Arbeitsverhältnis beschäftigten Mitarbeiter (Tarifvertragsordnung – TVO) v. 16.11.1991, ABl.EKD 1992, S. 71; Nordelbische Evangelisch-Lutherische Kirche (NEK) mit dem Kirchengesetz über die Regelung der Rechtsverhältnisse der in einem privatrechtlichen Arbeitsverhältnis beschäftigten Mitarbeiter (Arbeitsrechtsregelungsgesetz – ARRG) v. 9.6.1979, ABl.EKD 1979, S. 482; s. zu beiden *Richardi,* Arbeitsrecht in der Kirche, § 13 Rdnrn. 13 ff.; *Hammer,* Kirchliches Arbeitsrecht, S. 185 ff., 410 Fn. 263; s. auch Fn. 450. *Hammer* sieht dagegen in dem von den Kirchen praktizierten Arbeitsrechts-Regelungsverfahren „in Wirklichkeit nur eine Variante des richtig, d.h. verfassungskonform, verstandenen Zweiten Wegs“, aaO., S. 184 und 187.

Mit dieser jedenfalls kirchenrechtlich verbindlichen Entscheidung der Bischöfe, ist den Trägern kirchlicher Einrichtungen, unabhängig von deren Rechtsform, der Abschluss von Tarifverträgen mit Gewerkschaften untersagt.[422] Als kirchenspezifische Alternative zum Tarifvertragsmodell soll im Bereich der der katholischen Kirche zugeordneten Einrichtungen[423] durch gem. Art. 7 Abs. 1 Satz 2 GrOkathK zu bildenden Kommissionen zur Ordnung des diözesanen Arbeitsvertragsrechts (KODAen) für eine einheitliche Gestaltung der Arbeitsbedingungen bei gleichberechtigter Mitwirkungschance der abhängig Beschäftigten gesorgt werden.[424] Neben den Bistums- bzw. Regional-KODAen besteht eine Zentral-KODA, die für die Wahrung der „Einheitlichkeit und Glaubwürdigkeit des kirchlichen Dienstes"[425] Sorge zu tragen hat und der ebenfalls die gleiche Zahl von Dienstgeber- bzw. Mitarbeitervertretern angehören;[426] ihre Normsetzungskompetenz erstreckt sich gem. § 1 Zentral-KODA-Ordnung[427] auf sämtliche der Kirche zugeordneten Einrichtungen, dh. ihre Beschlüsse beanspruchen sowohl im verfassten Bereich der Kirche als auch im Caritas-Bereich Geltung. Aus (kirchen)rechtlicher Sicht liegt die Verbindlichkeit der KODA-Ordnung in dem Gesetzgebungsakt des jeweiligen Diözesanbischofs begründet.[428]

Im Ergebnis wird dadurch zwar nicht die bei Rechtsgeschäftsfähigkeit des Dienstgebers gem. § 2 Abs. 1 Alt. 1 TVG grundsätzlich bestehende Tariffähigkeit durch Kirchengesetz mit Wirkung für den staatlichen Bereich entzogen;[429] soweit der Einrichtungsträger die Merkmale eines Arbeitgebers iS des § 2 Abs. 1 TVG erfüllt, sind (aus staatlicher Sicht) auch zB

---

[422] *Richardi*, Arbeitsrecht in der Kirche, § 13 Rdnr. 27; gem. Art. 2 Abs. 2 GrOkathK ist ihr Anwendungsbereich nicht auf die verfasste Kirche beschränkt. Zur Gegenposition s. *Hammer*, Kirchliches Arbeitsrecht, S. 132 f., 136 ff.; ein kirchlicher Sonderweg ist danach zwar erlaubt, soweit es zur Wahrung des kirchlichen Propriums erforderlich ist, allerdings auch nur in diesem Fall, denn es gelte „auch die verfassungsrechtlich geschützte Eigenart der Tarifautonomie, insbesondere das spezifisch Gewerkschaftliche, das ›gewerkschaftliche Proprium‹ hieran, nicht in Frage zu stellen, S. 138, 395; s. dort auch S. 178, 332; s. auch S. 70 ff.

[423] Unbeschadet deren Rechtsform, § 1 Abs. 1 Nr. 4, Abs. 2 Bistums/Regional-KODA; vorbehaltlich der Anwendung der AVR, bei deren Anwendung grundsätzlich die AK zuständig ist; s. auch S. 31 ff.

[424] Für den Bereich der bayerischen (Erz-) Diözesen hat dabei gem. Beschlussfassung der Freisinger Bischofskonferenz vom 22.3.1995 „der wesentlich gleiche Inhalt dieses kollektivrechtlichen Arbeitsvertragsrechts mit den Arbeitsvertragsregelungen für die Angestellten/Arbeiter des Öffentlichen Dienstes des Freistaats Bayern" beibehalten zu werden.

[425] Präambel der Zentral-KODA-Ordnung id. Fassung vom 15.6.1998.

[426] Gem. § 4 Abs. 2 Zentral-KODA-Ordnung entsenden die Bistümer je 14 Vertreter der Dienstgeber- (die gem. Satz 2 aus der Kommission für Personalwesen des Verbandes der Diözesen Deutschlands zu stellen sind) und Mitarbeiterseite.

[427] S. insoweit auch die Präambel der Zentral-KODA-Ordnung.

[428] HdbKathKR/*Kalb*, § 20 I. 3.a).

[429] Kircheneigene Arbeitgeberverbände wurden auf Seiten der katholischen Kirche bislang nicht gegründet; s. *Jurina*, Zur Entwicklung des „Dritten Weges" in der Katholischen Kirche, FS Listl, S. 519 (540). Im Bereich der evangelischen Kirche wurde dagegen der „Verband der diakonischen Dienstgeber" (VddD) und die „Arbeitsgemeinschaft diakonischer Dienstgeber" (AGdD) gegründet; der VddD ist auch der Bundesvereinigung der Deutschen Arbeitgeberverbände (BDA) beigetreten, s. dazu *Hammer*, Kirchliches Arbeitsrecht, S. 154 f. und dort Fn. 64.

karitative Organisationen weiterhin in der Lage, Partner eines Tarifvertrages zu werden.[430] Allerdings würde der Träger einer Einrichtung durch sein Ausscheren aus dem Modell des „Dritten Weges" auch seine Zuordnung zur Kirche aufgeben und durch diese selbst bewirkte "Säkularisation" in vollem Umfang dem Geltungsbereich des staatlichen Arbeitsrechts unterfallen.[431] Auf der Grundlage des verfassungsrechtlich gewährten Selbstbestimmungsrechts soll den Arbeitsvertragsordnungen demnach „als kircheneigenes Recht die Wirkung objektiver Rechtsnormen"[432] zukommen.

Für den Deutschen Caritasverband stellt die kirchengesetzlich anerkannte Arbeitsrechtliche Kommission des als Verein iS des § 21 BGB organisierten Deutschen Caritasverbandes das Pendant zu den eben genannten KODAen dar;[433] sie ist ebenfalls paritätisch mit Vertretern der Dienstgeber- und Dienstnehmerseite besetzt[434] und ihre Aufgabe ist in gleicher Weise die Beschlussfassung von Rechtsnormen über Abschluss, Inhalt und Beendigung von Dienstverhältnissen;[435] allerdings steht ihre (kirchliche) Rechtsetzungskompetenz gem. § 1 Abs. 3 AKO unter dem Vorbehalt des Tätigwerdens der Zentral-KODA.[436] Durch deren Neustrukturierung rangiert die Arbeitsrechtliche Kommission im Rahmen ihres Zuständigkeitsbereiches im Hinblick auf die Normsetzungsbefugnis auf dem gleichen Rang wie die KODAen.[437] Allerdings ist an dem Beschlussverfahren auch die Arbeitsgemeinschaft der Bistümer in der BRD (AG) beteiligt, genauer gesagt mit einem Vetorecht ausgestattet. Ein Beschluss der AK kann erst nach Zustimmung seitens der AG in die letzte Phase des Erlassverfahrens eintreten, die (nicht erzwingbare) Veröffentlichung durch die Diözesanbischöfe.[438] Die mehrheitlich aus Dienstgebervertretern zusammengesetzte AG

[430] MünchArbR/*Löwisch/Rieble* § 255 Rdnr. 39; MünchArbR/*Richardi*, § 194 Rdnr. 15.

[431] *Frey/Coutelle/Beyer*, MAVO, § 1 Rdnr. 25; *Richardi*, Arbeitsrecht in der Kirche, § 13 Rdnr. 27, § 15 Rdnr. 64 mwN; *ders.*, Tarifvertrag mit Arbeitskampf oder „Dritter Weg" in der Kirche?, NZA 2002, 929 (934); *ders.* Geltungsbreich des kirchlichen Arbeitsrechts, ZMV 2005, 5 (6); *Hammer*, Kirchliches Arbeitsrecht, S. 329, 342 ff., allerdings ausgehend vom abweichenden Ansatz einer kollektiven Ordnung durch „kirchengemäße Tarifverträge"; für den Bereich betrieblicher Mitbestimmung jetzt AG Mönchengladbach, Beschluss v. 12.7.2001, ZMV 2001, 244; s. S. 19 ff.

[432] *Jurina*, Das Dienst- und Arbeitsrecht im Bereich der Kirchen, S. 68 f.; *Bleistein/Thiel*, in: Bleistein/Thiel, MAVO, § 28 Rdnrn. 19, 23 mwN; *Eder*, Joachim, Diss., Tarifpartnerin katholische Kirche, S. 34 f., 75 ff.; *Mayer-Maly*, mit abl. Anm. zu BAG, Urteil v. 28.10.1987 – 5 AZR 518/85, AP Nr.1 zu § 7 AVR-Caritasverband; *Pahlke*, Der „Dritte Weg" der Kirchen im Arbeitsrecht, NJW 1986, 350 (354 f.); *ders.* Anm zu AP Nr. 19 zu Art 140 GG; *Spengler*, Die Rechtsprechung zum Arbeitsrecht in kirchlichen Angelegenheiten – insbesondere zur Loyalitätspflicht der kirchlichen Mitarbeiter, NZA 1987, 833 (837).

[433] Zur Qualifikation aus kirchenrechtlicher Sicht s. Fn. 152.

[434] Mit je 28 Vertretern der Dienstgeber- bzw. Mitarbeiterseite neben Vorsitzenden und Geschäftsführer, § 2 Abs. 1 AKO (im Internet unter http://www.caritas.de/2ver/arbeitsrecht/8070502.htm#2).

[435] § 1 Abs. 3 AKO.

[436] Zu deren Reorganisation s. S. 33 ff.

[437] MünchArbR/*Richardi*, § 195 Rdnr. 31.

[438] Sieht sich ein Bischof nicht in der Lage, den (ordnungsgemäß gefassten) Beschluss im diözesanen Amtsblatt zu veröffentlichen, erlangt dieser Beschluss in der Diözese keine Verbindlichkeit.

agiert als bischöfliches Kontrollgremium. Rechtstechnisch stellt die AK einen Ausschuss des Zentralrates des Deutschen Caritasverbandes dar.[439]

3. Konsequenzen für die Qualität der im kirchlichen Arbeitsrechts-Regelungsverfahren gefassten Beschlüsse

Einerseits stellen die im Wege des kirchlichen Arbeitsrechts-Regelungsverfahrens gefassten Beschlüsse keine Tarifverträge iS des § 1 TVG dar.[440] Andererseits könnte der Normcharakter der im „Dritten Weg" erlassenen Beschlüsse durch die wachsende Zahl sog. Kirchenklauseln indiziert werden.[441] Dabei handelt es sich um Normen, die für einen bestimmten Regelungsbereich (auch) auf kirchliche Bestimmungen verweisen und damit den Kirchen ein den Tarifparteien entsprechendes Gestaltungsrecht und einen entsprechenden Gestaltungsfreiraum hinsichtlich des durch die Öffnungsklausel erfassten Bereichs einräumen. Unabhängig davon, ob allein aus diesem Umstand schon von einer „partiellen" Gleichstellung mit dem Tarifvertrag und damit einhergehend von einer „partiellen" Anerkennung des Normcharakters durch den staatlichen Gesetzgeber gesprochen werden kann[442], legt dieser Befund jedenfalls Zeugnis davon ab, dass sich der Gesetzgeber der besonderen Stellung der Kirche bewusst ist und das von ihr etablierte Ordnungssystem auch im Rahmen seines Kompetenzbereichs grundsätzlich respektiert.[443]

Darüber hinaus könnte auch das verfassungsrechtlich gewährleistete Selbstbestimmungsrecht iS von Art. 140 GG iVm. Art. 137 Abs. 3 WRV unmittelbar eine Gleichbehandlung der kirchlichen Arbeitsverfassung mit den weltlichen Kollektivvereinbarungen begründen.[444]

---

[439] Gem. § 1 Abs. 1 AKO ist sie ein ständiger Ausschuss des Zentralrates besonderer Art.

[440] BAG, Beschluss v. 24.9.1980 – 4 AZN 289/80, BAGE **34**, 182 (184); BAG, Urteil v. 26.5.1993 – 4 AZR 130/93, BAGE **73**, 191 (200); BAG, Urteil v. 17.4.1996 – 10 AZR 558/95, NZA 1997, 55 (56); BAG, Urteil v. 15.11.2001 – 6 AZR 88/01, ZMV 2001, 302 (Zusammenfassung); BAG, Urteil v. 20.03.2002 – 4 AZR 101/01, BAGE **101**, 9 (18); LAG Berlin, Urteil v. 17.5.1999 – 9 Sa 209/99, ZTR 1999, 525 (525 Ls.); LAG Bremen, Urteil v. 21.2.2002 – 3 Sa 17/02, BB 2002, 849 (849); ArbG Siegen, Urteil v. 5.6.2000 – 1 (3) Ca 1670/99, ZMV 2000, 232 (233); s. auch Fn. 483.

[441] Erstmals enthielt § 2 des Vorruhestandsgesetzes vom 13.4.1984, BGBl. I, S. 601, eine Kirchenklausel; derzeit finden sich in §§ 7 Abs. 4, 12 Abs. 2 ArbZG, § 21a Abs. 3 JArbSchG entsprechende Klauseln.

[442] *v. Campenhausen*, in: v. Mangoldt/Klein/Starck, GG III, Art. 137 WRV Rdnr. 91; gerade den umgekehrten Schluss zieht BAG, Beschluss v. 5.1.1989 – 4 AZN 629/88, BAGE **60**, 344 (349), das davon ausgeht, soweit „kirchenrechtliche Regelungen in anderem rechtlichen Zusammenhang einem Tarifvertrag gleichgestellt werden, ist das vom Gesetzgeber besonders normiert".

[443] AA *Hammer*, Kirchliches Arbeitsrecht, S. 429 ff.

[444] Im TzBfG findet sich zwar keine ausdrückliche Privilegierung der Kirchen bzw. der öffentlich-rechtlichen Religionsgemeinschaften, doch gebietet auch hier das Selbstbestimmungsrecht iS des Art. 140 GG iVm. Art. 137 Abs. 3 WRV, kirchliche Arbeitsvertrags- und Dienstordnungen unter den Tarifvorbehalt des § 22 Abs. 2 TzBfG zu subsumieren, *Thüsing*, in: *Annuß/Thüsing*, TzBfG, § 22 Rdnr. 6; so auch *v. Hoyningen-Huene*, Öffnungsklauseln für Kirchen in Arbeitsrechts-Gesetzen?, RdA 2002, 65 (68), der wegen der Vergleichbarkeit der aus Art. 9 Abs. 3 GG abgeleiteten Tarifautonomie mit dem kirchlichen Selbstbestimmungsrecht iS der Art. 140 GG iVm. 137 Abs. 3 WRV in der momentanen

a) Gründe gegen eine unmittelbare und zwingende Wirkung der im kirchlichen Arbeitsrechts-Regelungsverfahren gefassten Beschlüsse

Unabhängig von der verfahrensrechtlichen Gestaltung hinsichtlich der Bildung einer kircheninternen kollektiven Arbeitsrechtsordnung wird seitens der staatlichen Rechtsprechung und des überwiegenden Teils der Literatur gegen eine Qualifizierung der von den KODAen und AKen gefassten und in-Kraft-gesetzten Beschlüssen als Tarifsurrogat eingewandt, diese wären nicht durch Ausübung einer besonders gewährleisteten Rechtsetzungsautonomie als Ergebnis von Verhandlungen „voneinander unabhängiger Tarifvertragsparteien mit Normencharakter zustande gekommen".[445] Entscheidendes Gewicht wird dabei darauf gelegt, dass „die Arbeitsrechtliche Kommission von Anfang an mit dem Ziel der Annäherung zusammentritt" und den Beteiligten „nicht die Unabhängigkeit des Art. 9 Abs. 3 GG eingeräumt wird."[446] Zudem werde der unter der Geltung des kirchlichen Arbeitsrechts-Regelungssystems eröffnete Einfluss der Dienstnehmer auf die Gestaltung der Arbeitsbedingungen durch das Letztentscheidungsrecht des Bischofs bzw. der Synode wieder so weit relativiert, dass auf diesem Wege letztlich keine angemessene und sozialverträgliche kollektive Ordnung errichtet werden könne.[447] Art. 9 Abs. 3 GG habe gerade nur den Koalitionen eine entsprechende Sonderrolle eingeräumt – und dies werde auch durch die Fassung des § 2 Abs. 1 TVG bestätigt, der als Partner eines Tarifvertrags auf Arbeitnehmerseite ausdrücklich nur die Gewerkschaften nennt –, die mit der verfassungsrechtlich geschützten Möglichkeit zum Arbeitskampf auch die nötigen Instrumente zur unmittelbaren Geltendmachung ihrer Interessen verfügen.[448] Darüber hinaus fehle es infolge der unmittelbaren Beteiligung von Dienstnehmern am Zustandekommen der Arbeitsbedingungen an der erforderlichen Unabhängigkeit der Mitwirkenden, die auf säkularer Seite durch die Einschaltung der Gewerkschaften gewährleistet sei.[449]

---

Fassung des § 22 TzBfG einen Verstoß gegen das Verhältnismäßigkeitsprinzip erkennt und damit – um einen verfassungsgemäßen Zustand herzustellen - trotz des entgegenstehenden Willen des Gesetzgebers in das Gesetz eine Kirchenklausel „hineinlesen" will; darüber hinaus bestünde sogar eine Pflicht des Gesetzgebers, den Kirchen „in einfachgesetzlichen arbeitsrechtlichen Bestimmungen, die für Tarifverträge vorgesehenen Dispositionsspielräume" gleichfalls zu eröffnen; s. auch *Müller-Volbehr*, Teilzeitarbeit und kirchliche Arbeitsverhältnisse, NZA 2002, 301 (305).

[445] LAG Hamm, Urteil v. 17.10.2000 – 7 Sa 1149/00, ZMV 2001, 85 (86); LAG Hamm, Urteil v. 17.10.2000 – 7 Sa 1122/00, LAGE § 613a, 80, unter II. 2. der Gründe.

[446] LAG Hamm, Urteil v. 17.10.2000 – 7 Sa 1149/00, ZMV 2001, 85 (86); s. auch ArbG Siegen, Urteil v. 5.6.2000 – 1 (3) Ca 1670/99, ZMV 2000, 232 (233); so auch Gemeinsame Schlichtungsstelle der Bremischen Evangelischen Kirche, Beschluss v. 17.1.2000 – D III-7/98, ZMV 2000, 127 (129).

[447] *Hammer*, Kirchliches Arbeitsrecht, S. 369 f.; aA *Frey/Coutelle/Beyer*, MAVO, § 38 Rdnr. 28; s. auch S. 92 ff.

[448] *Dietz*, Das Arbeitsrechtsregelungsgesetz der evangelischen Kirche und die Tarifautonomie, RdA 1979, 79 (83); *Klimpe-Auerbach*, Die Grundordnung des kirchlichen Dienstes im Rahmen kirchlicher Arbeitsverhältnisse, ArbuR 1995, 170 (176 f.).

[449] *Dietz*, Das Arbeitsrechtsregelungsgesetz der evangelischen Kirche und die Tarifautonomie, RdA 1979, 79 (84); *Zeuner*, Gedanken zum arbeitsrechtlichen Vertragsprinzip im Bereich des kirchlichen

Jüngst versagt *Hammer* den im Rahmen des Selbstbestimmungsrechts erlassenen Regelungen den normativen Gehalt. Diese verfassungsrechtlich – um der staatlichen Neutralität in Fragen des Glaubens und der Weltanschauung willen – gebotene Trennung bewirke, dass die im Arbeitsrechts-Regelungsverfahren gefassten und später in Kraft gesetzten Beschlüsse als zwar innerkirchlich verbindlich anzusehen seien, nicht aber darüber hinaus.[450] Zudem läge in der Anerkennung der normativen Wirkung ein Eingriff in die Koalitions- und Tariffreiheit der Gewerkschaften iS des Art. 9 Abs. 3 GG, denn die Träger kirchlicher Einrichtungen würden sonst kein Interesse am Abschluss kirchenspezifischer Tarifverträge mehr haben.[451]

b) Besonderheiten der Situation im kirchlichen Arbeitsrecht

Dagegen ist zunächst einzuwenden, dass allein aus der in Bezug auf das Zustandekommen tarifvertraglicher Bestimmungen abweichenden Verfahrensgestaltung im kirchlichen Bereich nicht automatisch auf eine geringere inhaltliche Ausgewogenheit der getroffenen Regelung geschlossen werden kann. Gerade die Schaffung einer den besonderen Anforderungen im kirchlichen Arbeitsrecht gerecht werdenden Plattform, die nicht lediglich der Darstellung unterschiedlicher Interessen von Dienstnehmer- und Dienstgeberseite dient, sondern darüber hinaus auch die Möglichkeit bietet, in einem nicht durch Konfrontation geprägten Verfahren[452] auf die Arbeitsverhältnisse einzuwirken, spricht für eine gegenteilige Annahme.[453] Während einerseits die erforderliche Unabhängigkeit der Mitarbeitervertreter durch deren Schutz vor ungerechtfertigten arbeitsrechtlichen Sanktionen wegen der Ausübung dieser Vertrauensstellung gewährleistet ist[454], erlaubt dieses Verfahren

---

Dienstes, ZfA 1985, 127 (138), der ua. aus dem Fehlen der Gegnerunabhängigkeit bei Besetzung der KODA „das dem Vertragsgedanken entsprechende Prinzip der rechtlichen Gleichgewichtigkeit und Unabhängigkeit der beiderseitigen Positionen verlassen" sieht und daraus folgert, der eingeschlagene „Dritte Weg" der Kirchen sei „kein rechtlich vollwertiger Ersatz des Tarifvertrages".

[450] *Hammer*, Die Rechtsqualität kirchlicher Arbeitsvertragsordnungen im Spiegel der BAG-Rechtsprechung, AuR 2002, 49 (50); die kirchlichen Beschäftigungsverhältnisse liegen danach im „Überschneidungsbereich von kirchlichem und staatlichem Recht", so dass es im Einzelfall zu einem „Doppelrechtsverhältnis" komme, aaO; s. auch *ders.*, Kirchliches Arbeitsrecht, S. 410 dort Fn. 263.

[451] *Hammer*, Die Rechtsqualität kirchlicher Arbeitsvertragsordnungen im Spiegel der BAG-Rechtsprechung, Fn. 10 aE; in diesem Zusammenhang sei die Forderung nach der normativen Wirkung eine „offene und aggressive Kampfansage an die Gewerkschaften", aaO, S. 52; *ders.*, Kirchliches Arbeitsrecht, S. 392 dort Fn. 207, 396 f.; für eine unmittelbare Wirkung kirchlicher Arbeitsbedingungen allein durch den Abschluss kirchengemäßer Tarifverträge, aaO, S. 113, 371 ff., 392 dort Fn. 207, 410.

[452] Die Befriedungswirkung des staatlichen Tarifvertragssystems betont dagegen *Hammer*, Kirchliches Arbeitsrecht, S. 137 Fn. 114., S. 328 Fn. 5; *ders.*, S. 354, spricht den Kirchen – da dies eine „zu weitgehende Klerikalisierung der Arbeitsverhältnisse" zur Folge hätte – aber die Möglichkeit ab, im Bereich der auf rechtsgeschäftlicher Grundlage beschäftigten Dienstnehmer die Anwendung jeder Form von Arbeitskampfmaßnahmen als mit dem kirchlichen Dienst unvereinbar abzulehnen; aA *Richardi*, Tarifvertrag mit Arbeitskampf oder „Dritter Weg" in der Kirche?, NZA 2002, 929 (932 ff.).

[453] *Pirson*, Kirchliches Arbeitsvertragsrecht, RdA 1979, 65 (69 f.).

[454] Vgl. § 10 Abs. 1 BayRKO, § 6 Zentral-KODA.

andererseits die Berücksichtigung kirchenspezifischer Gesichtspunkte.[455] Das kirchliche Arbeitsrechts-Regelungsverfahren geht auch nicht in einer unausgesprochenen Prämisse von einem fehlenden Interessengegensatz zwischen der Dienstgeber- und Dienstnehmerseite aus[456] und will dessen mögliche Entstehung auch nicht unterbinden; im Rahmen des verfassungsrechtlich eröffneten Spielraums dient es dem gleichen Zweck wie das staatliche Tarifvertragssystem; aufbauend auf den gegebenen Besonderheiten kirchlichen Dienstes soll ein Ordnungssystem geschaffen werden, das wegen seiner „beiderseitigen Akzeptanz die Vermutung materieller Gleichgewichtigkeit und damit hinlänglicher sozialer Gerechtigkeit" in sich trägt.[457]
Darüber hinaus ist darauf hinzuweisen, dass die Wahrung des kirchlichen Propriums auch im Bereich der Beteiligung der Mitarbeiter am Arbeitsrechts-Regelungsverfahren die Rücksichtnahme auf kirchenspezifische Besonderheiten erfordert und garantiert. Kirchlicher Dienst erschöpft sich nicht in der rein materiellen Komponente entlohnter Tätigkeit, findet seine Erfüllung nicht in den das weltliche Arbeitsverhältnis prägenden „äußeren" Verhaltenspflichten, sondern geht darüber hinaus.[458] Die Anreicherung mit einer geistlichen Komponente, die die Vielzahl der in der Kirche (auch in einem abhängigen Lohnverhältnis) Tätigen unter Ausrichtung an einem gemeinsamen Ziel zu einer Gemeinschaft des Dienstes formt, findet seine Entsprechung in einem von vornherein auf wechselseitige Verantwortung von Dienstgeber und Dienstnehmer angelegten System, in dem eine dem weltlichen Arbeitsverhältnis eigene Frontstellung von Arbeitgeber und Arbeitnehmer vermieden werden soll. Ungeachtet dieses ideellen Ansatzes, dem jeder menschlichen Gemeinschaft innewohnenden Konfliktpotential und der Fehlbarkeit des Einzelnen ist es der Kirche auf der Grundlage des geltenden Rechts nicht verwehrt, diesen aus dem Glaubensverständnis fließenden Ansatz (auch) zur Basis ihrer inneren arbeitsrechtlichen Ordnung zu machen. In diesem „fünften Element" liegt die besondere Natur kirchlicher Dienstverhältnisse begründet, die einer Punktspiegelung von Grundsätzen weltlicher Arbeitsverhältnisse nicht nur entgegensteht, sondern gerade die Beachtung und Gewährleistung ihrer Eigentümlichkeit erfordert. Das fehlende Aufeinanderprallen (institutionalisierter) koalitionsspezifischer

---

[455] Etwa das Letztentscheidungsrecht des Bischofs bzw. der Synode; kritisch dazu *Dütz,* Aktuelle kollektivrechtliche Fragen des kirchlichen Dienstes, EssGespr. **18** (1984), 67 (99).

[456] In dieser Tendenz *Hammer,* Kirchliches Arbeitsrecht, S. 331; überzogen ist auch die Kritik, mit der in den Arbeitsverträgen erfolgenden dynamischen Verweisung auf den BAT verfolge die Kirche lediglich die Absicht, den gewerkschaftlichen Einfluss in kirchlichen Einrichtungen möglichst gering zu halten, aaO, S. 352.

[457] *Hammer,* Kirchliches Arbeitsrecht, S. 331; s. auch *Frey/Coutelle/Beyer,* MAVO, § 38 Rdnr. 27; *Richardi,* Geltungsbreich des kirchlichen Arbeitsrechts, ZMV 2005, 5 (8); dagegen lehnt *Hammer,* Kirchliches Arbeitsrecht, S. 401, 404 f., 409, materielle Parität im gegenwärtig praktizierten kirchlichen Arbeitsrechts-Regelungssystem strikt ab.

[458] Zu kurz gerät dieser Gesichtspunkt, wenn man ihn lediglich als besonderes Element einer „betrieblichen oder unternehmerischen ‚Mission'" begreift, *Hammer,* Kirchliches Arbeitsrecht, S. 331.

Interessengegensätze, deren Vertreter von den ihnen zur Verfügung stehenden Kampfmitteln in bestimmten Eskalationsstufen Gebrauch machen können, ist nicht geeignet, dem von der Kirche installierten System die beanspruchte Rechtsgeltung zu versagen.[459] Die Kirche hat sich für eine Beteiligung der Beschäftigten bei der Schaffung einheitlicher Vertragsbedingungen im Rahmen des dargestellten KODA-Systems entschieden und den Vertretern der Mitarbeiter dabei eine gleichberechtigte Chance zur Einflussnahme auf die inhaltliche Gestaltung eröffnet.[460]

Will man auf ein in faktischer Hinsicht bestehendes Ungleichgewicht in wirtschaftlicher bzw. sozialer Mächtigkeit der Dienstgeber- bzw. Dienstnehmerseite – im Gegensatz zu den in einem Abhängigkeitsverhältnis zu einem weltlichen Arbeitgeber stehenden Arbeitnehmern – verweisen, so gilt es zu berücksichtigen, dass sich die Frage nach der Schutzbedürftigkeit der Arbeitnehmer unter anderen Rahmenbedingungen stellt. Die Situation im säkularen Bereich, die von einem echten Interessengegensatz zwischen Lohngeber und –empfänger geprägt ist, findet auf kirchlicher Seite keine wesensgemäße Entsprechung.[461] Eine einseitige, allein auf Kostenminimierung und Profitmaximierung gerichtete Amtsführung ist dem Bischof nicht nur untersagt, sondern er ist durch can. 231 § 2 CIC durch den Grundsatz der Lohngerechtigkeit positiv auch gegenüber den Dienstnehmern verpflichtet.[462] Im Bereich der evangelischen Kirche gilt trotz Fehlens einer ausdrücklichen Regelung nichts anderes; entscheidend ist dort das Wesen der Dienstgemeinschaft. Aufbauend auf dem Grundsatz christlicher Nächstenliebe wird ein partnerschaftlicher Umgang miteinander gefordert, der es nicht gestattet, den anderen zu übervorteilen.[463].

Die im Rahmen des „Dritten Weges" gewährte Einflussnahmemöglichkeit der Dienstnehmer auf Abschluss und Gestaltung der Arbeitsverträge wird gerade unabhängig vom Organisationsgrad der Beschäftigten durch die paritätische Besetzung der KODAen mit Vertretern der Dienstgeber und der Dienstnehmer gewährt; auf das für die tarifautonome

[459] Auch nach *Frey/Coutelle/Beyer*, MAVO, § 28 Rdnr. 7, besitzen die Arbeitsvertragsrichtlinien „als kircheneigenes Recht die Wirkung objektiver Rechtsnormen ... aufgrund der eigenen Arbeitsrechtsregelungsautonomie iVm. dem kirchlichen Selbstbestimmungsrecht gemäß Art. 140 GG , Art. 137 Abs. 3 WRV"; s. auch dort Rdnr. 27.

[460] Im Ergebnis auch *Thiel*, Wirkung der Beschlüsse der KODA und der Arbeitsrechtlichen Kommission im Arbeitsverhältnis, ZMV 1995, 213 (216); Skeptisch *Hammer*, Kirchliches Arbeitsrecht, S. 139 dort Fn. 116, ebenda S. 154.

[461] *Hanau/Thüsing*, Änderungen der Arbeitsbedingungen in Kirche und Diakonie, KuR 1999, 143 (145).

[462] *Richardi*, Tarifvertrag mit Arbeitskampf oder „Dritter Weg" in der Kirche?, NZA 2002, 929 (933); *Thüsing*, Anmerkung zu BAG, Urteil v. 28.1.1998 – 4 AZR 491/96, ZevKR **44** (1999), 99 (101 f.).

[463] *Thüsing*, Anmerkung zu BAG, Urteil v. 17.4.1996 – 10 AZR 558/95, EzA § 611 BGB Gratifikation, Prämie Nr. 140 unter II.

Gestaltung der Arbeitsbedingungen im weltlichen Bereich geltende Gegengewichtsprinzip[464] kommt es im kirchlichen Arbeitsrecht also nicht an.[465]
Unter den eben skizzierten Rahmenbedingungen ist hinsichtlich der Frage nach dem Normcharakter der im kirchlichen Arbeitsrechts-Regelungsverfahren ergangenen Bestimmungen dem Bestehen einer gleichberechtigten Mitwirkungsmöglichkeit der Dienstnehmer an der Gestaltung der Arbeitsbedingungen das wesentliche Gewicht beizumessen.[466] Auch wenn es gängiger Praxis der kirchlichen Einrichtungen entsprechen mag, die verbindliche individualrechtliche Wirkung der im Arbeitsrechts-Regelungsverfahren erlassenen Regelungen durch einzelvertragliche Bezugnahme abzusichern, so widerlegt dies nicht den eben dargestellten Befund.

c) Existiert eine ausreichende (rechtsgeschäftliche) Legitimation für eine Fremdbestimmung der Arbeitsverhältnisse?

Eine unmittelbar auf die Beschäftigungsverhältnisse einwirkende normative Geltung allein aus dem Umstand einer Mitarbeiterbeteiligung und ihrer gleichwertigen Einflussnahmemöglichkeit abzuleiten, ist allerdings mit Blick auf den das Zivilrecht beherrschenden Grundsatz der Privatautonomie nicht unproblematisch. Insoweit spielt nicht nur das Fehlen von (staatlichen) Normen mit vergleichbarem Inhalt wie § 77 Abs. 1 BetrVG oder § 4 Abs. 1 TVG eine Rolle; für die Frage der rechtlichen Qualität der im kirchlichen Arbeitsrechts-Regelungsverfahren gefassten und in Kraft gesetzten Beschlüsse ist von entscheidender Bedeutung, auf welche Art und Weise die Bestimmung der Mitarbeitervertreter in der KODA erfolgt.[467]
Dem liegt die Frage zugrunde, ob sich die im kirchlichen Arbeitsrechts-Regelungsverfahren zustande gekommenen Normen aus der Sicht der einzelnen Dienstnehmer als Akte der Fremdbestimmung darstellen und damit einer besonderen Legitimation bedürfen oder –

[464] MüchArbR/*Löwisch/Rieble* § 255 Rdnr. 8; in ständiger Rechtsprechung zählt das BAG für die Arbeitnehmerkoalitionen die soziale Mächtigkeit zu den Voraussetzungen der Tariffähigkeit, BAG, Beschluss v. 9.7.1968 – 1 ABR 2/67, BAGE **21**, 98 (101 ff.); BAG, Beschluss v. 10.9.1985 – 1 ABR 32/83, BAGE **49**, 322 (330); BAG, Beschluss v. 16.1.1990 – 1 ABR 10/89, BAGE **64**, 16 (20 f.); BAG, Beschluss v. 20.11.1990 – 1 ABR 62/89, BAGE **66**, 258 (261); s. auch LAG Berlin, Beschluss v. 21.6.1996 – 6 TaBV 2/96, AP Nr. 48 zu § 2 TVG; zur Arbeitgeber-Seite s. BAG, Beschluss v. 21.4.1971 – GS 1/68, BAGE **23**, 292 (309); BAG, Beschluss v. 20.11.1990 – 1 ABR 62/89, BAGE **66**, 258 (263 f.).
[465] S. auch *Frey/Coutelle/Beyer*, MAVO, § 38 Rdnr. 28.
[466] *Richardi*, Arbeitsrecht in der Kirche, § 13 Rdnr. 26.
[467] Einen Überblick über das Arbeitsrechts-Regelungsverfahren der Evangelischen Kirche gibt *Richardi*, Arbeitsrecht in der Kirche, § 14 Rdnrn. 1 ff.

vergleichbar dem im staatlichen Bereich etablierten Tarifmodell – noch der privatautonomen Selbstbestimmung zuzurechnen sind.[468]

Für die evangelische Kirche sieht § 6 Abs. 1 der Richtlinie der EKD vor, dass die Mitarbeitervereinigungen entsprechend ihrem Anteil an organisierten Mitarbeitern die zur Verfügung stehenden Plätze besetzen. Auf der Ebene der Bezirks- bzw. Regional-KODA werden die Vertreter der Mitarbeiter dagegen überwiegend durch unmittelbare Wahl der wahlberechtigten Dienstnehmer in den kirchlichen Einrichtungen ermittelt.[469] Von den 21 Mitarbeitervertretern in der Zentral-KODA werden von den Mitgliedern der Bistums- bzw. Regional-KODAen insgesamt 14 gewählt, die restlichen sieben Vertreter werden von der Mitarbeiterseite der Arbeitsrechtlichen Kommission des Deutschen Caritasverbandes, § 4 Abs. 2 Unterabsatz 3 Satz 1 und Unterabsatz 4 Satz 1 Zentral-KODA-Ordnung, gewählt.

Relevant wird die Frage nach der Legitimation der Mitarbeitervertreter in den maßgebenden Entscheidungsgremien des kirchlichen Arbeitsrechts-Regelungsverfahrens auf Grund der Entscheidung der Kirche, als Grundlage der hier maßgeblichen Beschäftigungsverhältnisse auf das allgemeine staatliche Privatrecht zurückzugreifen, also auf der Ebene der Gleichordnung eine rechtsgeschäftliche Einigung mit den Beschäftigten zu suchen und auf dem Ergebnis dieses privatautonomen Gestaltungsaktes aufzubauen. Im Gegensatz zu einer Anstellung der Dienstnehmer auf öffentlich-rechtlicher Grundlage, die einen weitergehenden Gestaltungsspielraum hinsichtlich der Schaffung einer einheitlichen Ordnung der Arbeitsbedingungen auf kirchlicher Seite eröffnen würde[470], könnte hier der auf verfassungsrechtlicher Gewährleistung in Art. 2 Abs. 1 GG beruhende und das Privatrecht bestimmende Grundsatz der Privatautonomie einen besonderen Legitimationsbedarf begründen.[471]

---

[468] Nach *Picker*, Tarifautonomie – Betriebsautonomie – Privatautonomie, NZA 2002, 761 (768) findet die Tarifautonomie „allein im Mandat der Mitglieder ihren Rechtsgrund" und lässt sich damit „*uneingeschränkt der Privatautonomie* als der primären der beiden ursprünglichen Gestaltungsbefugnisse" zuordnen [Hervorhebung im Original]; dagegen stellt sich die Betriebsautonomie als „eine unentrinnbare zwangskorporatistische Ordnung" und damit als „*Fremd*bestimmung" dar [Hervorhebung im Original], aaO, 761 (769); s. auch *Briza*, „Tarifvertrag" und „Dritter Weg", Diss., S. 260 ff.; MünchArbR/*Richardi*, § 240 Rdnrn. 39, 43, 47.

[469] § 5b Abs. 1-9 Bay. Regional-KODA-Ordnung; § 5 Abs. 5 Regional-KODA-Ordnung Nord-Ost; §§ 5 Abs. 4, 5a Abs. 3 KODA-O Region Nordrhein Westfalen; § 5 Abs. 5 Bistums-KODA-Ordnung Fulda; Wahlbeauftragte werden dagegen nach § 5 Abs. 5 Satz 1 KODA-Ordnung Freiburg und § 5 Abs. 4 KODA-Ordnung Limburg bestellt.

[470] *Richardi*, Arbeitsrecht in der Kirche, § 1 Rdnr. 19, § 2 Rdnr. 24.

[471] Soweit die Mitglieder in der für das Arbeitsrechts-Regelungsverfahren maßgeblichen Kommission entsprechend dem Verbandsprinzip bestimmt werden, könnte sich die normative Wirkung der gefassten Beschlüsse ohne Verstoß gegen die negative Koalitionsfreiheit iS des Art. 9 Abs. 3 Satz 2 GG nicht auf Außenseiter, also auf Mitarbeiter erstrecken, die keine Mitglieder in den vertretenen Verbänden sind, *Pahlke*, Der „Dritte Weg" der Kirchen im Arbeitsrecht, NJW 1986, 350 (355).

(1) Blick auf die Legitimationsbasis von Tarifvertrag und Betriebsvereinbarung

Auch im Bereich des staatlichen kollektiven Arbeitsrechts – § 4 Abs. 1 TVG ordnet ausdrücklich eine unmittelbare und zwingende Geltung der gruppenautonom geschaffenen Bestimmungen an – bedarf es für dieses „durch Rechtsgeschäft geschaffene Recht“[472] im Hinblick auf den auch das Arbeitsverhältnis prägenden Grundsatz individueller Selbstbestimmung eines inneren Geltungsgrundes. Gerade dem faktisch bestehenden Verhandlungsungleichgewicht der Arbeitsvertragsparteien wird durch die unterschiedlich konzipierten Bereiche der kollektiven Arbeitsrechtsordnung gegengesteuert. Ausgangspunkt und Basis bleibt aber die individuelle Willensentscheidung und ihre Betätigung; in diesem Sinne üben die kollektiv-rechtlichen Institute flankierende und bewahrende Funktion aus.[473] Hinsichtlich der Gestaltung der Arbeitsbedingungen steht den Tarifvertragsparteien somit keine umfassende Regelungsmacht zu. Abweichendes folgt auch nicht aus dem Grundrecht der Koalitionsfreiheit in Art. 9 Abs. 3 GG. Ohne explizit genannt zu werden, gilt als immanente Schranke, dass tarifvertragliche Bestimmungen (jedenfalls auf Arbeitnehmerseite) nur gegenüber Mitgliedern der vertragsschließenden Koalition unmittelbare Geltung erlangen können. Damit kann in dem Beitritt zum jeweiligen Verband eine wiederum „rechtsgeschäftlich begründete Unterwerfung der Arbeitnehmer unter die Regelungsbefugnis“ der Tarifpartner gesehen werden.[474]

Auf der Ebene der Betriebsverfassung fehlt es zwar an einem vergleichbaren Gegenstück der unmittelbar auf den einzelnen Arbeitnehmer zurückzuführenden rechtsgeschäftlichen Legitimation im Falle des Abschlusses einer Betriebsvereinbarung; allerdings finden sich hier in der (gemeinsamen) Eingliederung in eine fremdbestimmte Arbeitsorganisation, also der Zugehörigkeit zu der durch den Betriebsrat repräsentierten Belegschaft, und in der (Teilnahme an) der Wahl der Betriebsräte Umstände, die eine fremdbestimmte Einflussnahme auf den Inhalt der Arbeitsverhältnisse rechtfertigen; das insoweit gegenüber dem tariflichen Bereich bestehende „Minus“ an unmittelbar auf rechtsgeschäftlicher Selbstbestimmung des Arbeitnehmers beruhender „Ermächtigung“ wird dabei durch den für Betriebsvereinbarungen (zumindest formell bestehenden) begrenzten Regelungsbereich und nicht zuletzt durch die ausdrückliche gesetzliche Anordnung normativer Wirkung ausgeglichen.

(2) KODA-System

Nicht nur der Mangel an der im Rahmen des „Zweiten Weges“ gegebenen mitgliedschaftlich

---

[472] MünchArbR/*Richardi*, § 240 Rdnr. 21.

[473] *Richardi*, Kollektivgewalt und Individualwille bei der Gestaltung des Arbeitsverhältnisses, S. 336 ff.; *ders.*, MünchArbR, § 240 Rdnr. 39.

[474] MünchArbR/*Richardi*, § 240 Rdnrn. 25 f., 43.

verfassten Legitimation der Dienstnehmerrepräsentanten in der KODA lässt die oben dargestellte Voraussetzung einer auf den Willensakt des einzelnen Dienstnehmers zurückzuführenden rechtsgeschäftliche Legitimation im kirchlichen Bereich als fraglich erscheinen; zusätzlich existiert auch keine ausdrückliche hoheitliche (staatliche) allgemeine Regelung bzw. Anerkennung der normativen Wirkung der im Arbeitsrechts-Regelungsverfahren ergangenen Beschlüsse bzw. eines insoweit erhobenen Geltungsanspruchs.

Allein die Teilnahme an der Wahl der Mitarbeitervertreter vermag an dem Wesen der im Arbeitsrechts-Regelungsverfahren zustande gekommenen Beschlüsse als Akte der Fremdbestimmung nichts zu ändern[475]; ebenso erscheint es fraglich, ob die unmittelbare demokratische Legitimation der Dienstnehmervertreter in Bistums- bzw. Regional-KODAen für sich genommen geeignet sein kann, eine Regelungskompetenz dieses Gremiums zur inhaltlichen Gestaltung sämtlicher in ihrem räumlichen Zuständigkeitsbereich abgeschlossenen Arbeitsverträge zu begründen, also unabhängig von der konkreten Wahlbeteiligung des einzelnen Dienstnehmers. Somit könnte sich das Erfordernis einer rechtsgeschäftlich eingeräumten Normsetzungskompetenz nach der Abgabe einer Unterwerfungserklärung ergeben, die „sich auf das Recht zur normativen Gestaltung beziehen"[476] muss. In diesem Zusammenhang könnte sich auch der Verweis auf das verfassungsrechtlich anerkannte Selbstbestimmungsrecht der Kirchen als nicht ausreichende Legitimationsbasis erweisen, da – so könnte man argumentieren – hinsichtlich der Arbeitsrechts-Regelung gerade keine eigenen Angelegenheiten der Kirche iS der Art. 140 iVm. 137 Abs. 3 WRV mehr betroffen sind, sondern in den auf vertraglicher Grundlage geregelten Rechtskreis Dritter, nämlich der Dienstnehmer, eingegriffen wird.[477] Zusätzlich könnte sich dieser Rückgriff auf die Sonderstellung der Kirchen im Rahmen der staatlichen Rechtsordnung, also auf letztlich verfassungsrechtliche Erwägungen, mit dem oben geschilderten Modell eines auf der Ebene der Gleichordnung durch privatautonome Willensentschließung begründeten Beschäftigungsverhältnisses als systemfremder Einbruch und somit als unzulässig erweisen.

Des Weiteren erscheint auch das im Rahmen des „Dritten Weges" praktizierte Beschlussverfahren als problematisch. Im Gegensatz zum staatlichen Bereich werden die Arbeitsbedingungen nicht zwischen sozialen Antagonisten von zumindest vergleichbarer Stärke ausgehandelt, sondern – vorbehaltlich der notwendigen Mitwirkung und späteren Inkraftsetzung durch den Bischof – durch Mehrheitsentscheid festgelegt. Damit könnte es

---

[475] Vgl. *Richardi*, in: Richardi, BetrVG, § 77 Rdnr. 65.

[476] LAG Schleswig-Holstein, Urteil v. 16.10.2000 – 4 Sa 75/00, ZMV 2001, 98 (99); so auch *Richardi*, Arbeitsrecht in der Kirche, § 15 Rdnrn. 54, 57 ff.

[477] *Annuß*, Anmerkung zu BAG, Urteil v. 20.3.2002 – 4 AZR 101/01, AR-Blatteil ES 960 Nr. 67.

gerade an einem dem Grundsatz der Privatautonomie auf der kollektiven Ebene[478] Rechnung tragenden Element fehlen, das zudem noch als Garant für eine insgesamt angemessene und interessengerechte Regelung der Tarifpartner steht.[479]

(3) Stellungnahme

Entgegen der Bestimmungen in § 118 Abs. 2 BetrVG und § 112 BPersVG findet sich im TVG kein Vorbehalt zugunsten einer gleichwertigen kircheneigenen Regelung. Ein Verstoß gegen das verfassungsrechtliche Selbstbestimmungsrecht gem. Art. 140 GG iVm. Art. 137 Abs. 3 WRV wird mit dem Argument verneint, durch das TVG werde nur die Möglichkeit gegeben, Arbeitsbedingungen im Wege tarifvertraglicher Gestaltung festzulegen, so dass es – etwa durch Verpflichtung zur Inanspruchnahme dieses Instituts – an einer unzulässigen Einflussnahme auf den innerkirchlichen Bereich fehle.[480] Fraglich ist aber bereits, ob es überhaupt einer staatlichen Regelung bzw. Anerkennung der Rechtswirkung des kirchlicherseits eingerichteten „Dritten Weges" als konstitutives Element bedarf oder ob der Erlass einer entsprechenden Norm nicht selbst gegen das kirchliche Selbstbestimmungsrecht verstoßen würde. Den Kirchen wurde gerade die Möglichkeit eröffnet, ein von der gesetzlichen Konzeption abweichendes eigenes Modell der Mitarbeiterbeteiligung zu entwickeln. Die in Ausfüllung dieses Gestaltungsfreiraums erlassene Ordnung von einer nachträglichen staatlichen „Billigung", sei es auch in Form der Anerkennung der Rechtswirkung, abhängig zu machen, stellt einen Eingriff in den zuvor eröffneten Gestaltungsbereich dar, der seinerseits einer rechtfertigenden Grundlage bedarf.[481] Durch die zahlreichen Kirchenklauseln[482] wird zumindest offenbar, dass der Gesetzgeber nicht nur Notiz von der Existenz der kirchlichen Ordnungssysteme genommen hat, sondern sowohl die Art und Weise des Zustandekommens als auch die insoweit gefundenen Ergebnisse als ein den (staatlichen) Normen bzw. den tarifvertraglichen Bestimmungen adäquates Gestaltungsmittel anerkennt.[483] Aus seinem Versäumnis, die

---

[478] *Hammer*, Kirchliches Arbeitsrecht, S. 405, verneint bereits den kollektivrechtlichen Charakter des kirchlichen Arbeitsrechts-Regelungssystems.
[479] MünchArbR/*Richardi*, § 240 Rdnr. 30.
[480] *Wiedemann*, in: Wiedemann, TVG, § 1 Rdnr. 121.
[481] AA *Wiedemann*, in: Wiedemann, TVG, § 1 Rdnr. 129 aE; danach erstreckt sich das Selbstbestimmungsrecht der Kirche nicht darauf, festzulegen, wie „die staatliche Rechtsordnung die kirchlichen Arbeitsregelungen qualifiziert." Auch das BAG führt in seiner Entscheidung v. 20.03.2002 – 4 AZR 101/01, BAGE **101**, 9 (18) noch aus, *„Zwar ermöglicht das kirchliche Selbstbestimmungsrecht, auf dem Dritten Weg Arbeitsrechtsregelungen herbeizuführen. Indessen enthält das säkulare Recht keine Bestimmung, die die normative Wirkung kirchlicher Arbeitsrechtsregelungen anordnet."*
[482] S. Fn. 441.
[483] Nach Ansicht des LAG Berlin, Urteil v. 17.5.1999 – 9 Sa 209/99, ZTR 1999 525 (525 Ls.), besitzt das kirchliche Arbeitsrechts-Regelungsverfahren „eine gewisse Gleichwertigkeit mit dem Tarifvertragssystem". Dagegen misst das LAG Hamm, Urteil v. 17.10.2000 – 7 Sa 1149/00, ZMV 2001, 85 (86), den Öffnungsklauseln staatlicher Gesetze, die ausdrücklich auch „Normen" des

normative Geltung der im kirchlichen Arbeitsrechts-Regelungsverfahren – aus kirchlicher Sicht mit normativer Wirkung – erlassenen Bestimmungen ausdrücklich zu bestätigen, kann nicht auf den fehlenden Normcharakter geschlossen werden.[484]

Allein aus der oben – S. 88 ff. – gezeigten unterschiedlichen Gestaltung des Entscheidungsverfahrens eine so weitreichende Benachteiligung nicht nur des kirchlichen Arbeitsrechts-Regelungsverfahrens sondern auch der Dienstnehmerinteressen, deren Sicherung eine Festschreibung wesentlicher Arbeitsbedingungen ebenfalls dient, zu folgern, ohne die sich in maßgebenden Punkten von der Situation in der säkularen Arbeitswelt unterscheidende Lage im Bereich der Kirche zu berücksichtigen, kann zu keiner akzeptablen Lösung führen. Zum einen wird durch das vielbemühte Bild einer kirchlichen Dienstgemeinschaft keine „Gleichschaltung" der Interessenlagen von Dienstgebern und Dienstnehmern betrieben, zum anderen wird auch nicht bereits die Möglichkeit bzw. die Existenz divergierender Positionen geleugnet oder überdeckt. Die Einrichtung der Kommissionen zeugt gerade vom Gegenteil.

Durch die Entsendung von 17 Vertretern jeder Seite[485] wird nicht nur eine Plattform zur Artikulierung (gruppen)eigener Interessen und Bedürfnisse geschaffen, deren Vorhandensein damit gleichzeitig anerkannt und ernst genommen wird. Die im Rahmen von Vertragsverhandlungen notwendige Überzeugungsleistung und das bei gleichstarken Partnern in der Regel erforderliche wechselseitige Nachgeben findet seine Entsprechung in dem Erfordernis, die zur Beschlussfassung notwendigen Stimmen der Vertreter der anderen Seite für den eigenen Antrag zu gewinnen.[486] Das auf Seiten der Dienstnehmer fehlende Drohpotential arbeitsrechtlicher Kampfmaßnahmen degradiert die Kommissionen nicht zu einem Klub der schönen Reden, in dem die Dienstnehmervertreter als bloße Bittsteller auftreten.[487] Ihre Position als echte (ernstzunehmende) Verhandlungspartner wird durch die bereits dargestellte, anders geartete innere Struktur kirchlicher Arbeitsverhältnisse gewährleistet; trotz des unbestreitbaren – und auch nicht in Frage gestellten – Bestehens unterschiedlicher Interessenlagen sollen sozialverträgliche Arbeitsbedingungen nicht in einem Verfahren bestimmt werden, dessen Grundlage ausschließlich ein von Eigennutz und

---

kirchlichen Arbeitsrechts-Regelungsverfahrens erfassen, nur Ausnahmecharakter zu und verneint damit gerade deren Verallgemeinerungsfähigkeit bzw. die Möglichkeit, sie als Basis eines allgemeinen Grundsatzes zu verstehen; s. auch Fn. 440.

[484] Ausdrücklich hat auch das LAG Berlin in seiner Entscheidung v. 17.5.1999, s. Fn. 483, offen gelassen, ob der einschlägigen Arbeitsvertragsordnung „mit Rücksicht auf Artikel 140 GG, Artikel 137 Abs. 3 Weimarer Reichsverfassung „normativer Charakter"" zukommt; aA *Schliemann*, Tarifdispositiver Arbeitszeitschutz, FS Schaub, S. 475 (496 f.).

[485] Dazu kommen gem. § 4 Bay. Regional-KODA noch der Vorsitzende und der stellvertretende Vorsitzende der Lehrerkommission.

[486] Beschlüsse werden mit Zweidrittelmehrheit der Gesamtzahl der Stimmberechtigten gefasst, § 12 Abs. 1a Bay. Regional-KODA.

[487] AA *Hammer*, Kirchliches Arbeitsrecht, S. 396.

Wettbewerb bestimmter Ansatz ist und in dem eine „Verständigung“ zwischen den Lagern nur durch das Bestehen einer hoheitlich zumindest sanktionierten Zwangsordnung gewährleistet wird. Gesprächs- bzw. Einigungsbereitschaft soll nicht unter dem Druck der jeder Seite zur Verfügung stehenden Kampfinstrumente erzwungen werden, sondern aus der Einsicht in eine gemeinsame Verantwortung erwachsen. Um eine schlichte Blockadetaktik zu vermeiden, hat z.B. im Bereich der Bay. Regional-KODA die Hälfte der Mitglieder die Möglichkeit, den Vermittlungsausschuss anzurufen, der der Kommission dann einen Vermittlungsvorschlag vorlegt; sollte auch dieser nicht die notwendige Stimmenmehrheit finden, kann mit der Gesamtzahl der Stimmen der Dienstgeber bzw. Dienstnehmervertreter[488] das kirchliche KODA-Gericht angerufen werden, das gegebenenfalls einen verbindlichen Termin zur Beschlussfassung festsetzen kann.[489]
Im Gegensatz zum Modell der Vertragsverhandlung kann im Beschlussverfahren zudem ein bestimmter Regelungsgegenstand nicht allein durch die Weigerung der Gegenseite ausgeschlossen werden, darüber nicht in Verhandlungen zu treten.[490] Zusätzlich sind die kirchlichen Vertreter auch den tragenden Grundwerten christlicher Soziallehre und insoweit einschlägigen Normen kirchlicher Gesetze unausweichlich verpflichtet.[491] Die jeweiligen Vertreter sind an bestimmte Weisungen ihrer Entsender nicht gebunden, unterliegen auch innerhalb der Kommission keinem Gruppenzwang und genießen besonderen Kündigungsschutz[492]. Dass die von den Kommissionen gefassten Beschlüsse nicht unmittelbar in Kraft gesetzt werden, sondern der Billigung des Bischofs bedürfen, macht die Kommissionen nicht zum zahnlosen Tiger, sondern ist eine Konsequenz des Selbstverständnisses der Kirche, das sich seinerseits auf die verfassungsrechtliche Verbürgung der Art. 140 GG iVm. Art. 137 Abs. 3 WRV stützen kann und somit nicht zu einer Abqualifizierung bzw. Benachteiligung des „Dritten Weges“ gegenüber den säkularen Beteiligungsmodellen führen darf.[493] Grundsätzlich kann die Regelungsmacht der Kommission nicht losgelöst von den die Kirche prägenden Wesensmerkmalen beurteilt werden, mögen diese auch auf organisationsrechtlicher Seite liegen. Ihre Kompetenz

---

[488] Und der zusätzlichen Annahme eines unabweisbaren Regelungsbedürfnisses, § 17 Abs. 4b Bay. Regional-KODA.
[489] Unberührt bleibt aber das Letztentscheidungsrecht des Bischofs.
[490] S. auch *Richardi,* Arbeitsrecht in der Kirche, § 15 Rdnr. 25.
[491] Also zB dem Gebot der Lohngerechtigkeit; allerdings gilt auch hier der Vorbehalt der Finanzierbarkeit. Ablehnend *Hammer,* Kirchliches Arbeitsrecht, S. 393 ff., 409 f.
[492] S. § 10 Abs. 1 Unterabsatz 1 Satz 1, Unterabsatz 2 Bay.Regional-KODA-Ordnung.
[493] Nach *Pahlke,* Der „Dritte Weg" der Kirchen im Arbeitsrecht, NJW 1986, 350 (355), ist die „Schaffung von dem Tarifvertrag gleichwertigen Dienstvertragsordnungen ... ein Gebot des das Arbeitsrecht beherrschenden Schutzgedankens und entspricht der vom *BVerfG* erwarteten Konkordanz zwischen staatlicher und kirchlicher Ordnung. ... Zur Herbeiführung dieser Schutzwirkungen enthält Art. 140 GG, 137 III WRV einen staatlichen Delegationsakt, der den Kirchen die Schaffung arbeitsrechtlicher Regelungen mit tarifvertragsgleicher Wirkung gestattet".

unterliegt insoweit einem immanenten Schrankenvorbehalt[494], der sich im Bereich der katholischen Kirche gerade in der herausgehobenen Stellung des Bischofs aktualisiert.[495] Trotz struktureller Unterschiede zum System tarifvertraglicher Normsetzung teilen die im Rahmen des „Dritten Weges" zustande gekommenen Regelungen, jedenfalls soweit die Kirche ausdrücklich einen normativen Geltungsbefehl erlässt[496], den Charakter als „Instrument der Privatautonomie"; eingebettet in das arbeitsrechtliche Ordnungssystem kirchlicher Prägung dient es in vergleichbarer Weise der Sicherung einer gleichwertigen Gestaltungsmöglichkeit nach dem Grundsatz der Vertragsgerechtigkeit.[497] Ohne die letztlich ihrem verfassungsrechtlichen Selbstbestimmungsrecht zuwiderlaufende Schlechterstellung der Kirchen mit Blick auf den von ihr verfassungskonform beschrittenen „Dritten Weg" in Kauf zu nehmen, lässt sich aufgrund der oben dargestellten Gründe die Weigerung, die im kirchlichen Arbeitsrechts-Regelungsverfahren erlassenen Bestimmungen in ihrer rechtlichen Qualität den im staatlichen Bereich gebrauchten Instrumenten tarifvertraglicher Einigung gleichzubehandeln, nicht begründen.[498]

4. Ergebnis

Insgesamt ergibt sich aus den vorangehenden Ausführungen, dass zwingende sachliche Gründe, die gegen eine Anerkennung der kirchlicherseits in Anspruch genommenen Normwirkung ihrer im Arbeitsrechts-Regelungsverfahren erlassenen Bestimmungen auch auf den säkularen Bereich der Dienstverhältnisse von Beschäftigten im Kirchendienst sprechen, nicht vorhanden sind. Die Kirche ist insoweit allerdings gehalten, Inhalt und Reichweite des

---

494 *Richardi*, Arbeitsrecht in der Kirche, § 15 Rdnr. 17.

495 Der als Inhaber der Hirtengewalt alleiniger Gesetzgeber ist und diese Befugnis nicht auf unabhängige Personen oder Einrichtungen übertragen kann; auch sein gem. § 12 Abs. 3 – 5 Bay. Regional-KODA bestehendes Vetorecht ist per se nicht geeignet, den paritätischen Einfluss der Mitarbeitervertreter zu verneinen, so auch *Berchtenbreiter*, Kündigungsschutzprobleme im kirchlichen Arbeitsverhältnis, S. 91; *Grethlein/Spengler*, Der Dritte Weg der Kirchen, Beil. 10 zu BB 1980, S. 12, die allerdings im Falle einer einseitig – unter Berufung auf ein unabweisbares Regelungsbedürfnis – durch den Bischof erlassenen Regelung zu einer gerichtlichen Billigkeitskontrolle tendieren.

496 BAG, Urteil v. 20.03.2002 – 4 AZR 101/01, BAGE **101**, 9 (18).

497 *v. Hoyningen-Huene*, Öffnungsklauseln für Kirchen in Arbeitsrechts-Gesetzen?, RdA 2002, 65 (68), sieht in der Ausgestaltung des kirchlichen Arbeitsrechts-Regelungsverfahrens eine dem Tarifvertragssystem entsprechende „Richtigkeitschance"; *Richardi*, Arbeitsrecht in der Kirche, § 15 Rdnrn. 14, 39. Ablehnend *Hammer*, Kirchliches Arbeitsrecht, S. 393 f. Im Dunkeln bleibt aber immer noch die Frage nach dem Grund der Rechtsgeltung. Dafür besteht aber nicht einmal im Bereich des „Zweiten Wegs" ein eindeutiger, die Gesamtproblematik lückenlos und widerspruchsfrei erklärender Ansatz. Die Meinungen reichen hier von einer rein privatautonom-rechtsgeschäftlichen Begründung, s. *Bötticher*, Gestaltungsrecht und Unterwerfung, 20 ff., über die Anerkennung eines mit Mitteln des Privatrechts abgeschlossenen Normenvertrags bis hin zur Annahme einer Normsetzung kraft staatlicher Ermächtigung, so die noch hL und die Rechtsprechung, wobei innerhalb der einzelnen Begründungen noch unterschiedliche Varianten vertreten werden, s. dazu *Dütz*, Die „Tarif"-Wirkung von kirchlichen Arbeitsrechtsregelungen, FS Schaub, S. 157 (170); zu den Nachweisen im Einzelnen vgl. *Wiedemann*, in: Wiedemann, TVG, § 1 Rdnrn. 39 ff. mwN.

498 *Frey/Coutelle/Beyer*, MAVO, § 38 Rdnr. 28.

normativen Geltungsanspruchs konkret zu fixieren und damit klarzustellen, „... *u.a. für wen die unmittelbare und zwingende Wirkung gelten soll (kirchlicher Dienst- oder Arbeitgeber, verfasste Kirche, Diakonie, Caritas, Mitglieder der Kirche oder auch kirchlich gebundene Mitarbeiter bzw. Mitglieder anderer Kirchen).*"[499]

Ganz im Gegenteil hat die Kirche mit der Einrichtung und Ausgestaltung des „Dritten Weges" ein Modell der Beteiligung ihrer Beschäftigten geschaffen, das den Vergleich mit seinem weltlichen Pendant nicht zu scheuen braucht und das in gleicher Weise sowohl zur Wahrung der schutzwürdigen Interessen kirchlicher Dienstnehmer als auch zur Wahrung des kirchlichen Propriums geeignet ist.

Mit der Errichtung kirchlichen Arbeitsrechts-Regelungssystems hat die katholische Kirche von ihrem verfassungsrechtlich verbürgten Recht zur Ordnung und Verwaltung der eigenen Angelegenheiten iS von Art. 140 GG iVm. 137 Abs. 3 WRV Gebrauch gemacht. Seine Ausgestaltung hält sich im Rahmen der Gesetze und trägt auch den Grundsätzen der Wechselwirkungslehre des Bundesverfassungsgerichts angemessen Rechnung, indem unter Anerkennung und Achtung der besonderen Anforderungen des kirchlichen Dienstes eine bestmögliche Entfaltung der Interessen von Belegschaft und kirchlichem Dienstgeber angestrebt wird. Damit verbietet sich in Bezug auf die Geltungskraft der im kirchlichen Arbeitsrechts-Regelungsverfahren erlassenen Normen auch unter dem Gesichtspunkt des Schutzes kirchlicher Dienstnehmer eine unterschiedliche Behandlung der kirchlichen Arbeitsvertragsordnung im Verhältnis zur tarifvertraglichen Ordnung säkularer Arbeitsverhältnisse. Eine normative Einwirkung kraft kirchlicher Rechtsetzung kommt damit auch auf den weltlichen Teil der Beschäftigungsverhältnisse in Frage.[500] Soweit staatliche Gerichte die Kompetenz zur inhaltlichen Billigkeitskontrolle der im kirchlichen Arbeitsrechts-Regelungsverfahren ergangenen Normen in Anspruch nehmen, verletzen sie das Selbstbestimmungsrecht der Kirche iS von Art. 140 GG iVm. Art. 137 Abs. 3 WRV.[501]

---

[499] BAG, Urteil v. 20.03.2002 – 4 AZR 101/01, BAGE **101**, 9 (19); s. auch Anmerkung *Richardi* in AP Nr. 53 zu Art. 140 GG.

[500] *Schilberg,* Die Rechtsnormqualität kirchlicher Arbeitsrechtsregelungen im Rahmen des Dritten Weges, ZevKR **41** (1996), 40 (45); aA *Berchtenbreiter,* Kündigungsschutzprobleme im kirchlichen Arbeitsverhältnis, Diss., S. 89 mwN.

[501] Im Ergebnis ebenso *Dütz,* Arbeitsgerichtliche Überprüfung kollektiver kirchlicher Arbeitsrechtsregelungen, FS Listl, S. 573 (577, 584 f.); *Jurina,* Zur Entwicklung des „Dritten Weges" in der katholischen Kirche, FS Listl, S. 519 (541 f.); *Pahlke,* Der „Dritte Weg" der Kirchen im Arbeitsrecht, NJW 1986, 350 (356); *Richardi,* Arbeitsrecht in der Kirche, § 15 Rdnrn. 39 f.; *ders.* MünchArbR, § 14 Rdnrn. 40, 49; *Thüsing,* Anm. zu BAG Urteil v. 28.1.1998, – 4 AZR 491/96, ZevKR **44** (1999), 99 (100 f.); *ders.,* 20 Jahre „Dritter Weg" – Rechtsnatur und Besonderheiten der Regelung kirchlicher Arbeitsverhältnisse, RdA 1997, 163 (170).

## VI. Kirchliche Arbeitsrechts-Regelungen und Inhaltskontrolle nach den §§ 305 ff. BGB

### 1. Überblick

Die Problematik der rechtlichen Qualität der im kirchlichen Arbeitsrechts-Regelungsverfahren ergangenen Bestimmungen erhält durch eine in jüngerer Zeit durchgeführte Gesetzesreform weitere Brisanz. Im Zuge der Schuldrechtsreform[502] erfolgte eine Integration von Nebengesetzen in das Bürgerliche Gesetzbuch, wobei vor allem die Aufnahme und Modifizierung des früheren AGBG in Bezug auf die arbeitsrechtliche Praxis besondere Bedeutung erlangt. In bewusster Abkehr von der bisherigen Rechtslage hat sich der Gesetzgeber für den Bereich des Arbeitsrechts gegen eine umfassende Bereichsausnahme wie sie in § 23 Abs. 1 AGBG aF angeordnet war, entschieden und nimmt jetzt gem. § 310 Abs. 4 Satz 1 BGB ausdrücklich nur noch Tarifverträge, Betriebs- und Dienstvereinbarungen von vornherein von der Inhaltskontrolle iS der §§ 307 ff. BGB aus.[503] Soweit also kirchliche Arbeitgeber vorformulierte Klauseln zum Inhalt ihrer Arbeitsverträge machen wollen, scheinen diese Abreden Gegenstand einer umfassenden Inhaltskontrolle zu sein, da der Zweite Abschnitt des Zweiten Buches des BGB keine Kirchenklausel enthält.[504] Denn die Legaldefinition allgemeiner Geschäftsbedingungen iS des § 305 Abs. 1 BGB erfasst auch solche Klauseln, die weder selbst vom Verwender gestaltet wurden noch setzt sie dessen Absicht zur mehrfachen Verwendung voraus.[505]

Den besonderen Anforderungen des kirchlichen Dienstes hofften die Verfasser des Entwurfs durch eine Überlegung gerecht zu werden, die in § 310 Abs. 4 Satz 2 HS. 1 BGB Eingang in das Gesetz gefunden hat: Bei der Anwendung der §§ 305 ff. BGB auf Arbeitsverträge sollen die Besonderheiten im Arbeitsrecht angemessen berücksichtigt werden.[506] Ob die Folgen der

---

502 BGBl. I 2001, S. 3138; in Kraft getreten sind die Änderungen am 1. Januar 2002.

503 Gegenstellungnahme der Bundesregierung, BT-Drucks. 14/6857, S. 54, begründet diese Reform mit einer durch die uneinheitliche Rechtsprechung des BAG hinsichtlich der inhaltlichen Überprüfung von Arbeitsbedingungen entstandenen Rechtsunsicherheit, die es zu beseitigen gelte; gleichzeitig soll außerdem dafür gesorgt werden, dass „das Schutzniveau der Vertragsinhaltskontrolle im Arbeitsrecht nicht hinter demjenigen des Zivilrechts zurückbleibt." Zur grundlegenden Kritik dieses Ansatzes s. *Annuß*, AGB-Kontrolle im Arbeitsrecht: Wo geht die Reise hin?, BB 2002, 458 ff. Auch durch diese Bereichsausnahme ändert sich aber nichts daran, dass die genannten Normenverträge mit höherrangigem Recht vereinbar sein müssen und insoweit einer richterlichen Kontrolle zugänglich bleiben.

504 S. insoweit ausdrücklich *Däubler*, Die Auswirkungen der Schuldrechtsmodernisierung auf das Arbeitsrecht, NZA 2001, 1329 (1334); so auch *Hammer*, Kirchliches Arbeitsrecht, S. 398.

505 AnwKom-BGB/*Hennrichs*, § 305 Rdnr. 3; zu § 1 AGBG, Ermann/*Hefermehl/Werner*, BGB, § 1 ABGB Rdnr. 10; BAG, Urteil v. 16.11.1990 – V ZR 217/89, NJW 1991, 843 (843).

506 Beschlussempfehlung des Rechtsausschusses BT-Drucks. 14/7052, S. 189; der Rechtsausschuss verbindet „mit der vorgesehenen Formulierung die Erwartung, dass den Besonderheiten spezifischer Bereiche des Arbeitsrechts wie z.B. des kirchlichen Arbeitsrechts angemessen Rechnung getragen werden kann." In der Gegenstellungnahme BT-Drucks. 14/6857, S. 54, heißt es dazu, es „sollten vor allem die besonderen Klauselverbote ohne Wertungsmöglichkeit im Arbeitsrecht nicht zwingend uneingeschränkt zur Anwendung kommen. Vielmehr sollten hier die besonderen Bedürfnisse eines

Reform für die Normadressaten diese Erwartung zu erfüllen vermögen, ob – darüber hinausgreifend – damit eine widerspruchsfreie, also rechtmäßige Zuordnung zu dem verfassungsrechtlich geschützten kirchlichen Selbstbestimmungsrecht der Kirchen und dessen Ausfüllung im kirchlicherseits beschrittenen „Dritten Weg" möglich ist, erscheint – soweit man sich ausschließlich am Wortlaut des § 310 Abs. 4 BGB orientiert – doch mehr als fraglich.

Hinsichtlich der arbeitsvertraglichen Gestaltung gilt es zunächst unterschiedliche Problemkreise voneinander abzuschichten: zum einen die Fälle, in denen im Individualvertrag unmittelbar auf weltliche Tarifwerke Bezug genommen wird; zum anderen den Komplex der arbeitsvertraglichen Inbezugnahme einer im kirchlichen Arbeitsrechts-Regelungsverfahren ergangenen Ordnung[507] und schließlich die Frage nach der unmittelbaren Gestaltung der einzelnen Arbeitsverträge durch die im kirchlichen Arbeitsrechts-Regelungsverfahren erlassenen Normen im Rahmen ihres Anwendungsbereichs.

2. Inbezugnahme von Tarifverträgen in Arbeitsverträgen mit kirchlichen Dienstgebern

Wird in Arbeitsverträgen mit kirchlichen Dienstgebern einheitlich oder zur Regelung bestimmter Sachkomplexe auf weltliche Tarifwerke verwiesen, hat eine Antwort auf die Frage nach der Möglichkeit staatlicher Gerichte, eine Inhaltskontrolle der in Bezug genommenen Bestimmungen des Kollektivvertrags vorzunehmen, mit einem Vergleich der entsprechenden Problemkonstellation im weltlichen Recht zu beginnen. § 310 Abs. 4 Satz 3 BGB ordnet an, dass Tarifverträge, Betriebs- und Dienstvereinbarungen Rechtsvorschriften iS des § 307 Abs. 3 BGB gleichstehen. Nach der Ansicht des Gesetzgebers soll damit zum Ausdruck gebracht werden, dass Einzelarbeitsverträge, „die Bezug auf einen Tarifvertrag nehmen, ohne dass eine beiderseitige Tarifbindung besteht ... ebenfalls nicht der Inhaltskontrolle unterliegen, sondern nur am Transparenzgebot zu messen sind."[508] Dem ist jedoch nur unter Einschränkungen zuzustimmen.

Der Grund für diese Einschränkung einer an sich vorzunehmenden Inhaltskontrolle – die Bereichsausnahme iS des § 310 Abs. 4 Satz 1 BGB greift wegen der fehlenden unmittelbaren Tarifbindung gem. § 4 Abs. 1 TVG nicht – liegt in der Vermutung, die Parteien der Kollektivverträge seien in Ausübung der gem. Art. 9 Abs. 3 GG garantierten Koalitionsfreiheit mit seinen Verhandlungsgleichgewicht gewährleistenden Kampf-instrumenten durch ihre Sachnähe am ehesten in der Lage, ausgewogene und

Arbeitsverhältnisses berücksichtigt werden können." S. allgemein dazu, *Thüsing,* Was sind die Besonderheiten des Arbeitsrechts?, NZA 2002, 591 ff.

507 Die nach der hier vertretenen Ansicht nur deklaratorischen Charakter hat.

508 Gegenstellungnahme BT-Drucks. 14/6857, S. 54.

angemessene Arbeitsbedingungen zu schaffen.[509] Mit dieser Feststellung wird gleichzeitig die immanente Funktionsgrenze dieses Ansatzes sichtbar und bedingt folgende Einschränkung: Werden Regelungen eines Tarifvertrags über Einbeziehungsabreden in Arbeitsverträge integriert, die außerhalb seines (sachlichen) Geltungsbereichs liegen, kann diese Angemessenheitsvermutung nicht mehr greifen. Das tarifvertragliche Regelwerk stellt sich ja als Ergebnis eines in freier Willensbildung und –betätigung erzielten Kompromisses der beteiligten Interessenvertreter dar und ist damit in deren jeweilige Lebenswirklichkeit eingebunden.[510] Ausgenommen von der Inhaltskontrolle werden individualvertragliche Verweisungen danach nur, wenn der fragliche Arbeitsvertrag im Geltungsbereich des in Bezug genommenen Tarifvertrags liegt, die unmittelbare Tarifbindung also nur an der fehlenden Verbandsmitgliedschaft scheitert.[511]

Damit sind Bezugnahmeklauseln in kirchlichen Arbeitsverträgen aber in weit größerem Umfang einer Inhaltskontrolle iS der §§ 305 ff. BGB unterworfen als solche in rein weltlichen Arbeitsverträgen: Kirchliche Dienstgeber schließen gem. Art. 7 GrOkathK grundsätzlich keine Tarifverträge mit Gewerkschaften ab und fallen auch nicht in den Geltungsbereich der Tarifverträge des öffentlichen Dienstes (BAT oder TVöD). Auch bei einer Bezugnahme auf BAT oder TVöD greift deshalb die oben genannte immanente Funktionsschranke; damit besteht keine Vermutung für die Angemessenheit der in Bezug genommenen Tarifregelungen.[512] Im Ergebnis unterliegen in Arbeitsverträge mit kirchlichen Dienstgebern eingebundene Bestandteile weltlicher Tarifverträge damit der Inhaltskontrolle iS der §§ 307 ff. BGB.

### 3. Inbezugnahme von kirchlichen Arbeitsrechts-Regelungen

Inwieweit im kirchlichen Arbeitsrechts-Regelungsverfahren erlassene Bestimmungen einer Inhaltskontrolle iS der §§ 305 ff. BGB unterfallen, hängt davon ab, wie deren Rechtsnatur bewertet wird. Die bisher herrschende Ansicht in der Rechtsprechung und die überwiegenden Stimmen in der Literatur lehnen im Gegensatz zum hier vertretenen

---

509 MünchArbR/*Richardi*, § 14 Rdnr. 69; s. zur Vertragsinhaltskontrolle als Rechtskontrolle bei durch den Arbeitgeber vorgegebener individualvertraglicher Inbezugnahme von Tarifverträgen, aaO, Rdnrn. 70 ff.

510 *Gotthardt*, Der Arbeitsvertrag auf dem AGB-rechtlichen Prüfstand, ZIP 2002, 277 (281); *Henssler*, Arbeitsrecht und Schuldrechtsreform, RdA 2002, 129 (136); *Lorenz/Riehm*, Lehrbuch zum neuen Schuldrecht, § 3 Rdnr. 93; s. auch mit ausführlichen wN *Schlodder*, Der Arbeitsvertrag im neuen Schuldrecht, Diss., S. 201 f.

511 *Lindemann*, Neuerungen im Arbeitsrecht durch die Schuldrechtsreform, AuR 2003, 81 (86); *Richardi*, Tarifvertrag mit Arbeitskampf oder „Dritter Weg" in der Kirche, NZA 2002, 929 ff.; s. auch MünchArbR/*Richardi*, § 12 Rdnr. 17; aA *Bartz*, „AGB"-Kontrolle nun auch im Arbeitsrecht, AuA 2002, 62 (65); Palandt/*Heinrichs*, Ergänzungsband, § 310 Rdnr. 51.

512 S. in anderem Zusammenhang auch *Hammer*, Kirchliches Arbeitsrecht, S. 350.

Standpunkt eine normative Geltung der im „Dritten Weg" erlassenen Regelungen ab.[513]

Folgt man den Argumenten für die letztgenannte Auffassung nicht, stellt § 310 Abs. 4 Satz 1 BGB die Weiche für die gesuchte Antwort. Da dieser Abschnitt des BGB keine Bereichsausnahme für die kirchliche Arbeitsverfassung vorsieht, unterfallen die im kirchenintern dafür vorgesehenen Verfahren ergangenen Regelungen grundsätzlich der Inhaltskontrolle iS der §§ 305 ff. BGB. Ob diese Inhaltskontrolle iS der §§ 310 Abs. 4 Satz 3 iVm. 307 Abs. 3 BGB eingeschränkt wird, ist dann weiter davon abhängig, auf welches rechtsdogmatische Fundament diese Verweisung gestellt wird. Geht man mit *Annuß* davon aus, dass die reduzierte Kontrollmöglichkeit allgemeiner Arbeitsbedingungen – entsprechend der Situation unter der Geltung des § 8 AGBG aF für die Abweichung von gesetzlichen Bestimmungen – nur dann gerechtfertigt ist, wenn die in Bezug genommenen Regelungen ohnehin normative Geltung für das jeweilige Arbeitsverhältnis besitzen, hat dies für die im kirchlichen Arbeitsrechts-Regelungsverfahren erlassenen Bestimmungen zur Folge, dass sie – mit Ausnahme der Klauselverbote ohne Wertungsmöglichkeit gem. § 310 Abs. 4 Satz 2 Halbs. 1 BGB – einer umfassenden inhaltlichen Kontrolle iS der §§ 305 ff. BGB unterliegen.[514]

Legt man dagegen ein weniger restriktives Verständnis des § 310 Abs. 4 Satz 3 BGB zu Grunde, verzichtet man also mit der hM auf das Erfordernis einer unmittelbaren Geltung der in Bezug genommenen Regelungen, wird den staatlichen Gerichten immerhin noch eine eingeschränkte Prüfungskompetenz zugestanden. Den Kontrollmaßstab bildet in diesem Falle aber die im kirchlichen Arbeitsrechts-Regelungsverfahren erlassene Ordnung, ohne jedoch selbst Gegenstand der richterlichen Prüfung zu sein.[515] Zwar fehlt es auch in § 310 Abs. 4 Satz 3 BGB an einer angemessenen Berücksichtigung des von der Kirche beschrittenen „Dritten Weges", doch wird durch diese gesetzgeberische Fehlleistung nicht das verfassungsrechtlich Gebotene außer Kraft gesetzt.

Bejaht man dagegen die normative Wirkung der im „Dritten Weg" ergangenen Beschlüsse, kann die „Bereichsausnahme" der in diesem Verfahren ergangenen Bestimmungen auch ohne Aufnahme einer Kirchenklausel in die §§ 305 ff. BGB begründet werden.[516] Bei ihnen

---

[513] S. 92 ff. u. S. 84 ff.

[514] *Annuß,* AGB-Kontrolle im Arbeitsrecht: Wo geht die Reise hin?, BB 2002, 458 (460 mwN und Fn. 29).

[515] *Richardi,* AGB-Kontrolle kirchlicher Arbeitsverträge nach dem Schuldrechtsmodernisierungsgesetz, ZMV 2002, 161 (163); aA *Däubler,* Die Auswirkungen der Schuldrechtsmodernisierung auf das Arbeitsrecht, NZA 2001, 1329 (1335).

[516] S. auch *Thüsing,* Das Arbeitsrecht in der Kirche – Ein Nachtrag der aktuellen Entwicklungen, NZA 2002, 306 (310), der hier mit einem Erst-Recht-Schluss das Fehlen einer Kirchenklausel überwindet: wenn schon Betriebsvereinbarungen, die vom BAG bisher in ständiger Rechtsprechung einer Inhaltskontrolle unterzogen wurden, davon jetzt gem. § 310 Abs. 4 Satz 1 BGB ausgenommen werden, habe dies erst recht für kirchliche Arbeitsvertragsordnungen zu gelten, die das BAG zumindest in jüngeren Entscheidungen von einer inhaltlichen Prüfung ausnahm bzw. nur noch einer

handelt es sich gerade nicht um für eine Vielzahl von Verträgen vorformulierte Vertragsbedingungen, die der Dienstgeber dem Dienstnehmer einseitig auferlegen will; den – gemessen an den kirchenrechtlich begründeten Anforderungen – ordnungsgemäß erlassenen Regelungen kommt wie gezeigt auch ohne ausdrücklichen staatlichen Anerkennungsakt normative Wirkung zu, so dass bereits der Anwendungsbereich des § 305 Abs. 1 Satz 1 BGB nicht eröffnet ist.[517].

Auf eine fehlende Schutzbedürftigkeit der Dienstnehmer – durch die paritätische Besetzung der KODAen ist gesichert, dass die kirchlich Beschäftigten angemessen Einfluss auf die Entwicklung der Arbeitsrechtsordnung besitzen – kann wegen § 305 Abs. 1 Satz 3 BGB dagegen nicht abgestellt werden.[518] Soweit der Dienstgeber mit der derzeit geübten Praxis, über eine von ihm gestellte Bezugnahmeklausel die Anwendung der im „Dritten Weg" ergangenen Regelungen und damit die sowohl aus staatlicher wie aus kirchlicher Sicht erwartete Zu- bzw- Einordnung in die kollektive Ordnung sicherstellen will, handelt es sich nicht mehr um eine einzelvertraglich vereinbarte Abrede; damit werden die Regelungen der in Bezug genommenen Ordnung aber den Dienstnehmern „gestellt" iS des § 305 Abs. 1 Satz 1 BGB.

Neben dem fehlenden sachlichen Anwendungsbereich ist die Ausklammerung der kirchlichen Arbeitsrechtsordnung als Verstoß gegen das kirchliche Selbstbestimmungsrecht iS der Art. 140 GG iVm. 137 Abs. 3 WRV, dessen rechtmäßige Ausformung das errichtete KODA-System darstellt[519], und gegen den verfassungsrechtlich verankerten Gleichbehandlungsgrundsatz gem. Art. 3 Abs. 1 GG anzusehen. Der Gesetzgeber behandelt hier zwei in wesentlichen Bereichen vergleichbare Sachverhalte ohne sachlichen Grund unterschiedlich.[520] Weltlicher Tarifvertrag und kirchlicher „Dritter Weg" bieten angepasst an die Gegebenheiten und Bedürfnisse des jeweiligen Bereichs sowohl in verfahrensrechtlicher wie in materieller Hinsicht in vergleichbarer Weise Gewähr für eine interessennahe und effektive Einflussnahme der Beschäftigten auf die für sie geltenden Arbeitsbedingungen, so dass eine Ungleichbehandlung gegen Art. 3 Abs. 1 GG verstößt.

---

Kontrolle am Maßstab des § 317 BGB unterzog, soweit Regelungen der Tarifwerke nicht ganz oder in wesentlichen Teilen übernommen wurden.

[517] S. 92 ff.

[518] Der einzelne Dienstgeber, gerade in rechtlich verselbstständigten kirchlichen Einrichtungen, hat ja keine Möglichkeit, unmittelbar Einfluss auf die inhaltliche Gestaltung dieser Arbeitsbedingungen zu nehmen, sondern ist selbst an das Ergebnis des „Gesetzgebungsverfahrens" der KODAen gebunden, will er nicht seine Zuordnung zur Kirche preisgeben, s. Fn. 431.

[519] *Thüsing*, Das Arbeitsrecht in der Kirche – Ein Nachtrag der aktuellen Entwicklung, NZA 2002, 306 (310); aA *Däubler*, Die Auswirkungen der Schuldrechtsmodernisierung auf das Arbeitsrecht, NZA 2001, 1329 (1334 f.).

[520] S. auch *Müller-Volbehr*, NZA 2002, Teilzeitarbeit und kirchliche Arbeitsverhältnisse, 301 (304).

## C. Rechtsprechungstätigkeit der Schlichtungsstellen der katholischen Kirche

### I. Verfahren und Struktur der Dienstnehmerbeteiligung

#### 1. Einzel- und Gesamtmitarbeitervertretung

##### a) Errichtung der Gesamtmitarbeitervertretung, § 24 MAVO

Vergleichbar mit der Zielsetzung der entsprechenden staatlichen Normen[521] soll durch die Eröffnung der Möglichkeit zur Bildung einer Gesamtmitarbeitervertretung „eine einheitliche Entscheidung in gleichen Angelegenheiten beim selben Dienstgeber in mehreren Dienststellen" sichergestellt werden.[522] Im Gegensatz zum weltlichen Recht ordnet § 24 Abs. 1 MAVO die Einrichtung einer Gesamtmitarbeitervertretung nicht verpflichtend an, sondern überlässt diesen Schritt einer freiwilligen Einigung zwischen Dienstgeber und allen Mitarbeitervertretungen.[523] Folgerichtig konnten weder Dienstgeber noch Dienstnehmerrepräsentanten die Schlichtungsstelle anrufen, um die jeweils andere Seite zur Abgabe der notwendigen Willenserklärung zu verpflichten.[524]

Als spezifische Besonderheit der MAVO erweist sich auch die Regelung des § 1a Abs. 2 Satz 1 MAVO, wonach der kirchliche Rechtsträger in der Lage ist, unabhängig vom tatsächlichen Organisationsgefüge einseitig[525] den für die Dienstnehmerrepräsentation maßgebenden Rahmen festzulegen.[526] Deshalb kann in der MAVO eine Differenzierung zwischen einer sog. „unechten" – zB im Falle der Zusammenfassung mehrerer Dienststellen

---

[521] §§ 46 ff. BetrVG, 55 BPersVG. Entgegen der Rechtslage unter den §§ 50 BRG 1920 und 46 BetrVG 1952, die die Bildung eines Gesamtbetriebsrats noch in das Ermessen der Einzelbetriebsräte stellten, ist gegenwärtig unter der Voraussetzung, dass innerhalb eines Unternehmens mehrere Betriebsräte bestehen, die Bildung eines Gesamtbetriebsrats obligatorisch. Das BPersVG sieht die Möglichkeit zur Bildung eines Gesamtpersonalrats nur für den Fall vor, dass die Mehrheit der wahlberechtigten Beschäftigten einer Nebenstelle oder von Teilen einer Dienststelle, die räumlich weit auseinander liegen, in geheimer Abstimmung einen Beschluss über deren Selbstständigkeit fasst, § 6 Abs. 3 BPersVG. Der Gesamtpersonalrat ist damit kein Äquivalent des Gesamtbetriebsrats iS des § 47 Abs. 1 BetrVG.

[522] Vgl. *Thiel*, in: Bleistein/Thiel, MAVO, § 24 Rdnrn. 28 ff.

[523] Eine bloße Mehrheitsentscheidung auf Seiten der Mitarbeitervertretung genügt also nicht, *Thiel*, in: Bleistein/Thiel, MAVO, § 24 Rdnr. 12; s. aber auch S. 104 f.; für die ev. Kirche lässt § 6 Abs. 1 MVG.EKD den Antrag der Mehrheit der Mitarbeitervertretungen bzw. einer Mitarbeitervertretung im Falle, dass nur zwei Mitarbeitervertretungen bestehen, genügen.

[524] *Frey/Coutelle/Beyer*, MAVO, § 24 Rdnr. 3.

[525] Nach Änderung der Rahmen-MAVO (Fassung v. 23.06.2003) ist die Mitarbeitervertretung gem. § 1a Abs. 2 S. 1 vor einer solchen Regelung vom Dienstgeber anzuhören. Die Möglichkeit zur Errichtung einer dienstgeberübergereifenden Arbeitnehmervertretung iS der §§ 1b, 24 Abs. 2 bis 6 MAVO ist ebenfalls neu in die Rahmen-MAVO aufgenommen worden.

[526] Der diesbezügliche Ermessensspielraum des Dienstgebers kann nicht nur durch vorrangige bischöfliche Regelungen eingeschränkt werden, er darf auch nicht dazu missbraucht werden, um die Größe der Organisationseinheiten so zuzuschneiden, dass beteiligungsrelevante Schwellenwerte, zB §§ 6 Abs. 1 oder 15 Abs. 3 MAVO, gezielt unterlaufen werden, *Frey/Coutelle/Beyer*, MAVO, § 1a Rdnr. 2.

als Teildienststellen – und „echten" Gesamtmitarbeitervertretung getroffen werden.[527] Im erstgenannten Fall besteht damit von vornherein kein Raum für die Errichtung einer Gesamtmitarbeitervertretung.
Verständigen sich Dienstgeber und Mitarbeitervertretungen auf die Bildung einer Gesamtmitarbeitervertretung, entsendet jede Mitarbeitervertretung unabhängig von ihrer Zusammensetzung ein Mitglied, § 24 Abs. 4 S. 1 MAVO.[528] Ein besonderer Gruppenschutz für die Besetzung der Gesamtmitarbeitervertretung ist in der MAVO nicht vorgesehen.[529]

b) Zuständigkeit der Gesamtmitarbeitervertretung

Die Abgrenzung der Funktionsbereiche zwischen Gesamtmitarbeitervertretung und Einzelmitarbeitervertretung erfolgt gemäß § 24 Abs. 4 Satz 1 MAVO. Danach ist die Gesamtmitarbeitervertretung zuständig, soweit eine Angelegenheit im Sinne der §§ 26 bis 38 MAVO zugleich Mitarbeiterinnen und Mitarbeiter mehrerer Mitarbeitervertretungen erfasst. Unter diesen Voraussetzungen erstreckt sich das Mandat der Gesamtmitarbeitervertretung auch auf solche Organisationseinheiten, die die Voraussetzungen des § 6 Abs. 1 MAVO nicht erfüllen.[530]
Die Gesamtmitarbeitervertretung besitzt gegenüber den Einzelmitarbeitervertretungen weder Ersatz-[531] noch Weisungs- oder Aufsichtsbefugnisse.[532] Allerdings wird man im kirchlichen Beteiligungssystem nicht von einer sog. „Primärzuständigkeit"[533] der einzelnen Mitarbeitervertretungen ausgehen können, da § 24 Abs. 4 S. 1 MAVO keine § 50 Abs. 1 Satz 1 BetrVG vergleichbare Beschränkung enthält.[534] Die Zuständigkeit der

[527] *Thiel*, in: Bleistein/Thiel, MAVO, § 24 Rdnr. 3 (3. Auflage).
[528] Eine mit § 47 Abs. 9 BetrVG vergleichbare Regelung findet sich in der MAVO nicht; mit dieser durch das BetrVerf-RefG v. 23.7.2001 eingefügten Bestimmung wird für das BetrVG klargestellt, dass auch die Arbeitnehmerrepräsentanten eines gemeinsamen Betriebs grundsätzlich ein Entsenderecht in den bzw. die Gesamtbetriebsrat/räte der beteiligten Unternehmen besitzen; auch nach der Gesetzesnovelle bleiben aber noch viele Fragen offen, s. *Annuß*, in: Richardi, BetrVG, § 47 Rdnrn. 77 ff.; *Richardi/Annuß*, Neues Betriebsverfassungsgesetz: Revolution oder strukturwahrende Reform?, DB 2001, 41 (41).
[529] Durch das BetrVerf-RefG erfuhr auch § 47 Abs. 2 BetrVG eine Neuregelung, durch die der bis dato bestehende Gruppenschutz beseitigt wurde.
[530] AA *Frey/Coutelle/Beyer*, MAVO, § 24 Rdnr. 3, wonach diese Einheiten außerhalb des Mitarbeitervertretungsrechts stehen. S. *Annuß*, in: Richardi, BetrVG, § 50 Rdnr. 49; diese früher auch im Bereich des BetrVG umstrittene Frage hat der Gesetzgeber nun durch Einfügung des § 50 Abs. 1 Halbsatz 2 BetrVG im hier vertretenen Sinne gelöst.
[531] So jetzt aber § 6 Abs. 2 Satz 2 MVG.EKD; s. auch *Annuß*, in: Richardi, BetrVG, § 50 Rdnr. 51.
[532] *Thiel*, in: Bleistein/Thiel, MAVO, § 24 Rdnr. 26; *Grabendorff/Ilbertz/Widmaier*, BPersVG, § 55 Rdnr. 5; MünchArbR/*Joost*, § 313 Rdnr. 42.
[533] *Annuß*, in: Richardi, BetrVG, § 50 Rdnr. 3 mwN.
[534] Der Gesamtbetriebsrat ist zuständig für Angelegenheiten, die das Gesamtunternehmen oder mehrere Betriebe betreffen „und nicht durch die einzelnen Betriebsräte innerhalb ihrer Betriebe geregelt werden können." Demnach besitzt der Gesamtbetriebsrat auch in seinem originären Zuständigkeitsbereich – zB im Rahmen der Beteiligung in überbetrieblichen Angelegenheiten – nur eine subsidiäre Kompetenz, MünchArbR/*Joost*, § 313 Rdnr. 51. Andererseits ist damit aber auch keine

Gesamtmitarbeitervertretung ist also bereits dann eröffnet, wenn für eine konkrete Angelegenheit Regelungsbedarf in mindestens zwei Dienststellen besteht, obwohl in jeder Dienststelle jeweils eigenständige Regelungen getroffen werden könnten.[535] Je nach Verfahrensstand eines einrichtungsübergreifenden Planungs- bzw. Entwicklungskonzepts und der sich anschließenden Umsetzung bzw. einrichtungsspezifischen Konkretisierung, kommt es zu einem Wechsel in der Zuständigkeit von Gesamt- und Einzelmitarbeitervertretung.

c) Rechtsnatur und „Bestandsschutz" der Gesamtmitarbeitervertretung

Nach einem Beschluss der Schlichtungsstelle Trier zu § 24 MAVO aF[536] war bei den Verhandlungen zwischen Dienstgeber und Mitarbeitervertretung über die Bildung einer Gesamtmitarbeitervertretung der Umstand miteinzubeziehen, dass es sich bei der Gesamtmitarbeitervertretung um eine Dauereinrichtung handelte.[537] Nach ihrer Errichtung war ihr Fortbestehen also nicht mehr von einem aufrechtzuerhaltenden konsentierenden Willen aller bei ihrer Errichtung Beteiligten abhängig.[538] Eine Auflösung der Gesamtmitarbeitervertretung kam nur in den gesetzlich vorgesehenen Fällen in Betracht: Neben dem nachträglichen Wegfall der Voraussetzungen des § 24 Abs. 1 MAVO oder einer entsprechenden Beschlussfassung der Gesamtmitarbeitervertretung, die gem. § 13 Abs. 3 Nr. 3 MAVO durch die Mehrheit der Mitglieder[539] der Gesamtmitarbeitervertretung zu erfolgen hat, kam nur noch ein Beschluss der Schlichtungsstelle gem. §§ 13 Abs. 3 Nr. 6 iVm. 24 Abs. 4, 41 Abs. 1 Nr. 3 MAVO aF in Frage. Der von einer Einzelmitarbeitervertretung erklärte „Austritt" ließ den Bestand der Gesamtmitarbeitervertretung dagegen unberührt.[540] Das bei der Errichtung der Gesamtmitarbeitervertretung maßgebende Konsensprinzip bedingte keine perpetuierte

---

Unterordnung des Gesamtbetriebsrats unter die Einzelbetriebsräte verbunden, s. statt vieler *Annuß*, in: Richardi, BetrVG, § 50 Rdnr. 45.

[535] *Baumann-Czichon/Germer*, MVG-EKD, § 6 Rdnr. 5; *Thiel*, in: Bleistein/Thiel, MAVO, § 24 Rdnr. 6 sieht allerdings in der Mitarbeitervertretung der einzelnen Dienststelle die „wichtigste Trägerin der Mitwirkungsrechte".

[536] Rahmen-MAVO in ihrer Fassung vom 21.06.1999.

[537] Schlichtungsstelle – Trier, Beschluss v. 19.9.2000 (Az. 16-18/2000), ZMV 2001, 35 f.

[538] Schlichtungsstelle – Trier, Beschluss v. 19.9.2000 (Az. 16-18/2000), ZMV 2001, 35 (36); *Thiel*, in: Bleistein/Thiel, MAVO, § 24 Rdnr. 24, will zumindest den Dienstgeber an sein einmal erteiltes Einverständnis binden; aA *Frey/ Coutelle/Beyer*, MAVO, § 24 Rdnr. 2, die davon ausgehen, dass sowohl einzelne Mitarbeitervertretungen als auch der Dienstgeber in der Lage sind, der Gesamtmitarbeitervertretung durch Rücknahme der Einverständniserklärung, die Geschäftsgrundlage zu entziehen. Zwischenzeitlich ist in § 24 Abs. 5 Satz 1 Rahmen-MAVO (Fassung v. 23.06.2003) eine Regelung über die Auflösung der Gesamt-MAV bzw. gemeinsamen MAV aufgenommen worden.

[539] AA Schlichtungsstelle – Trier, Beschluss v. 19.9.2000 (Az. 16-18/2000), ZMV 2001, 35 (36), die auch „eine Entscheidung des Dienstgebers" genügen lassen will.

[540] Schlichtungsstelle – Trier, Beschluss v. 19.9.2000 (Az. 16-18/2000), ZMV 2001, 35 (36).

Willensübereinstimmung der Beteiligten.[541] Die Gesamtmitarbeitervertretung war als ein mit eigenständigen Aufgaben und Funktionen versehenes, vollwertiges Organ der Dienstnehmerrepräsentation auf einrichtungsübergreifender Ebene mit der Aufgabe betraut, bei Entscheidungen des Dienstgebers mit überbetrieblicher Wirkung die Interessen der von ihr vertretenen Dienstnehmer angemessen zur Geltung zu bringen. Diese Funktion wäre durch die Möglichkeit einer Mitarbeitervertretung, jederzeit und ohne insoweit einer revisiblen Begründungspflicht zu unterliegen, die Auflösung der Gesamtmitarbeitervertretung herbeizuführen, unzumutbar beeinträchtigt worden. Unabhängig vom internen Willensbildungsprozess der einzelnen Mitarbeitervertretungen im Wege des Beschlussverfahrens werden die zur Bildung der Gesamtmitarbeitervertretungen erforderlichen Willenserklärungen im Außenverhältnis durch die Vorsitzenden abgegeben und unterliegen damit den allgemeinen Regelungen des Privatrechts betreffend das Zustandekommen und Wirksamwerden von rechtsgeschäftlichen Erklärungen. Selbst wenn sich die „Parteien" – entsprechend den Grundsätzen bei Dauerschuldverhältnissen – aber über die Kündbarkeit und deren Modalitäten verständigt haben sollten, wäre diese Abrede mit der Natur eines mitarbeitervertretungsrechtlichen Vertretungsorgans und den Mitgliedschaftsrechten der von den einzelnen Mitarbeitervertretungen entsandten Vertreter nicht zu vereinbaren.

2. Nicht von der Mitarbeitervertretung repräsentierter Personenkreis, § 3 MAVO

a) Honorarkräfte

Nach § 3 MAVO zählen zum Personalkörper kirchlicher Einrichtungen Mitarbeiter, die bei einem Dienstgeber aufgrund eines Beschäftigungsverhältnisses tätig sind. Honorarkräfte, also freie Mitarbeiter, zählen nicht zu dem von der Mitarbeitervertretung repräsentierten Kreis der Dienstnehmer. Maßgebendes Unterscheidungsmerkmal ist insoweit, ob in persönlicher Abhängigkeit fremdbestimmte Arbeit geleistet wird.[542] Allein der Umstand, dass die wöchentliche und monatliche Arbeitsmenge und die Lage der Arbeitszeit durch den Dienstgeber nicht im Einzelnen vorgegeben wird, so dass den Dienstverpflichteten bei der Verteilung des abzudeckenden Arbeitszeitvolumens eigener Handlungs- und Entscheidungsspielraum verbleibt, bedeutet aber noch keinen Ausschluss vom persönlichen Anwendungsbereich der MAVO.[543]

---

[541] S. *Annuß*, in: Richardi, BetrVG, § 47 Rdnr. 6; *Frey/Coutelle/Beyer*, MAVO, § 5 Rdnr. 1, § 24 Rdnr. 1.; s. jetzt aber § 24 Abs. 5 Satz 1 Rahmen-MAVO.

[542] Schlichtungsstelle – Köln, Beschluss v. 19.12.1995 (MAVO 9/95).

[543] Schlichtungsstelle – Köln, Beschluss v. 19.12.1995 (MAVO 9/95); s. auch *Thiel*, in: Bleistein/Thiel, MAVO, § 3 Rdnr. 18; BAG, Urteil v. 19.1.1993 – 9 AZR 53/92, DB 1993, 1781 (1781).

Es genügt, dass im Rahmen der tatsächlichen Leistungserbringung keine freie Gestaltungsmöglichkeit bezüglich Art und Weise der Erfüllung der übernommenen Aufgabe und des dafür bestehenden zeitlichen Rahmens besteht.
Ein freies Dienstverhältnis liegt dagegen vor, wenn zB betreuungsbedürftige Personen auf der Grundlage eines „Honorarvertrages" in die eigene Familie aufgenommen werden und die Möglichkeit besteht, die diesen Personen zuzuwendende Sorge nicht nur hinsichtlich der konkreten zeitlichen Lage sondern auch bezüglich Art und Umfang der Betreuungsleistung an der jeweiligen Situation innerhalb der Familie auszurichten und damit letztlich eigenverantwortlich über die Leistungserbringung zu bestimmen.[544] Auch die Kopplung dieses freien Mitarbeiterverhältnisses an den Bestand eines abhängigen Arbeitsverhältnisses mit einem kirchlichen Träger führt zu keiner Ausdehnung des persönlichen Anwendungsbereichs MAVO.[545]

b) Leiterinnen und Leiter von Einrichtungen (§ 3 Abs. 2 Nr. 2 MAVO)

Der Begriff des „Leiters" ist nicht notwendig auf eine Einzelperson begrenzt, sondern erfasst auch eine Personenmehrheit. Entscheidend ist, dass auch für die Mitglieder des Kollegialorgans die Gefahr einer Kollision der sich aus dem Ehrenamt ergebenden Aufgaben mit den vertraglich übernommenen Pflichten gegeben ist.[546] Dies wird in der Regel dann der Fall sein, wenn die Mitglieder über die ihnen jeweils besonders zugewiesenen Teilbereiche hinaus gemeinsam Verantwortung für die gesamte Einrichtung besitzen.[547]
Ein Automatismus zwischen der Bestellung zum Leiter einer Einrichtung und dem Ausschluss aus dem Kreis der durch die Mitarbeitervertretung repräsentierten Dienstnehmer existiert allerdings nicht. Für den Fall eines zum Leiter einer Einrichtung ernannten Pastoralreferenten entschied die Schlichtungsstelle Osnabrück, dass der einem Trägerverein zugeordnete Pastoralreferent mitarbeitervertretungsrechtlich unter „verschiedenen Aspekten zu betrachten ist, seine Position nicht nur unter dem Aspekt der Leitungsaufgabe bewertet werden darf."[548] Aus der Gestaltung der MAVO lasse sich der Wille des kirchlichen Gesetzgebers erkennen, in mitarbeitervertretungsrechtlicher Hinsicht keine Schutzlücken entstehen zu lassen.[549] Wie die Figur des Doppelmandates iS des § 23 Abs. 2 Satz 2 MAVO zeigt, ist der MAVO eine „mehrdimensionale" und „funktionale" Sichtweise nicht fremd. Gegenüber der beim Dienstgeber gebildeten Sondervertretung sei der betroffene Mitarbeiter

[544] Schlichtungsstelle – Köln, Beschluss v. 23.3.1995 (MAVO 1/95).
[545] Schlichtungsstelle – Köln, Beschluss v. 23.3.1995 (MAVO 1/95).
[546] Schlichtungsstelle – Paderborn, Beschluss v. 6.12.1999 (VII/99).
[547] S. auch *Frey/Coutelle/Beyer*, MAVO, § 3 Rdnr. 33.
[548] Schlichtungsstelle – Osnabrück, Beschluss v. 27.7.98.
[549] S. auch *Thiel*, in: Bleistein/Thiel, MAVO, § 23 Rdnrn.1 f.

demnach nicht als Leiter einer Einrichtung iS des § 3 Abs. 2 Nr. 2 MAVO zu behandeln, so dass diese nach wie vor als Repräsentationsorgan für ihn zuständig sei.

c) Entscheidungsbefugte Mitarbeiter (§ 3 Abs. 2 Nr. 3 MAVO)

Nach § 3 Abs. 2 Nr. 3 MAVO gelten Mitarbeiter, die zu selbstständigen Entscheidungen über Ein- und Anstellungen oder Kündigungen befugt sind, nicht als Mitarbeiter iS der MAVO. Im Geltungsbereich des BetrVG findet sich ein ähnliches Abgrenzungsmerkmal in dessen § 5 Abs. 3 Satz 2 Nr. 1. Allerdings dient es dort zur Beschreibung der Stellung eines leitenden Angestellten iS der Legaldefinition des § 5 Abs. 3 Satz 1 BetrVG.[550] Die Gruppe der Mitarbeiter in leitender Stellung in kirchlichen Einrichtungen hat jedoch eine spezielle Regelung in § 3 Abs. 2 Satz 1 Nr. 4 MAVO erfahren, so dass Nr. 3 dieser Bestimmung einen selbstständigen Bedeutungsgehalt aufweist.

Unabhängig von ihren arbeitsvertraglich begründeten Aufgaben und Kompetenzen genügen im Mitarbeitervertretungsrecht von der Einrichtungsleitung erteilte „Einzelbefugnisse", um den fraglichen Dienstnehmer vom kirchlichen Beteiligungssystem auszuschließen.[551] Diese Befugnisse müssen aber auf Dauer verliehen sein und dürfen nicht nur auf konkrete Einzelfälle beschränkt werden.[552] Ob ein Mitarbeiter Dienstgeberfunktionen im Sinne des § 3 Abs. 2 Nr. 3 MAVO ausübt, ist anhand des dienstlichen Gesamterscheinungsbildes zu beurteilen.

Die Schlichtungsstelle Freiburg sah demnach in der Übertragung der Stellvertretung der Gesamtleitung für den Fall der Abwesenheit des Einrichtungsleiters die Tatbestandsvoraussetzungen des § 3 Abs. 2 Nr. 3 MAVO als gegeben an.[553] Von entscheidender Bedeutung sei, dass der Mitarbeiterin die Stellvertretung ohne Einschränkungen „mit allen Kompetenzen" übertragen war, so dass im Vertretungsfalle auch Entscheidungen über Einstellungen oder Kündigungen selbständig getroffen werden konnten.[554] Der Umstand, dass es sich nur um eine Abwesenheitsvertretung handelte und der „Bedarfsfall möglicherweise nur selten eintritt", wurde von der Schlichtungsstelle nur als zweitrangig angesehen. Es reiche aus, dass die Vertretungsbefugnis „generell erteilt und nicht auf Einzelfälle beschränkt" wurde.[555] Ergänzend zog die Schlichtungsstelle den

---

[550] Leitende Angestellte sind zwar Arbeitnehmer iS der materiellen Betriebsverfassung ihre Interessen werden aber nicht durch den Betriebsrat, sondern gem. § 1 Abs. 1 SprAuG durch den unabhängig davon zu errichtenden Sprecherausschuss gegenüber dem Arbeitgeber vertreten *Annuß/Girlich*, in: H/W/K, Arbeitsrecht, § 1 SprAuG Rdnr. 3; MünchArbR/*Matthes*, § 322 Rdnr. 4.

[551] S. auch *Thiel*, in: Bleistein/Thiel, MAVO, § 3 Rdnr. 60.

[552] *Frey/Coutelle/Beyer*, MAVO, § 3 Rdnr. 34.

[553] Schlichtungsstelle – Münster, Beschluss v. 11.2.1998 (MAVO 12/97).

[554] Schlichtungsstelle – Freiburg, Beschluss v. 30.3.1995 (MAVO 1994/7).

[555] Eine abweichende Beurteilung wäre nur dann erfolgt, wenn die Erteilung der Vertretungsbefugnis „jeweils im konkreten Einzelfall" erfolgt wäre, aaO (Fn. 554).

Umstand heran, dass die betroffene Mitarbeiterin „ständig zu den sogenannten Leitungskonferenzen hinzugezogen wird und die in diesem Gremium gefassten Entscheidungen mit beschließt und verantwortet".

Besitzt ein Mitarbeiter dagegen nur die Kompetenz, im internen Organisationsbereich eine – auch verbindliche – Auswahlentscheidung zu treffen, um damit im Außenverhältnis die Entscheidung des Einrichtungsträgers oder eines sonstigen Leitungsgremiums vorzubereiten, genügt dies nicht den Voraussetzungen des § 3 Abs. 2 Nr. 3 MAVO.[556]

d) Sonstige Mitarbeiterinnen und Mitarbeiter in leitender Stellung, § 3 Abs. 2 Nr. 4 MAVO

Mitarbeiter in leitender Stellung fallen nach § 3 Abs. 2 Nr. 4 MAVO ebenfalls nicht in den persönlichen Anwendungsbereich der MAVO. In der MAVO selbst findet sich zwar kein verbindlicher Katalog von Tatbestandsmerkmalen, aus dem sich die erforderlichen Abgrenzungskriterien entnehmen lassen, allerdings kann der Dienstgeber einrichtungsbezogen verbindlich festlegen, welcher Mitarbeiter unter § 3 Abs. 2 Nr. 4 MAVO zu subsumieren ist.[557]

Zur Konturierung dieses Begriffs der sonstigen leitend tätigen Mitarbeiter kann aber zum einen auf die GrOkathK zurückgegriffen werden. Daneben erscheint – zumindest auf den ersten Blick – auch eine Heranziehung der zu § 5 Abs. 3 Satz 1 BetrVG entwickelten Grundsätze in Betracht zu kommen. Danach zählen leitende Angestellte nicht zu der durch den Betriebsrat repräsentierten Belegschaft.[558] Der Grundtatbestand für die Bestimmung, wer zu dieser besonderen Arbeitnehmergruppe zu zählen ist, findet sich in der Nr. 3 des § 5 Abs. 3 Satz 2 BetrVG.[559] Den ausschließlich maßgebenden gesetzlichen Tatbestandsmerkmalen ist damit gemeinsam, dass die Rechtsmacht des jeweiligen Arbeitnehmers im Innenverhältnis und die Ausübung der in den Nrn. 1 bis 3 genannten Kompetenzen in einer seine Stellung in der organisatorischen Einheit prägenden Art und Weise entscheidendes Gewicht bei der Zuordnung zukommt.[560] Erforderlich ist darüber hinaus, dass der fragliche Arbeitnehmer über eine maßgebliche Einflussmöglichkeit auf die Unternehmensführung – sei es durch unmittelbare Entscheidungskompetenz oder der Besetzung einer vorbereitenden bzw. planenden Schlüsselposition – verfügt.[561] Diese

[556] *Frey/Coutelle/Beyer*, MAVO, § 3 Rdnr. 34.

[557] Zum Genehmigungsvorbehalt s. § 3 Abs. 2 Satz 3 MAVO.

[558] *Richardi*, in: Richardi, BetrVG § 5 Rdnrn. 4, 263 ff.; eine Legaldefinition der leitenden Angestellten enthält § 5 Abs. 3 Satz 2 Nr. 1 bis 3 BetrVG.

[559] DKK-*Trümner*, § 5 Rdnrn. 214 f.

[560] Also nicht nur gelegentliche oder vertretungsweise Tätigkeit, s. *Richardi*, in: Richardi, BetrVG, § 5 Rdnr. 199.

[561] DKK-*Trümner*, § 5 Rdnr. 219.

Voraussetzungen lassen eine Übertragung der im BetrVG entwickelten Grundsätze zumindest als fraglich erscheinen.[562]

Für kirchliche Einrichtungen kann es nicht schwerpunktmäßig auf unternehmerische Leitungsfragen ankommen, vielmehr spielt auch hier wieder das durch Art. 140 GG iVm. Art. 137 Abs. 3 WRV garantierte Selbstbestimmungsrecht die wesentliche Rolle; denn die Frage, welche Aufgaben und welche Kompetenzen für eine leitende Position charakteristisch sind, richtet sich nach den insoweit von der verfassten Kirche eigenverantwortlich bestimmten Wert- und Zielvorgaben.[563] Die Organisation des Dienstes und die Einrichtung und Qualifizierung der Stellen ist gerade wesentlicher Ausdruck des kirchlichen Selbstbestimmungsrechts, so dass eine Übertragung der Kriterien zur Bestimmung der leitenden Angestellten iS der Betriebsverfassung nicht in Betracht kommt. Im Unterschied zum Betriebsverfassungsrecht geht es in der MAVO nicht „um die Person mit unternehmerischer Entscheidungsautonomie, sondern in Ausgestaltung des kirchlichen Selbstbestimmungsrechts nach Art. 137 Abs. 3 WRV darum, wer nach kirchlichem Selbstverständnis eine leitende Funktion ausübt, durch die er Aufgaben und Tätigkeit der kirchlichen Einrichtung beeinflussen kann".[564]

Der GrOkathK lassen sich dagegen zumindest Indizien für die Antwort auf die Frage nach den Faktoren entnehmen, denen die katholische Kirche besondere Bedeutung beimisst. Auffällig ist die Erwähnung der Mitarbeiter in leitender Stellung im Kontext von pastoralen, katechetischen und erzieherischen Aufgaben.[565] Mit Blick auf die wesentlichen kirchlichen Aufgabenstellungen kann daraus auf die Notwendigkeit eines Bezugs „zur Wahrnehmung einer kirchlichen Grundfunktion" geschlossen werden.

Eine schlichte Gleichsetzung der Mitarbeiter in leitender Stellung mit den leitenden Angestellten iS des § 5 Abs. 3 Satz 2 BetrVG kommt somit nicht in Frage.[566] Kennzeichnend für einen Mitarbeiter in leitender Stellung ist, dass er nach kirchlichem Selbstverständnis eine leitende Funktion wahrnimmt, „durch die er Aufgaben und Tätigkeit der Einrichtung

---

[562] Einem Rückgriff auf die Rechtsprechung staatlicher Gerichte steht grundsätzlich kritisch gegenüber *Jurina*, Das Dienst- und Arbeitsrecht im Bereich der Kirchen in der Bundesrepublik Deutschland, Diss., S. 165 f.; zur Abgrenzung der leitenden Angestellten s. auch *Dütz*, Aktuelle kollektivrechtliche Fragen des kirchlichen Dienstes, EssGespr. **18** (1984), 67 (110).

[563] BAG, Urteil v. 16.9.1999 – 2 AZR 712/98, NZA 2000, 208 (210 ff.); *Thiel*, in: Bleistein/Thiel, MAVO, § 3 Rdnr. 63.

[564] BAG, Urteil v. 10.12.1992 – 2 AZR 271/92, EzA § 611 BGB Kirchliche Arbeitnehmer Nr. 38, unter III. 1. c) der Gründe mwN; dementsprechend ist auch nicht die Besoldung oder die Einordnung in das Vergütungsgruppensystem entscheidend, s. *Thiel*, in: Bleistein/Thiel, MAVO, § 3 Rdnr. 65.

[565] Vgl. Art. 5 Abs. 3, Art. 3 Abs. 2, Art. 4 Abs. 1 Satz 2, 3 GrOkathK.

[566] *Dütz*, Neue Grundlagen im Arbeitsrecht der katholischen Kirche, NJW 1994, 1369 (1373); MünchArbR/*Richardi*, § 193 Rdnr. 9; vgl. auch *Weiß*, Die Richtlinien über persönliche Anforderungen an Diakone und Laien im pastoralen Dienst im Hinblick auf Ehe und Familie vom 28. September 1995, FS Listl, S. 543 (546 ff.); BAG, Urteil v. 18.11.1999 – 2 AZR 903/98, NZA 2000, 427 (429); s. auch Fn. 563.

beeinflussen kann".[567] Für den betroffenen Mitarbeiter, der im Dezernat Schule und Hochschule tätig ist, sah die Schlichtungsstelle Limburg diese Voraussetzungen als erfüllt an, da er „eine herausragende Stellung hat, indem ihm die Vertretung des Dezernenten im Geschäftsbetrieb, die Fachaufsicht über Religionslehrer und Verhandlungen mit staatlichen Stellen übertragen sind".[568] Insgesamt wird damit auch im Außenverhältnis die hervorgehobene Stellung des Mitarbeiters erkennbar.[569]
Hat der Dienstgeber allerdings der Mitarbeitervertretung gegenüber ausdrücklich bestimmte Personen als leitende Mitarbeiter iS des § 3 Abs. 2 Nr. 4 MAVO qualifiziert, unterfallen weitere Mitarbeiter, auch wenn sie innerhalb der Einrichtung eine herausgehobene Position einnehmen, der Zuständigkeit der Mitarbeitervertretung.[570] Selbst wenn die Mitarbeitervertretung ihre Beteiligungsrechte über einen längeren Zeitraum hinweg bei der Besetzung dieser Stellen nicht ausgeübt hat, verwirkt sie diese nicht für künftige Maßnahmen.[571]

3. Zustimmung zu beabsichtigten Maßnahmen des Dienstgebers, § 33 MAVO

a) Einleitung des Beteiligungsverfahrens

§ 33 MAVO regelt grundlegend den Ablauf des Beteiligungsverfahrens, soweit der Mitarbeitervertretung in den in Abs. 1 genannten Fällen ein echtes Mitbestimmungsrecht in Form der Zustimmung eröffnet wird. Welchen materiellen Anforderungen dieses Beteiligungsrecht unterliegt, ist dagegen in den abschließenden Tatbeständen der §§ 18 Abs. 2 und 4, 34 bis 36 MAVO geregelt.
Aus dem Wortlaut des § 33 Abs. 2 Satz 1 MAVO ergibt sich, dass die ordnungsgemäße Einleitung des Beteiligungsverfahrens in der alleinigen Verantwortung des Dienstgebers liegt. Der Antrag auf Erteilung der Zustimmung der Mitarbeitervertretung muss nicht nur die zur Ausübung des einschlägigen Beteiligungsrechts relevanten Angaben, sondern auch eindeutig erkennen lassen, welche Art des gesetzlich vorgesehenen Beteiligungsrechts für den konkreten Fall aus der Sicht des Dienstgebers gegeben ist. Erforderlich ist „eine

---

[567] So auch *Frey/Schmitz-Elsen/Coutelle*, MAVO § 3 Rdnr. 22; *Thiel*, in: Bleistein/Thiel, MAVO, § 3 Rdnr. 63.
[568] Schlichtungsstelle – Limburg, Beschluss v. 16.8.1999 (MAVO 10/99); als entscheidungserheblich wurde außerdem angesehen, dass der betroffene Dienstnehmer durch die selbstständige Bearbeitung von Bewerbungen einschließlich der Entscheidung über den Einstellungsvorgang in unmittelbare Nähe der in § 3 Abs. 2 S. 1 Nr. 3 genannten Personen rückt.
[569] Allein die Einordnung eines Dienstnehmers in ein kollektives Entgeltschema ist damit nicht geeignet als abgrenzungsrelevantes Entscheidungskriterium herangezogen zu werden, *Frey/Coutelle/Beyer*, MAVO, § 3 Rdnr. 35.
[570] Schlichtungsstelle – Münster, Beschluss v. 11.2.1998 (MAVO 12/97). Im entschiedenen Fall ging es um Chefärzte einzelner Abteilungen eines kirchlichen Krankenhauses. im Ergebnis auch Schlichtungsstelle – Osnabrück, Beschluss v. 8.11.2001 (03/2001).
[571] Schlichtungsstelle – Osnabrück, Beschluss v. 8.11.2001 (03/2001).

eindeutige Aufforderung zur Zustimmung". Ein Schreiben des Dienstgebers „zur Überprüfung einer Mitwirkung" erfüllt diese Voraussetzung nicht.[572]

Um der Mitarbeitervertretung die angemessene Wahrnehmung ihres Mitwirkungsrechts zu ermöglichen, ist sie gem. § 33 Abs. 2 Satz 1 MAVO rechtzeitig von der beabsichtigten Maßnahme zu unterrichten und umfassend zu informieren, dh. der Mitarbeitervertretung sind alle wesentlichen Umstände für die Beurteilung der beabsichtigten Maßnahmen mitzuteilen.[573] Insbesondere wenn mehrere Tatbestandsalternativen eines Beteiligungstatbestands als einschlägig erscheinen, hat eine ordnungsgemäße Unterrichtung eine eindeutige Subsumtion zu ermöglichen.[574] Darüber hinaus muss für die Mitarbeitervertretung – in Abgrenzung zu einer bloßen Stellungnahme – die Einleitung des formellen Zustimmungsverfahrens erkennbar sein, wobei zwar der Wortlaut nicht allein ausschlaggebend ist, jedoch muss aus der Empfängersicht unter Beachtung der im Einzelfall erkennbaren Umstände der entsprechende Wille deutlich werden.

Von besonderer Bedeutung kann dabei die dem verfahrenseinleitenden Antrag beigefügte Begründung sein.[575] Zwar ist in § 33 Abs. 1 bis 5 MAVO weder ein Formzwang noch eine Pflicht zur Begründung – sei es für die Unterrichtung der Mitarbeiervertretung oder für den Antrag auf ihre Zustimmung – für den Dienstgeber statuiert, doch wird zumindest letztere teilweise aus dem Gebot des § 26 Abs. 1 MAVO zur vertrauensvollen Zusammenarbeit und zur wechselseitigen Unterstützung von Mitarbeitervertretung und Dienstgeber abgeleitet.[576] Die Darlegung der Gründe für die geplante Maßnahme soll damit Bestandteil der Pflicht des Dienstgebers zur umfassenden Information der Mitarbeitervertretung sein. Mit dieser Art der Beteiligung könnte zudem sichergestellt werden, dass gerade im Fall der Ausübung dieses stärksten Beteiligungsrechts der Mitarbeitervertretung jedes ihrer Mitglieder die Gelegenheit erhält, sich über den Gegenstand des Verfahrens persönlich zu unterrichten.[577]

Auch wenn aus Sicht der Mitarbeitervertretung ein solches Verfahren wünschenswert erscheinen mag, kann eine diesbezügliche Pflicht des Dienstgebers nicht gegen den insoweit eindeutigen Wortlaut des § 33 MAVO begründet werden. Der Grundsatz der vertrauensvollen Zusammenarbeit iS des § 26 Abs. 1 Satz 1 MAVO ist zwar kein bloßer Programmsatz der Einrichtungsverfassung, sondern besitzt als generalklauselartige Zentralnorm für das Verhältnis und den Umgang der beiden Organe grundlegende

[572] Schlichtungsstelle – Aachen, Beschluss v. 24.3.1998 (MAVO 06/1997).
[573] *Frey/Coutelle/Beyer,* MAVO, § 33 Rdnr. 3.
[574] Schlichtungsstelle – Limburg, Beschluss v. 13.11.1995 (MAVO 9/95); bei einer Höhergruppierung ist somit die Angabe der in Aussicht genommenen Tätigkeitsziffer erforderlich.
[575] Schlichtungsstelle – Limburg, Beschluss v. 13.11.1995 (MAVO 9/95).
[576] *Bleistein/Thiel,* in Bleistein/Thiel, MAVO, § 33 Rdnr. 20; dagegen kann der Personalrat gem. § 69 Abs. 2 HS. 2 vom Leiter der Dienststelle im Mitbestimmungsverfahren eine schriftliche Begründung der beabsichtigten Maßnahme verlangen.
[577] Vgl. *Bleistein/Thiel,* in: Bleistein/Thiel, MAVO, § 26 Rdnr. 21.

Bedeutung, die er auch bei der Auslegung der einzelnen Beteiligungstatbestände entfalten kann. Untauglich ist aber der Versuch, damit von den in der MAVO abschließend geregelten Sachkompetenzen oder den festgelegten Beteiligungsverfahren abzuweichen. Der kirchliche Gesetzgeber hat in § 33 MAVO – entgegen der ausdrücklichen Anordnung in den §§ 30 Abs. 1, 31 Abs. 1 MAVO – von einer Begründungs*pflicht* des Dienstgebers abgesehen. Diese Entscheidung bindet sowohl den Normadressaten als auch den Normanwender.[578]

Die Möglichkeit, den verfahrfahrenseinleitenden Antrag formfrei und ohne Begründung bei der Mitarbeitervertretung zu stellen, lässt aber die Pflicht zu einer umfassenden Information, die alle für die Ausübung des Mitbestimmungsrechts erforderlichen Angaben enthält und damit die Grundlage einer sachgerechten, auch den Anforderungen des § 26 Abs. 1 Satz 2 MAVO gerecht werdenden Entscheidungsfindung der Dienstnehmervertretung bildet, unberührt.[579] Entspricht der Antrag diesen Anforderungen nicht, wird die Wochenfrist des § 33 Abs. 2 Satz 2 MAVO nicht in Lauf gesetzt, so dass auch die dort enthaltene Zustimmungsfiktion nicht zur Geltung kommt. Für den Beginn dieser Ausschlussfrist ist also eine umfassende und rechtzeitige Unterrichtung der Mitarbeitervertretung durch den Dienstgeber entscheidend.[580] Unzureichend ist in diesem Zusammenhang der Hinweis des Dienstgebers, die Mitarbeitervertretung habe bei Unklarheiten die Möglichkeit gehabt, nachzufragen.[581] Auf der anderen Seite ergibt sich aus dem Grundsatz der vertrauensvollen Zusammenarbeit aber die Verpflichtung der Mitarbeitervertretung, bei einer zunächst scheinbar ausreichenden Information, die sich aus Sicht der Mitarbeitervertretung später aber als lückenhaft erweist, den Dienstgeber auf diesen Umstand hinzuweisen und entsprechend weitergehende Aufklärung zu verlangen.[582] Anderenfalls kann sie sich später

---

[578] S. auch *Frey/Coutelle/Beyer*, MAVO, § 33 Rdnr. 3. In der Praxis empfiehlt sich aber eine schriftliche Beantragung der Zustimmung der Mitarbeitervertretung unter Angabe einer entsprechenden Begründung für den Dienstgeber, da er im Streitfalle die ordnungsgemäße Einleitung des Mitbestimmungsverfahrens darzulegen und zu beweisen hat. Die Wahrung der Fristen iS des § 33 Abs. 2 und 3 MAVO hat dagegen die MAVO nachzuweisen.

[579] Schlichtungsstelle – Köln, Beschluss v. 8.5.1995 (MAVO 3/95); Schlichtungsstelle – Limburg, Beschluss v. 13.11.1995 (9/95).

[580] Entsprechendes gilt im Rahmen der §§ 75 Abs. 1 Nr. 2, 69 Abs. 2 Satz 1 BPersVG und 99 Abs. 3 BetrVG; BVerwG, Beschluss v. 10.8.1987 – 6 P 22.84, BVerwGE **78**, 65 (68 ff.); DKK-*Kittner*, § 99 Rdnr. 117; informiert werden muss jedenfalls über diejenigen tatsächlichen Umstände, „die dem Betriebsrat die Prüfung eines Zustimmungsverweigerungsgrundes nach § 99 Abs. 2 BetrVG" erlauben; so auch Schlichtungsstelle – Aachen, Beschluss v. 8.3.1999 (MAVO 16/1998). Grundsätzlich sind dabei Angaben „über die Natur der geplanten Maßnahme und über die Person der Beteiligten, zu denen grundsätzlich sämtliche Bewerber um den zu besetzenden Arbeitsplatz gehören [und]... über den zu besetzenden Arbeitsplatz, die vorgesehene Eingruppierung und zu den Auswirkungen der Maßnahme" erforderlich. Zusätzlich müssen auch die Bewerbungsunterlagen vorgelegt werden, BAG Beschluss v. 14.3.1989 – 1 ABR 80/87, BAGE **61**, 189 (197); s. auch S. 129 f.

[581] Schlichtungsstelle – Limburg, Beschluss v. 13.11.1995 (MAVO 9/95).

[582] BAG, Beschluss v. 14.3.1989 – 1 ABR 80/87, DB 1989, 1523 (1524); LAG Köln, Beschluss v. 29.4.1988 – 5 Ta BV 3/88, DB 1988, 1859 (1859); diese Nachforschungspflicht erstreckt sich aber nur auf solche Umstände, die dem Betriebsrat bekannt sind; substantiiert der Arbeitgeber seine Ausführungen, wird dadurch die Äußerungsfrist erneut in Lauf gesetzt, aaO.

nämlich nicht auf die Verletzung ihres Mitbestimmungsrechts berufen.[583] Eine eigenständige Nachforschungspflicht für die Mitarbeitervertretung ist aber weder in der MAVO vorgesehen noch lässt sie sich mit dem Grundgedanken des Mitbestimmungsrechts vereinbaren. Verletzt der Dienstgeber seine Unterrichtungspflicht, berechtigt dieser Verstoß die Mitarbeitervertretung allein nicht dazu, das Zustimmungsverweigerungsrecht gem. § 35 Abs. 2 Nr. 1 MAVO geltend zu machen. Als „Sanktion" läuft in diesem Fall einerseits die Frist iS des § 33 Abs. 2 Satz 2 MAVO nicht an, so dass die Zustimmung nicht per gesetzlicher Fiktion als erteilt gilt. Davon zu trennen ist die Frage nach der individualrechtlichen Wirksamkeit der Maßnahme; insoweit gilt es nicht nur nach deren Rechtsnatur zu unterscheiden, also ob ein Verwaltungsakt erlassen oder ein Rechtsgeschäft vorgenommen werden soll, sondern auch danach, ob die Maßnahme rein einrichtungsinterne Wirkung hat oder nicht.[584] Grundsätzlich ist die ordnungsgemäße Zustimmung der Mitarbeitervertretung zwar Wirksamkeitsvoraussetzung der beabsichtigten Maßnahme des Dienstgebers. Hervorzuheben ist allerdings, dass sich gerade bei Einstellungen iS des § 34 Abs. 1 MAVO, Fehler im Beteiligungsverfahren nicht unmittelbar auf die vertragliche Beziehung zwischen Dienstgeber und den neuen Dienstnehmer durchschlagen und damit zu dessen Nachteil gereichen.[585]

b) Verlängerung der Äußerungsfrist und „Nachschieben" von Einwendungen

Als Besonderheit der Mitbestimmung in kirchlichen Einrichtungen gewährt § 33 Abs. 2 Satz 3 MAVO der Mitarbeitervertretung die Möglichkeit, beim Dienstgeber die Verlängerung der grundsätzlich einwöchigen Äußerungsfrist um eine Woche zu beantragen. Bereits aus dem Wortlaut des § 33 Abs. 2 Satz 3 MAVO, wonach der Dienstgeber eine Fristverlängerung gewähren *kann*, ergibt sich, dass kein Automatismus zwischen einer fristgerechten Antragstellung der Mitarbeitervertretung und der begehrten Entscheidung des Dienstgebers besteht. Der Dienstgeber hat in diesem Fall nicht nur einer einseitigen Rechtspflicht nachzukommen, die Entscheidung steht grundsätzlich in seinem Ermessen.[586] Auch ohne dazu ausdrücklich verpflichtet zu sein, obliegt es damit der Mitarbeitervertretung, ihr Ersuchen um Fristverlängerung zu begründen, um damit dem Dienstgeber Kenntnis von den aus ihrer Sicht relevanten Fakten zu verschaffen; dem Interesse der Mitarbeitervertretung können im Einzelfall nämlich nicht nur eigene Belange des Dienstgebers gegenüberstehen, bei der Entscheidung gilt es auch die Auswirkungen einer Verfahrensverlängerung auf den

---

[583] *Frey/Coutelle/Beyer*, MAVO, § 33 Rdnr. 27.
[584] S. dazu ausführlich *Frey/Coutelle/Beyer*, MAVO, § 33 Rdnrn. 19 ff.
[585] S. 129 ff.
[586] *Frey/Coutelle/Beyer*, MAVO, § 33 Rdnr. 8; aA *Bleistein/Thiel*, in: Bleistein/Thiel, MAVO, § 33 Rdnr. 27.

von der geplanten Maßnahme betroffenen Dienstnehmer zu beachten.
Auch aus diesem Grunde kommt eine über § 33 Abs. 2 Satz 3 MAVO hinausgehende weitere Fristverlängerung nicht in Frage. Ein Nachschieben von Gründen von Seiten der Mitarbeitervertretung außerhalb der gesetzlichen Fristen scheidet damit aus.[587] Vergleichbar bestehen für den Bereich des BetrVG das BAG und ein Teil der Literatur ebenfalls streng auf der Einhaltung der gesetzlichen Äußerungsfrist, lehnen also unabhängig von der Arbeitsbelastung des Betriebsrats, der Natur der dem Beteiligungsverfahren zugrunde liegenden Maßnahme oder des Entstehens bzw. des Bekanntwerdens der maßgebenden Gründe, die Möglichkeit, sich für eine Zustimmungsverweigerung auf diese Umstände zu berufen, ab.[588] Gegenstand einer späteren gerichtlichen Überprüfung können nur solche Gründe sein, die bei dem Entscheidungsprozess des Betriebsrats auch tatsächlich von Bedeutung gewesen sind.[589]
Will die Mitarbeitervertretung den Eintritt der Zustimmungsfiktion iS des § 33 Abs. 2 Satz 2 MAVO verhindern, ist sie im Falle der §§ 18 Abs. 4, 34, 35 MAVO auf die Erhebung von Einwendungen beschränkt, die in den §§ 18 Abs. 4 Satz 2, 34 Abs. 2, 35 Abs. 2 MAVO abschließend aufgezählt sind. Ein anderweitiges Vorbringen ist auch nicht geeignet, die in Gang gesetzte Frist zu unterbrechen oder zu hemmen.[590] Dies entspricht den im staatlichen Betriebsverfassungsrecht anerkannten Grundsätzen, wonach in Fällen, in denen die Möglichkeit des Betriebsrats zur Verweigerung der beantragten Zustimmung an bestimmte im Gesetz genannte Gründe gebunden ist, die Verweigerung aber auf offensichtlich[591] davon abweichende gestützt wird oder lediglich formelhaft und ohne Bezug zum konkreten Sachverhalt den Gesetzestext wiederholt wird, keine „Ausübung des Mitbestimmungsrechts" mehr darstellt.[592] In diesem Fall greift die Fiktion der Zustimmung gem. § 33 Abs. 2 Satz 3 MAVO ein, so dass die Durchführung einer Einigungsverhandlung iS des § 33 Abs. 3 Satz 1 MAVO nicht erforderlich ist.[593]

[587] *Frey/Coutelle/Beyer*, MAVO, § 33 Rdnr. 15.
[588] BAG, Beschluss v. 3.7.1984 – 1 ABR 74/82, BAGE **46**, 158 (160 f.); BAG, Beschluss v. 15.4.1986 – 1 ABR 55/84, BAGE **51**, 345 (352); BAG, Beschluss v. 10.8.1993 – 1 ABR 22/93, NZA 1994, 187 (189); MünchArbR/*Matthes*, § 352 Rdnr. 100; H/S/G-*Schlochauer*, § 99 Rdnrn. 106 f; *Stege/Weinspach*, §§ 99-101 Rdnr. 91 f.; *Thüsing*, in: Richardi, BetrVG, § 99 Rdnr. 264, 287. AA *Weiss/Weyand*, BetrVG, § 99 Rdnr. 33.
[589] *Thüsing*, in: Richardi, BetrVG, § 99 Rdnr. 287.
[590] Schlichtungsstelle – Limburg, Beschluss v. 12.5.1997 (MAVO 18/1996).
[591] Nach ständiger Rechtsprechung des BAG genügt, dass die geltend gemachten Einwendungen es als möglich erscheinen lassen, dass einer der ausschließlichen Verweigerungsgründe iS des § 99 Abs. 2 BetrVG geltend gemacht wird, BAG v. 26.1.1988 – 1 AZR 531/86, BAGE **57**, 242; auf die Schlüssigkeit des Vortrags kommt es dagegen nicht an, BAG v. 22.6.1993 – 1 ABR 4/93 – (nv.) unter B I. 2. b) der Gründe; so auch DKK-*Kittner*, § 99 Rdnr. 165.
[592] *Thüsing*, in: Richardi, BetrVG, § 99 Rdnr. 254; *Frey/Coutelle/Beyer*, MAVO, § 33 Rdnr. 14.
[593] Schlichtungsstelle – Freiburg, Beschluss v. 29.1.1996 (MAVO 1995/5); *Grabendorff /Ilbetz/Widmaier*, BPersVG, § 77 Rdnr. 14a für die Unbeachtlichkeit einer solchen Zustimmungsverweigerung im Personalvertretungsrecht.

Die von der Mitarbeitervertretung angeführten Gründe ihrer Zustimmungsverweigerung müssen zwar weder schlechterdings frei von Widerspruch oder Rechtsirrtum sein noch die zugrundeliegenden Tatsachen ihre Ablehnung schlüssig erklären. Die Stellungnahme muss aber eine auf den konkreten Sachverhalt bezogene Auseinandersetzung mit den Gegebenheiten des jeweiligen Einzelfalls erkennen lassen. Damit kann die Mitarbeitervertretung auch in dieser Konstellation nach Ablauf der Frist iS des § 33 Abs. 2 Satz 2 oder 3 MAVO keine an sich beachtlichen Gründe zur Verweigerung ihrer Zustimmung mehr vorbringen.[594]

Erteilt die Mitarbeitervertretung der beabsichtigten Maßnahme ihre Zustimmung, so stellt allein die zu einem späteren Zeitpunkt als im Mitbestimmungsverfahren angegeben erfolgte Umsetzung grundsätzlich keine Verletzung des Mitbestimmungsrechts dar.[595] Nach Erteilung der Zustimmung hat die Dienststelle die geplante Maßnahme an sich zwar unverzüglich durchzuführen, eine entsprechende ausdrückliche Verpflichtung existiert in der MAVO jedoch nicht.[596] Soweit sich der den Gegenstand des Mitbestimmungsverfahrens bildende Sachverhalt zwischenzeitlich nicht geändert hat, kann die Maßnahme, ohne dabei gegen ein Beteiligungsrecht zu verstoßen, auch zu einem späteren Termin verwirklicht werden.[597]

4. Allgemeiner Unterlassungsanspruch der Mitarbeitervertretung und einstweiliger Rechtsschutz

a) Verfahrensrechtlicher Anspruch

In der MAVO findet sich keine ausdrückliche Regelung, die im Falle der Verletzung von Beteiligungsrechten der Mitarbeitervertretung einen Anspruch auf Unterlassung, Beseitigung oder Rückgängigmachung gewährt. Auch im Bereich der „echten" Mitbestimmung enthält sie sich weitestgehend einer ausdrücklichen Sanktionsfolge; nur §§ 30 Abs. 5 und 31 Abs. 3 MAVO ordnen – vergleichbar mit § 79 Abs. 4 BPersVG und § 102 Abs. 1 Satz 3 BetrVG – für den Fall einer Verletzung der Beteiligungsrechte bei einer durch den Dienstgeber erklärten Kündigung unmittelbar die Unwirksamkeit dieser Maßnahme auch auf individualrechtlicher Ebene an. Die Mitarbeitervertretung verfügt gegenüber dem Dienstgeber daher über keinen Anspruch auf ein bestimmtes – und damit erzwingbares – Verhalten.[598] Gerade die fehlende

[594] *Frey/Coutelle/Beyer*, MAVO, § 33 Rdnr. 15.

[595] Schlichtungsstelle Limburg, Beschluss v. 19.9.1994 (MAVO 6/94); auch das LAG Düsseldorf sieht in der Vorverlegung des ursprünglich festgesetzten Einstellungstermins – bei ordnungsgemäßer Beteiligung des Betriebsrats und soweit keine Änderung der gem. § 99 BetrVG relevanten Umstände eingetreten ist – keinen Umstand, der eine erneute Beteiligung des Betriebsrats erfordert, LAG, Beschluss v. 4.3.1976 – 7 Ta BV 97/75, BB 76, 510 (510).

[596] GKÖD-*Fischer/Goeres*, § 69 Rdnr. 10c.

[597] GKÖD-*Fischer/Goeres*, § 69 Rdnr. 41 f.

[598] *Sittinger*, Das Mitbestimmungsrecht bei Eingruppierungen in der evangelischen Kirche, ZMV 1999, 7 (8), lässt dagegen einen Rückgriff auf den allgemeinen Unterlassungsanspruch zu.

Anordnung einer ausdrücklichen Sanktion durch den Gesetzgeber für ein mitbestimmungsrelevantes Fehlverhalten des Dienstgebers und der durch § 55 MAVO bestätigte abschließende Charakter der mitarbeitervertretungsrechtlichen Normen[599] könnten damit die Zulässigkeit des Rückgriffs auf allgemeine Institute als fraglich erscheinen lassen und hat auch in der Praxis zu einer entsprechenden Zurückhaltung der Schlichtungsstellen geführt.[600]

Allein auf die Möglichkeit eines nachträglichen Rechtsschutzes beschränkt zu sein, kann aber der Bedeutung der Mitarbeitervertretung und dem Erfordernis einer effektiven Umsetzung der ihr übertragenen Aufgaben nicht gerecht werden. Die Möglichkeit, negatorischen Rechtsschutz geltend zu machen, ist allerdings nicht auf ausdrücklich gesetzlich positivierte Anspruchsgrundlagen – zB §§ 12, 1004, 1004 iVm. 823 Abs. 1, 823 Abs. 2 BGB iVm. einem Schutzgesetz – begrenzt, sondern ist „eine elementare Rechtsfigur, die keiner Absicherung im Gesetzestext bedarf."[601] Ergibt sich in einer rechtlich normierten Beziehung die Pflicht zum Unterlassen eines bestimmten Verhaltens lediglich als negatives Spiegelbild einer bestehenden positiven Leistungspflicht, fehlt ihr also eine über den konkreten Erfüllungsanspruch hinausreichende selbstständige Bedeutung – man kann von einer mitlaufenden sekundären Unterlassungspflicht sprechen –, ist die Möglichkeit einer gerichtlichen Durchsetzung dieses schlichten „Sicherungsinteresses" in der Gestalt einer unselbstständigen Nebenpflicht zwar grundsätzlich nicht gegeben.[602] Etwas anderes kann

---

[599] *Bleistein/Thiel*, in: Bleistein/Thiel, MAVO, § 48 Rdnr. 1.

[600] Da die Schlichtungsstelle „nur über den Verstoß des Dienstgebers, nicht über die Folgen dieses Verstoßes" entscheidet, blieb der Antrag einer Mitarbeitervertretung erfolglos, die ohne ihre Beteiligung geänderten Öffnungszeiten einer vom Dienstgeber eingerichteten Cafeteria zurückzunehmen, Schlichtungsstelle – Limburg, Beschluss v. 13.1.1997 (MAVO 10/96). Die Schlichtungsstelle Dresden-Meißen wies ebenso einen Antrag der Mitarbeitervertretung als unzulässig zurück, mit dem diese die Verpflichtung des Dienstgebers begehrte, es künftig zu unterlassen, die Mitarbeitervertretung in ihrer Tätigkeit zu beeinträchtigen, „weil es eine Rechtsgrundlage für einen vorbeugenden Unterlassungsanspruch nach der MAVO oder der Schlichtungsverfahrensordnung nicht gibt", Schlichtungsstelle – Dresden-Meißen, Beschluss v. 25.8.1998 (MAVO 2-006/98); ebenso Schlichtungsstelle – Essen, Beschluss v. 2.9.1997 (MAVO 637241 – 2/97).

[601] *Fritzsche*, Unterlassungsanspruch und Unterlassungsklage, § 4 II. d), zählt den Unterlassungsanspruch des Betriebsrats zu den „gesetzlichen Unterlassungsansprüchen"; Erman/*Hefermehl*, BGB, § 1004 Rdnr. 4; *Richardi*, in: Richardi, BetrVG, § 87 Rdnr. 140; *ders.*, Anmerkung zu BAG, Beschluss v. 3.5.1994 – 1 ABR 24/93, AP § 23 BetrVG 1972 Nr. 23: „Für die Rechtserkenntnis kann und muß der Gesetzgeber seinen Beitrag leisten; er hat für sie aber keine ausschließliche Kompetenz.", *ders.*, Kehrtwende des BAG zum betriebsverfassungsrechtlichen Unterlassungsanspruch des Betriebsrats, NZA 1995, 8 (10); *Thüsing*, in: Richardi, BetrVG, § 23 Rdnr. 82.

[602] Vgl. *K. Gamillscheg*, Anm. zu BAG, Beschluss v. 23.7.1996 – 1 ABR 13/96, EzA § 87 BetrVG 1972 Nr. 56; *Köhler*, Vertragliche Unterlassungspflichten, AcP **190** (1990), 496 (504 ff.); ein Unterlassungsanspruch kommt in den Fällen einer positiv formulierten Leistungspflicht nur als ultima ratio in Betracht, also wenn es „unabweisbar erscheint, um das Gläubigerinteresse adäquat zu befriedigen" und zusätzlich Umstände vorliegen, die „die ernsthafte Gefahr einer künftigen Verletzung begründen", aaO, (507 f.). Einer Nebenpflicht fehlt es in der Regel nicht nur von vornherein an der selbstständigen Durchsetzbarkeit, sondern der Gläubiger kann auch auf die Geltendmachung seines primären Erfüllungsanspruchs verwiesen werden, so dass er in der Regel auch kein rechtlich

hinsichtlich des zu verwirklichenden Leistungserfolgs allerdings dann in Frage kommen, soweit die Verletzung einer Pflicht schon die gesamte Hauptleistung endgültig gefährdet.[603] Anknüpfend an die Grundsatzentscheidung des Bundesverwaltungsgerichts[604] bietet sich auch im Mitarbeitervertretungsrecht eine Unterscheidung zwischen materiell-rechtlichem Anspruch der Mitarbeitervertretung auf Vornahme oder Unterlassung einer konkreten Maßnahme gegen den Dienstgeber und einem allein auf die Wahrung des grundsätzlich bestehenden Beteiligungsrechts abstellenden, also einem rein verfahrensrechtlichen Anspruch, an.[605] Nicht nur der breitgefächerte Aufgabenkatalog, den die MAVO für die Dienstnehmerrepräsentanten bereit hält, sondern auch die Reichweite einzelner Beteiligungstatbestände machen deutlich, dass die Bischöfe als kirchliche Gesetzgeber mit der Einbeziehung der Dienstnehmer in Entscheidungen im persönlichen, sozialen und

---

relevantes Interesse an der Verfolgung des negativen Unterlassungsanspruchs geltend machen können wird, MünchKomm/*Roth*, BGB, § 242 Rdnr. 141; Soergel/*Teichmann*, BGB, § 242 Rdnr. 173, nimmt zwar grundsätzlich einen Erfüllungsanspruch „in allen Bereichen", also auch auf Unterlassung einer Störung an, kommt aber über Ausnahmeregelungen zum gleichen Ergebnis; Erman/*Werner*, BGB, § 242 Rdnr. 54.

[603] Staudinger/*Schmidt*, BGB, § 242 Rdnr. 744 mwN; MünchKomm/*Roth*, BGB, § 242 Rdnr. 141 aE, der „eine ernsthafte Gefährdung des Leistungserfolgs" aufgrund eines „eindeutigen Fehlverhaltens des Schuldners" für ausreichend erachtet.

[604] BVerwG, Beschluss v. 27.7.1990 – 6 PB 12.89, ZBR 1990, 354 f.; bestätigend BVerwG, Beschluss v. 20.1.1993 – 6 P 18.90, DÖV 1994, 129 (Ls.); BVerwG, Beschluss v. 5.3.1995 – 6 P 31.93, BVerwGE **98**, 77 (81).

[605] BVerwG, Beschluss v. 27.7.1990 – 6 PB 12.89, ZBR 1990, 354 (355). Das BPersVG enthält ebenfalls keine Regelung der Folgeansprüche des Personalrats, wenn dessen Beteiligungsrechte verletzt werden. Zunächst wurde va. auf den Charakter des personalvertretungsrechtlichen Beschlussverfahrens iS der §§ 83 f. BPersVG abgestellt; als rein „objektives Verfahren" könne es von vornherein nicht zur Durchsetzung eines behaupteten (subjektiven) Rechts des Personalrats auf Beteiligung in Frage kommen, so bereits BVerwG, Beschluss v. 15.12.1978 – 6 P 13.78, PersV 1980, 145 (147); das Beschlussverfahren dient demnach „von wenigen Ausnahmen abgesehen (zB Kostenerstattung) ... nicht der Verfolgung von Individualrechtsansprüchen". Dieser grundsätzlich nach wie vor unbestritten objektive Charakter des personalvertretungsrechtlichen Beschlussverfahrens basiert auf der Natur der gesetzlich eingeräumten Beteiligungsrechte, die eine behördeninterne Mitwirkung gewährleisten und dabei zwar Auswirkungen im individualrechtlichen Bereich entfalten können, in erster Linie aber kollektive Belange im Auge haben; auch das gerichtliche Verfahren dient in erster Linie der Klärung von Streitfragen über die rechtmäßige Pflichterfüllung der Tätigkeit der Personalvertretung, BVerwG, Beschluss v. 24.10.1975 – VII P 11.73, BVerwGE **49**, 259 (265); s. auch BayVGH, Beschluss v. 5.6.1991 – 18 P 91.00944, EzA § 87 BetrVG 1972 Arbeitszeit Nr. 56, wonach das Rechtsverhältnis zwischen Beschäftigten und Dienstherr bzw. Arbeitgeber durch die Beteiligungsrechte der Personalvertretung nicht zu einem dreiseitigen wird. Nur gegen materiellen Anspruch der Personalvertretung wendet sich BVerwG, Beschluss v. 27.7.1990 – 6 PB 12.89, ZTR 1991, 81 (81). Auch den Beteiligungsrechten selbst wurde aber bereits ein subjektiver Charakter abgesprochen, so dass deren Erfüllung weder eingefordert noch durch Unterlassungsansprüche gesichert werden konnte, BVerwG, Beschluss v. 15.12.1978 – 6 P 13.78, PersV 1980, 145 (147); vgl. auch BVerwG, Beschluss v. 6.12.1963 – VII P 17.62, BVerwGE **17**, 250 (252); BVerwG, Beschluss v. 29.10.1991 – 6 PB 19/91, PersR 1992, 24 (24 f.); BayVGH, Beschluss v. 19.10.1983 – 18 CE 83 A. 2278, PersV 1985, 335 (336 mwN für die „ständige Rechtsprechung der Oberverwaltungsgerichte im Bundesgebiet" und unter Aufgabe der eigenen bisherigen abweichenden Rechtsprechung); BayVGH, Beschluss v. 26.3.1990 – Nr. 18 PC 90.00861, PersR 1990, 236, (236 f.) mit ablehnender Anm. *Hörter*, BayVGH, Beschluss v. 5.6.1991 – 18 P 91.00944, PersR 1991, 350 (350 f.) mit krit. Anm. *Gillengerten*; VGH Baden-Württemberg, Beschluss v. 11.1.1983 – 15 S 2215/82, PersV 1985, 332 (333); VGH Baden-Württemberg, Beschluss v. 19.1.1993 – PL 15 S 2849/92, PersV 1997, 510 (511).

wirtschaftlichen Bereich eine substantielle Mitwirkung ermöglichen wollen. In § 33 Abs. 1 MAVO heißt es, dass in den Angelegenheiten der §§ 34 bis 36 MAVO Maßnahmen nur unter Einschaltung der Mitarbeitervertretung vorgenommen werden können. Eine stärkere Betonung der Bedeutung ihrer ordnungsgemäßen Einschaltung ist nicht denkbar. Wenn auch Gegenstand und Reichweite die Beteiligungsrechte in der MAVO abschließend genannt sind, stehen sie gerade nicht zur Disposition der Einrichtungspartner, so dass die Mitarbeitervertretung ihre Rechte auch wirksam gegenüber dem Dienstgeber sichern und durchsetzen können muss.[606]

b) Einstweiliger Rechtsschutz

Wenn auch die Einleitung eines Verfahrens zur Gewährung einstweiligen Rechtsschutzes wegen des unterschiedlichen Streitgegenstandes nicht zur Rechtshängigkeit des Hauptverfahrens führt, so kann doch die Rechtsschutzgewährung ihrem Umfang nach nicht über den in der Hauptsache zu erreichenden hinausgehen. Wie für den personalvertretungsrechtlichen Bereich anerkannt, muss es der Mitarbeitervertretung möglich sein, effektiven Rechtsschutz innerhalb angemessener Zeit zu erlangen, und – soweit erforderlich – auch im Wege einstweiligen Rechtsschutzes.[607] Ohne auf eine inhaltlich konkret bestimmte Maßnahme gerichtet zu sein, kann die Mitarbeitervertretung danach den Erlass einer „einstweiligen Verfügung mit einem Ausspruch verfahrensrechtlichen Inhalts" beantragen, durch die der Dienstsgeber etwa zur Einleitung bzw. weiteren Durchführung des Beteiligungsverfahrens verpflichtet werden kann.[608]

Fehlt aber ein durchsetzbarer Erfüllungs-, Unterlassungs- oder Beseitigungsanspruch der Mitarbeitervertretung, könnte man gegen den verfahrensrechtlichen Anspruch einwenden,

---

[606] Für den Bereich der evangelischen Kirche hat das VerwG.EKD in einem Beschluss v. 14.12.1998 – 0124/C1-98 – allerdings ohne nähere Begründung – sowohl einen Anspruch der Mitarbeitervertretung auf Unterlassung einer mitbestimmungswidrigen Maßnahme wie auch die Möglichkeit der Sicherung dieses Anspruchs im Wege der einstweiligen Anordnung bejaht.

[607] Vgl. BVerwG, Beschluss v. 27.7.1990 – 6 PB 12.89, PersV 1991, 71 (72); BayVGH, Beschluss v. 5.6.1991 – 18 PE 91.00603, PersR 1991, 420 (421) mit zust. Anm. *Hörter*; OVG Berlin, Beschluss v. 18.7.1991 – OVG PV Bln 9.91, PersR 1991, 422 (422).

[608] Vgl. *Albers*, Anm. zu BVerfG, Beschluss v. 27.7.1990 – 6 PB 12.89, ZBR 1990, 356 (357); *Starek*, Die Zulässigkeit der einstweiligen Verfügung auf Feststellung, Diss., S. 82 (Publikation im Internet unter: http://www.dissertation.de/); wegen dieses objektiven Charakters haben die Möglichkeit, vorläufigen Rechtsschutz in Beteiligungsangelegenheiten zu erreichen, abgelehnt VGH Baden-Württemberg, Beschluss v. 6.7.1982 – 15 S 811/82, PersV 1985, 331 (332) und VGH Baden-Württemberg, Beschluss v. 11.1.1983 – 15 S 2215/82, PersV 1985, 332 (333), beide wegen des Fehlens eines materiellen Anspruchs der Personalvertretung; BayVGH, Beschluss v. 19.10.1983 – Nr. 18 CE 83 A. 2278, PersV 1985, 335 (336 mwN); BayVGH, Beschluss v. 26.3.1986 – Nr. 17 CE 86.00312, PersR 1987, 42 (42 f.); OVG Hamburg, Beschluss v. 2.5.1988 – OVG Bs PH 9/87, ZBR 1988, 324 (325 mwN); VGH Kassel, Beschluss v. 2.12.1987 – HPV TL 3351/87, ArbuR 1988, 222 (Ls.); s. auch OVG Thüringen, Beschluss v. 17.9.1996 – 5 PO 119/1996, PersV 1997, 320 (323); s. auch BayVGH, Beschluss v. 5.6.1991 – 18 PE 91.00603, PersR 1991, 420 (421) mit zust. Anm. *Hörter*, OVG Berlin, Beschluss v. 18.7.1991 – OVG PV Bln 9.91, PersR 1991, 422 (422).

dass im Verfahren des einstweiligen Rechtsschutzes kein über das im Hauptverfahren zu erlangende Ergebnis hinausgehender Anspruch verfolgt werden kann.[609] Denn der Verpflichtung des Dienstgebers, ein Beteiligungsverfahren einzuleiten bzw. ein bereits eingeleitetes weiterzuführen, ist „ein Unterlassen immanent ..., nämlich bis zum Abschluß des genannten Verfahrens [iS der §§ 69 Abs. 2 bis 4 BPersVG] es zu unterlassen, die beabsichtigte Maßnahme durchzuführen."[610] Damit könnte man sich in Widerspruch zu der eingangs getroffenen Ablehnung einer materiell-rechtlichen Anspruchsposition setzen.[611]
Um beiden Positionen, einerseits dem Rechtsschutzsuchenden ein effektives Istrumentarium zur Wahrung seiner Rechte zur Verfügung zu stellen und andererseits dem Selbstbestimmungsrecht der Kirche und den Besonderheiten des kirchlichen Dienstes, angemessen Rechnung zu tragen, sind besonders hohe Anforderungen an die Glaubhaftmachung von Verfügungsanspruch und Verfügungsgrund zu stellen.[612] Für den Antragsteller müssten demnach „schlechterdings unzumutbare Nachteile drohen", die auch durch Hauptsacheentscheidung nicht mehr ausgeglichen werden könnten", und die gerügte Verletzung eines Beteiligungstatbestandes müsste „mit hoher Wahrscheinlichkeit" festgestellt werden.[613] Selbst bei Vorliegen dieser Voraussetzungen gilt es – auch bei der Wahl der Art und Weise der vorläufigen Rechtsschutzgewährung – die Belange der Einrichtung zu beachten und unzumutbare Belastungen zu vermeiden.[614] Das Gebot der effektiven

[609] So VGH Baden-Württemberg, Beschluss v. 19.1.1993 – PL 15 S 2849/92, PersV 1997, 510 (511); zur Auseinandersetzung mit dem Vorwegnahmeverbot und seiner Einschränkung unter einer „am Einzelfall ausgerichtete[n] gerechte[n] Verteilung des Fehlentscheidungsrisikos" s. *Starek*, Die Zulässigkeit der einstweiligen Verfügung auf Feststellung, Diss., (.s Fn. 608), S. 109 ff.

[610] *Dannhäuser*, Das Spannungsverhältnis zwischen Funktionstüchtigkeit der Verwaltung und rechtzeitigem Rechtsschutz für die Personalvertretung, PersV 1991, 193 (200); HessVGH, Beschluss v. 11.11.1987 – BPVTK 3122/87, PersV 1989, 39 (39 Ls.).

[611] *Dannhäuser*, Das Spannungsverhältnis zwischen Funktionstüchtigkeit der Verwaltung und rechtzeitigem Rechtsschutz für die Personalvertretung, 193 (203). S. zu Lösungsansätzen *Dannhäuser*, aaO, 193 (204), der einen Antrag auf „vorläufige Feststellung des Bestehens von Mitbestimmung" vorschlägt; für die Möglichkeit, eine vorläufige Feststellung zu begehren auch VGH Kassel, Beschluss v. 27.2.1992 – HPV TL 2246/91, ZBR 1992, 222 f., unter Aufgabe seiner bisherigen Rechtsprechung. Ist die fragliche Maßnahme noch nicht umgesetzt, befürworten *Grabendorff/Ilbertz/Widmaier*, BPersVG, § 83 Rdnr. 25b die Möglichkeit, den Dienststellenleiter zur Einleitung des Beteiligungsverfahrens zu verpflichten. Trotz ihrer kollektivrechtlichen Natur sind nach Ansicht von GKÖD-*Fischer/Goeres*, Bd. V: PVR, Anh. 7 zu K § 83 Rdnr. 62 mwN die Beteiligungsrechte der Personalvertretung „als Organ der Dienststellenverfassung zugeordnet, also subjektbezogen" und verleihen ihrem Inhaber ein auch im einstweiligen Rechtsschutz durchsetzbares subjektives Recht; ein Anspruch auf Rückgängigmachung der beteiligungswidrig ergangenen Maßnahme wird aber gleichfalls abgelehnt, aaO, K § 69 Rdnr. 39b.

[612] Ebenso *Starek*, Die Zulässigkeit der einstweiligen Verfügung auf Feststellung, Diss., (.s Fn. 608), S. 111.

[613] *Grabendorff/ Ilbertz/Widmaier*, BPersVG, § 83 Rdnrn. 25, 25c f.; *Vogelsang*, Grundsätze der Rechtsprechung des BVerwG zum Personalvertretungsrecht im Wandel der Zeit, ZTR 2000, 145 (147); OVG Berlin, Beschluss v. 27.7.1998 – OVG 60 PV 7.98, PersV 1999, 306 (307).

[614] *Grabendorff/Ilbertz/Widmaier*, BPersVG, § 83 Rdnr. 25.

Sicherung der Beteiligungsrechte der Mitarbeitervertretung kann unter diesen Umständen einen Antrag auf Gewährung einstweiligen Rechtsschutzes rechtfertigen.[615]
Dabei gilt es auch zu beachten, dass das Rechtsschutzbedürfnis an der Feststellung einer Verletzung von Beteiligungsrechten nicht automatisch mit Durchführung der Maßnahme entfällt. Jedenfalls das in verfahrensrechtlicher Hinsicht eingeräumte Beteiligungsrecht wird nicht ohne weiteres gegenstandslos, wenn der Dienststellenleiter die Rechte der Personalvertretung nicht beachtet, „insbesondere wenn es tatsächlich möglich ist, die Maßnahme rückgängig zu machen, und wenn die Rechtsordnung dies auch zuläßt."[616]

5. Dienstvereinbarungen, § 38 MAVO

a) Keine Dienstvereinbarungsautonomie

Durch § 38 Abs. 1 MAVO wird das Institut der Dienstvereinbarung ausdrücklich als zulässiges Element einrichtungsbezogener Mitbestimmung anerkannt, allerdings besteht gem. §§ 28 Abs. 2, 38 Abs. 1 Nrn. 1 bis 13 MAVO keine Dienstvereinbarungsautonomie. Die ursprünglich durch den abschließenden Katalog des § 38 Abs. 1 MAVO eng begrenzte Möglichkeit zur Mitbestimmung in Form einrichtungsbezogener Normsetzung wurde als Reaktion auf den gestiegenen Druck zum wirtschaftlich zumindest ausgeglichenen Betrieb kirchlicher Einrichtungen iS einer flexibleren Gestaltung der Arbeitsbedingungen auf Einrichtungsebene durch die Einfügung der Öffnungsklausel in Abs. 2 zwar erweitert; der Schaffung von abweichenden, nicht in der MAVO geregelten Beteiligungsrechten oder –formen durch Kollektivvereinbarung steht aber das ausdrückliche Verbot des § 55 MAVO entgegen. Grenzen sind der Regelungsmacht der Einrichtungspartner auch durch den Vorrang der kirchlichen Arbeitsvertragsordnung oder sonstiger kirchlicher gesetzlicher Regelungen iS des § 38 Abs. 2 Satz 1 MAVO gesetzt.[617] Diesen gegenüber vermag sich auch eine inhaltlich günstigere Dienstvereinbarung nicht durchzusetzen.[618] Eine zusätzliche

[615] OVG Hamburg, Beschluss v. 22.5.2000 – 8 Bs 118/00.PVL, PersR 2001, 39 f.

[616] BVerwG, Beschluss v. 16.9.1994 – 6 P 32.92, PersR 1995, 16 (17); BVerwG, Beschluss v. 20.1.1993 – 6 P 18.90, PersR 1993, 307 (308); ob insoweit ein materielles Recht des Personalrats besteht, wurde offengelassen; BVerwG, Beschluss v. 4.6.1993 – 6 P 31.91, PersR 1994, 18 (18); BVerwG, Beschluss v. 18.5.1994 – 6 P 27.92, PersR 1994, 466 (466); BVerwG, Beschluss v. 19.7.1994 – 6 P 33.92, PersR 1995, 128 (128). Zudem kann die Personalvertretung diese Rückgängigmachung bzw. die Einleitung eines Beteiligungsverfahrens „notfalls auch in einem Beschlußverfahren" durchsetzen, BVerwG, Beschluss v . 18.5.1994 – 6 P 27.92, PersR 1994, 466 (466); BVerwG, Beschluss v. 16.9.1994 – 6 P 32.92, PersR 1995, 16 (17); OVG Berlin, Beschluss v. 15.1.1999 – OVG 70 PV 2.97, PersV 2000, 176 (177); LAG Düsseldorf, Urteil v. 26.10.2000 – 11 Sa 644/00, PersR 2002, 85 (85).

[617] *Frey/Coutelle/Beyer*, MAVO, § 38 Rdnr. 27. Unabhängig vom Zeitpunkt des Inkrafttretens der vorrangigen Regelung; die Möglichkeit zu einer ersetzenden Regelung im Wege einer Dienstvereinbarung besteht allerdings in der Phase der Nachwirkung kirchlicher Arbeitsvertragsordnungen oder gesetzlicher Bestimmungen, aaO.

[618] *Frey/Coutelle/Beyer*, MAVO, § 38 Rdnr. 27.

Schranke findet die Regelungsmacht von Dienstgeber und Mitarbeitervertretung im Günstigkeitsprinzip als Kollisionsregel.[619]

b) Wirkung der Dienstvereinbarungen

Hinsichtlich der rechtlichen Wirkung einer ordnungsgemäß beschlossenen Dienstvereinbarung enthielt sich die MAVO – entsprechend dem gesetzgeberischen Schweigen im BPersVG – bis zur Einfügung eines Abs. 3a in § 38 durch Beschluss der Vollversammlung des VDD vom 23.06.2003 einer ausdrücklichen Regelung.[620] Gemeinsam ist den personal- und mitarbeitervertretungsrechtlichen Normenverträgen[621], dass es sich in struktureller Hinsicht um einen Fall vorweggenommener Mitbestimmung handelt, deren Ziel eine einheitliche und verbindliche Entscheidungs- bzw. Verfahrenspraxis ist.[622]

Im Bereich der Personalverfassung ist aber die unmittelbar und zwingende Wirkung dieses öffentlich-rechtlichen Normenvertrags unbestritten. Die fehlende Aufnahme einer entsprechenden gesetzlichen Regelung ist weder Ausdruck eines 'beredten Schweigens' iS einer Ablehnung der normativen Wirkung noch stellt sie eine planwidrige Lücke dar. Der staatliche Gesetzgeber hat von einer ausdrücklichen Verankerung der normativen Wirkung einer Dienstvereinbarung nur deshalb abgesehen, da insoweit – durch die zeitlich vorhergehende inhaltliche Fixierung im BetrVG – keinerlei Zweifel bestanden.[623]

Soweit der kirchliche Gesetzgeber sich im Rahmen der von ihm geschaffenen Dienstverfassung eines Instituts bedient, das im Bereich des staatlichen Betriebsverfassungs- und Personalvertretungsrechts in wesentlichen Punkten eine übereinstimmende Prägung und Ausdifferenzierung erfahren hat, hätte – jedenfalls soweit es die aus staatlicher Sicht nicht in Frage gestellte Rechtswirkung von Inhaltsnormen betrifft – die Versagung von unmittelbarer und zwingender Wirkung einer in dieser Form auf Einrichtungsebene abgeschlossenen Vereinbarung zwischen Dienstgeber und Mitarbeitervertretung einer entsprechend deutlichen Entscheidung des kirchlichen Gesetzgebers

---

[619] S. *Annuß*, Der Eingriff in den Arbeitsvertrag durch Betriebsvereinbarung, NZA 2001, 756 ff.

[620] Wie sie in § 77 Abs. 4 Satz 1 BetrVG für den (privatrechtlichen) Normenvertrag gegeben ist.

[621] Wie im BetrVG ist auch hier die exakte dogmatische Einordnung als Normenvertrag oder als durch gemeinsamen Beschluss zustande gekommene Satzung nicht geklärt, s. *Rehak*, in: Lorenzen, BPersVG § 73 Rdnr. 4.

[622] Normative Regelungen finden unmittelbar Eingang in das Arbeitsverhältnis, ohne dabei jedoch Vertragsbestandteil zu werden, *Rehak*, in: Lorenzen, BPersVG, § 73 Rdnr. 16; *Fischer/Goeres*, GKÖD, Bd. V: PVR, K § 73 Rdnr. 15; aA MünchArbR/*Löwisch/Rieble*, § 270 Rdnr. 20. Abweichungen zu Lasten der Arbeitnehmer scheitern an dem zwingenden Charakter des von den „Betriebspartnern" gesetzten objektiven Rechts.

[623] BT-Drucksache VI/3721, Begründung zu § 72, S. 33, „über die Wirkung der Dienstvereinbarung bestehen keine Zweifel." Trotz bestehender Unterschiede ist damit die positiv festgelegte Rechtswirkung in § 77 Abs. 4 BetrVG nicht der „Ausnahmefall", dessen vergleichende Heranziehung a priori ausscheidet.

bedurft.[624] Damit war auch im mitarbeitervertretungsrechtlichen Bereich von einer unmittelbaren und zwingenden, also normativen Wirkung einer Dienstvereinbarung als kollektivem Normenvertrag iS des § 38 MAVO auszugehen.[625]

c) Einrichtungsbezug der Dienstvereinbarung

Die Geltung einer Dienstvereinbarung ist einrichtungsbezogen. Aus der Auflösung einer organisatorischen Einheit ergibt sich zwangsläufig auch das Ende der entsprechenden Dienstvereinbarungen.[626] Werden also früher selbstständig geführte Einrichtungen zu einer neuen organisatorischen Einheit zusammengelegt, kann die neu errichtete Mitarbeitervertretung aus den vormals bei den einzelnen Einrichtungen bestehenden Dienstvereinbarungen keine Rechte mehr herleiten. Endet eine Dienstvereinbarung wegen Fristablaufs, soll für den Anschlusszeitraum eine Aufrechterhaltung der Bestimmungen allerdings durch eine formlose Regelungsabrede möglich sein.[627]

Allein ein Wechsel auf der Ebene des Trägers einer Einrichtung, schlägt dagegen nicht unmittelbar auf die Einrichtungsebene durch, sondern lässt die Identität der organisatorischen Einheit unberührt und damit auch das Mandat der dafür gewählten Mitarbeitervertretung.[628] Die Geltung der in dieser Einrichtung bestehenden Dienstvereinbarungen wird durch einen solchen Dienstgeberwechsel nicht berührt.

d) Anspruch auf Abschluss einer Dienstvereinbarung

Ein durchsetzbares Recht auf Abschluss einer Dienstvereinbarung ist in der MAVO nicht vorgesehen. Insbesondere im Bereich von Maßnahmen im Sinne der in §§ 36, 37 und 38, dort jeweils Abs.1 Nr. 11, MAVO, also bei Maßnahmen zum Ausgleich und zur Milderung von wesentlichen wirtschaftlichen Nachteilen für die Mitarbeiterinnen und Mitarbeiter wegen Schließung, Einschränkung, Verlegung oder Zusammenlegung von Einrichtungen oder wesentlichen Teilen von ihnen, ist die Frage ob der Dienstgeber über die Aufnahme ernsthafter Verhandlungen über den Abschluss eines Sozialplans hinausgehend im

---

[624] Vgl. *Edenfeld*, Arbeitnehmerbeteiligung, S. 422; hinsichtlich der formalen Voraussetzungen ist § 38 Abs. 3 Satz 1 MAVO wortlautidentisch mit § 73 Abs. 1 Satz 2 BPersVG und inhaltsgleich mit § 77 Abs. 2 BetrVG.

[625] *Frey/Coutelle/Beyer*, MAVO, § 28 Rdnr. 7, § 38 Rdnr. 22; *Richardi*, Arbeitsrecht in der Kirche, § 18 Rdnr. 108; s. auch die Darstellung bei *Bleistein/Thiel*, in: Bleistein/Thiel, MAVO, § 38 Rdnrn. 19 ff.; bestätigt durch § 38 Abs. 3a MAVO n.F., s. S. 121. In der Normenhierarchie bildet die Dienstvereinbarung die untere Stufe. Rechtsnormen, gleich, ob sie der staatlichen oder kirchlichen Ordnung entstammen, gehen ihr ebenso vor wie im kirchlichen Arbeitsrechts-Regelungsverfahren ergangene Bestimmungen.

[626] *Dietz/Richardi*, BPersVG, § 73 Rdnr. 44; *Frey/Coutelle/Beyer*, MAVO, § 38 Rdnr. 19; Schlichtungsstelle – Limburg, Beschluss v. 14.3.1994 (MAVO 12/93).

[627] So Schlichtungsstelle – Köln, Beschluss v. 19.12.1995 (MAVO 14/95).

[628] *Annuß*, in: Richardi, BetrVG, § 111 Rdnr. 125; *Frey/Coutelle/Beyer*, MAVO, § 1 Rdnr. 5, § 38 Rdnr. 19.

Schlichtungsverfahren auch gegen seinen Willen zur Gewährung entsprechender Leistungen verpflichtet werden kann, von besonderer praktischer Relevanz.[629]

Unstrittig ist insoweit, dass weder der Verweis auf die notleidende finanzielle Lage der Einrichtung[630] noch die fehlende Ausweisung von Mitteln in einem Haushaltsplan genügen, um ein Beteiligungsrecht der Mitarbeitervertretung von vornherein auszuschließen.[631] Allerdings weist die MAVO der Schlichtungsstelle keine ausdrückliche Kompetenz zur verbindlichen Aufstellung eines Sozialplans zu, eine mit § 112 Abs. 4 BetrVG vergleichbare Norm findet sich nicht. Die Pflicht des Dienstgebers, die sich aus der Einrichtungsänderung für die betroffenen Dienstnehmer ergebenden wirtschaftlichen Nachteile abzufedern, kann jedenfalls nicht aus einer (umstrittenen und zu begründenden) privatrechtlichen Fürsorgepflicht abgeleitet werden.[632] § 37 Abs. 3 Satz 3 MAVO enthält andererseits aber keinerlei Einschränkungen, und auch die Rechtsnatur der Dienstvereinbarung spricht nicht grundsätzlich gegen die Entscheidungsbefugnis der Schlichtungsstelle.[633]

6. Wahlanfechtung und Überprüfungskompetenz der Schlichtungsstelle

Streitigkeiten über die Einhaltung der in den §§ 6 bis 11c MAVO vorgesehenen Anforderungen an die Wahl einer Mitarbeitervertretung konnten – unter Darlegung, das Wahlergebnis könnte durch den angegriffenen Fehler im Wahlverfahren beeinflusst sein[634] – gem. § 12 Abs. 3 MAVO innerhalb von zwei Wochen nach Zugang der Entscheidung des Wahlausschusses vor die Schlichtungsstelle gebracht werden.[635]

Zu den Angelegenheiten des Wahlverfahrensrechts, die bisher[636] vor die Schlichtungsstelle gebracht werden konnten, zählten – ohne ausdrückliche Regelung in der MAVO – auch Streitigkeiten über die Rechtmäßigkeit von Wahlen innerhalb der Mitarbeitervertretung, zB

---

629 Zur Verhandlungspflicht s. VerwG.EKD, Beschluß v. 16.11.1995 (0124/7-95), ZMV 1996, 142 (142); *Bleistein,* Sozialplan: Grundvoraussetzungen für den Abschluß, ZMV 1997, 210 (213); *Leser,* Beteiligungsrechte evangelischer Mitarbeitervertretungen bei Betriebseinschränkungen, ZMV 1999, 57 (58).

630 VerwG.EKD, Beschluß v. 16.11.1995 (0124/7-95), ZMV 1996, 142 (142); *Fey,* Sozialpläne in Kirche, Diakonie und Caritas, ZMV 1998, 12 (13); *Frey/Coutelle/Beyer,* MAVO, § 36 Rdnr. 104. Übergeht der Dienstgeber die im Vorfeld einer Einrichtungsänderung liegenden Mitbestimmungsrechte, kann die Mitarbeitervertretung einer betriebsbedingten Kündigung gem. § 30 Abs. 3 Nr. 1 MAVO widersprechen, *Leser,* Beteiligungsrechte evangelischer Mitarbeitervertretungen bei Betriebseinschränkungen, ZMV, 1999, 57 (58 f.).

631 Die Begrenztheit finanzieller Mittel kann nur zu einer inhaltlichen Beschränkung der Mitbestimmung führen, *Dietz/Richardi,* BPersVG, § 75 Rdnr. 172; s. auch hier S. 74f.

632 *Annuß,*in: Richardi, BetrVG, § 112 Rdnr. 55.

633 *Bleistein/Thiel,* in: Bleistein/Thiel, MAVO, § 37 Rdnrn. 1 f.; *Fey,* Sozialpläne in Kirche, Diakonie und Caritas, ZMV 1998, 12 (13); *Frey/Coutelle/Beyer,* MAVO, § 37 Rdnrn. 1, 12.

634 S. § 12 Abs. 1, Abs. 2 Satz 2 Halbsatz 1 MAVO, sonst wird sein Antrag als unbegründet zurückgewiesen, Schlichtungsstelle - Mainz, Beschluss v. 29.9.1997 (1726.3/11 (1997)).

635 Heute ist gem. § 13 Abs. 3 MAVO Rechtsschutz vor den kirchlichen Arbeitsgerichten zu suchen.

636 S. Fn. 635.

der Wahl des bzw. der Vorsitzenden einer Mitarbeitervertretung.[637] Anlässlich der Wahl eines Mitarbeitervertreters evangelischer Kirchenzugehörigkeit in dieses Amt, also unter Verstoß gegen die in § 14 Abs. 1 Satz 2 der in den bayerischen Diözesen geltenden MAVO-Regelung[638], entschied die Schlichtungsstelle Augsburg, dieser Rechtsbruch habe die Unwirksamkeit der angegriffenen Wahl zur Folge. Die rechtliche Verbindlichkeit dieser besonderen Anforderung an die Wählbarkeit wurde dabei ausdrücklich bestätigt. Den Bischöfen stehe in ihrem Zuständigkeitsbereich die gesetzgebende Gewalt zu, an deren Ausübung sie auch nicht durch die Vorgaben der Rahmen-MAVO beschränkt sind, da diese gerade keine unmittelbare Bindungswirkung erzeuge; ebensowenig führe eine großzügigere Regelung dieser Frage in anderen Diözesen zu einer gleichheitswidrigen Benachteiligung der betroffenen Mitarbeiter.[639] Der Vorsitzende der Mitarbeitervertretung habe nicht nur als Repräsentant der Mitarbeitervertretung nach außen, sondern auch durch seinen Einfluss auf deren Geschäftsführung und damit auf die Verwirklichung der einrichtungsbezogenen Dienstnehmerbeteiligung eine besondere Vertrauensstellung inne, die es erlaube, an seine Person gesteigerte Anforderungen zu stellen.[640] Auch wenn der Dienstgeber in der Vergangenheit bei der Wahl der bzw. des Vorsitzenden eine Verletzung des § 14 Abs. 2 Satz 2 BayMAVO nicht beanstandet hat, verwirkt er durch sein Verhalten diese Möglichkeit nicht.[641]

Auch das Festhalten an der Zugehörigkeit zur katholischen Kirche in einer Zeit, in der das Bemühen um eine Betonung der Gemeinsamkeiten der beiden großen Kirchen weit vorangeschritten ist, ist nach Ansicht der Schlichtungsstelle nicht geeignet, einen Verstoß gegen das Willkürverbot, bzw. gegen höherrangige kirchliche oder staatliche Normen zu begründen. Dem (diözesanen) kirchlichen Gesetzgeber steht im Rahmen dieser Entwicklung ein weitreichender Beurteilungs- und Handlungsspielraum zu, dessen Grenzen hier noch nicht überschritten seien.[642] Innerhalb dieser Grenzen ist es der Schlichtungsstelle aber verwehrt, durch eigene Ermessens- oder Zweckmäßigkeitsüberlegungen in die ausschließliche Zuständigkeit des kirchlichen Gesetzgebers einzugreifen.

Soweit in anderen MAVOen, wie zB in der Rahmen-MAVO, die Berücksichtigung der Konfession des Vorsitzenden der Mitarbeitervertretung lediglich durch eine Soll-Vorschrift

---

[637] *Thiel*, in: Bleistein/Thiel, MAVO, § 14 Rdnrn. 8 ff.

[638] Entgegen der Sollvorschrift des § 14 Abs. 1 Satz 2 der Rahmen-MAVO ist in den bayerischen Diözesen und in der Diözese Fulda zwingend ein katholischer Mitarbeitervertreter zum Vorsitzenden zu wählen.

[639] Schlichtungsstelle - Augsburg, Beschluss v. 21.1.2002 (4 A 2001).

[640] Zur grundsätzlichen Kritik s. *Klimpe-Auerbach*, Die Grundordnung des kirchlichen Dienstes im Rahmen kirchlicher Arbeitsverhältnisse, ArbuR 1995, 170 (175).

[641] Wegen der objektiven Rechtsverletzung kann sich auf Seiten der Mitarbeitervertreter kein Vertrauenstatbestand bilden, der Dienstgeber werde auch in Zukunft gesetzwidrig verfahren.

[642] Schlichtungsstelle - Augsburg, Beschluss v. 21.1.2002 (4 A 2001).

abgesichert ist, finden sich über die daraus abzuleitenden Konsequenzen für die Praxis erheblich divergierende Standpunkte. Zwar wird von beiden Seiten ausdrücklich auf den fehlenden zwingenden Charakter dieser Norm hingewiesen, im Anschluss daran werden allerdings unterschiedliche Aspekte betont: Während einerseits unter Verweis auf fehlende konfessionelle Beschränkungen bereits bei der Wahl zur Mitarbeitervertretung auf den schlichten Ordnungscharakter dieser Vorschrift geschlossen wird[643], leiten andere daraus ab, es bestehe lediglich ein eingeschränkter Ermessensspielraum, der es nur „bei Vorliegen schwerwiegender Gründe, besonderer Umstände und beim Abwägen der verschiedenen Interessenlagen" erlaube, im Einzelfall einen nicht der katholischen Kirche zugehörigen Mitarbeitervertreter zum Vorsitzenden zu wählen.[644] Ist die Mitarbeitervertretung nicht in der Lage, das Vorhandensein dieser Umstände darzulegen, verletze sie den ihr zur Verfügung stehenden Ermessensrahmen.

Mit dieser Begründung lässt sich aber eine Beschneidung des den Mitarbeitervertretern eröffneten Handlungsrahmens nicht rechtfertigen. Die (Erz-)Bischöfe als kirchliche Gesetzgeber waren bei Erlass der jeweiligen MAVO in ihrem (Erz-)Bistum durch die Vorgaben der Rahmen-MAVO nicht an deren Regelungen gebunden; sie konnten sich, wie die oben genannten Beispiele zeigen, durchaus für strengere Anforderungen an die Person des Vorsitzenden der Mitarbeitervertretung entscheiden. Haben sie aber von dieser Möglichkeit bewusst keinen Gebrauch gemacht, kann entgegen dem eindeutigen Gesetzeswortlaut keine so erhebliche Einschränkung des Entscheidungsrahmens der Mitarbeitervertreter begründet werden.

7. Anrufung der Schlichtungsstelle nach bis zum 30.06.2005 geltender Rechtslage

a) Verfahrensvoraussetzungen

(1) Antrag auf Einleitung des Schlichtungsverfahrens, § 41 Abs. 2 MAVO a.F.

Auch soweit die jeweils einschlägige Verfahrensordnung keine ausdrückliche Regelung vorsah, war der verfahrenseinleitende Antrag von einer antragsberechtigten und antragsbefugten „Person" iS des § 41 Abs. 1 und 2 MAVO aF zu stellen.[645] Bezogen auf den konkreten Streitgegenstand durfte es also keine kostengünstigere einfachere Alternative

[643] *Thiel*, in: Bleistein/Thiel, MAVO, § 14 Rdnr. 9.

[644] *Frey/Coutelle/Beyer*, MAVO, § 14 Rdnr. 67.

[645] Die Mitarbeitervertretung als Organ der dienstnehmerseitigen Interessenwahrnehmung konnte in dieser Funktion als Träger der durch die MAVO verliehenen Rechte und Pflichten neben den in § 41 Abs. 1 MAVO aF genannten natürlichen und juristischen rechtsfähigen Personen die Schlichtungsstelle anrufen, s. *Frey/Coutelle/Beyer*, MAVO, § 41 Rdnrn. 21 ff.; VerwG.EKD, Beschluss v. 23.8.2001 (I-0124/F10-01 und I-0124/F20-01).

geben und der Antragsteller musste die Verletzung einer ihm nach der MAVO zustehenden Rechtsposition schlüssig darlegen können.[646]

Unabhängig von der an sich gegebenen „Eröffnung des Rechtswegs" zu den kirchlichen Schlichtungsstellen gilt grundsätzlich, dass den Gegenstand eines Verfahrens immer nur konkrete Maßnahmen bilden können.[647] Ist in derselben Sache bereits eine abschließende Entscheidung einer Schlichtungsstelle ergangen oder trägt der Dienstgeber Einwendungen der Mitarbeitervertretung Rechnung, kann ein bereits eingeleitetes Schlichtungsverfahren nicht mehr zum Zwecke einer grundsätzlichen Klärung der vormals streitbefangenen Maßnahme fortgesetzt werden. Dies gilt auch dann, wenn damit für künftige (zu erwartende) vergleichbare Sachverhaltsgestaltungen eine erneute Anrufung der Schlichtungsstelle vermieden werden könnte.[648] Eine entsprechende Entscheidungskompetenz konnte für die Schlichtungsstellen weder aus Art. 10 GrOkathK abgeleitet noch im Rahmen einer (vermeintlichen) „Lückenschließung" bis zur Schaffung der kircheneigenen Arbeitsgerichtsbarkeit in Anspruch genommen werden.[649]

Ebensowenig kam eine erneute Anrufung der Schlichtungsstelle in derselben Sache in Frage, wenn überhaupt keine inhaltliche Korrektur der vorangehenden Entscheidung erstrebt wurde. Auch wenn wegen der fehlenden Vollstreckbarkeit der Beschlüsse der Schlichtungsstellen mit einem erneuten Antrag nur der „Vollzugsdruck" auf den sich nach wie vor rechtswidrig verhaltenden Antragsgegner erhöht werden sollte, ändert dies nichts an der Unzulässigkeit eines entsprechenden Begehrens.[650]

Die Schlichtungsstelle war zwar nicht ausschließlich an den Vortrag der Beteiligten gebunden, zur Wahrheitsfindung konnte sie vielmehr auch selbstständig Beweise erheben, allerdings mussten diese Nachforschungen durch die Ausführungen der Beteiligten angestoßen werden.[651] Der Antragsteller konnte sich also nicht auf eine umfassende selbstständige Ermittlung der Schlichtungsstelle verlassen, ihm oblag es, in jedem Fall substantiierten Sachvortrag vorzubringen.

War das Ziel der antragstellenden Seite nicht eindeutig erkennbar, wurde der Antrag bereits als unzulässig verworfen.[652] Mitarbeitervertretungsrechtlich nicht eindeutig formulierte

---

[646] Schlichtungsstelle – Osnabrück, Beschluss v. 8.11.2001 (03/2001).

[647] Schlichtungsstelle – Limburg, Beschluss v. 21.2.1990 (MAVO 13/89); Schlichtungsstelle – Freiburg, Beschluss v. 7.4.1997 (12/1996).

[648] Die Schlichtungsstelle – Limburg, Beschluss v. 21.2.1990 (MAVO 13/89).

[649] Schlichtungsstelle – Berlin, Beschluss v. 11.10.1994 (MAVO 9/94).

[650] Zentrale Gutachterstelle beim VDD, Gutachten über die Informationspflicht nach § 31 MAVO Trier v. 28.8.2002; s. auch S. 76 f.

[651] *Bernards*, Die Schlichtungsstelle im Mitarbeitervertretungsrecht der katholischen Kirche, Diss., S. 83 f.

[652] Schlichtungsstelle – Paderborn, Beschluss v. 14.4.1994 (MAVO II/94); Schlichtungsstelle – Dresden-Meißen, Beschluss v. 7.5.1997 (MAVO 2/005/96).

Anträge[653] konnte die Schlichtungsstelle dagegen unter Zuhilfenahme der allgemeinen Grundsätze, ausgerichtet am verfolgten Ziel des Antragstellers, auslegen.[654]

(2) Örtliche Zuständigkeit

Örtlich zuständig war gem. § 40 Abs. 1 MAVO aF grundsätzlich diejenige Schlichtungsstelle einer Diözese, in deren Bereich die kirchliche Einrichtung iS des § 1 Abs. 1 MAVO ihren Sitz hatte. War die Einrichtung aber einem mehr- oder überdiözesanen[655] Rechtsträger zugeordnet, so war gem. § 1 Abs. 3 Satz 1 MAVO grundsätzlich dessen Hauptsitz entscheidend. Wandte sich der Antragsteller, sei es aus fehlender Kenntnis dieser Regelung oder infolge einer unzutreffenden Bewertung der Organisationsstruktur an eine örtlich unzuständige Schlichtungsstelle, durfte diese keine Entscheidung in der Sache treffen und es stellte sich die Frage einer Verweisungsmöglichkeit und der Folgen für die bereits genannte Fristbestimmung des § 12 Abs. 3 MAVO aF[656].

Für eine verbindliche rechtsweginterne Verweisungskompetenz der unzuständigen Schlichtungsstelle fehlte es an der notwendigen gesetzlichen Normierung. Eine ausdrückliche Regelung der angesprochenen Fristenproblematik findet sich in der MAVO ebenfalls nicht. Aus vorgenannten Gründen hat die Schlichtungsstelle Aachen die Möglichkeit einer Verweisung oder Weiterleitung des Rechtsschutzersuchens an die örtlich zuständige Schlichtungsstelle verneint und den entsprechenden Hilfsantrag abgewiesen.[657] Die Schlichtungsstelle Dresden-Meißen geht insoweit aber davon aus, auch die Anrufung der örtlich unzuständigen Schlichtungsstelle wirke zumindest fristwahrend.[658]

Jedenfalls soweit die Mitarbeitervertretung gem. § 12 Abs. 1 Satz 1 MAVO Antragsteller ist, kann für die letztgenannte Ansicht ins Feld geführt werden, eine anderweitige Risikoverteilung wäre unbillig, da es ihr im Einzelfall am Zugang zu den erforderlichen Informationen fehlt und Schwierigkeiten oder Verzögerungen bei deren Beschaffung nicht zu ihren Lasten gehen sollen.

---

[653] Kurze „Musteranträge" zu den von § 41 Abs. 1 MAVO erfassten Sachverhalten finden sich bei *Bleistein/Thiel*, in: Bleistein/Thiel, MAVO, § 41 Rdnrn. 7 ff.; s. auch *Bernards*, Die Schlichtungsstelle im Mitarbeitervertretungsrecht der katholischen Kirche, Diss., S. 64 ff.

[654] Schlichtungsstelle – Rottenburg – Stuttgart, Beschluss v. 20.11.1991 (MAVO SV 9/91); *Frey/Coutelle/Beyer*, MAVO, § 41 Rdnr. 21; Schlichtungsstelle – Limburg, Beschluss v. 15.6.1998 (MAVO 3/98).

[655] Bei Ersteren handelt es sich um solche, die zwar in mehreren nicht aber in allen Diözesen im Gebiet der Deutschen Bischofskonferenz Einrichtungen unterhalten; Letztere unterhalten dagegen Einrichtungen im gesamten Gebiet.

[656] S. Fn. 635.

[657] Schlichtungsstelle – Bistum Aachen, Beschluss v. 25.6.1998 (MAVO 07/1998). Ohne interdiözesane Vereinbarungen steht der Erlass einer entsprechenden Norm auch nicht mehr in der Gesetzgebungskompetenz des einzelnen Bischofs, da seine Autorität und sein Wirken auf die Grenzen seines (Erz)Bistums beschränkt ist, aaO, s. auch cc. 381, 391 CIC. S. auch Schlichtungsstelle – Münster, Beschluss v. 6.10.1997 (MAVO 7/97)

[658] Schlichtungsstelle – Dresden-Meißen, Beschluss v. 20.5.2000 (Az: 2-020/00).

b) Verfahrensleitung

Zu den wesentlichen Grundsätzen des streitigen Verfahrens vor den staatlichen ordentlichen Gerichten zählt die Öffnung wichtiger Abschnitte eines in mündlicher Verhandlung betriebenen Verfahrens für die Öffentlichkeit (§§ 2 EGGVG, 169 GVG). Auch innerhalb der evangelische Kirche bildet die mündliche öffentliche Verhandlung vor der Schlichtungsstelle den Regelfall (§ 61 Abs. 5 Satz 2 u. 3 MVG.EKD).[659] Dagegen schloss § 41 Abs. 3 Satz 1 MAVO aF, der als zwingende Norm keinen Raum für eine abweichende Verfahrensgestaltung ließ[660], für unbeteiligte Dritte die Möglichkeit der Verhandlung beizuwohnen, grundsätzlich aus. § 41 Abs. 3 Satz 3 MAVO aF stellte im Falle der Antragstellung eines Beteiligten die Durchführung einer mündlichen Verhandlung in das plichtgemäß auszuübende Ermessen der Schlichtungsstelle[661]; die Antragstellung allein bewirkte keine Ermessensreduzierung auf Null.[662]

Der Grundsatz der Öffentlichkeit mündlicher Verhandlungen ist zwar nicht ausdrücklich in der Verfassung verankert. Als unumstrittener Bestandteil des Demokratiegebots und des Rechtsstaatsprinzips (Art. 20 Abs. 1 und 3 GG) ist er aber gleichwohl verfassungsrechtlich gewährleistet.[663] Unmittelbar abgesichert ist der Grundsatz der Öffentlichkeit darüber hinaus auch durch Art. 6 Abs. 1 Satz 1 EMRK.[664] Wie gezeigt (S. 53 ff.), unterfällt zwar die Einrichtung und Ausgestaltung eines innerkirchlichen Rechtsschutzverfahrens grundsätzlich dem Selbstbestimmungsrecht der Kirchen iS des Art. 140 GG iVm. Art. 137 Abs. 3 WRV. Die Kirche ist auch nicht unmittelbar Adressat des Gebots, gerichtliche Verfahren für Dritte zu öffnen. Kirchliche Schlichtungsstellen werden von staatlicher Seite aber als Gerichte anerkannt, die innerhalb ihres Zuständigkeitsbereichs Rechtsfragen abschließend entscheiden können und die damit auch den Anforderungen zur Gewähr eines rechtsstaatlichen Maßstäben entsprechenden Verfahrens unterworfen sind. Gerade der Blick

---

[659] Ausgeschlossen wird die Öffentlichkeit nur für das Einigungsgespräch der Parteien mit dem Vorsitzenden (§§ 61 Abs. 3, 61 Abs. 2 Satz 1 MVG.EKD), wenn besondere Gründe dies erfordern (§ 61 Abs. 5 Satz 3 MVG.EKD) oder der Beschluß im Einvernehmen mit den Beteiligten im schriftlichen Verfahren gefaßt wird (§ 61 Abs. 5 Satz 6 MVG.EKD).

[660] *Frey/Coutelle/Beyer*, MAVO, § 41 Rdnr. 26. Die Verhandlung vor dem Kirchlichen Arbeitsgericht findet dagegen gem. § 7 Abs. 2 Satz 1 KAGO grundsätzlich öffentlich statt.

[661] Schlichtungsstelle – Münster, Beschluss v. 11.2.1998 (MAVO 12/97); s. auch *Bernards*, Die Schlichtungsstelle im Mitarbeitervertretungsrecht der katholischen Kirche, Diss., S. 68.

[662] Nach *Bleistein/Thiel*, in: Bleistein/Thiel, MAVO, § 41 Rdnrn. 78 f. ist die Schlichtungsstelle – außer im Falle eines unzulässigen Antrags – verpflichtet, eine mündliche Verhandlung durchzuführen; für eine Ablehnung des Antrags auf mündliche Verhandlung nur in Ausnahmefällen, *Frey/Coutelle/Beyer*, MAVO, § 41 Rdnr. 28.

[663] BVerfG, Beschluss v. 21.10.1954 – 1 BvL 9/51, 1 BvL 2/53, BVerfGE **4**, 74 (94); Stein/Jonas/*Leipold*, ZPO, vor § 128 Rdnr. 114; Wieczorek/Schütze/*Schreiber*, § 169 GVG Rdnr. 6; MünchKommZPO/*Wolf*, § 169 GVG Rdnr. 3.

[664] Gesetz v. 7.8.1952, BGBl. II, S. 685 ff. Zum Anwendungsbereich und Konkurrenzverhältnis zu § 169 GVG s. MünchKommZPO/*Wolf*, § 169 GVG Rdnrn. 7 ff. Durch Gesetz v. 15.11.1973 wurde Art. 14 Abs. 1 Satz 2 des Internationalen Paktes über bürgerliche und politische Rechte, der ebenfalls den Öffentlichkeitsgrundsatz enthält, in nationales Recht transformiert (BGBl. II, S. 1533 ff.).

auf den mit der Herstellung der Verfahrensöffentlichkeit verfolgte Zweck, neben einer Kontrolle der hoheitlichen Tätigkeit der Gerichte auch die Unabhängigkeit der Richter zu sichern[665], lässt sich – jedenfalls soweit der Bereich der reinen Schlichtung verlassen wird – auch auf den kirchlichen Bereich übertragen.[666] Darüber hinaus wird durch die Möglichkeit, Verfahren als auch als Unbeteiligter unmittelbar zu verfolgen, Vertrauen geschaffen, welches für die Akzeptanz dieser innerkirchlichen Rechtsprechung und die von ihr ausgehenden Impulse für die Rechtsentwicklung unentbehrlich ist. Ein Umstand, der bisher durch die fehlende Veröffentlichung der Beschlüsse der Schlichtungsstellen ebenfalls beeinträchtigt wird. Trotz ihres Selbstbestimmungsrechts hat auch die katholische Kirche bei der Ausgestaltung ihrer innerkirchlichen Gerichtsbarkeit die Minimalanforderungen eines rechtsstaatlichen Verfahrens zu wahren und ist damit auch dem Gebot der Öffentlichkeit verpflichtet. Dem entspricht die KAGO.

## II. Materielle Beteiligungsrechte

### 1. Einstellung von Mitarbeitern, § 34 MAVO

#### a) Allgemeines

Nach § 34 Abs. 1 MAVO steht der Mitarbeitervertretung bei Ein- und Anstellungen von Mitarbeitern ein eingeschränktes Mitbestimmungsrecht zu. Vergleichbar der Rechtsprechung des BAG zu § 99 Abs. 1 BetrVG liegt auch im Geltungsbereich der MAVO eine Einstellung jedenfalls in der tatsächlichen Beschäftigung eines Mitarbeiters. Das Beteiligungsverfahren ist somit jedenfalls vor Aufnahme der Tätigkeit des neu eingestellten Dienstnehmers ordnungsgemäß vom Dienstgeber einzuleiten und zum Abschluss zu bringen.[667] Auf den Vertragsschluss allein kommt es nicht an, ausschlaggebend ist vielmehr die tatsächliche Eingliederung des Beschäftigten in die mitarbeitervertretungsrechtlich relevante Organisationsstruktur, also „die Besetzung eines Arbeitsplatzes mit einer betriebsfremden Person".[668] Auch im Einzelfall einzuholende kirchenaufsichtliche Genehmigungen sind mit Blick auf das Mitbestimmungsrecht der Mitarbeitervertretung unerheblich, dh. der Dienstgeber darf für den Antrag auf Zustimmungserteilung iS des § 34 Abs. 1 MAVO nicht erst deren Erteilung abwarten, wenn er sich bereits grundsätzlich zur Einstellung

[665] Stein/Jonas/*Leipold,* ZPO, vor § 128 Rdnr. 114a; Wieczorek/Schütze/*Schreiber,* § 169 GVG Rdnrn. 4, 6.

[666] AA *Bernards,* Die Schlichtungsstelle im Mitarbeitervertretungsrecht der katholischen Kirche, Diss., S. 78, unter Hinweis auf die hierarchische Verfassung der Kirche, die fehlende staatliche Kontrollkompetenz und den auch in Verfahren vor Kirchengerichten iS des CIC üblichen Ausschluss der Öffentlichkeit (can. 1470 § 1 CIC).

[667] Schlichtungsstelle – Köln, Beschluss v. 15.2.1995 (MAVO 18/94).

[668] *Richardi,* Die neue Betriebsverfassung, § 21 Rdnr. 5; *Thüsing,* in: Richardi, BetrVG, § 99 Rdnr. 29.

entschlossen hat.[669] Es genügt, dass der Arbeitgeber über Weisungsbefugnis hinsichtlich Ort und Zeit der zu verrichtenden Tätigkeit verfügt und mit organisatorischer Leitungsmacht die Leistungserbringung – im Einklang mit der bestehenden Belegschaft – koordiniert.[670]
Für den Fall jedoch, dass der Abschluss eines Arbeitsvertrages und der Zeitpunkt der tatsächlichen Arbeitsaufnahme auseinanderfallen, ist die Mitarbeitervertretung vor Abschluss des Arbeitsvertrages über die geplante Beschäftigung zu unterrichten und ihre Zustimmung zu der vertraglich vorgesehenen Beschäftigung einzuholen.[671] Insoweit folgt die Schlichtungsstelle Köln ausdrücklich den im staatlichen Arbeitsrecht entwickelten Grundsätzen.[672] Maßgebender Gesichtspunkt ist dabei, dass die Beteiligung der Mitarbeitervertretung zu einem Zeitpunkt erfolgt, in dem noch keine endgültige Entscheidung über die Einstellung getroffen worden ist. Mit einem Abschluss eines Arbeitsvertrages ist aber die Entscheidung, den Arbeitnehmer einzustellen und auch im Betrieb zu beschäftigen, abschließend gefallen. Eine nur „beabsichtigte" Einstellung eines Mitarbeiters erfüllt diese Kriterien jedoch nicht, so dass ein vorgezogenes Beteiligungsrecht der Mitarbeitervertretung nicht in Frage kommt. An reinen Vorbereitungsmaßnahmen, wie zB interne Stellenausschreibung oder Bewerbungsgespräche, steht der Mitarbeitervertretung kein Mitbestimmungsrecht nach § 34 Abs. 1 MAVO zu.[673]

b) Verletzung der Beteiligungspflicht

Verstößt der Dienstgeber gegen die Beteiligungspflicht, so muss bei der Frage nach den sich daraus ergebenden Rechtsfolgen zwischen der individualrechtlichen und der kollektivrechtlichen Ebene unterschieden werden. Gemeinsam ist den §§ 69 Abs. 1 BPersVG, 99 Abs. 1 Satz 1 Halbs. 2 BetrVG und 34 Abs. 1 MAVO, dass jeweils die Zustimmung der Repräsentationsvertretung gefordert wird. Angesichts der Absicht des staatlichen Gesetzgebers, die Mitbestimmungsrechte der Beschäftigtenvertretung auszubauen, könnte man dem Mitbestimmungselement konstitutiven Charakter auch im arbeitsvertraglichen Bereich zubilligen.[674] Dagegen spricht jedoch, dass Gegenstand des

[669] S. 136 f.; *Frey/Coutelle/Beyer,* MAVO, § 34 Rdnr. 3.
[670] BAG, Urteil v. 15.3.1978 – 5 AZR 819/76, BAGE **30**, 163 (169 f.); BAG, Beschluss v. 5.3.1991 – 1 ABR 39/90, BAGE **67**, 290 (298).
[671] Schlichtungsstelle – Köln, Beschluss v. 15.2.1995 (MAVO 18/94). Dieser Zeitpunkt ist jedoch nicht mit der Einstellung gleichzusetzen, für die die Zuweisung eines Arbeitsbereichs entscheidend ist, *Thüsing,* in: Richardi, BetrVG, § 99 Rdnr. 31.
[672] S. Fn. 667. BAG, Beschluss v. 28.4.1992 – 1 ABR 73/91, BAGE **70**, 147 (152 mwN); BAG, Urteil v. 13.4.1994 – 7 AZR 651/93, BAGE **76**, 234 (240).
[673] *Frey/Coutelle/Beyer,* MAVO, § 34 Rdnr. 7 f.; *Rehak,* in: Lorenzen, BPersVG, § 75 Rdnr. 17.
[674] So *Dietz/Richardi,* BPersVG, § 75 Rdnr. 24 nach dem es für die Einstellung maßgeblich auf die „Begründung der rechtlichen Zugehörigkeit zur Dienststelle" ankommt; die fehlende Zustimmung des Personalrats hat danach die schwebende Unwirksamkeit des Arbeitsvertrags zur Folge; BAG v. 26.1.1988 – 1 AZR 531/86, BAGE **52**, 242 (255), für den Fall einer Versetzung; GKÖD-

Mitbestimmungsrechts gerade nicht Abschluss und Inhalt des Individualvertrags ist[675], sondern der mit der Eingliederung des Beschäftigten in die betriebliche Organisation verbundene Sachbereich. Zudem stehen hier nicht die persönlichen Interessen des Einzustellenden, sondern die Belange der bereits vorhandenen Belegschaft im Vordergrund.[676] Auf die Wirksamkeit bzw. den Bestand des Arbeitsverhältnisses hat eine Verletzung des Beteiligungsrechts somit keinen Einfluss.[677] Dafür spricht letztlich auch, dass der Vertragspartner des Arbeitgebers aufgrund seiner fehlenden Position als Verfahrensbeteiligter keinen Einblick und keine Möglichkeit hat, Einfluss auf die Einleitung bzw. Einhaltung des Beteiligungsverfahrens durch den Arbeitgeber zu nehmen.[678] Für den Dienstgeber bleibt ein Verstoß gegen das Mitbestimmungsrecht der Mitarbeitervertretung dennoch nicht ohne Folgen: trotz Abschluss eines rechtsverbindlichen Arbeitsvertrags mit dem einzustellenden Dienstnehmer darf er diesen nicht in der Einrichtung beschäftigen, ist gleichwohl aber gem. § 615 Satz 1 BGB zur Auszahlung der vereinbarten Vergütung verpflichtet, sofern Vereinbarungen im Arbeitsvertrag fehlen.[679]

---

*Fischer/Goeres*, Bd. V: PVR, K § 69 Rdnr. 38b mwN; die abweichende Rechtsprechung des BAG, das hinsichtlich der Auswirkungen von Verletzungen des personalvertretungsrechtlichen Beteiligungsrechts auf der individualvertraglichen Seite nach dem Schutzzweck des Mitbestimmungsrechts differenziert, kann wegen der „besonderen Verhältnisse im öffentlichen Dienst" nicht übernommen werden. Die Verletzung des Mitbestimmungsrechts der Personalvertretung bei der Einstellung von Arbeitnehmern hat eine faktische Stellensperre zur Folge, da der öffentliche Arbeitgeber an „die haushaltsrechtlichen Vorschriften und damit an die Stellenpläne" gebunden ist; bei unterstellter Wirksamkeit des Arbeitsvertrags muss – trotz des vom BAG angenommenen Beschäftigungsverbots – das versprochene Entgelt geleistet werden, so dass die insoweit zur Verfügung stehenden Haushaltsmittel verbraucht sind.

[675] *Grabendorff/Windscheid/Ilbertz/Widmaier*, BPersVG, § 75 Rdnrn. 3, 7; BVerwG, Beschluss v. 17.8.1989 – 6 P 11/87, BVerwGE **82**, 288 (292); *Thüsing*, in: Richardi, BetrVG, § 99 Rdnrn. 26 f.; BAG, Beschluss v. 16.7.1985 – 1 ABR 35/83, BAGE **49**, 180 (191 ff.); BAG, Beschluss v. 18.10.1988 – 1 ABR 33/87, BAGE **60**, 57 (60); BAG, Beschluss v. 3.10.1989 – 1 ABR 73/88, EzA § 99 BetrVG 1972 Nr. 77.

[676] *Thüsing*, in: Richardi, BetrVG, § 99 Rdnrn. 26 f.; anders dagegen im Falle des § 99 Abs. 2 Nr. 4 BetrVG, der den Betroffenen vor Nachteilen bewahren will, so dass in diesem Fall die Unwirksamkeit auch die individualvertragliche Seite erfasst, *Weber*, Anmerkung zu BAG v. 26.1.1988 – 1 AZR 531/86, EzA § 99 BetrVG 1972 Nr. 58 unter III a.

[677] *Löwisch*, Arbeitsrecht, Rdnr. 665; H/S/G-*Schlochauer*, BetrVG, § 99 Rdnr. 9, die ein „in sich geschlossenes System" der Beteiligungsrechte des Betriebsrats annehmen, so dass ein „Durchschlagen" auf den Individualvertrag einer ausdrücklichen Regelung bedurft hätte; ähnlich: *Stege/Weinspach*, §§ 99-101 Rdnr. 49; BAG, Urteil v. 2.7.1980 – 5 AZR 56/79, AP Nr. 5 zu § 101 BetrVG 1972; BAG, Urteil v. 2.7.1980 – 5 AZR 1241/79, BAGE **34**, 1 (8).

[678] *Frey/Coutelle/Beyer*, MAVO, § 33 Rdnr. 21; s. auch GK-*Kraft*, BetrVG, § 99 Rdnr. 122; BAG, Urteil v. 3.7.1996 – 2 AZR 825/95, NZA 1997, 713 (715).

[679] *Frey/Coutelle/Beyer*, MAVO, § 33 Rdnrn. 21, 26; *Gerhold*, in: Lorenzen, BPersVG, § 69 Rdnr. 57; *Richardi*, Arbeitsrecht in der Kirche, § 18 Rdnr. 108; *Thüsing*, in Richardi, BetrVG, § 99 Rdnr. 294; BAG, Urteil v. 2.7.1980 – 5 AZR 1241/79, BAGE **34**, 1 (9 f.). Abweichend dürfte sich die Situation bei der Anstellung einer einrichtungsfremden Person unter Berufung in ein (Kirchen-)Beamtenverhältnis darstellen, s. auch *Rehak*, in: BPersVG, § 75 Rdnr. 24.

c) Anwendungsfälle

(1) Beteiligungspflichtige Maßmahmen

Für das Mitbestimmungsrecht bei einer Einstellung iS des § 34 Abs. 1 MAVO spielt die in Aussicht genommene Dauer der Beschäftigung keine Rolle, so dass auch zeitlich befristete und kurzfristige Beschäftigungen nicht mitbestimmungsfrei sind.[680] Keinen Einfluss darf die Mitarbeitervertretung aber auf die inhaltliche Gestaltung des Arbeitsverhältnisses nehmen, also weder darauf, ob überhaupt eine Befristung in zeitlicher Hinsicht oder wegen eines bestimmten Sachgrundes vorgenommen wird, noch auf die voraussichtliche Beschäftigungsdauer.[681] Nachdem § 34 Abs. 1 MAVO Ausnahmen des Mitbestimmungsrechts ausdrücklich benennt, dürfte die Vereinbarung einer „Geringfügigkeitsschwelle" – unbeschadet des Ausnahmetatbestands der geringfügigenTätigkeit iS des § 8 Abs. 1 Nr. 2 SGB IV –, dh. von Mindestlaufzeiten, bei deren Unterschreitung die Mitarbeitervertretung auf ihr Mitbestimmungsrecht verzichtet, unzulässig sein.[682]

Soweit dagegen ein befristetes Arbeitsverhältnis nach dem vorgesehenen Beendigungstermin fortgesetzt werden soll, ist dies ebenso wie eine Neueinstellung zu behandeln und löst daher auch den in § 34 Abs. 1 MAVO vorgesehenen Beteiligungstatbestand aus.[683] Mit Erreichen des ursprünglich vorgesehenen Ablauftermins kommt es zu einer tatsächlichen Beendigung des Arbeitsverhältnisses, so dass eine Weiterbeschäftigung eines neuen Vertragsschlusses bedarf.[684] Da seit der erstmaligen Durchführung des Beteiligungsverfahrens durchaus Gründe entstanden sein können, die der

---

680 Schlichtungsstelle – Limburg, Beschluss v. 11.1.1993 (MAVO 5/1992); Schlichtungsstelle – Limburg, Beschluss v. 9.5.1994 (MAVO 11/1993); Schlichtungsstelle – Freiburg, Beschluss v. 23.9.1994 – 1994/2 ZMV 1994, 297; BAG, Urteil v. 16.12.1986 – 1 ABR 52/85, DB 1987, 747 (747); BVerwG v. 5.5.1978 – 6 P 8.78, ZBR 1978, 374 (375); MünchArbR/Ergänzungsband, *Wank*, § 116 Rdnr. 226.

681 *Frey/Coutelle/Beyer*, MAVO, § 34 Rdnr. 16; *Rehak*, in: Lorenzen, § 75 Rdnr. 18a; MünchArbR/Ergänzungsband, *Wank*, § 116 Rdnr. 226; s. auch S. 135.

682 Anders für § 99 BetrVG, *Thüsing*, in: Richardi, BetrVG, § 99 Rdnr. 32.

683 *Dietz/Richardi*, BPersVG, § 75 Rdnr.11 mwN; *Frey/Coutelle/Beyer*, MAVO, § 34 Rdnr. 17; DKK-*Kittner*, § 99 Rdnr. 45; *Rehak*, in: Lorenzen, BPersVG, § 75 Rdnr. 16c; *Weiss/Weyand*, BetrVG, § 99 Rdnr. 8; aA, zumindest für eine entsprechende Änderung des Vertrages vor Zeitablauf, H/S/G-*Schlochauer*, § 99 Rdnr. 23, der eine Einstellung iS des § 99 Abs. 1 BetrVG nur bei Neueinstellungen und Wiedereinstellungen nach Unterbrechung des Arbeitsverhältnisses annimmt, da sich das Beteiligungsrecht nicht auf den Vertragsinhalt erstreckt und nur die Frage des „Ob" der Einstellung erfasst; *Stege/Weinspach*, §§ 99-101 Rdnrn. 19 f bis h; *Thüsing*, in: Richardi, BetrVG, § 99 Rdnr. 35 f., es sei denn, der Arbeitgeber müsse zwischen verschiedenen Mitarbeitern eine Auswahl über die Vertragsverlängerung treffen.

684 Das BVerwG, Beschluss v. 13.2.1979 – 6 P 48.78, ZBR 1979, 279 (279), kommt zwar zum selben Ergebnis, stellt aber nicht auf das ‚rein formale' Kriterium des ursprünglich vorgesehenen Ablaufzeitpunkts ab, sondern nimmt „unter Beachtung des für die Auslegung maßgebenden Willens der Vertragsparteien" eine Fortsetzung „ohne zeitliche und rechtliche Unterbrechung" an; entscheidend – auch hinsichtlich der Modalitäten der Einstellung – ist danach Sinn und Zweck des Mitbestimmungstatbestands, aaO.

Mitarbeitervertretung hinsichtlich der Weiterbeschäftigung unter geänderten Bedingungen ein Zustimmungsverweigerungsrecht eröffnen, kann diese „ihrem Wächteramt nach neuestem Erkenntnisstand" nur auf diese Weise genügen.[685] Unerheblich ist dabei, ob das Arbeitsverhältnis zu den bisherigen oder geänderten Bedingungen fortgesetzt wird.[686] Aus den genannten Gründen kann der Dienstgeber, nachdem die Mitarbeitervertretung ihre Zustimmung zu einer befristeten Einstellung erteilt hat, den Beschäftigungszeitraum nicht verändern, ohne dadurch das Mitbestimmungsrecht der Mitarbeitervertretung iS des § 34 Abs. 1 MAVO zu verletzen.[687]

Eine Einstellung iS des § 34 Abs. 1 MAVO wurde von der Schlichtungsstelle des Bistums Limburg auch in der Neugestaltung des Dienstverhältnisses eines bereits im kirchlichen Dienst beschäftigten Mitarbeiters gesehen. Ob diese Änderung ausdrücklich oder stillschweigend geschieht, ist dabei ebensowenig von Bedeutung wie die bereits genannte zeitliche Befristung des neuen bzw. zusätzlichen Auftrages und der Umstand, dass der Mitarbeiter für seine neue bzw. zusätzliche Tätigkeit nur einen Teil seiner Arbeitskraft aufwenden muss.[688]

Wird allerdings durch Individualvereinbarung lediglich der Umfang des Beschäftigungsverhältnisses verändert, zB ein Teilzeit- in ein Vollzeitarbeitsverhältnis umgewandelt, ist ein Beteiligungsrecht der MAVO abzulehnen. Ohne das Hinzutreten weiterer Umstände, zB der Zuweisung einer neuen Arbeitsaufgabe, wird der maßgebende Arbeitsbereich nicht verändert und damit ein Beteiligunstatbestand nicht ausgelöst.[689]

Das Beteiligungsrecht iS des § 34 Abs. 1 MAVO ist ebenfalls gegeben, wenn der Einsatz eines Mitarbeiters im Wege einer Abordnung oder Versetzung iS des § 35 Abs. 1 Nr. 5 MAVO erfolgt. Soweit darin auch einer der genannten Beteiligungstatbestände des § 35 Abs. 1 MAVO erfüllt sein sollte, hat dies nur zur Folge, dass die Mitarbeitervertretung der abgebenden Einrichtung ein entsprechendes Beteiligungsrecht hat; dadurch wird jedoch nicht der Anwendungsbereich des § 34 MAVO beschnitten. Soweit auch dessen Tatbestandsvoraussetzungen erfüllt sein sollten, hat dies nur zur Folge, dass auch der Mitarbeitervertretung der aufnehmenden Einrichtung ein entsprechendes Mitbestimmungsrecht zusteht und sie ihre Zustimmung zur Einstellung des Mitarbeiters in die

---

685 Vgl. BVerwG, Beschluss v. 15.11.1989 – 6 P 2.87, PersV 90, 235 (236); BAG, Beschluss v. 16.7.1985 – 1 ABR 35/83, BAGE **49**, 180 (192).

686 Schlichtungsstelle – Münster, Beschluss v. 10.3.1999 (MAVO 10/98); BAG, Beschluss v. 28.10.1986 – 1 ABR 16/85, BAGE **53**, 237 (246).

687 *Frey/Coutelle/Beyer*, MAVO, § 34 Rdnr. 16.

688 Schlichtungsstelle – Limburg, Beschluss v. 9.5.1994 (MAVO 11/1993).

689 *Thüsing*, in: Richardi, BetrVG, § 99 Rdnrn. 29, 107; *Jacobs*, in: Annuß/Thüsing, TzBfG, § 9 Rdnrn. 47 ff.; H/W/K-*Ricken*, § 99 Rdnr. 17; aA *Frey/Coutelle/Beyer*, MAVO, § 34 Rdnr. 18.

aufnehmende Einrichtung erteilen muss.[690] Dabei geht die Schlichtungsstelle Limburg davon aus, dass in aller Regel „die Gefahr der Friedensstörung wegen der Aufnahme des Mitarbeiters in der aufnehmenden Einrichtung und die der Bevorzugung bzw. Benachteiligung wegen der Auswahl eines Mitarbeiters in der abgebenden Einrichtung" besteht. Würde nun zwischen den §§ 34 und 35 MAVO ein elektives Konkurrenzverhältnis bestehen, so blieben „wesentliche Interessen der Mitarbeiter unberücksichtigt, wollte man eine Beschränkung der Beteiligung auf eine Mitarbeitervertretung vornehmen, etwa auf die der abgebenden Einrichtung", da eine Mitarbeitervertretung wesensgemäß nur die Interessen derjenigen Mitarbeiter wahrnehmen kann, die sie repräsentiert. Im Falle des Wechsels eines Mitarbeiters von einer Einrichtung zu einer anderen folgt daraus, dass, soweit existent, sowohl die Mitarbeitervertretung der aufnehmenden wie der abgebenden Einrichtung ihr Mitbestimmungsrecht gemäß den §§ 34, 35 MAVO wahrzunehmen haben, und zwar unabhängig davon, ob es sich um einen „zeitweiligen oder dauernden, vollständigen oder teilweisen" Wechsel handelt.[691]

(2) Mitbestimmungsfreie Maßnahmen

Dagegen löst die Umwandlung eines unbefristeten Arbeitsverhältnisses in ein zeitlich befristetes nach Auffassung der Schlichtungsstelle Paderborn kein Mitbestimmungsrecht der Mitarbeitervertretung aus.[692] Ein Beteiligungsrecht der Mitarbeitervertretung kommt nach Sinn und Zweck der Regelung nur dann in Frage, wenn „sich die Umstände der Beschäftigung aufgrund einer neuen Vereinbarung grundlegend ändern." Diese Voraussetzungen liegen aber in einer Vereinbarung, ein bestehendes Arbeitsverhältnis zu einem bestimmten Termin aufzulösen, nicht vor. Im Ergebnis ist dieser Entscheidung zuzustimmen, allerdings liegt der Grund für ein fehlendes Beteiligungsrecht der Mitarbeitervertretung in dem Umstand, dass bereits eine tatsächliche Eingliederung in die Einrichtung vorlag, an der sich durch die Umgestaltung des Arbeitsvertrages nichts geändert hat. Eine Inhaltskontrolle des Arbeitsvertrags liegt ja gerade nicht im Aufgabenbereich der Mitarbeitervertretung.

Veränderungen bezüglich des Umfangs der Arbeitszeit durch individualvertragliche

---

[690] In diesem Punkt findet sich eine Abweichung zu vergleichbaren Regelungen im Bundespersonalvertretungsrecht, wo Einstellung, Abordnung und Versetzung gleich behandelt werden (§§ 75 Abs. 1 Nr. 1, 3 u. 4, 76 Abs. 1 Nr.1, 4 u. 5, 77 Abs. 2 BPersVG). Für die Frage, welche Personalvertretung zu beteiligen ist, wird dort allein auf die Entscheidungskompetenz, dh. welche Dienststelle befugt ist, die Maßnahme mit Außenwirkung anzuordnen, abgestellt, *Dietz/Richardi*, BPersVG, § 82 Rdnr. 2.

[691] Auch im Geltungsbereich des BPersVG gilt es den Schutzzweck des Mitbestimmungsrechts bei der Bestimmung der zuständigen Personalvertretung zu beachten, *Grabendorff/Windscheid/Ilbertz/Widmaier*, BPersVG, § 75 Rdnr. 20.

[692] Schlichtungsstelle – Paderborn, Beschluss v. 10.7.2000 (V/2000).

Absprache zwischen Dienstgeber und Dienstnehmer stellen grundsätzlich keine personelle Einzelmaßnahme iS des § 34 Abs. 1 MAVO dar und lösen damit auch kein Mitbestimmungsrecht der Mitarbeitervertretung aus.

d) Zustimmungsverweigerungsgründe iS des § 34 Abs. 2 MAVO

(1) § 34 Abs. 2 Nr. 1 MAVO

Allein der Verstoß einer einzelvertraglichen Bestimmung gegen ein gesetzliches Verbot genügt nicht, um der Mitarbeitervertretung ein Zustimmungsverweigerungsrecht iS des § 34 Abs. 2 Nr. 1 MAVO zu eröffnen. Ob die insoweit mitbestimmungspflichtige Maßnahme des Dienstgebers gegen ein Gesetz iS dieser Bestimmung verstößt, richtet sich danach, ob die Einstellung selbst oder die Beschäftigung als solche einem gesetzlichen Verbot zuwiderläuft.[693] Ebenso wenig kann sich die Mitarbeitervertretung zur Rechtfertigung ihrer Zustimmungsverweigerung auf die Verletzung einer zwischen ihr und dem Dienstgeber bestehenden Vereinbarung berufen.[694] Nicht nur der insoweit eindeutige Wortlaut des § 34 Abs. 2 Nr. 1 MAVO, sondern auch ein Vergleich mit § 99 Abs. 2 Nr. 1 BetrVG und § 77 Abs. 2 Nr. 1 BPersVG machen deutlich, dass sich eine entsprechende Vereinbarung – sei es in Form einer Dienstvereinbarung oder einer Regelungsabsprache – unter keines der jeweils genannten Tatbestandsmerkmale subsumieren lässt.

Auch wenn feststeht, dass die Einstellung einer Mitarbeiterin bzw. eines Mitarbeiters unter Verletzung des in § 34 MAVO vorgesehenen Beteiligungsrechtes erfolgt ist, begründet dieser Verstoß kein Rügerecht bzw. Abhilfeverlangen der Mitarbeitervertretung iS des § 34 Abs. 2 Nr. 2 MAVO, da insoweit kein Beteiligungsrecht durch die MAVO gewährt wird.[695]

Dass auch der von einer Bewerberin erfolgte Austritt aus der Kirche kein Zustimmungsverweigerungsrecht für die Mitarbeitervertretung zu deren Einstellung gemäß § 34 Abs. 2 Nr. 1 MAVO begründet, hat die Schlichtungsstelle der Diözese Rottenburg-Stuttgart bereits in ihrem Beschluss vom 1. März 1991 entschieden.[696] Insbesondere wurde in dieser Einstellung kein Verstoß gegen das in Art. 3 GG verankerte Gebot der Gleichbehandlung gesehen, obwohl – bezogen auf den Einstellungszeitpunkt – ein nachträglicher Kirchenaustritt grundsätzlich geeignet ist, den Anlass für eine einseitige Auflösung des Arbeitsverhältnisses durch den Dienstgeber, also einen personenbedingten Kündigungsgrund, darzustellen.[697] Allein eine in diesen Fällen geübte Praxis und deren

---

[693] Schlichtungsstelle – Limburg, Beschluss v. 15.6.1998 (MAVO 4/98); Schlichtungsstelle – Limburg, Beschluss v. 17.11.1988 (MAVO 6/88); vgl. *Frey/Coutelle/Beyer*, MAVO, § 34 Rdnr. 26.
[694] Schlichtungsstelle – Limburg, Beschluss v. 17.11.1988 (MAVO 6/88).
[695] Schlichtungsstelle – Limburg, Beschluss v. 15.6.1998 (MAVO 10/98).
[696] Schlichtungsstelle Rottenburg – Stuttgart, Beschluss v. 1.3.1991, (MAVO 5/90).
[697] BVerfG, Beschluss v. 4.6.1985 – 2 BvR 1703, 1718/83, 856/84, BVerfGE **70**, 138 (167 ff.).

Billigung auch im Rahmen der Kontrolltätigkeit durch staatliche Gerichte[698] ließ die Schlichtungsstelle aber weder einen „Zwang" der Dienstgeber zum Ausspruch der Kündigung noch ein Verbot zur Einstellung von sich aus der Gemeinschaft der Gläubigen gelösten Personen annehmen. Der Kirchenaustritt eines bereits bei einem kirchlichen Arbeitgeber beschäftigten Dienstnehmers ist mit der Problematik der Einstellungssituation eines aus der Kirche ausgetretenen Bewerbers nicht zu vergleichen.

Für den Dienstgeber ist es nämlich ein wesentlicher Unterschied, ob im Rahmen eines bereits bestehenden Schuldverhältnisses nachträglich ein bereits bei Aufnahme und zur Aufrechterhaltung des Vertragsverhältnisses wesentlicher Grund – der auch für die andere Partei als solcher erkennbar war – wegfällt oder ob dieser Umstand, diesmal für den Dienstgeber erkennbar, von vornherein nicht besteht. Gerade bei den auf arbeitsvertraglicher Grundlage geschlossenen Beschäftigungsverhältnissen liegt es in der freien Entscheidung des Parteien, mit wem sie kontrahieren und welchen „Preis" sie zur Deckung ihres Personalbedarfs zu zahlen bereit sind. Damit liegt ein in der Sache begründeter Differenzierungsgrund vor, so dass ein Verstoß gegen den Gleichbehandlungsgrundsatz nicht in Frage kommt.[699] Wenn auch grundsätzlich in einem mit der Krankenpflege befassten Sektor kirchlicher Tätigkeit nur Pflegekräfte christlichen Bekenntnisses beschäftigt werden sollten, so existiert gleichwohl kein konkretes kirchenrechtliches Verbot, so dass auch ein entsprechendes Zustimmungsverweigerungsrecht der Mitarbeitervertretung nicht in Frage kommt.[700]

Schließt der Dienstgeber trotz fehlender Genehmigung des Diözesanverwaltungsrats einen Dienstvertrag ab, wird auch dadurch kein Zustimmungsverweigerungsrecht der Mitarbeitervertretung begründet. Ein Erlass des Diözesanverwaltungsrates stellt nämlich keine kircheneigene Ordnung iS des § 34 Abs. 2 Nr. 1 MAVO dar, vielmehr handelt es sich dabei um eine verwaltungsinterne Einzelfallentscheidung des bischöflichen Ordinariats.[701]

---

[698] Eine ausdrückliche kirchliche Regelung wie sie heute in Art. 5 Abs. 2 GrOkathK zu finden ist, existierte damals nicht; für einen Überblick über die entsprechende Forderung in der Evangelischen Kirche und die Folgen eines Kirchenaustritts s. *Seelemann*, Kirchenmitgliedschaft als Voraussetzung kirchlicher Anstellungsverhältnisse, ZevKR **44** (1999), 226 (227 f., 238 ff.).

[699] *Richardi*, Arbeitsrecht in der Kirche, § 7 Rdnrn. 55, 59.

[700] Auch nach der zwischenzeitlich abgelösten „Erklärung der deutschen Bischöfe zum kirchlichen Dienst" vom 27. Juni 1983, die bei konsequenter Umsetzung nur die Einstellung katholischer Mitarbeiter erlaubt hätte, konnte sich die Mitarbeitervertretung zur Begründung ihres Zustimmungsverweigerungsrechtes nicht auf den Sachverhalt „Kirchenaustritt" berufen. Die aktuelle „Erklärung" der Bischöfe vom 22. September 1993 weist bezüglich der dienstnehmerseitigen Loyalitätspflichten ein nach der in der kirchlichen Einrichtung konkret übernommenen Aufgabe und persönlicher Glaubensüberzeugung differenziertes Anforderungsspektrum auf. In Art. 3 Abs. 4 der GrOkathK ist festgelegt, dass derjenige, der aus der Kirche ausgetreten ist, grundsätzlich nicht für den Dienst in der Kirche geeignet ist; krit. in Bezug auf die „Außenwirkung" und die Glaubwürdigkeit gerade durch glaubensgetragenen Dienst geprägte Einrichtungen, *Seelemann*, Kirchenmitgliedschaft als Voraussetzung kirchlicher Anstellungsverhältnisse, ZevKR **44** (1999), 226 (242 f.).

[701] Schlichtungsstelle Rottenburg – Stuttgart, Beschluss v. 1.3.1991, (MAVO 5/90).

Der Begriff der kircheneigenen Ordnung iS des § 34 Abs. 2 Nr. 1 MAVO umfasst die gesamte Palette kirchlicher gesetzgeberischer Tätigkeit[702], wozu auch bischöfliche arbeitsrechtlich bindende Anordnung zählen, die aber von rein verwaltungsinternen Anweisungen des Generalvikariats oder verwaltungsinternen Einzelfallentscheidungen des bischöflichen Ordinariats abzugrenzen sind.

Die Schlichtungsstelle stellte in dem oben genannten Beschluss fest, dass auch eine Verletzung der in der MAVO enthaltenen Mitbestimmungsrechte der Mitarbeitervertretung kein Recht gibt, dies als Verstoß gegen eine kircheneigene Ordnung iS des § 34 Abs. 2 Nr. 1 MAVO zu werten und somit die Zustimmung zur Einstellung zu verweigern. Dieser Umstand würde zwar zum Scheitern eines Antrags des Dienstgebers auf Zustimmungsersetzung führen, kann im Gegenzug jedoch nicht bewirken, dem Feststellungsantrag der Mitarbeitervertretung zum Erfolg zu verhelfen.[703]

(2) § 34 Abs. 2 Nr. 2 MAVO

Allein die Befürchtung, die Eingliederung des neuen Dienstnehmers führe zu Meinungsverschiedenheiten innerhalb der Belegschaft, ist nicht ausreichend, die Besorgnis einer Störung des Arbeitsfriedens iS des § 34 Abs. 2 Nr. 2 MAVO zu rechtfertigen. Anderenfalls würde das vorwiegend der Interessenwahrnehmung der bereits beschäftigten Mitarbeiter verpflichtete Organ der Dienstnehmervertretung mit Kompetenzen ausgestattet, die mit den existenziellen Bedürfnissen der einrichtungsfremden Person nicht mehr zu vereinbaren sind. Der Mitarbeitervertretung würde andernfalls die Kompetenz verliehen, die Einstellung eines jeden ihr schlicht unangenehmen Mitarbeiters zu verhindern. Damit wäre sie zudem in der Lage jeden vom Dienstgeber bewusst gegebenen Impuls zur Überprüfung und gegebenenfalls Änderung eingefahrener Strukturen oder des Selbstverständnisses im Sinne einer rigorosen Bewahrung des status quo von vornherein zunichte machen. In der Fassung des § 34 Abs. 2 Nr. 2 MAVO kommt im Verhältnis zu den Normen der staatlichen Beteiligungsrechte im BetrVG und BPersVG am deutlichsten zu Ausdruck, dass die Dienstnehmervertretung hier mit besonderem Augenmaß handeln muss und die Messlatte zur Rechtfertigung einer negativen Entscheidung hoch anzulegen ist. Ausdrücklich wird der Mitarbeitervertretung der Vortrag bestimmter Tatsachen zur Pflicht gemacht, die mit Blick auf die Einrichtung insgesamt eine Störung des Arbeitsfriedens erwarten lässt. Damit ist einerseits eine über den künftigen konkreten Arbeitsplatz bzw. Beschäftigungsbereich des Mitarbeiters hinausreichende Störung erforderlich;[704] die Intensität der zu erwartenden

[702] *Frey/Coutelle/Beyer*, MAVO, § 34 Rdnr. 29.
[703] BAG, Urteil v. 28.1.1986 – 1 ABR 10/84, BAGE **51**, 42 (47).
[704] *Frey/Coutelle/Beyer*, MAVO, § 34 Rdnr. 34.

Beeinträchtigung muss zudem von solchem Gewicht sein, dass – bezogen auf den Binnenbereich der Einrichtung – der ordnungsgemäße effektive und funktionsgerechte Gesamtablauf gefährdet wird. In diesem Zusammenhang gilt es auch die im kirchlichen Arbeitsrecht bestehende Gemeinschaft aller im Dienst der Kirche Beschäftigten zu beachten. Gerade ein „Aussondern" unbequemer Zeitgenossen verbietet sich unter diesen Umständen, vielmehr wird man hier besondere Anstrengungen in Bezug auf die Integration der Mitarbeiter und einer aktiven Zusammenarbeit erwarten dürfen. Diese Art der Negativauslese kann auch nicht unter Hinweis auf das Fehlen einer mit § 104 BetrVG vergleichbaren Bestimmung, die dem Betriebsrat die Möglichkeit einräumt, die Entlassung oder Versetzung von Mitarbeitern zu verlangen, die den Betriebsfrieden wiederholt ernsthaft gestört haben, betrieben werden; insoweit erhält die Mitarbeitervertretung keine Befugnis zu einer strengeren Vorauswahl betriebsfremder Personen, um quasi mögliche Risiken erst gar nicht entstehen zu lassen.

Zu berücksichtigen ist in diesem Zusammenhang weiterhin, dass auch im Rahmen kirchlicher Beschäftigungsverhältnisse mit ihren besonderen, den rein arbeitstechnischen Bereich überschreitenden Verhaltensanforderungen an das außerbetriebliche Verhalten der Beschäftigten keine überzogenen Anforderungen zu stellen sind. Das auf rechtsgeschäftlicher Grundlage basierende Arbeitsverhältnis mit einem kirchlichen Träger wird durch die Anreicherung mit einer geistlichen Komponente weder völlig übersteuert noch „klerikalisiert". Werturteile über den Beschäftigten oder allein die Befürchtung, er passe nicht in die vorhandene Belegschaft, sind nicht geeignet, eine Zustimmungsverweigerung zu begründen.[705] Erforderlich ist eine auf der Entwicklung des Einzelnen basierende nachvollziehbare Prognose, die über das Entstehen schlichter Spannungen oder zu erwartender Reibereien den Eintritt einer schwerwiegenden Erschütterung[706] des betrieblichen Arbeitsklimas erwarten lässt. Maßgebend ist also nicht ein ausschließlich rückwärts gewandter Blick, vielmehr muss gerade ein „für die Zukunft unterstelltes Verhalten die Grundlage für den Einspruchsgrund" liefern[707], das in einem engen Zusammenhang mit dem betrieblichen Arbeitsbereich steht.[708] Übereinstimmend mit den zu § 99 Abs. 2 Nr. 6 BetrVG entwickelten Grundsätzen ergibt sich damit auch für die Auslegung des § 34 Abs. 2 Nr. 2 MAVO, dass allein der auf unbestimmten Vermutungen beruhende Verdacht nicht

[705] *Thüsing*, in: Richardi, BetrVG, § 99 Rdnr. 244.
[706] Vgl. H/S/G-*Schlochauer*, § 99 Rdnr. 136.
[707] DKK-*Kittner*, BetrVG, § 99 Rdnr. 203.
[708] Vgl. H/S/G-*Schlochauer*, § 99 Rdnr. 136; *Grabendorff/Windscheid/Ilbertz/Widmaier*, BPersVG, § 77 Rdnr. 24, nehmen bezüglich der zu erwartenden Störung einen „sehr breiten" Beurteilungsspielraum an; zwar wird jede in die Zukunft gerichtete Betrachtung von nicht auszuräumenden Unwägbarkeiten geprägt, angesichts der hier in Frage stehenden weiteren beruflichen Entwicklung des betroffenen Beschäftigten, ist die Einräumung eines so weiten Freiraums nicht angemessen.

ausreicht, um eine Verweigerung der Zustimmung zu begründen.[709] Die Dienstnehmervertreter müssen bestimmte Tatsachen vorbringen, die bei objektiver Betrachtung geeignet sind, die Gefahr einer Betriebsstörung durch das zu erwartende Verhalten des Arbeitnehmers zu begründen.[710] In jedem Fall müssen die Angaben der Mitarbeitervertretung in engem Zusammenhang mit den abschließend aufgezählten Verweigerungsgründen stehen und die Interessenvertretung muss zumindest den ernsthaften Versuch einer Subsumtion ihrer Bedenken gegen die geplante Maßnahme unter eines der Tatbestandsmerkmale unternommen haben; dabei unterlaufende Fehler lassen die Wirksamkeit eines sonst ordnungsgemäßen Beschlusses unberührt.[711]

2. Eingruppierung von Mitarbeitern, § 35 Abs. 1 Nr. 1 MAVO

a) Eingruppierung als selbstständiger Beteiligungstatbestand

Gemäß § 35 Abs. 1 Nr. 1 MAVO unterliegt die Eingruppierung von (in der Regel neu eingestellten) Mitarbeitern der Mitbestimmung.[712] Erfasst wird jedenfalls die „Ersteingruppierung"[713], also die erstmalige Einordnung in ein bestehendes kollektives Vergütungssystem anhand der maßgebenden Tätigkeitsmerkmale.[714] Haben die Arbeitsvertragsparteien die Vergütung durch Individualvereinbarung festgelegt, fehlt es dagegen bereits am Tatbestand einer Eingruppierung, so dass von vornherein kein Mitbestimmungsrecht besteht.[715]

Ausschlaggebend für die „Erstmaligkeit" der Zuordnung ist dabei jedoch nicht, dass ein

---

709 *Dietz/Richardi*, BPersVG, § 77 Rdnr. 66; *Lorenzen*, in: Lorenzen, BPersVG, § 77 Rdnr. 56; *Thüsing*, in: Richardi, BetrVG, § 99 Rdnr. 244.

710 *Frey/Coutelle/Beyer*, MAVO, § 34 Rdnr. 31; *Stege/Weinspach*, BetrVG, §§ 99-101 Rdnr. 84.

711 *Misera*, Anmerkung zu den Beschlüssen des BAG v. 18.7.1978 – 1 ABR 43/75 u. 21.11.1978 – 1 ABR 91/76, SAE 1980, 103, (105).

712 Wegen der „untrennbaren Verbundenheit" von Einstellung und Eingruppierung wird bei Zustimmungserteilung zur geplanten Einstellung und gleichzeitiger Zustimmungsverweigerung zur Eingruppierung allerdings „das Fehlen der Zustimmung zum Gesamtvorgang „Einstellung"" angenommen, so dass insoweit das Einigungsverfahren ausgelöst wird, *Grabendorff/Ilbertz/Widmaier*, BPersVG, § 75 Rdnr. 8.

713 *Stege/Weinspach*, BetrVG, § 99 –101 Rdnr. 20a.

714 *Bleistein/Thiel*, in: Bleistein/Thiel, MAVO, § 35 Rdnr. 5; GK-*Kraft*, BetrVG, § 99 Rdnr. 38a, der eine Verpflichtung des Arbeitgebers zu Ein- oder Umgruppierungsentscheidungen nur annimmt, wenn er „anläßlich einer Einstellung oder einer Versetzung dem Arbeitnehmer erstmals eine Tätigkeit oder eine andere Tätigkeit zuweist".

715 GK-*Kraft*, § 99 Rdnr. 39 mwN; *Bleistein*, in: Bleistein/Thiel, MAVO, § 35 Rdnr. 13 nimmt – soweit der Beschäftigte nicht aus dem Anwendungsbereich der MAVO gem. § 3 Abs. 2 Ziff. 3, 4 fällt – insoweit allenfalls eine Informationspflicht gegenüber der Mitarbeitervertretung bezüglich des vereinbarten Gehalts an; ein Beteiligungsrecht – allerdings ohne Anspruch auf Mitteilung der vereinbarten Vergütung – nimmt MünchArbR/*Matthes*, § 355 Rdnr. 13 an; der mitbestimmungsrechtlich notwendige kollektiv-rechtliche Bezug ist aber wieder gegeben – mit der Folge eines Beteiligungsrechtes der Mitarbeitervertretung – wenn auch bezüglich der außertariflichen Vergütung eine „nach Gruppen gestaffelte Vergütungsregelung" existiert und der Beschäftigte nicht zum Kreis derjenigen Personen gehört, für die der Betriebsrat kein Repräsentationsmandat besitzt, *Thüsing*, in: Richardi, BetrVG, § 99 Rdnrn. 67, 70.

Arbeitnehmer überhaupt noch keiner Vergütungsgruppe zugeordnet war; denn Gegenstand der Mitbestimmung ist nicht die Ersteingruppierung einer Person, sondern die erstmalige Einreihung der von ihr zu verrichtenden Tätigkeit in ein konkretes Vergütungssystem.[716] In der Regel werden zwar Einstellung und Eingruppierung ein einheitliches Geschehen bilden, allerdings ist letztere nicht ein schlichter Annex ohne eigenständige Bedeutung.[717] Dies wird im BPersVG und in der MAVO bereits durch die Erfassung in unterschiedlichen Tatbestandsalternativen zum Ausdruck gebracht und ist auch im betriebsverfassungsrechtlichen Bereich anerkannt.[718] Als (Neu)Eingruppierung kann demnach auch die Übertragung von neuen Aufgaben auf einen bereits in der Einrichtung oder Dienststelle beschäftigten Arbeitnehmer angesehen werden, die zur „Schaffung eines neuen (anderen) bisher noch nicht bewerteten Arbeitsplatzes" führt.[719]

Je nach Art und Weise der Gestaltung eines innerbetrieblichen Vergütungssystems können innerhalb der Eingruppierungsentscheidung mehrere Fragestellungen zu behandeln sein;[720] für das Mitbestimmungsverfahren ist dabei entscheidend, dass es sich um ein „einheitliches Verfahren" handelt, das alle im Einzelfall relevanten Faktoren erfasst, so dass eine Aufspaltung oder Beschränkung des Mitbestimmungsrechts – zB eine auf die Frage der Anwendung der zutreffenden Vergütungsordnung beschränkte Verfahrenseinleitung – nicht statthaft ist.[721] Gleiches gilt nach Sinn und Zweck des Beteiligungsverfahrens auch im personal- und mitarbeitervertretungsrechtlichen Bereich. Dagegen kann nicht eingewandt werden, die unterschiedliche Fassung der das Mitbeurteilungsrecht der Beschäftigtenvertretung begründenden Normen[722] trage einem Wesensunterschied zwischen den Rechtsmaterien Rechnung, so dass nicht nur unterschiedliche Sachverhalte von dem jeweiligen Regelungstatbestand erfasst, sondern auch einer qualitativen Vergleichbarkeit der

[716] BVerwG, Beschluss v. 8.12.1999 – 6 P 3.98, BVerwGE **110**, 151 (157).

[717] *Rehak*, in Lorenzen, BPersVG, § 75 Rdnr. 27a; s. auch BVerwG, Beschluss v. 8.12.1999 – 6 P 3.98, BVerwGE **110**, 151 (159).

[718] DKK-*Kittner*, BetrVG, § 99 Rdnr. 69; *Fitting*, BetrVG, § 99 Rdnr. 73.

[719] Vgl. BAG, Beschluss v. 21.3.1995 – 1 ABR 46/96, EzA § 99 BetrVG 1972 Nr. 127 unter B. II. 2. a) der Gründe; BVerwG, Beschluss v. 8.12.1999 – 6 P 3.98, BVerwGE **110**, 151 (155); *Rehak*, in: Lorenzen, BPersVG, § 75 Rdnr. 30b.

[720] Der Einordnung in die korrekte Vergütungs- und gegebenenfalls in die korrekte Fallgruppe kann auch die Zuordnung in eine von mehreren nebeneinander bestehenden Vergütungsordnungen vorgeschaltet sein.

[721] BAG, Beschluss v. 27.6.2000 – 1 ABR 36/99, ZTR 2001, 283 (283); eine auf bestimmte Teilaspekte beschränkte Verfahrenseinleitung (Teileingruppierung) ist nicht statthaft und führt – sollte die Beschäftigtenvertretung die Durchführung des Verfahrens nicht von vornherein ablehnen – zu einer unzutreffenden Eingruppierung, jedenfalls wenn „unterschiedliche Rechtsfolgewirkungen" für den Arbeitnehmer begründet werden könnten, BAG, Beschluss v. 27.7.1993 – 1 ABR 11/93, BAGE **74**, 10 (16, 18).

[722] Bezogen auf § 75 Abs. 1 Nr. 2 BPersVG und § 99 Abs. 1 Satz 1 BetrVG.

Beteiligungsrechte entgegenstehen würden.[723] Übereinstimmendes Ziel der gesetzlichen Regelungen ist, im Rahmen eines bestehenden Vergütungssystems den Grundsatz der Lohngerechtigkeit zu wahren, indem seine ordnungsmäßige Anwendung und Umsetzung auf alle davon erfassten Beschäftigten überwacht wird. Unabhängig von der noch näher zu betrachtenden materiellen Reichweite des Mitbestimmungsrechts in den einzelnen Rechtsordnungen ist dessen verfahrensrechtliche Ausgestaltung – in dem hier dargestellten Punkt – in vergleichbarer Weise erfolgt.

b) Qualität des Beteiligungsrechts

Im kirchlichen Arbeitsrecht gilt im Falle eines bestehenden kollektiven Vergütungssystems der auch im staatlichen Recht bekannte Grundsatz der Tarifautomatik. Anhand der Tätigkeitsmerkmale der vom Dienstnehmer zu verrichtenden Tätigkeit erfolgt automatisch die Einordnung in das für das Arbeitsverhältnis einschlägige Vergütungsgruppensystem, dh. in die verschiedenen Vergütungs- bzw. Fallgruppen. Unzutreffende, der objektiven Rechtslage nicht entsprechende Entscheidungen überlagern die tatsächliche Eingruppierung nur so lange, bis ihre Fehlerhaftigkeit entdeckt wird, und haben keinen Einfluss auf die materielle Rechtslage.[724] Demnach ist auch die einen Zeitraum von mehreren Jahren umfassende rückwirkende "Umgruppierung" zulässig, die der tatsächlich nicht nur vorübergehend ausgeübten Tätigkeit entspricht.[725] Dies gilt auch dann, wenn dadurch ein automatischer Bewährungsaufstieg ermöglicht wird.[726]

Übereinstimmend lässt sich für den Bereich der MAVO, des BetrVG und des BPersVG damit feststellen, dass es sich bei der Eingruppierungsentscheidung ebenso wie bei einer Umgruppierung in eine höhere bzw. niedrigere Vergütungsgruppe – abgesehen von den Fällen einer außer- oder übertariflichen Eingruppierung[727] – nicht um einen

---

[723] *v. Hoyningen-Huene,* Anmerkung zu BAG, Beschluss v. 20.3.1990 – 1 ABR 20/89, EzA § 99 BetrVG 1972 Nr. 87; zwar findet sich nach Ansicht der Schlichtungsstelle – Freiburg, Beschluss v. 14.6.1995 (MAVO 4/1995), in der MAVO ein abgeschlossenes Regelungssystem, das vorzugsweise zur Gewinnung auslegungsrelevanter Maßstäbe herangezogen werden muss – ein „Rückgriff" auf Rechtsprechung und Literatur zum personal- bzw. betriebsverfassungsrechtlichen Bereich solle demnach nur ausnahmsweise erfolgen; allerdings wird dadurch – soweit nach Natur, Inhalt und Zweck der Beteiligungsrechte der Beschäftigtenvertretungen ausreichende Gemeinsamkeiten bestehen – nicht die Möglichkeit genommen, Argumentationsketten und daraus gewonnene Ergebnisse auf ihre Überzeugungskraft zu überprüfen und gegebenenfalls auch im Mitarbeitervertretungsrecht zur Anwendung zu bringen.

[724] Schlichtungsstelle – Paderborn, Beschluss v. 17.7.1997 (MAVO VIII/1996); Schlichtungsstelle – Freiburg, Beschluss v. 12.4.2000 (MAVO 16/1999, 18/1999); LAG Köln, Urteil v. 25.2.1999 – 10 Sa 1652/97, ZTR 1999, 424 (424). Für den Fall einer ursprünglich zu hohen Eingruppierung bedeutet der Grundsatz der „Tarifautomatik" aber keine mitbestimmungsfreie Korrekturmöglichkeit des Dienstgebers, s. S. 141.

[725] S. dazu ausführlich *Frey/Coutelle/Beyer,* MAVO, § 35 Rdnr. 4.1; s. auch C.II.3, S. 152 f.

[726] Schlichtungsstelle – Paderborn, Beschluss v. 17.7.1997 (MAVO VIII/1996).

[727] *Rehak,* in: Lorenzen, BPersVG, § 75 Rdnr. 27b.

Rechtsgestaltungs-, sondern um einen lediglich mit deklaratorischer (Feststellungs)Wirkung ausgestatteten Akt des Normenvollzugs handelt, ohne dass den Dienstnehmerrepräsentanten dabei die Wahl zwischen verschiedenen, jedoch gleichermaßen rechtmäßigen Entscheidungsalternativen möglich ist.[728] Soweit die maßgeblichen Beurteilungskriterien keine eindeutige Zuordnung erlauben, wird lediglich ein Beurteilungsspielraum eröffnet, dessen ordnungsgemäße Konkretisierung durch die Mitarbeitervertretung überwacht werden soll.[729] Sinn und Zweck dieses Beteiligungsrechts ist es, eine „einheitliche und gleichmäßige Anwendung der kircheneigenen Vergütungsregelung" sicherzustellen, die innerbetriebliche Lohngerechtigkeit und Richtigkeitsgewähr bieten soll.[730] Insoweit kann von einem Mitbeurteilungsrecht der Mitarbeitervertretung gesprochen werden, dessen „Entscheidungsziel die Richtigkeit ist"[731] und dem „Kontrollfunktion bei der Rechtsanwendung" [732] zukommt. Dementsprechend nahm die Schlichtungsstelle auch nur eine „kursorische" Überprüfung der Eingruppierung vor, da im Schlichtungsverfahren „allein das kollektive Mitbeurteilungsrecht der MAV" Gegenstand der Kontrolle ist.[733]

c) Umfang und Anwendungsfälle des Beteiligungsrechts

(1) Einordnung in ein bestehendes Vergütungssystem

Aus dem bisher Gesagten ergibt sich jedoch zugleich eine Grenze des ohnehin eingeschränkten Mitbestimmungsrechts der Mitarbeitervertretung. Gegenstand der mitarbeitervertretungsrechtlichen Kontrollentscheidung ist ausschließlich die korrekte Einordnung eines Mitarbeiters in ein bereits vorhandenes Entgeltschema.[734] Bestehen für

[728] Schlichtungsstelle – Aachen, Beschluss v. 25.6.1998 (MAVO 05/98); Schlichtungsstelle – Paderborn, Beschluss v. 7.4.2000 (III/2000); Schlichtungsstelle – Aachen, Beschluss v. 25.5.2000 (MAVO 01/00); GK-*Kraft*, § 99 Rdnr. 41 mwN; MünchArbR/*Matthes*, § 355 Rdnr. 3; *Stege/Weinspach*, BetrVG, § 99-101 Rdnr. 20e; s. auch das Gutachten der Zentralen Gutachterstelle beim VDD v. 16.8.2001 über die Zugrundelegung des BAT Bund/Land bei Neueinstellungen.

[729] *Dietz/Richardi*, BPersVG, § 75 Rdnr. 34; *Rehak*, in: Lorenzen, BPersVG, § 75 Rdnr. 30.

[730] Schlichtungsstelle – Paderborn, Beschluss v. 30.6.2000 (V/2000); Schlichtungsstelle – Aachen, Beschluss vom 25.5.2000 (MAVO 01/00), die in der Sache – ebenso wie die Schlichtungsstelle – Paderborn, Beschluss v. 7.4.2000 (III/2000) – ein Mitbeurteilungsrecht annimmt; Schlichtungsstelle – Freiburg, Beschluss v. 5.7.1995 (MAVO 2/1995); VerwG.EKD, Beschluss v. 10.8.2000 – 0124/E5-00, RsprB ABl. EKD 2001, 43 (45); *Grabendorff/Ilbertz/Widmaier*, BPersVG, § 75 Rdnr. 8; MünchArbR/*Matthes*, § 355 Rdnr. 15.

[731] *Thüsing*, in: Richardi, BetrVG, § 99 Rdnr. 76.

[732] H/S/G-*Schlochauer*, § 99 Rdnr. 27c; *Bleistein/Thiel*, in: Bleistein/Thiel, MAVO, § 33 Rdnr. 10.

[733] Schlichtungsstelle – Freiburg, Beschluss v. 23.2.2000 (MAVO 10/1999, 11/1999, 17/1999). Der einzelne Dienstnehmer kann die Richtigkeit der Eingruppierungsentscheidung von einem staatlichen Arbeitsgericht überprüfen lassen, Schlichtungsstelle – Freiburg, Beschluss v. 23.2.2000 (MAVO 18/1999). Eine vorangehende Entscheidung der Schlichtungsstelle bindet das staatliche Gericht insoweit nicht, aaO.

[734] VerwG.EKD, Beschluss v. 4.5.2000 – 0124/D 39-99, ZMV 2000, 183 (184); *Frey/Coutelle/Beyer*, MAVO, § 35 Rdnr. 8; *Rehak*, in: Lorenzen, BPersVG, § 75 Rdnr. 30.

den Repräsentationsbereich der Mitarbeitervertretung verschiedene Vergütungsordnungen, erstreckt sich das Mitbestimmungsrecht der Mitarbeitervertretung also über die Überprüfung der Zuordnung der vom Beschäftigten zu verrichtenden Tätigkeit zu den Tätigkeitsmerkmalen einer bestimmten Vergütungsgruppe[735] und gegebenenfalls innerhalb dieser Gruppe zu einer bestimmten Fallgruppe auch auf die Auswahl der auf das konkrete Arbeitsverhältnis zutreffenden Vergütungsordnung.[736] Das Lohn- bzw. Vergütungssystem selbst ist der Mitarbeitervertretung aber vorgegeben, dh. sie kann weder den Maßstab selbst, der der Eingruppierungsentscheidung zugrunde zu legen ist, auf dessen allgemeine Rechtmäßigkeit oder Vereinbarkeit mit höherrangigem Recht überprüfen[737] noch die Einführung eines bestimmten oder eines anderen Vergütungssystems vom Dienstgeber verlangen.[738] Unabhängig davon kann die Mitarbeitervertretung ihre Zustimmung zu einer konkreten Eingruppierung gem. § 35 Abs. 2 Nr. 2 MAVO aber verweigern, wenn der Dienstgeber bei Neueinstellungen ein Vergütungsgruppensystem zugrunde legt, das „nicht kirchengesetzlich legitimiert ist" und die kirchliche Ordnung auch keine entsprechende Öffnungsklausel enthält.[739]

Kein Beteiligungsrecht steht der Mitarbeitervertretung dagegen für die Fragen zu, „ob, wann, unter welchen Voraussetzungen und in welcher Höhe der Dienstgeber berechtigt oder sogar verpflichtet ist", Leistungen (Zulagen, Zuwendungen, etc.) zu gewähren, die außerhalb des kollektiven Vergütungssystems liegen. Entscheidender Anknüpfungspunkt für das Mitbestimmungsrecht ist die Einordnung der durch den Dienstnehmer auszufüllenden Tätigkeitsmerkmale in ein bestehendes kollektives Entgeltschema. Hinsichtlich der Gewährung von Zulagen ist damit grundsätzlich nur die Zustimmung der Mitarbeitervertretung erforderlich, wenn „die Zulage in das Vergütungsgruppensystem

---

[735] BAG, Beschluss v. 27.1.1987 – 1 ABR 66/85, BAGE **54**, 147 (155); BAG, Beschluss v. 1.3.1995 – 1 ABR 43/94, ZTR 1995, 427 (427).

[736] BAG, Beschluss v. 27.1.1987 – 1 ABR 66/85, BAGE **54**, 147 (156); Beschluss des BAG vom 12.08.1997 – 1 ABR 13/97, EzA § 99 BetrVG 1972 Umgruppierung Nr. 1 unter B. II. 2.b) dd) der Gründe; BAG, Beschluss v. 27.6.2000 – 1 ABR 36/99, BB 2001, 1094 (1095).

[737] VerwG.EKD, Beschluss v. 4.5.2000 – 0124/D 39-99, ZMV 2000, 183 (184); VerwG.EKD, Beschluss v. 4.5.2000 – 0124/D38-99, ZMV 2000, 180 (181); VerwG.EKD, Beschluss v. 10.8.2000 – 0124/E5-00, RsprB ABl. EKD 2001, 43 (44 f.); auch nach dem MVG.BEK unterliegt die Eingruppierung der eingeschränkten Mitbestimmung durch die Mitarbeitervertretung, § 42 Buchst. c); eine (inzidente) Überprüfung des kollektiven Entgeltsystems kann aber der einzelne Mitarbeiter durch Klageerhebung vor dem staatlichen Arbeitsgericht erreichen, VerwG.EKD, Beschluss v. 10.8.2000 – 0124/E5-00, RsprB ABl. EKD 2001, 43 (45).

[738] VerwG.EKD, Beschluss v. 4.5.2000 – 0124/D38-99, ZMV 2000, 180 (181 f.) unter 4. der Gründe; insoweit ist gerade das Aufgabenfeld der im Rahmen des „Dritten Weges" errichteten Kommissionen eröffnet; auch die Personalvertretung kann ihre Zustimmungsverweigerung nicht darauf stützen, die Entlohnung sei nicht angemessen oder das angewandte Entlohnungssystem verstoße gegen den arbeitsrechtlichen Gleichheitssatz, BVerwG, Beschluss v. 14.6.1995 – 6 P 43/93, PersV 1996, 182 (183).

[739] Gutachten der Zentralen Gutachterstelle beim VDD v. 16.8.2001 über die Zugrundelegung des BAT Bund/Land bei Neueinstellungen.

eingebunden ist".[740] Innerhalb einer bestehenden Gruppenaufteilung kann der Dienstgeber durch eine entsprechende „Vergabepraxis" faktisch Zwischengruppen[741] schaffen, zu deren Zuordnung im Einzelfall ein Beteiligungsrecht der Mitarbeitervertretung entstehen kann.[742] Die mitbestimmungsrechtlich relevante Gewährung von Zulagen muss also an weitere sich von den Merkmalen für die Bestimmung der (Grund)Vergütung[743] unterscheidende Kriterien anknüpfen und etwas „über die Wertigkeit der Arbeit und damit über die Eingruppierung und Stellung des Arbeitnehmers innerhalb der Vergütungsordnung" aussagen.[744] Ist ihr Erhalt nur mit bestimmten Modalitäten der Leistungserbringung verbunden oder werden Zulagen unterschiedslos allen Beschäftigten einer bestimmten (Fall)Gruppe gewährt, begründet dies kein Beteiligungsrecht der Mitarbeitervertretung.[745] Dieser Grundlinie entspricht ein Beschluss der Schlichtungsstelle Aachen, wonach bei einer vom Dienstgeber freiwillig – aus sozialen Gründen – gewährten Zulage nur dann eine Beteiligungspflicht der Mitarbeitervertretung besteht, „wenn Maßstab dieser Leistung die Differenz zwischen zwei Vergütungsgruppen sein soll, die Zulage also die nächst höhere Vergütungsgruppe erreicht oder überschreitet".[746] Im Ergebnis wird der Dienstnehmer durch die Gewährung einer Zulage in dieser Form so gestellt, als ob er höhergruppiert oder befördert worden wäre; beides sind Maßnahmen, die gem. § 35 Abs. 1 Nr. 2 MAVO nur mit Zustimmung der Mitarbeitervertretung vorgenommen werden dürfen. Soll damit eine Kontrolle des einrichtungsinternen Vergütungsgefüges nicht unterlaufen werden, kann die Mitarbeitervertretung also zu Recht auch in diesen Fällen ein Mitbestimmungsrecht geltend machen.[747]

(2) Auskunftsanspruch gegen Dienstgeber

Damit die Mitarbeitervertretung ihrer Aufgabe iS des § 35 Abs. 1 Nr. 1 MAVO gerecht werden kann, kann sie vom Dienstgeber jedenfalls Auskunft über die momentane

[740] DKK-*Kittner*, § 99 Rdnr. 79; s. auch S. 150.
[741] BAG, Beschluss v. 2.4.1996 – 1 ABR 50/95, EzA § 99 BetrVG 1972 Nr. 137 unter II. 1 a) der Gründe.
[742] *Rehak*, in: Lorenzen, BPersVG, § 75 Rdnr. 28a.
[743] Dabei ist es in mitbestimmungsrechtlicher Hinsicht unerheblich, aus welchen Bestandteilen sich das Arbeitsentgelt zusammensetzt, *Thüsing*, in: Richardi, BetrVG, § 99 Rdnr. 63; BAG, Beschluss v. 2.4.1996 – 1 ABR 50/95, EzA § 99 BetrVG 1972 Nr. 137 unter II. 1 a) der Gründe; soweit bereits mit Einstufung in eine konkrete Vergütungs- und Fallgruppe der Anspruch auf Erhalt einer Zulage geklärt ist, liegt kein mitbestimmungspflichtiger Tatbestand vor, BAG, Beschluss v. 24.6.1986 – 1 ABR 31/84, BAGE **52**, 218 (223).
[744] BAG, Beschluss v. 24.6.1986 – 1 ABR 31/84, BAGE **52**, 218 (224).
[745] BAG, Beschluss v. 24.6.1986 – 1 ABR 31/84, BAGE **52**, 218 (223); s. auch *Rehak*, in: Lorenzen, BPersVG, § 75 Rdnr. 28.
[746] Dagegen auch unter dieser Voraussetzung aA für den Fall einer Funktionszulage, *Grabendorff/Windscheid/Ilbertz/Widmaier*, BPersVG, § 75 Rdnr. 14.
[747] *Frey/Coutelle/Beyer*, MAVO, § 35 Rdnr. 10; BAG Beschluss v. 24.6.1986 – 1 ABR 31/84, BAGE **52**, 218 (224 f.).

Stellenbesetzung verlangen. Im Rahmen ihres Zuständigkeitsbereichs sind der Mitarbeitervertretung also Angaben über die Zahl der Stellen, deren Zuordnung zu Vergütungsgruppen, gegebenenfalls die Stellenbezeichnungen und ihre Zuordnung zu einzelnen organisatorisch sinnvoll abgegrenzten Funktionsbreichen zu machen.[748] Dies gilt selbst dann, wenn der Dienstgeber über keine entsprechende Zusammenstellung verfügt; auf die Erstellung eines abstrakten (Soll)Stellenplans hat die Mitarbeitervertretung dagegen keinen Anspruch.[749]

(3) Beteiligung der Mitarbeitervertretung bei Veränderungen innerhalb derselben Vergütungsgruppe

Entsprechend der unterschiedlichen Gestaltung der Regelungen in § 99 Abs. 1 Satz 1 BetrVG einerseits und der §§ 35 Abs. 1 Nrn. 1 bis 4 und des 75 Abs. 1 Nrn. 1 und 2 BPersVG andererseits treten zwischen den einzelnen Rechtsmaterien in Begründung und tatbestandlicher Zuordnung des Mitbestimmungsrechts Differenzen auf. Insbesondere die Bestimmung der sachlichen Reichweite der Mitbestimmung bei Veränderungen innerhalb von Vergütungsgruppen wird für den personalvertretungs- und betriebsverfassungsrechtlichen Bereich unterschiedlich vorgenommen. Diese Frage konkretisiert sich in der Ausfüllung der Begriffe der Ein- bzw. Umgruppierung iS des § 99 Abs. 1 BetrVG und der Höher- bzw. Rückgruppierung iS des § 75 Abs. 1 Nr. 2 BPersVG.

Die höchstrichterliche Rechtsprechung ging zunächst unter Hinweis auf die unterschiedliche Ausgangslage von öffentlichen und privaten Beschäftigungsverhältnissen davon aus, dass die personal- und betriebsverfassungsrechtlichen Beteiligungsrechte insoweit nicht gleichlaufen.[750] Dies komme eben schon durch die unterschiedliche Terminologie der Gesetzesbestimmungen zum Ausdruck; im Bereich des öffentlichen Dienstes sei durch die Verwendung und Übernahme von vorgeprägten Begriffen – nämlich durch die bereits vor Gesetzeserlass bestehenden Tarifwerke, vor allem § 22 BAT – ihr spezifischer

[748] Zentrale Gutachterstelle beim VDD, Gutachten über die Vorlage eines Stellenplans nach § 26 Abs. 2 MAVO Speyer v. 16.8.2001; besteht ein abstrakter (Soll)Stellenplan, gehört auch dieser zu den Unterlagen, die der Mitarbeitervertretung vorzulegen sind, aaO; s. auch Zentrale Gutachterstelle beim VDD, Gutachten über die Informationspflicht nach § 31 Abs. 1 MAVO Trier v. 28.8.2002.

[749] Zentrale Gutachterstelle beim VDD, Gutachten über die Vorlage eines Stellenplans nach § 26 Abs. 2 MAVO Speyer v. 16.8.2001; s. auch Fn. 813. Ist zur ordnungsgemäßen Aufgabenerfüllung der Mitarbeitervertretung die namentliche Zuordnung der einzelnen Stelleninhaber erforderlich, zB in den Fällen des § 35 Abs. 1 Nr. 1 bis 4 MAVO, erstreckt sich die Informationspflicht des Dienstgebers auch auf diese Umstände, Zentrale Gutachterstelle beim VDD, Gutachten über die Informationspflicht nach § 31 Abs. 1 MAVO Trier v. 28.8.2002.

[750] Auf wesentliche Unterschiede zwischen Personal- und Betriebsverfassungsrecht weist auch der Gemeinsame Senat in seinem Beschluss v. 12.3.1987 – GmS-OGB 6/86, BVerwGE **77**, 370 (375 ff.), hin.

Bedeutungsgehalt erhalten geblieben und habe somit auch Eingang in die gegenwärtigen Normen gefunden.[751] Der bloße Wechsel einer Fallgruppe innerhalb derselben Vergütungsgruppe sollte danach nicht dem Mitbestimmungsrecht der Personalvertretung unterfallen.[752] Aus der ausdrücklichen Gegenüberstellung von Höher- und Rückgruppierung zog das BAG noch im Jahre 1993 den Schluss, dass nur der „echte Wechsel der Vergütungsgruppe" erfasst werde und dies auch für die (Erst)Eingruppierung gelte.[753] Dagegen ließe der Begriff der Umgruppierung iS des § 99 Abs. 1 Satz 1 Halbs. 1 BetrVG „aber schon vom Wortlaut her eine weitere Auslegung zu, die auch die Neueingruppierung in eine andere Fallgruppe erfassen kann."[754] Zu einer tarifgerechten Eingruppierung, für die das Mitbestimmungsrecht des Betriebsrats gem. § 99 Abs. 1 Satz 1 BetrVG jedenfalls eröffnet ist, zählt nach Ansicht des 1. Senats die Zuordnung zu einer bestimmten Fallgruppe, soweit daran „unterschiedliche rechtliche Folgewirkungen geknüpft sind."[755]

In der Zwischenzeit hat nun auch das BVerwG seine Bewertung überdacht und modifiziert.[756] Zwar hält es nach wie vor daran fest, dass der Wechsel der Fallgruppe innerhalb der Vergütungsgruppe wegen der fehlenden unmittelbaren Auswirkung in vergütungsrechtlicher Sicht „im allgemeinen" keine Höher- oder Rückgruppierung iS des § 75 Abs. 1 Nr. 2

---

[751] BAG, Urteil v. 27.11.1991 – 4 AZR 29/91, BAGE **69**, 96 (100); BVerwG, Beschluss v. 18.12.1979 – 6 P 15.79, PersV 1981, 290 (291); BVerwG, Beschluss v. 30.1.1979 – 6 P 66.78, BVerwGE **57**, 260 (263); für die Eingruppierung und damit auch für Rück- und Höhergruppierung ist nach diesem Begriffsystem die Zuordnung zu einer bestimmten Vergütungsgruppe entscheidend gewesen.

[752] Dabei wurde auch als unerheblich angesehen, ob sich Auswirkungen auf die weitere berufliche Entwicklung des Arbeitnehmers – zB hinsichtlich Bewährungs- oder Zeitaufstieg – ergaben, da es an der erforderlichen unmittelbaren Auswirkung auf dessen vergütungsrechtlichen Anspruch fehle, s. Fn. 751; aA OVG NW, Beschluss v. 30.9.1980 – CL 25/78, PersV 1982, 204 (204).

[753] BAG, Beschluss v. 27.7.1993 – 1 ABR 11/93, BAGE **74**, 10 (23); BAG, Beschluss v. 21.3.1995 – 1 ABR 46/94, EzA § 99 BetrVG Nr. 127 unter B. II. 1. b) der Gründe; zustimmend: *Fischer/Goeres*, GKÖD, Bd. V: PVR, K § 75 Rdnr. 20 a.

[754] BAG, Beschluss v. 21.3.1995 – 1 ABR 46/94, EzA § 99 BetrVG Nr. 127; dies soll auch dann gelten, wenn in einem privatrechtlichen Arbeitsverhältnis ein Tarifvertrag des öffentlichen Dienstes Anwendung findet, aaO, unter B. IV. 2. der Gründe; aA insoweit für einen Gleichlauf der Beteiligungsrechte in BetrVG und BPersVG, *v. Hoyningen-Huene*, Anmerkung zu BAG, Beschluss v. 20.3.1990 – 1 ABR 20/89, EzA § 99 BetrVG 1972 Nr. 87, nach dessen Ansicht die Höher- bzw. Rückgruppierung in § 75 Abs. 1 Nr. 2 BPersVG und die Umgruppierung in § 99 Abs. 1 BetrVG den gleichen Vorgang beschreiben.

[755] BAG, Beschluss v. 21.3.1995 – 1 ABR 46/94, EzA § 99 BetrVG Nr. 127 unter B. II. 2. b) der Gründe; *Menges*, Fallgruppenänderung und Mitbestimmung des Personalrats, PersV 1977, 251 (252); *ders.*, Mitbestimmung des Personalrats bei Änderung der Fallgruppe ohne Änderung der Vergütungsgruppe eines Angestellten im öffentlichen Dienst, PersV 1980, 233 (234 f.); diese Position vertrat in Bezug auf das BPersVG – soweit zB die Möglichkeit des Bewährungsaufstiegs oder die Dauer der Wartefrist an die Zuordnung zu einer bestimmten Fallgruppe anknüpft – bereits *Richardi*, BPersVG, § 75 Rdnrn. 31 f., 47; für das BetrVG jetzt: DKK-*Kittner*, BetrVG, § 99 Rdnr. 65a.

[756] Unerfüllt blieb somit die Erwartung von *Wahlers*, Mitbestimmung des Personal- (Betriebs-)Rats bei Fallgruppenänderung innerhalb derselben Vergütungsgruppe, PersV 1996, 433 (437), die Entscheidung des BAG v. 27.7.1993 (Fn. 753) werde weder Auswirkungen auf die personalvertretungsrechtliche Praxis noch auf die entsprechende Rechtsprechung haben.

BPersVG darstellt;[757] etwas anderes soll aber gelten, wenn mit einem Wechsel der Fallgruppe „die Möglichkeit eines Zeitaufstiegs eröffnet wird, ohne dass daran weitere Bedingungen geknüpft sind."[758] Wenn auch allein das Innehaben eines solchen Postens kein im Laufe der Zeit sich verstärkendes Anwartschaftsrecht begründet und der Dienststellenleiter im Rahmen seines Direktionsrechts grundsätzlich Tätigkeiten innerhalb der gesamten Bandbreite der jeweiligen Vergütungsgruppe zuweisen kann, gelte es dabei doch, die Grenzen billigen Ermessens iS des § 315 Abs. 3 BGB zu beachten[759], so dass in der Regel tarifrechtlich „mit der Übertragung der neuen Tätigkeit faktisch die Weichen für die spätere Höhergruppierung gestellt" würden.[760] Ändert sich durch den Fallgruppenwechsel die Zuordnung zur bisherigen Vergütungsgruppe auch noch nicht unmittelbar, so wird innerhalb der bisherigen Vergütungsgruppe die Tätigkeitsbeschreibung der einen Zeitaufstieg ermöglichenden Fallgruppe durch die oben dargestellte „faktische Automatik" gegenüber den anderen Fallgruppen herausgehoben, so dass bei einer entsprechenden Tätigkeitszuweisung der Personalrat gem. § 75 Abs. 1 Nr. 2 Alt. 1 BPersVG mitzubestimmen habe.[761] Gerade das Wächteramt der Kollektivvertretungen hinsichtlich der Wahrung und Anwendung des Vergütungssystems erfordert die Möglichkeit, das – in allen Gesetzen insoweit beschränkte – Mitbestimmungsrecht effektiv zur Geltung zu bringen.[762] Unabhängig von Abweichungen im Einzelnen – vor allem hinsichtlich technischer Begriffe wie den der

[757] Auch für die tarifliche Bewertung der Tätigkeit ist – unter ausdrücklichem Verweis auf §§ 22, 24 BAT – allein die einschlägige Vergütungsgruppe entscheidend.

[758] BVerwG, Beschluss v. 8.10.1997 – 6 P 5.95, BVerwGE **105**, 241 (243).

[759] Insoweit schließt sich der 6. Senat ausdrücklich der Rechtsprechung des BAG, Urteil v. 23.6.1993 – 5 AZR 337/92, ZTR 1994, 31 (31 f.).

[760] BVerwG, Beschluss v. 8.10.1997 – 6 P 5.95, BVerwGE **105**, 241 (245); mit Ablauf der vorgesehenen Zeitspanne ist der jeweilige Arbeitnehmer höherzugruppieren, wenn der Arbeitgeber eine fehlende Bewährung nicht darlegt und nachweist, aaO.

[761] BVerwG, BVerwG, Beschluss v. 8.10.1997 – 6 P 5.95, BVerwGE **105**, 241 (243, 246); aA *Clemens,* Anmerkung zu BAG, Urteil v. 9.7.1980 – 4 AZR 579/78, AP Nr. 14 zu § 23a BAT, bereits aus der außerordentlichen Vielschichtigkeit des öffentlichen Dienstes folge, dass innerhalb der begrenzten Anzahl der zur Bewertung der Tätigkeiten zur Verfügung stehenden Vergütungsgruppen naturgemäß ein gewisser Schwankungsbereich bestehe; allerdings hätten die Tarifpartner durch die Erfassung unterschiedlicher Aufgabenbereiche – manche eben mit Aufstiegschancen – zum Ausdruck gebracht, dass sie auch diese „vor erfolgreich zurückgelegter Bewährung noch als innerhalb der Bandbreite dieser VergGr. liegend ansehen und daher nicht höher bewerten als Tätigkeiten in Fallgr. derselben VergGr. ohne Bewährungsaufstieg."; iE auch *Wahlers,* Mitbestimmung des Personal- (Betriebs-)Rats bei Fallgruppenänderung innerhalb derselben Vergütungsgruppe, PersV 1996, 433 (438 f.).

[762] BVerwG, Beschluss v. 8.10.1997 – 6 P 5.95, BVerwGE **105**, 241 (243); bei einer Beteiligung des Personalrats zu einem späteren Zeitpunkt, etwa erst nach abgelaufener „Bewährungszeit" – vermag dieser seine gerade auf das Kollektivinteresse ausgerichtete Kontrollfunktion nicht mehr adäquat ausüben, da zu diesem Zeitpunkt in der Person des betroffenen Arbeitnehmers die Voraussetzungen für die Höhergruppierung bereits erfüllt sind, aaO, 241 (246); in einem orbiter dictum spricht sich das BVerwG – unter ausdrücklicher Abkehr von seiner bisherigen Rechtsprechung – zudem dafür aus, diese Grundsätze auch im Fall des Wechsels in eine Fallgruppe anzuwenden, die mit einem „echten" Bewährungsaufstieg verbunden ist, aaO, 241 (247); aA *Wahlers,* Mitbestimmung des Personal- (Betriebs-)Rats bei Fallgruppenänderung innerhalb derselben Vergütungsgruppe, PersV 1996, 433 (438 f.), der die Schwelle zur Beteiligungspflicht nur dann als überschritten ansieht, wenn die Maßnahme der Dienststelle eine (korrigierende) Rückgruppierung zur Voraussetzung hat.

Versetzung – gehe es in allen Bereichen „um die Mitbeurteilung bei einem Akt der Rechtsanwendung mit dem Ziel, die einheitliche und gleichmäßige Anwendung der Lohn- und Gehaltsgruppenordnung sowie die tarifgerechte Bewertung des Arbeitsplatzes sicherzustellen."[763]

Für das – bezüglich Qualität und Struktur – vergleichbare Mitbestimmungsrecht der Mitarbeitervertretung gem. § 35 Abs. 1 Nr. 1 MAVO, nach dessen Zweck und Inhalt ebenfalls keine sachlichen Gründe für eine abweichende Beurteilung vorliegen, kann mit dieser Argumentation jedenfalls ein Beteiligungsrecht für Maßnahmen angenommen werden, die innerhalb einer Vergütungsgruppe zu einem Fallgruppenwechsel führen, der eine bestehende Möglichkeit zum Bewährungsaufstieg entzieht oder einen (automatischen) Zeitaufstieg ermöglicht, insoweit also Rechtsfolgewirkungen für den betroffenen Dienstnehmer besitzt. Dass die Maßnahme zum fraglichen Zeitpunkt noch keine unmittelbaren Auswirkungen, iS eines Vergütungsgruppenwechsels, auf den Dienstnehmer besitzt, ändert an dem bestehenden Beteiligungsrecht nichts.

(4) Mitbestimmung außerhalb des Tatbestands der Einstellung

Dass der Mitarbeitervertretung ein Mitbestimmungsrecht iS des § 35 Abs. 1 Nr. 1 MAVO nicht nur anlässlich der Einstellung eines (neuen) Mitarbeiters bei der ersten Eingruppierung im Rahmen der Einordnung in ein kollektives Entgeltschema zukommt, wird auch von der Schlichtungsstelle Freiburg vertreten. Danach besteht „trotz der Tarifautomatik – auch für spätere, im Laufe des Dienstverhältnisses notwendig werdenden Eingruppierungen"[764] ein entsprechendes Mitbestimmungsrecht. Erforderlich und ausreichend ist insoweit die Einordnung in einen existierenden „Lohngestaltungsrahmen", so dass die Entgelthöhe jedenfalls „nicht ausschließlich vom Individualvertrag abhängt".[765] Zwar stellt die Einstellungseingruppierung neben den in § 35 Abs. 1 Nr. 2, 3 MAVO genannten Tatbeständen in der Praxis einen Tätigkeitsschwerpunkt der Mitarbeitervertretung dar, erschöpft jedoch das tatbestandlich umfasste Anwendungsspektrum nicht. Ausgehend von Sinn und Zweck des gem. § 35 Abs. 1 Nr. 1 MAVO gewährten Mitbestimmungsrechts können insoweit auch Änderungen der Tätigkeit des Dienstnehmers bei gleichgebliebener Stellenbeschreibung oder eine Änderung im maßgebenden Vergütungsgruppenverzeichnis

---

[763] BAG, Beschluss v. 21.3.1995 – 1 ABR 46/97, EzA § 99 BetrVG 1972 Nr. 127 unter B. II. 2. b) der Gründe.

[764] Schlichtungsstelle – Freiburg, Beschluss v. 14.6.1995 (MAVO 4/1995); aA BAG, Urteil v. 23.2.1966 – 4 AZR 447/64, AP Nr. 8 zu § 1 TVG Tarifverträge: BAVAV Bl. 728; BAG, Urteil v. 1.7.1970 – 4 AZR 351/69, AP Nr. 11 zu § 71 PersVG mit zust. Anm. *Säcker,* der für den Fall des Hineinwachsens in eine höhere Vergütungsgruppe – zB durch den Zuwachs verantwortlicherer oder komplizierterer Arbeitsaufgaben – eine erforderliche *Maßnahme* des Arbeitgebers verneint.

[765] S. auch *Weiss/Weyand,* BetrVG, § 99 Rdnr. 9.

bei gleichgebliebener Tätigkeit einen Anwendungsfall der Nr. 1 des § 35 Abs. 1 darstellen.[766] Trotz der bereits beschriebenen lediglich deklaratorischen Wirkung der Eingruppierungsentscheidung[767] fordern Sinn und Zweck des Beteiligungsrechts, die Fälle des „Hineinwachsens" in eine andere Vergütungsgruppe nicht an der Mitarbeitervertretung vorbei geschehen zu lassen.

Die tatsächlichen Auswirkungen auf die innerbetriebliche Situation unterscheiden sich nicht von dem Normalfall einer bewusst vom Dienstgeber veranlassten Maßnahme; die Kontroll- und Ausgleichsfunktion der Mitarbeitervertretung wird im Gegenteil in gleicher Weise beansprucht. Die Tarifautomatik greift ja ebenfalls bei der Einstellung von Mitarbeitern, ohne das Mitbestimmungsrecht zu beeinträchtigen.[768] Die Richtigkeitskontrolle ist auch in diesen Fällen durch das Vertretungsorgan der Beschäftigten wahrzunehmen.[769] Somit aktualisiert sich das Beteiligungsrecht der Mitarbeitervertretung gerade bei jeder neuen Eingruppierungs"entscheidung" des Dienstgebers, die eine Subsumtion der verwirklichten Tätigkeitsmerkmale unter die Anforderungen der für kirchliche Dienstnehmer einschlägigen kollektiven Vergütungsordnung erfordert. Dies gilt gerade auch für den Fall einer Änderung dieses Vergütungssystems, die zumindest eine Überprüfung der bisherigen Eingruppierungen notwendig macht.[770] Dementsprechend beeinflusst die Überzeugung des Dienstgebers, an der bisherigen Eingruppierung habe sich durch die Neustrukturierung des Vergütungsgruppenverzeichnisses nichts geändert, das Beteiligungsrecht der Mitarbeitervertretung nicht; auch in diesem Fall besteht eine Verpflichtung des Dienstgebers, eine (Neu)Eingruppierungsentscheidung zu treffen und die Mitarbeitervertretung entsprechend zu beteiligen.[771] Entsprechendes gilt für den Fall, dass sich der Dienstgeber zu

---

[766] In dieser Richtung auch MünchArbR/*Matthes*, § 355 Rdnr. 10 f.; aA GK-*Kraft*, BetrVG, § 99 Rdnr. 38a, der eine Verpflichtung des Arbeitgebers zu einer Eingruppierungsentscheidung nur annimmt, wenn er „anläßlich der Einstellung oder Versetzung dem Arbeitnehmer erstmals eine Tätigkeit oder eine andere Tätigkeit zuweist"; nach H/S/G-*Schlochauer*, § 99 Rdnr. 38 fehlt es an dem für das Mitbestimmungsrecht notwendigen Anknüpfungspunkt einer „Maßnahme des Arbeitgebers", wenn lediglich durch eine tatsächliche Änderung des Umfangs oder der Wertigkeit einer Tätigkeit eine Anpassung im kollektivem Entgeltschema erforderlich wird; so auch BAG, Urteil v. 2.12.1981 – 4 AZR 301/79, BAGE **37**, 155 (167).

[767] S. S. 141 f.

[768] *Bleistein*, in: Bleistein/Thiel, MAVO, § 35 Rdnr. 6; s. auch *Thüsing*, in: Richardi, BetrVG, § 99 Rdnr. 86 verbunden mit dem Hinweis, dass im Falle des „Hineinwachsens" keine Neueingruppierungsentscheidung des Arbeitgebers erzwungen werden kann.

[769] BVerwG, Beschluss v. 13.2.1976 – VII P 4.75, BVerwGE **50**, 186 (189 f.); danach besteht das Mitbestimmungsrecht auch bei rein normvollziehenden Maßnahmen als eine zusätzliche Kontrolle der Richtigkeit und begründet die vom Personalvertretungsgesetz angestrebte Mitverantwortung; BAG, Beschluss v. 9.10.1970 – 1 ABR 18/69, BAGE **22**, 448 (455) = AP Nr. 4 zu § 63 BetrVG mit zust. Anm. *Richardi*.

[770] Schlichtungsstelle – Freiburg, Beschluss v. 12.4.2000 (MAVO 16/1999, 18/1999); zust. *Frey/Coutelle/Beyer*, MAVO, § 35 Rdnrn. 8, 11.2.

[771] BAG, Beschluss v. 18.6.1991 – 1 ABR 53/90, BAGE **68**, 104 (112); BAG Beschluss v. 21.3.1995 – 1 ABR 46/94, EzA § 99 BetrVG 1972 Nr. 127, wonach die im Bereich des BetrVG geltenden Grundsätze auch im Rahmen des Mitbestimmungsrechts des Personalrats anzuwenden sind; aA

einer „Umkategorisierung“ bestimmter Arbeitsbereiche, also dazu entschließt, die Erledigung bestimmter Aufgaben nicht mehr ausschließlich Beamten vorzubehalten. Wenn auch nicht die Strukturentscheidung selbst, so unterliegt doch die Überprüfung der bisherigen Eingruppierung der Beamten dem Mitbestimmungsrecht der Kollektivvertretung.[772]
Auch die anlässlich einer Übertragung von zusätzlichen oder neuen Aufgaben, die nicht nur zur Veränderung der bisherigen Tätigkeit führen, sondern nach ihrer Qualität bzw. ihrem Umfang einen als „neu“ anzusehenden und noch nicht im kollektiven Entgeltsystem bewertenden Arbeitsplatz schaffen, vorzunehmende Überprüfung der bestehenden Eingruppierung kann danach nicht mitbestimmungsfrei erfolgen.[773]

d) Sicherung der Mitbestimmung

Im Bereich des BetrVG kann der Betriebsrat für den Fall der Verletzung seines Mitbestimmungsrechtes bei einer Eingruppierungsentscheidung entsprechend § 101 Satz 1 BetrVG die Einholung seiner Zustimmung und – im Verweigerungsfalle – die Einleitung des Zustimmungsersetzungsverfahrens vor den Arbeitsgerichten verlangen.[774] Zwar ist in der MAVO keine vergleichbare Regelung vorhanden, doch kann auch die Mitarbeitervertretung einen verfahrensrechtlichen Anspruch gegenüber dem Dienstgeber zur Geltung bringen und so die ihr vom Gesetzgeber zugedachte Aufgabe[775] auch wirksam erfüllen.[776]

3. Höhergruppierung iS des § 35 Abs. 1 Nr. 2 MAVO

a) Leistungen außerhalb der kollektiven Vergütungsordnung

In der Regel wird der Mitbestimmungstatbestand iS des § 35 Abs. 1 Nr. 2 MAVO mit der Übertragung einer höher zu bewertenden Aufgabe bzw. Stelle an den Dienstnehmer iS des § 35 Abs. 1 Nr. 4 MAVO zusammenfallen. Wie bereits zu § 35 Abs. 1 Nr. 1 MAVO gezeigt,

---

*Berger-Delhey* in der Anmerkung zum Beschluss des BAG v. 31.10.1995 – 1 ABR 5/95, EzA BetrVG 1972 § 99 Nr. 131, der unter II. insoweit von einem unzulässigen Tatbestandsmerkmal der „Nicht-Eingruppierung“ ausgeht; GK-*Kraft*, BetrVG, § 99 Rdnr. 38a, nach dem es in diesem Fall an einer Ein- oder Umgruppierung fehlen soll.

[772] BAG, Beschluss v. 12.8.1997 – 1 ABR 13/97, EzA § 99 BetrVG Umgruppierung Nr. 1 unter B. II. 2. b) aa) der Gründe, da insoweit eine „neue Eingruppierungssituation“ entstanden ist; dabei besteht das Mitbestimmungsrecht unabhängig vom Ergebnis des Prüfungsprozesses. Mitbestimmungsfrei bleibt die autonome Organisationsentscheidung selbst, „bestimmte Aufgabenbereiche nicht mehr als Beamtenposten auszuweisen“, BAG, aaO, unter B. II. 2. a) der Gründe.

[773] Vgl. BAG, Beschluss v. 21.3.1995 – 1 ABR 46/96, EzA § 99 BetrVG 1972 Nr. 127 unter B. II. 2. a) der Gründe; BVerwG, Beschluss v. 8.12.1999 – 6 P 3.98, BVerwGE **110**, 151 (155); *Rehak*, in: Lorenzen, BPersVG, § 75 Rdnr. 30b.

[774] Eine Aufhebung der mitbestimmungswidrig ergangenen Eingruppierungsentscheidung kann wegen deren Natur als rein deklaratorischer Akt bzw. als gedanklicher Vorgang nicht gefordert werden, BAG, Beschluss v. 27.6.2000 – 1 ABR 36/99, ZTR 2001, 283 (283).

[775] S. oben S. 110 f.

[776] S. S. 118 ff.; *Sittinger*, Das Mitbestimmungsrecht bei Eingruppierungen in der evangelischen Kirche, ZMV 1999, 7 (8), lässt dagegen einen Rückgriff auf den allgemeinen Unterlassungsanspruch zu.

handelt es sich insoweit um selbstständige Beteiligungsrechte, die die Mitarbeitervertretung grundsätzlich gesondert wahrnehmen muss. Für das Mitbestimmungsrecht im Falle einer Höhergruppierung lässt sich aus der Zusammenschau mit § 35 Abs. 1 Nr. 4 MAVO weiterhin ableiten, dass nicht jede Änderung in vergütungsrechtlicher Hinsicht die Voraussetzungen des § 35 Abs. 1 Nr. 2 MAVO erfüllt, was auch ein Vergleich mit § 75 Abs. 1 Nr. 2 BPersVG bestätigt. Im Gegensatz zum personalvertretungsrechtlichen Mitbestimmungstatbestand genügt eine nur vorübergehende, die Stellung des jeweiligen Dienstnehmers in der Einrichtung nicht prägende Änderung der Entlohnung nicht, um als zustimmungspflichtige Maßnahme angesehen zu werden.[777] Insbesondere werden durch § 35 Abs. 1 Nr. 2 MAVO grundsätzlich weder individualvertraglich vereinbarte Zulagen noch Sondervergütungen erfasst, es sei denn, durch die Art der vom Dienstgeber praktizierten Gewährung der Zulagenvergabe werden in der Vergütungsordnung an sich nicht vorgesehene faktische Zwischengruppen geschaffen oder mit der Zulage soll die Differenz zwischen zwei Vergütungsgruppen ausgeglichen werden.[778] Durch die Erstreckung des Mitbestimmungsrechts auf diese Sachverhalte soll zumindest im letztgenannten Fall eine Umgehung der Mitarbeitervertretung durch eine schlicht wirtschaftliche Gleichstellung mit Dienstnehmern höherer Vergütungsgruppen verhindert werden. Mit diesem Grundsatz lässt sich vereinbaren, dass frei gewährte widerrufliche Leistungszulagen, auch wenn sie die Differenz zwischen unterschiedlichen Vergütungsgruppen erreichen, kein Mitbestimmungsrecht der Mitarbeitervertretung auslösen.[779] Soweit nämlich sowohl die Entscheidung über die Gewährung als die konkrete Höhe der Zulage im Ermessen des Dienstgebers stehen, handelt es sich zum einen um „eine rechtsgestaltende Ermessensentscheidung, die als solche nicht der Zustimmung der Mitarbeitervertretung bedarf."[780] Andererseits wird durch die sich in den Grenzen des § 315 BGB und des

---

[777] S. *Frey/Coutelle/Beyer*, MAVO, § 35 Rdnr. 10. AA *Bleistein/Thiel, in* Bleistein/Thiel, MAVO, § 35 Rdnr. 25, der auch die vorübergehende Übertragung einer höher zu bewertenden Tätigkeit grundsätzlich unter den Tatbestand des § 35 Abs. 1 Nr. 2 MAVO subsumiert.

[778] S. S. 142 ff. Im Bereich des BPersVG soll weder die Gewährung von Zulagen auf Grund von Änderungen auf der Ebene des Individualvertrags, die nicht „auf der für den Arbeitnehmer maßgeblichen Lohn- oder Vergütungsgruppe aufbauen" und zu einem Wechsel in der Lohn- oder Vergütungsgruppe führen, noch ein auf betrieblicher Ebene bestehendes – nach bestimmten Gruppen differenzierendes – System hinsichtlich der Gewährung von Zulagen ein Beteiligungsrecht des Personalrats iS des § 75 Abs. 1 Nr. 2 BPersVG auslösen, *Dietz/Richardi*, BPersVG, § 75 Rdnrn. 33, 47 f.; aA *Rehak*, in: Lorenzen, BPersVG, § 75 Rdnr. 28 a. Anderes gilt im Bereich des BetrVG, das nicht nur bei „der Kernfrage des Vergütungsrechts", sondern auch bei Bestehen eines betrieblichen Zulagensystems bzw. dessen Einbindung in das Vergütungsgruppensystem ein Beteiligungsrecht gewährt, DKK-*Kittner*, BetrVG, § 99 Rdnr. 79; s. auch *Thüsing*, in: Richardi, BetrVG, § 99 Rdnr. 70.

[779] Schlichtungsstelle – Paderborn, Beschluss v. 7.4.2000 (III/2000).

[780] Schlichtungsstelle – Paderborn, Beschluss v. 7.4.2000 (III/2000).

Willkürverbots bewegende vorbehaltlich des Widerrufs erteilte Zulage eine verdeckte Höhergruppierung ausgeschlossen.[781]

b) Tarifautomatik und korrigierende Höhergruppierung

Obwohl sich die korrekte Eingruppierung unmittelbar aus der im Einzelfall tatsächlich ausgeübten Tätigkeit ergibt[782], hat der Dienstgeber die Mitarbeitervertretung auch bei der Korrektur einer zunächst unzutreffenden Beurteilung, also einer korrigierenden Höher- oder Rückgruppierung, zu beteiligen.[783] In ihre Überprüfung hat die Mitarbeitervertretung dabei auch den vom Dienstgeber angegebenen Zeitpunkt der rückwirkenden Höhergruppierung einzustellen.[784] Problematisch ist, wie sie sich verhalten soll, wenn sie eine vorgesehene Höhergruppierung im Grunde billigt, hinsichtlich des Zeitpunkts der vorzunehmenden Höhergruppierung aber zu einer von der Auffassung des Dienstgebers abweichenden und für den Dienstnehmer günstigeren Bewertung gelangt. Nachdem eine Zustimmung „in Raten", dh. beschränkt auf einzelne Aspekte des einheitlichen Zustimmungstatbestands nicht in Frage kommt[785], hätte eine Verweigerung der Zustimmung zur Folge, dass der Dienstgeber von der Maßnahme insgesamt Abstand nehmen und – hält er an seiner Auffassung fest – nach gescheitertem Einigungsgespräch iS des § 33 Abs. 3 MAVO die Schlichtungsstelle anrufen muss.[786] Eine – mit Blick auf den von der Maßnahme betroffenen Dienstnehmer zu rechtfertigende – Lösung wird darin gesehen, der Mitarbeitervertretung trotz Zustimmungserteilung die Möglichkeit zu geben, ein Einigungsgespräch mit dem Dienstgeber über den strittigen Zeitpunkt durchzuführen und damit eine zeitnahe Entscheidung herbeizuführen.[787]

4. Nicht nur vorübergehende Übertragung einer höher oder niedriger zu bewertenden Tätigkeit, § 35 Abs. 1 Nr. 4 MAVO

a) Bewertung der Tätigkeit

Wie sich aus einem Vergleich zwischen der Nr. 2 und Nr. 3 des § 35 Abs. 1 MAVO mit § 35

---

[781] AA Schlichtungsstelle – Rottenburg-Stuttgart, Beschluss v. 1.2.1991; allerdings ohne Begründung.

[782] S. 141 f.

[783] *Dietz/Richardi*, BPersVG, § 75 Rdnr. 40; *Frey/Coutelle/Beyer*, MAVO, § 35 Rdnr. 7; *Grabendorff/Ilbertz/Widmaier*, BPersVG, § 75 Rdnr. 17; *Rehak*, in: Lorenzen, BPersVG, § 75 Rdnrn. 40a, 42d. Hinsichtlich der Überprüfung bestehender Eingruppierungen besitzt die Mitarbeitervertretung dabei kein Initiativrecht, das es ihr ermöglichen würde, die nach ihrer Ansicht gebotene Höhergruppierung eines Dienstnehmers förmlich beim Dienstgeber zu beantragen, und im Fall einer Ablehnung, die Schlichtungsstelle anzurufen, *Frey/Coutelle/Beyer*, MAVO, § 35 Rdnr. 8.1.

[784] *Rehak*, in: Lorenzen, BPersVG, § 75 Rdnr. 32.

[785] S. S. 139 f.

[786] Daneben könnte auch der betroffene Dienstnehmer vor dem staatlichen Arbeitsgericht seinen Individualanspruch auf die ihm zustehende Vergütung gem. § 2 Abs. 1 Nr. 3a ArbGG geltend machen.

[787] *Frey/Coutelle/Beyer*, MAVO, § 35 Rdnr. 7.

Abs. 1 Nr. 4 MAVO ergibt, ist die Übertragung einer anders zu bewertenden Tätigkeit eine von der Eingruppierung getrennt zu sehende eigenständig zu beurteilende Maßnahme.[788] Entscheidendes Gewicht für die Wahrnehmung dieses Mitbestimmungsrechts besitzt die Frage, nach welchen Kriterien die Bewertung der dem Dienstnehmer übertragenen Stelle zu erfolgen hat: Soll allein die der Gruppeneinteilung der Vergütungsordnung zugrunde liegende Unterscheidung ausschlaggebend sein oder soll eine Gesamtabwägung der durch den Dienstnehmer wahrgenommenen Aufgaben vorgenommen werden, bei der die konkrete Einordnung in das bestehende Entgeltsystem nur einen von mehreren Abwägungsfaktoren darstellt?

Nach Ansicht der Schlichtungsstelle Freiburg spielt für das „Prüfungsprogramm" des § 35 Abs. 1 Nr. 4 MAVO keine Rolle, ob mit dem veränderten Tätigkeitsspektrum gleichzeitig der Wechsel in eine andere Vergütungsgruppe verbunden ist. Dies könne allenfalls ein Indiz für das Vorliegen einer höher zu bewertenden Tätigkeit sein, da die Übertragung einer höher oder niedriger zu bewertenden Tätigkeit nicht zwangsläufig auch einen Wechsel der Vergütungsgruppe nach sich ziehen müsse.[789] Von Bedeutung ist danach lediglich das Vorhandensein einer dienstgeberseitig vorgegebenen Organisationsstruktur, in die Mitarbeiter nur insgesamt unter Berücksichtigung von verschiedenen ihre Stelle prägenden Aspekten, zB Übernahme einer Vorgesetztenfunktion, Vertretung der Einrichtung nach außen, Aufsichtsrechte oder Ansehen in der Einrichtung, richtig eingeordnet werden können. Entscheidend ist letztlich, ob durch die Übertragung der Tätigkeit die Einstufung des Dienstnehmers in die Organisation der Einrichtung konkret verändert wird und inwieweit durch die Ausübung der neu übertragenen Tätigkeit eine gegenüber den Kollegen herausgehobene oder herabgesetzte Position eingenommen wird. Dabei ist der Blick auf die Einordnung in das kollektive Entgeltschema ein wesentlicher Maßstab, aber nicht ausschließlicher Zweck der Mitbestimmung.[790] Ausschlaggebend ist damit die Position, die der betroffene Dienstnehmer in der jeweiligen Einrichtung im Verhältnis zu den übrigen Beschäftigten einnimmt. Unter dieser Prämisse ist also ein Vergleich der neu übertragenen Aufgabe zu der bisherigen Tätigkeit und der Tätigkeit der Kollegen vorzunehmen und zu fragen, ob und inwieweit die ausgeübte Tätigkeit in dieser Hinsicht eine andere Gewichtung erfahren hat.

Unerheblich ist bei diesem Bewertungsvorgang dagegen, ob der betroffene Dienstnehmer bereits vor der Veränderung seiner Tätigkeit eine herausgehobene Position bekleidet hat. Die Höherwertigkeit der neu übertragenen Beschäftigung sah die Schlichtungsstelle

[788] Schlichtungsstelle – Freiburg, Beschluss v. 30.3.1995 (MAVO 1994/6); s. auch S. 150.
[789] Schlichtungsstelle – Freiburg, Beschluss v. 16.3.1995 (MAVO 1994/6).
[790] *Dietz/Richardi*, BPersVG, § 75 Rdnr. 29.

Münster[791] darin, dass der Kompetenz- und Aufgabenbereich als künftiger Leiter der Abteilung „Innere Medizin" gegenüber der Tätigkeit in der (vormaligen) Spezialabteilung „Nephrologie-Dialyse" „vielseitiger und umfassender erscheint". Diese Aufwertung seiner Position besaß auch Außenwirkung, da nun die neue Abteilung, der der fragliche Mitarbeiter als Leiter vorstand, die Bezeichnung „Inneren Medizin II" führe. Dass sich der Umfang der tatsächlich ausgeübten ärztlichen Tätigkeit gegenüber der früheren Position nur relativ geringfügig erhöht, fällt dagegen nicht entscheidend ins Gewicht. Durch die Führung der neu geschaffenen Abteilung "Innere Medizin II" ist die Tätigkeit jedenfalls innerhalb des Krankenhauses in persönlicher und sozialer Hinsicht höher einzustufen. Diese Aufwertung ist auch nicht so gering, dass sie überhaupt nicht ins Gewicht fällt.

b) Auf Dauer angelegte Tätigkeit

Auch die Übernahme einer Abwesenheitsvertretung kann die Voraussetzung einer nicht nur vorübergehenden Übertragung einer höher zu bewertenden Tätigkeit erfüllen. Als maßgeblich sah dabei die Schlichtungsstelle Freiburg[792] den Umstand an, dass die fragliche Mitarbeiterin bei kurz- oder langfristiger Abwesenheit der von ihr vertretenen Kollegin „jederzeit die Funktion der Schulleiterin übernehmen (konnte), ohne dass es deswegen einer besonderen Bestellung" bedurft hätte. Eine den Kriterien des § 35 Abs. 1 Nr. 4 MAVO nicht entsprechende nur vorübergehende Übertragung käme allenfalls dann in Betracht, wenn aus besonderem Anlass (zB Urlaub, längere Krankheit, Kur, Mutterschutzfristen, usw.) jeweils für diese Abwesenheitszeit eine besondere Bestellung erfolgen würde.

5. Ordentliche Kündigung, § 30 MAVO

a) Staatliches Kündigungs- und Kündigungsschutzrecht als für alle geltendes Gesetz iS der Art. 140 GG iVm. Art. 137 Abs. 3 WRV

Soweit sich die Kirche zur Begründung von Dienstverhältnissen im Wege der Gleichordnung durch Vertragsschluß mit ihren Mitarbeitern entscheidet, finden – wie bereits dargestellt – in Folge dieser „Rechtswahl"[793] grundsätzlich die Bestimmungen des staatlichen Arbeitsrechts als für alle geltendes Gesetz iS des Art. 137 Abs. 3 WRV Anwendung.[794] Zu diesem schrankenziehenden, für alle geltenden Gesetz zählt auch das Kündigungs- und Kündigungsschutzrecht.[795] Wesensgemäß kirchliche Anforderungen fließen innerhalb des

[791] Schlichtungsstelle – Münster, Beschluss v. 11.2.1998 (MAVO 12/97).
[792] Schlichtungsstelle – Freiburg, Beschluss v. 30.3.1995 (MAVO 1994/6); insoweit stimmen auch *Frey/Coutelle/Beyer*, MAVO, § 35 Rdnr. 14 zu.
[793] BVerfG, Beschluss v. 4.6.1985 – 2 BvR 1703/83, 1718/83, 856/84, BVerfGE **70**, 138 (165).
[794] MünchArbR/*Richardi*, § 193 Rdnr. 11.
[795] *Berchtenbreiter*, Kündigungsschutzprobleme im kirchlichen Arbeitsverhältnis, S. 25 f.; MünchArbR/*Berkowsky*, § 146 Rdnrn. 28 ff.; BGB – RGRK/*Gehring*, § 630 Anh. III Rdnr. 188;

Normenvollzugs bei der Ausfüllung unbestimmter Rechtsbegriffe und im Einzelfall vorzunehmenden Güter- und Interessenabwägungen ein und können auf diese Weise adäquat zur Geltung gebracht werden.[796] Organisationsentscheidungen des Dienstgebers bzw. die Beurteilung der Notwendigkeit oder Zweckmäßigkeit dieser Maßnahmen liegen allein in dessen Kompetenz und sind einer Überprüfung der Schlichtungsstelle entzogen.

Soweit das Kündigungsschutzgesetz auf das jeweilige Arbeitsverhältnis Anwendung findet, haben die in § 1 Abs. 2 Satz 1 KSchG genannten Kündigungsgründe grundsätzlich keinen Einfluss auf den Bestand des Beteiligungsrechtes der Mitarbeitervertretung iS des § 30 MAVO, dh. die Ausübung dieses Rechts wird nicht a priori durch die Subsumtion des Kündigungsgrundes unter die Begriffe verhaltens-, personen- oder betriebsbedingte Kündigung beschränkt.[797] Der kirchliche Gesetzgeber hat die Beteiligung der Mitarbeitervertretung unbeschränkt für jede ordentliche Kündigung eröffnet. Für eine über den Wortlaut der Norm hinausgehende Einschränkung des Beteiligungsrechtes der Mitarbeitervertretung finden sich keine hinreichenden Anhaltspunkte im Gesetz.

Gegenstand und Umfang der wechselseitigen Leistungspflichten von Dienstgeber und Dienstnehmer richten sich in erster Linie nach dem schuldrechtlichen Rechtsgeschäft. Neben den eigentlichen Hauptleistungs- und Nebenpflichten können zwischen den Dienstvertragsparteien aber sog. Loyalitätsobliegenheiten begründet werden, die – im Falle der Kirchen – am Leitbild der christlichen Dienstgemeinschaft orientiert die wesensgemäß kirchliche Ausgestaltung des Dienstverhältnisses sichern, ohne dadurch die bürgerlich–rechtliche Natur des Arbeitsverhältnisses in ein „kirchliches Statusverhältnis" umzuwandeln.[798] Innerhalb einer Kündigungsschutzklage iS des § 4 KSchG wird bei der Prüfung der sachlichen Rechtfertigung der ausgesprochenen Kündigung aber nicht nur das verfassungsrechtlich gewährleistete Selbstbestimmungsrecht der Kirche gem. Art. 140 GG

*Richardi,* Arbeitsrecht in der Kirche, § 7 Rdnr. 3; st. Rechtspr., s. BVerfG, Beschluss vom 4.6.1985 – 2 BvR 1703, 1718/83, 856/84, BVerfGE **70**, 138 (166 ff.); BAG, Urteil v. 25.4.1978 – 1 AZR 70/76, BAGE **30**, 247 (253); BAG, Urteil v. 10.12.1992 – 2 AZR 271/92, EzA § 611 BGB Kirchliche Arbeitnehmer Nr. 38; BAG, Urteil v. 16.9.1999 – 2 AZR 712/98, EzA § 611 BGB Kirchliche Arbeitnehmer Nr. 45 unter II. 3. e) der Gründe; BAG, Urteil v. 21.2.2001 – 2 AZR 579/99, BAGE **97**, 141 (144). Die Geltung des KSchG hat insbesondere zur Folge, dass kirchliche Dienstnehmer – auch wenn für Individualstreitigkeiten die Anrufung einer kirchlichen Schlichtungsstelle vorgesehen ist – die dreiwöchige Frist iS des § 4 Satz 1 KSchG zur Erhebung einer Kündigungsschutzklage vor den staatlichen Arbeitsgerichten wahren müssen, *Hammer,* Kirchliches Arbeitsrecht, S. 251.

[796] *Berchtenbreiter,* Kündigungsschutzprobleme im kirchlichen Arbeitsverhältnis, S. 24; *Richardi,* Arbeitsrecht in der Kirche, § 7 Rdnrn. 4 ff.; BVerfG, Beschluss vom 4.6.1985 – 2 BvR 1703, 1718/83, 856/84, BVerfGE **70**, 138 (168 ff.); BAG, Urteil v. 31.10.1984 – 7 AZR 232/83, BAGE **47**, 144 (150), 292 (298).

[797] Ebenso für das Betriebsverfassungsrecht: KR-*Etzel,* § 102 BetrVG Rdnr. 146; DKK-*Kittner,* BetrVG, § 102 Rdnrn. 191, 193; H/S/G-*Schlochauer,* BetrVG, § 102 Rdnr. 107; *Thüsing,* in: Richardi, BetrVG, § 102 Rdnrn. 146 f.; aA H/S/G-*Schlochauer,* BetrVG, § 102 Rdnrn. 92 ff.; *Stege/Weinspach,* BetrVG, § 102 Rdnrn. 113 ff.

[798] MünchArbR/*Richardi,* § 193 Rdnr. 22; *ders.,* Arbeitsrecht in der Kirche, § 6 Rdnr. 21; BVerfG, Beschluss vom 4.6.1985 – 2 BvR 1703, 1718/83, 856/84, BVerfGE **70**, 138 (166).

iVm. Art. 137 Abs. 3 WRV berücksichtigt; über die privatrechtlichen Generalklauseln als Einfallstore ist gerade auch der im Grundrechtsteil des Grundgesetzes zum Ausdruck kommenden „objektiven Wertordnung" angemessen Rechnung zu tragen, so dass sich der Dienstnehmer zwar nicht unmittelbar auf grundrechtliche Verbürgungen berufen kann, sehr wohl aber auf Beachtung der ableitbaren „Wertmaßstäbe".[799] Welcher Art diese Loyalitätsobliegenheiten sind, also wie weit sie über die rein technische Erfüllung des Arbeitsverhältnisses hinausgehen und den privaten Lebensbereich des Dienstnehmers erfassen, inwieweit Abstufungen nach den verschiedenen Tätigkeitsfeldern bzw. übernommenen Funktionen vorgenommen werden und wie auf mögliche Verstöße zu reagieren ist, liegt dabei nicht in der Regelungskompetenz des einzelnen kirchlichen Arbeitgebers, sondern ist für die katholische Kirche und den ihr zugeordneten – auch privatrechtlich verselbstständigten – Einrichtungen einheitlich in den Art. 4 und 5 GrOkathK geregelt.[800] Die darin gestellten Anforderungen sind legitimer Ausdruck des kirchlichen Selbstbestimmungsrechts iS des Art. 140 GG iVm. 137 Abs. 3 WRV und damit einer Kontrolle durch staatliche Gerichte entzogen.

b) Einleitung und Durchführung des Beteiligungsverfahrens

Vergleichbar mit den Regelungen des § 102 Abs. 1 Satz 1 BetrVG und § 79 Abs. 1 Satz 1 BPersVG enthält § 30 Abs. 1 MAVO die Verpflichtung des Dienstgebers, die Mitarbeitervertretung bei der Auflösung eines Arbeitsverhältnisses durch ordentliche Kündigung zu beteiligen.

Die Einleitung des Beteiligungsverfahrens hat dabei durch den Dienstgeber, also durch dessen vertretungsberechtigtes Organ, der von ihm bestellten Leitung oder einem schriftlich beauftragten Mitarbeiter in leitender Stellung iS des § 2 Abs. 2 MAVO, zu erfolgen. Handelt insoweit eine unzuständige Person, führt diese Verfahrensverletzung trotz § 30 Abs. 5 MAVO nicht zur Unwirksamkeit der Kündigung, wenn die Mitarbeitervertretung diesen Fehler nicht rügt, sondern abschließend Stellung nimmt.[801]

Da staatliche kündigungsschutzrechtliche Bestimmungen zu dem für alle geltenden Gesetz iS des Art. 137 Abs. 3 WRV gehören, ergeben sich hinsichtlich der Anwendbarkeit des Kündigungsschutzgesetzes und den daraus für das Beteiligungsverfahren folgenden

[799] BVerfG, Urteil v. 22.11.1951 – 15. O. 87/51, BVerfGE **7**, 198 (205 f.); BVerfG, Beschluss v. 31.1.2001 – 1 BvR 619/92, DVBl 2001, 723 (723 f.); BVerfG, Beschluss v. 7.3.2002 – 1 BvR 1962/01, NZA 2002, 609 (609).

[800] S. 31 f. u. S. 22 f.; s. auch *Richardi*, Arbeitsrecht in der Kirche, § 7 Rdnrn. 60 ff.

[801] BAG, Urteil v. 31.3.1983 – 2 AZR 384/81, BAGE **44**, 37 (48); BAG, Urteil v. 26.10.1995, EzA Art. 20 Einigungsvertrag Nr. 53 (Ls.); BAG, Urteil v. 25.2.1998 – 2 AZR 226/97, BAGE **88**, 125 (130); BVerwG, Beschluss v. 26.8.1987 – 6 P 11.86, BVerwGE **78**, 72 (77); BVerwG, Urteil v. 23.2.1989 – 2 C 8.88, BVerwGE **81**, 288 (291).

Informationspflichten des Dienstgebers keine Besonderheiten, so dass insoweit die Rechtsprechung des Bundesarbeitsgerichts zur „subjektiven Determination“[802], zur Konkretisierung der umfassenden Informationspflicht gegenüber der Mitarbeitervertretung hinsichtlich der sozialen Rechtfertigung der Kündigung iS des § 1 Abs. 2 KSchG auch in der kirchlichen Einrichtungsverfassung herangezogen werden kann.

Das Beteiligungsrecht der Mitarbeitervertretung besteht unabhängig davon, ob der Dienstgeber auf individualvertraglicher Ebene gem. § 1 Abs. 1 KSchG Kündigungsfreiheit besitzt; es ist grundsätzlich auch innerhalb der ersten sechs Monate eines Arbeitsverhältnisses zu beachten. Die vormals spezifisch kirchenrechtliche Regelung, wonach nur ein nach nach Ablauf der Probezeit gefasster Entschluss des Dienstgebers zur Kündigung das Beteiligungsrecht auslöst[803], wurde zwischenzeitlich dem staatlichen Recht angepasst und die sachlich nicht zu rechtfertigende Ungleichbehandlung der Mitarbeiter beseitigt.

Hinsichtlich der verschiedenen Elemente und des Ablaufs des Beteiligungsverfahrens trifft § 30 MAVO eine gegenüber § 29 Abs. 2 bis 4 MAVO eigenständige Regelung, die jener aber in weiten Bereichen entspricht.[804] Im Vergleich zu den Beteiligungsverfahren des staatlichen Rechts erweist sich als mitarbeitervertretungsrechtliche Besonderheit die besonders formalisierte Ausgestaltung des Beteiligungsverfahrens[805] und dessen zweistufiger Aufbau. Den Dienstgeber trifft zwar keine Pflicht, geltend gemachten Einwendungen der Mitarbeitervertretung Rechnung zu tragen; das Letztentscheidungsrecht des Dienstgebers bleibt also unberührt. Dennoch ist vor Ausspruch einer Kündigung aber in einer gesondert anzuberaumenden Sitzung mit der Mitarbeitervertretung gem. § 30 Abs. 2 Satz 3 MAVO über erhobene Einwendungen zu beraten.[806]

Einwendungen kann die Mitarbeitervertretung gem. § 30 Abs. 2 Satz 1 MAVO innerhalb einer Woche seit ordnungsgemäßer (schriftlicher) Unterrichtung von der Kündigungsabicht durch den Dienstgeber schriftlich[807] unter Angabe von Gründen erheben. Auf die Wahrung dieses gesetzlich angeordneten Formzwangs kann der Dienstgeber auch nicht aufgrund einer entsprechenden Erklärung der Mitarbeitervertretung verzichten, denn es handelt sich

802 S. auch S. 159 f.

803 Während laufender Probezeit stand der Mitarbeitervertretung lediglich ein Anspruch auf Unterrichtung über die Auflösung des Arbeitsverhältnisses gem. § 27 Abs. 2 Spiegelstrich 4 MAVO aF zu; darüber, ob der Dienstgeber seiner Informationspflicht vor oder nach Durchführung der Maßnahme nachkommen mußte, fand sich keine ausdrückliche Regelung im Gesetz.

804 S. dazu *Frey/Coutelle/Beyer*, MAVO, § 30 Rdnr. 1.

805 S. § 30 Abs. 1, Abs. 2 Satz 1, Abs. 3 Satz 2 MAVO.

806 S. auch S. 167.

807 Zu den Anforderungen dieser „Schriftlichkeit“ s. S. 161.

um ein zwingendes und für die Wirksamkeit der ausgesprochenen Kündigung konstitutives Element, über das die Mitarbeitervertretung keine Dispositionsbefugnis besitzt.[808]

c) Umfang der Informationspflicht des Dienstgebers

Ob der Dienstgeber seiner Pflicht zur ordnungsgemäßen Verfahrenseinleitung im konkreten Einzelfall nachgekommen ist, ist grundsätzlich nach denselben Kriterien zu beurteilen, die das Bundesarbeitsgericht zum Anhörungsverfahren iS des § 102 BetrVG entwickelt hat: Die Mitarbeitervertretung ist in jedem Fall über die Person des zu kündigenden Dienstnehmers, die beabsichtigte Kündigungsart, den Kündigungstermin und die aus Dienstgebersicht maßgebenden Kündigungsgründe[809] zu informieren; zusätzliche Angaben sind bei einer betriebsbedingten Kündigung[810] über die vorgenommene Sozialauswahl, bei einer Änderungskündigung über das konkrete Änderungsangebot zu machen.[811] Entsprechend den Grundsätzen der Beteiligungsverfahren in den staatlichen Mitbestimmungsordnungen besteht für den Dienstgeber keine Pflicht, die Kündigungsgründe unter Beweis zu stellen oder nachzuweisen; ebensowenig steht der Mitarbeitervertretung ein eigenes Nachforschungsrecht in dieser Hinsicht zu, vielmehr muss sie von „der Richtigkeit der mitgeteilten Angaben ausgehen und kann nur diese zur Grundlage ihrer Gegenvorstellung machen".[812]

Aus § 30 MAVO ergibt sich keine Verpflichtung des Dienstgebers, der Mitarbeitervertretung sämtliche ihm zur Verfügung stehenden Unterlagen auszuhändigen. Bezüglich in Aussicht gestellter betriebsbedingter Kündigungen besteht auch keine Pflicht des Dienstgebers, im Beteiligungsverfahren die Wirtschaftlichkeitsfragen ausführlich darzulegen, die Stellenpläne und die Wirtschaftsprüfungsberichte der vorangegangenen Jahre oder gar der Mitarbeitervertretung alle Unterlagen zur Verfügung zu stellen, die den Entscheidungsträgern vorgelegen haben.[813]

Zum notwendigen Inhalt der Darlegung der aus Sicht des Dienstgebers ausschlaggebenden Kündigungsgründe gehört auch die Information über den wesentlichen Inhalt des Gesprächs

---

808 Schlichtungsstelle – Dresden-Meißen, Beschluss v. 21.12.1999 (Az: 2-015/99).

809 S. dazu die Darstellung für die unterschiedlichen Kündigungsgründe bei *Thüsing,* in: Richardi, BetrVG, § 102 Rdnrn. 64 ff.

810 Die Absicht zur betriebsbedingten Kündigung ist der Mitarbeitervertretung bezüglich jedes betroffenen Mitarbeiters jeweils in einem begründeten Einzelschreiben anzuzeigen. Die Anforderungen entsprechen dabei den zur Sozialauswahl entwickelten Grundsätzen, s. allg. *Busemann/Schäfer,* Kündigung und Kündigungsschutz im Arbeitsverhältnis, Rdnrn. 545 ff.; *Thüsing,* in: Richardi, BetrVG, § 102 Rdnr. 67 ff.

811 LAG Köln, Urteil v. 18.1.1995 – 8 Sa 1167/94, AP Nr. 1 zu § 42d MitarbeitervertretungsG-EK Rheinland.

812 Schlichtungsstelle – Essen, Beschluss v. 16.6.1997 (MAVO 63, 72, 41 – 4/97).

813 Schlichtungsstelle – Osnabrück, Beschluss v. 23.05.2001 (02/2000).

mit dem zu kündigenden Dienstnehmer gem. Art. 5 Abs. 1 GrOkathK.[814] In diesem Zusammenhang auftretende Mängel können auch durch eine „umfassende mündliche Unterrichtung" der Mitarbeitervertretung seitens des Dienstgebers nicht geheilt werden.[815] Dem Zweck des Beteiligungsverfahrens entsprechend muss die Mitarbeitervertretung durch die Informationen des Dienstgebers insgesamt in die Lage versetzt werden, ohne weitere Nachfragen „die Stichhaltigkeit der Kündigungsgründe zu prüfen und sich über ihre Stellungnahme schlüssig zu werden."[816]

Hat der Dienstgeber die ihm im Rahmen des besonderen Beteiligungsverfahrens treffenden Obliegenheiten ordnungsgemäß erfüllt, scheidet damit gleichzeitig die Möglichkeit aus, eine Verletzung der in den §§ 26 und 27 MAVO geregelten allgemeinen Beteiligungsrechte zu rügen. Der Informationsanspruch der Mitarbeitervertretung gem. § 26 Abs. 2 MAVO erstreckt sich außerdem nur auf bereits vorhandene Unterlagen, der Dienstgeber ist also nicht verpflichtet, auf Anfrage der Mitarbeitervertretung diese erst zu erstellen.[817] „Vorhanden" im oben genannten Sinne sind aber nicht nur „tatsächlich schriftlich ausgedruckte Listen und Auswertungen", das Einsichtsrecht umfasst grundsätzlich auch digital gespeicherte Daten, von denen „ohne großen Aufwand" verkörperte Unterlagen erstellt werden können.[818]

d) Nachschieben von Kündigungsgründen

An die gesetzliche Verpflichtung des Dienstgebers iS des § 30 Abs. 1 MAVO, der Mitarbeitervertretung die Gründe für die beabsichtigte Kündigung schriftlich mitzuteilen, knüpfen auch aus den vergleichbaren Beteiligungsrechten des staatlichen Mitbestimmungsrechts bekannte Fragestellungen an, zB ob der Dienstgeber in einem späteren Streitverfahren beliebig Kündigungsgründe nachschieben kann oder ob und vor allem welche Schranken ihm hierbei gesetzt sind.[819] Zur Lösung des aufgeworfenen Problems ist davon auszugehen, dass der Dienstgeber grundsätzlich nicht gehalten ist, der Mitarbeitervertretung sämtliche in Frage kommenden Kündigungsgründe mitzuteilen; auch wenn er nicht alle für seinen konkreten Entschluss, die Kündigung auszusprechen, maßgebenden Gründe in das Beteiligungsverfahren einbringt, berührt diese objektive

[814] S. BAG, Urteil v. 16.9.1999 – 2 AZR 712/98, AP Nr. 1 zu § 4 GrO kath. Kirche m. Anm. *Thüsing* = EzA § 611 BGB Kirchliche Arbeitnehmer Nr. 45 = ZMV 2000, 36 f.

[815] Schlichtungsstelle – Dresden-Meißen, Beschluss v. 21.12.1999 (Az: 2-015/99).

[816] LAG Köln, Urteil v. 18.1.1995 – 8 Sa 1167/94, AP Nr. 1 zu § 42d MitarbeitervertretungsG-EK Rheinland.

[817] S. dazu auch das Gutachten der Zentralen Gutachterstelle beim VDD v. 18.8.2001 über die Vorlage eines Stellenplans nach § 26 Abs. 2 MAVO Speyer, ZMV 2002, S. 186 ff.; s. auch Fn. 749.

[818] Schlichtungsstelle – Osnabrück, Beschluss v. 23.05.2001 (02/2000).

[819] Von diesem Problem zu trennen ist zunächst ein unstrittig zulässiger Tatsachenvortrag, der lediglich der Substantiierung der bereits der Mitarbeitervertretung mitgeteilten Kündigungsgründe dient.

Unvollständigkeit letztlich nicht die Wirksamkeit der Kündigung, sondern führt nur zu einem Verwertungsverbot der nicht mitgeteilten Gründe im Kündigungsrechtsstreit.[820] Eine spätere Beteiligung der Mitarbeitervertretung mit dem Ziel, die zunächst zurückgehaltenen Gründe doch noch in den Rechtsstreit einzuführen, scheidet dann aber aus, da der Sinn des Beteiligungsverfahrens, auf die Entscheidung des Dienstgebers über den Ausspruch der Kündigung einzuwirken, nicht mehr erreicht werden kann.[821]

Für den Bereich der kirchlichen Einrichtungsverfassung könnte fraglich sein, ob diese in der staatlichen Mitbestimmungsordnung entwickelten Grundsätze eins zu eins übertragen werden können oder ob nicht Grundgedanken des kirchlichen Beteiligungssystems und die Besonderheit des kirchlichen Dienstes Modifikationen verlangen. Aus der im kirchlichen Arbeitsrecht bestehenden einzigartigen Gemeinschaft der im kirchlichen Dienst Tätigen und dem in § 26 Abs. 1 Satz 1 MAVO festgelegten Gebot für Dienstgeber und Mitarbeitervertretung, in besonderer Weise vertrauensvoll zusammenzuarbeiten, könnte abzuleiten sein, dass ein durch vorwiegend strategische Überlegungen bestimmtes Verhalten des Dienstgebers – gerade in Fällen, die für den betroffenen Mitarbeiter die wirtschaftlichen Grundlagen seiner Existenz betreffen – nicht zu vereinbaren ist. § 30 Abs. 1 MAVO könnte damit so auszulegen sein, dass der Dienstgeber grundsätzlich doch alle ihm bekannten und als relevant eingestuften Kündigungsgründe in das Beteiligungsverfahren einzuführen hat.[822] In diesem Zusammenhang könnte auch von Bedeutung sein, dass sich in der Mitarbeitervertretungsordnung keine mit § 102 Abs. 5 BetrVG vergleichbare Norm findet, die nach Ausspruch der Kündigung, unabhängig von deren Wirksamkeit, dem Arbeitsverhältnis vorläufigen Bestandsschutz gewährt.[823] Selbst wenn die Mitarbeitervertretung gegen die beabsichtigte Kündigung Einwendungen erhoben hat, ergeben sich daraus für den betroffenen Dienstnehmer, der gerichtlich gegen die Auflösung des Arbeitsverhältnisses vorgeht, keine unmittelbaren Vorteile. Zur Sicherung seines Arbeitsplatzes kann er sich weder auf eine gesetzliche Gewährung vorläufigen Bestandsschutzes noch im Rahmen eines Kündigungsschutzprozesses auf Einwendungen iS des § 30 Abs. 3 Nr. 3 bis 5 MAVO iVm. § 1 Abs. 2 Satz 2 Nr. 1 und Satz 3 KSchG stützen, da diese Norm ein Tätigwerden eines Organs im Geltungsbereich des Betriebsverfassungs-

[820] *Thüsing*, in: Richardi, BetrVG, § 102 Rdnrn. 125 f. mwN.

[821] BAG, Urteil v. 24.10.1996 – 2 AZR 3/96, NZA 1997, 371 (372), durch den Ausspruch der Kündigung wird das Beteiligungsverfahren abgeschlossen und damit „verbraucht"; BAG, Urteil v. 20.8.1997 – 2 AZR 620/96, NZA 1997, 1340 (1341); LAG Düsseldorf, Urteil v. 18.9.2001 – 6 Sa 849/01, ZMV 2001, 303 (303).

[822] So wohl *Frey/Coutelle/Beyer*, MAVO, § 30 Rdnr. 8.

[823] Die inhaltsgleichen Vorschriften der §§ 102 Abs. 5 Satz 1 BetrVG und 79 Abs. 2 Satz 1 BPersVG sehen unter der zusätzlichen Bedingung der Erhebung einer Kündigungsschutzklage iS des § 4 KSchG einen Weiterbeschäftigungsanspruch des betroffenen Mitarbeiters vor.

bzw. des Personalvertretungsgesetzes voraussetzt, zu dem die Mitarbeitervertretung gerade nicht gehört.[824]

Insgesamt ist weder der Dienstgeber in der Sache verpflichtet, den Einwendungen der Mitarbeitervertretung Rechnung zu tragen, noch hat das Beteiligungsrecht auf der individualvertraglichen Ebene Auswirkungen, abgesehen vom Fall der fehlerhaften Beteiligung iS des § 30 Abs. 5 MAVO. Damit stellt sich aber die Frage, ob es in der Einrichtungsverfassung nicht gerade an den Voraussetzungen mangelt, die im staatlichen Bereich ein Nachschieben von Kündigungsgründen so problematisch machen.

Ausschlaggebend ist hier letztlich der Zweck des Beteiligungsrechts. Unabhängig von den weiteren, sich aus dem Verhalten der Mitarbeitervertretung ergebenden Konsequenzen soll ihr durch die Anhörung und Mitberatung die Möglichkeit gegeben werden, auf die Willensbildung des Dienstgebers vor Ausspruch der Kündigung einzuwirken, um eine Auflösung des Arbeitsverhältnisses zu verhindern. Materiell-rechtlich ist es dem Dienstgeber zwar erlaubt, sich auf Kündigungsgründe zu berufen, die die ausgesprochene Kündigung objektiv rechtfertigen, von denen er aber bei Abgabe seiner Kündigungserklärung keine Kenntnis hatte;[825] aus mitbestimmungsrechtlicher Sicht ist diese Möglichkeit aber einzuschränken. Der ursprüngliche Zweck der Beteiligung, die Bildung und Umsetzung des Kündigungsentschlusses aus Sicht des betroffenen Dienstnehmers positiv zu beeinflussen, hat sich durch dessen zwischenzeitliche Realisierung bereits erledigt. Wäre es dem Dienstgeber aber deswegen gestattet, neue kündigungsrelevante Tatsachen ohne Beteiligung der Mitarbeitervertretung einzuführen, so würde dadurch auch die Position des Dienstnehmers in einem Rechtsstreit um die Wirksamkeit der ausgesprochenen Kündigung erheblich verschlechtert. Mit Blick auf dessen Risiko, den Arbeitsplatz endgültig zu verlieren, ist dieses Nachschieben von Gründen wie eine erneute Kündigungserklärung zu werten und damit auch die Einleitung und Durchführung des Beteiligungsverfahrens iS des § 30 MAVO zu verlangen.[826]

e) Materielle Einwendungen gegen die beabsichtigte Kündigung

Inwieweit im kollektiv-rechtlichen Bereich einer der Tatbestände des § 30 Abs. 3 Nr. 1 bis 5 MAVO die Erhebung von Einwendungen rechtfertigt, ist im jeweiligen Einzelfall unter Berücksichtigung der Gesamtumstände festzustellen. Will die Mitarbeitervertretung

---

[824] *Bleistein/Thiel*, in: Bleistein/Thiel, MAVO, § 30 Rdnr. 83; selbst wenn die geltend gemachten Einwendungen der objektiven Sachlage entsprechen, stellen sie im Kündigungsschutzprozess – im Gegensatz zum staatlichen Bereich – keine „sog. absoluten Gründe der Sozialwidrigkeit" dar, die einer weiteren Interessenabwägung im Einzelfall entgegenstehen.

[825] *Thüsing*, in: Richardi, BetrVG, § 102 Rdnr. 128.

[826] *Etzel*, in: Lorenzen, BPersVG, § 79 Rdnr. 157; s. auch *Thüsing*, in: Richardi, BetrVG, § 102 Rdnr. 129 f.

Einwendungen erheben, so ist sie – wie sich bereits aus dem Wortlaut des § 30 Abs. 3 Satz 1 MAVO ergibt – nicht an die in Nr. 1 bis 5 genannten Gründe gebunden.[827] Kein Dispens besteht aber von der Pflicht, den Bezug zu den Umständen des konkreten Einzelfalls zu wahren.[828] Dem Form- und Begründungszwang des § 30 Abs. 3 Satz 2 MAVO unterliegt sie dabei nur, soweit sie sich auf die in der MAVO genannten Tatbestände bezieht. Beiden Verpflichtungen hat die Mitarbeitervertretung nachzukommen, will sie verhindern, dass wegen eines von ihr zu vertretenden Verfahrensverstoßes ihre Zustimmung gem. § 30 Abs. 2 Satz 2 MAVO fingiert wird.[829]

Hinsichtlich der in § 30 Abs. 2 Satz 1 MAVO angeordneten „Schriftlichkeit" der erhobenen Einwendungen ist festzuhalten, dass eine Übermittlung des durch den Vorsitzenden oder ein bevollmächtigtes Mitglied der Mitarbeitervertretung unterzeichneten Originals an den Dienstgeber nach der jüngsten Rechtsprechung des BAG nicht erforderlich ist. [830] Die Übermittlung per Fax reicht aus. § 126 BGB findet danach nur auf Rechtsgeschäfte und nicht auf eine hier vorliegende rechtsgeschäftsähnliche Handlung unmittelbar Anwendung.[831] Sinn und Zweck des Beteiligunsrechtes, dem Dienstgeber sichere Kenntnis vom Vorliegen und Inhalt der abschließenden Entscheidung des Repräsentationsorgans zu vermitteln, würden auch durch ein Telekopie sichergestellt, so dass für eine entsprechende Anwendung des § 126 BGB kein Raum sei. Auch bei bereits ordnungsgemäß erhobenen Einwendungen hat die Mitarbeitervertretung keine Möglichkeit, nach Ablauf der Wochenfrist, weitere Ablehnungsgründe nachzuschieben.[832]

f) Fristwahrende Erhebung von Einwendungen iS des § 30 Abs. 2 MAVO

Die in § 30 Abs. 2 Satz 1 MAVO enthaltene Wochenfrist für die Geltendmachung von Einwendungen gegen die beabsichtigte Kündigung steht gem. § 55 MAVO nicht in der

[827] Die dort aufgezählten Einwendungsgründe sind, wie sich aus der Formulierung „insbesondere" ergibt, nicht abschließender Natur.

[828] *Bleistein/Thiel,* in: Bleistein/Thiel, MAVO, § 30 Rdnr 49, 51. Der Betriebsrat ist dagegen an den exklusiven Katalog der Nr. 1 – 5 des § 102 Abs. 3 BetrVG gebunden, soweit er nicht nur Bedenken geltend machen, sondern durch Widerspruchserhebung den Weiterbeschäftigungsanspruch auslösen will, DKK-*Kittner,* BetrVG, § 102 Rdnr. 184; gegen eine Beschränkung auf die gesetzlich genannten Gründe: *Grabendorff/Ilbertz/Widmaier,* BPersVG, § 79 Rdnr. 8; zum Entstehen des Weiterbeschäftigungsanspruchs ist aber auch im personalvertretungsrechtlichen Bereich die Geltendmachung von Gründen des § 79 Abs. 1 BPersVG erforderlich, aaO, Rdnr. 22.

[829] Zu den Auswirkungen von Verfahrensverstößen auf die Wirksamkeit der Kündigung s. S. 164.

[830] BAG, Beschluss v. 11.06.2002 – 1 ABR 43/01, BAGE **101**, 298 (302 ff.), s. auch BAG, Beschluss v. 16.01.2003 – 2 AZR 707/01, AP Nr. 129 zu § 102 BetrVG, unter B. II. 3. der Gründe; KR-*Etzel,* § 102 BetrVG Rdnr. 142 mwN; *Rudolph,* AuR 2003, 232 f., Anm. zu Bag, Beschluss v. 11.06.2002; so jetzt auch *Fitting,* § 102, Rdnr. 64. AA *Thüsing,* in Richardi, § 102 Rdnr. 95 wg. Einheitlichkeit der Rechtsordnung; *Bleistein/Thiel,* in Bleistein/Thiel, MAVO, § 30, Rdnr. 46.

[831] BAG, Beschluss v. 11.06.2002, aaO, 298 (303).

[832] *Etzel,* in: Lorenzen, BPersVG, § 79 Rdnr. 79; s. zur Frist auch C.II.5.h), S. 165.

Dispositionsbefugnis von Dienstgeber und Mitarbeitervertretung.[833] Die Mitarbeitervertretung kann natürlich bereits vor Ablauf der Ausschlussfrist ihre Stellungnahme abgeben und damit zu einer Beschleunigung des Verfahrens beitragen. In diesem Fall hat sie den abschließenden Charakter ihrer Äußerung in einer für den Dienstgeber eindeutig erkennbaren Weise zum Ausdruck zu bringen;[834] die bloße Erklärung, die Mitarbeitervertretung nehme die Kündigung zur Kenntnis, genügt insoweit nicht.[835] Durch die Verpflichtung zur vertrauensvollen Zusammenarbeit wird sich der Dienstgeber auch darauf verlassen können, dass die Mitarbeitervertretung ihr Beteiligungsrecht nicht mutwillig zu seinem Nachteil ausübt und sich in Eilfällen unter Berücksichtigung ihrer Pflichten um eine zeitnahe Entscheidung bemüht; ein Anspruch auf vorzeitige abschließende Stellungnahme kann sich daraus aber nicht ergeben. Insbesondere kann auch der Hinweis an die Mitarbeitervertretung, zur Wahrung des vorgesehenen Kündigungstermins sei eine rasche Stellungnahme vor Ablauf der Wochenfrist erforderlich, keine entsprechende Pflicht der Mitarbeitervertretung begründen.[836] Soweit die Mitarbeitervertretung von dieser Möglichkeit aber nur unter dem Druck einer zu kurz bemessenen Anhörungsfrist Gebrauch macht, hat das keine Heilung der ausgesprochenen Kündigung zur Folge.[837]

Für den Zeitpunkt des Fristablaufs gelten die allgemeinen Grundsätze der §§ 187 ff. BGB, so dass Einwendungen bis zum rechnerischen Ende der Frist erhoben werden können, also bis 24 Uhr des Tages, der durch seine Benennung dem Tag der vorangegangenen Woche entspricht, an dem die ordnungsgemäße Information der Mitarbeitervertretung erfolgte.[838] Fällt das Ende der Frist auf einen Samstag, Sonntag oder gesetzlichen Feiertag, verlängert sich die Frist bis zum Ablauf des nächsten Werktags, § 193 BGB.

Eine Überschreitung der einwöchigen Äußerungsfrist hat aber nicht zwangsläufig den Entritt der Fiktionswirkung iS des § 30 Abs. 2 Satz 2 MAVO zur Folge. Erhebt die Mitarbeitervertretung ihre Einwendungen verspätet und findet dennoch eine gemeinsame Sitzung von Dienstgeber und Mitarbeitervertretung iS des § 30 Abs. 2 Satz 3 MAVO statt, so soll – nach einem Beschluss der Schlichtungsstelle Dresden-Meißen – dieser Mangel geheilt

[833] S. S. 165 f.

[834] *Bleistein/Thiel*, in: Bleistein/Thiel, MAVO, § 30 Rdnr. 86 mwN; für den Dienstgeber muss erkennbar sein, dass die Mitarbeitervertretung keine weitere Erörterung des Falles mehr wünscht, LAG Köln, Urteil v. 25.2.1999 – 10 Sa 1652/97, ZTR 1999, 424 (425).

[835] LAG Köln, Urteil v. 2.2.2001 – 11 Sa 1292/00, ZTR 2001, 375 (Ls).

[836] *Thüsing*, in: Richardi, BetrVG, § 102 Rdnr. 103; aA LAG Frankfurt, v. 16.3.2000 – 14 Sa 1790/98, ZInsO 2000, 571 (Ls).

[837] KR-*Etzel*, § 102 BetrVG Rdnr. 89; LAG Köln, Urteil v. 2.2.2001 – 11 Sa 1292/00, ZTR 2001, 375 (Ls).

[838] DKK-*Kittner*, BetrVG, § 102 Rdnr. 170; Erman-*Palm*, BGB, § 188 Rdnr. 4; aA *Stege/Weinspach*, BetrVG, § 102 Rdnr. 94, danach endet die Wartefrist des Arbeitgebers „im Regelfall mit Arbeitsschluß am letzten Tag der Wochenfrist."

werden.[839] Im Einzelfall kann sich, zB bei Nachfragen der Mitarbeitervertretung wegen unvollständiger Informationen durch den Dienstgeber oder der vorübergehenden Unerreichbarkeit des von der beabsichtigten Kündigung betroffenen Dienstnehmers, die Frist zur Stellungnahme ebenfalls über den genannten Zeitraum hinaus verlängern und der Mitarbeitervertretung die wirksame Erhebung von Einwendungen ermöglichen.[840]

g) Mängel im Beteiligungsverfahren

Als Sanktion einer Verletzung des Beteiligungsrechts der Mitarbeitervertretung ordnet § 30 Abs. 5 MAVO – ebenso wie §§ 102 Abs. 1 Satz 3 BetrVG und 79 Abs. 4 BPersVG – die Unwirksamkeit der Kündigung an. Wie im Bereich der staatlichen Beteiligungsrechte wird diese Sanktionsfolge nicht nur im Fall des vollständigen Übergehens der Mitarbeitervertretung ausgelöst, sondern auch bei ihrer nicht ordnungsgemäßen Beteiligung – also zB durch unvollständige Unterrichtung über den relevanten Sachverhalt.[841] In diesem Zusammenhang spielt keine Rolle, ob die jeweils beabsichtigte Kündigung durch die mitgeteilten Gründe in der Sache auch gerechtfertigt ist.

Fehler, die dem Verantwortungsbereich der Mitarbeitervertretung entstammen, haben dagegen – unabhängig davon, ob der Dienstgeber von ihnen Kenntnis erlangt – grundsätzlich keinen Einfluss auf die Wirksamkeit der Kündigung.[842] Die gilt nicht, soweit der Dienstgeber durch eigenes Fehlverhalten den Grund für die mangelhafte Willensbildung der Mitarbeitervertretung gesetzt hat oder es im Einzelfall offensichtlich an einer Beschlussfassung durch das zuständige Organ fehlt, zB der Vorsitzende der Mitarbeitervertretung erklärt spontan bei Einleitung des Beteiligungsverfahrens gegenüber dem Dienstgeber, die Mitarbeitervertretung erhebe keine Einwendungen gegen die beabsichtigte Kündigung.[843]

Die ordnungsgemäße Einleitung und Durchführung der Beteiligungsverfahrens kann im Rahmen eines Rechtsstreits zwischen betroffenem Dienstnehmer und Dienstgeber um die Wirksamkeit der Kündigung von staatlichen Arbeitsgerichten kontrolliert werden. Diese Nachprüfung kann nicht nur als Inzidentkontrolle im Rahmen einer Kündigungsschutzklage iS des § 4 KSchG vorgenommen werden, der Dienstnehmer kann die fehlerhafte Beteiligung

---

[839] Schlichtungsstelle – Dresden – Meißen, Beschluss v. 7.5.1997 (2-001/96).

[840] S. *Frey/Coutelle/Beyer*, MAVO, § 30 Rdnr. 10.

[841] Insoweit kann voll auf die in der Rechtsprechung der staatlichen Gerichte entwickelten Grundsätze zurückgegriffen werden, *Bitter*, Die Unwirksamkeit der Kündigung wegen nicht „ordnungsgemäßer Beteiligung des MAV, ZMV 1995, 59 (59); *Thüsing*, in: Richardi, BetrVG, § 102 Rdnr. 119.

[842] BAG, Urteil v. 4.8.1975 – 2 AZR 266/74, BAGE **27**, 209 (213 f.); BAG, Urteil v. 2.4.1976 – 2 AZR 513/75, AP Nr. 9 zu § 102 BetrVG 1972 unter I. 2. der Gründe; *Frey/Coutelle/Beyer*, MAVO, § 30 Rdnr. 2; s. auch *Etzel*, in: Lorenzen, BPersVG, § 79 Rdnr. 85; ErfK-*Kania*, BetrVG, § 102 Rdnr. 26 mwN.

[843] *Etzel*, in: Lorenzen, BPersVG, § 79 Rdnr. 144; *Frey/Coutelle/Beyer*, MAVO, § 30 Rdnr. 2; *Thüsing*, in: Richardi, BetrVG, § 102 Rdnr. 122 mwN.

der Mitarbeitervertretung auch als einzigen Unwirksamkeitsgrund der angegriffenen Kündigung zur Entscheidung des Arbeitsgerichts stellen.[844]
Die Beweislast für die ordnungsgemäße Einleitung des Beteiligungsverfahrens liegt beim Dienstgeber. Gelingt dieser Nachweis nicht, hat dies gem. § 30 Abs. 5 MAVO das Obsiegen des sich gegen die Kündigung wehrenden Dienstnehmers zur Folge. Zur Geltendmachung dieses Unwirksamkeitsgrundes ist der Dienstnehmer an die dreiwöchige Klagefrist iS der §§ 4 Satz 1, 13 Abs. 1 Satz 2 KSchG gebunden.

h) Erweiterung der Beteiligungsrechte der Mitarbeitervertretung

Für das Beteiligungsverfahren anlässlich einer ordentlichen Kündigung sieht die MAVO hinsichtlich der Äußerungsfrist der Mitarbeitervertretung jedenfalls nicht ausdrücklich die Möglichkeit einer Verlängerung oder Verkürzung der in § 30 Abs. 2 Satz 1 MAVO genannten Wochenfrist vor. Unabhängig vom Umfang des der Beteiligung zugrunde liegenden Sachverhalts und den damit verbundenen rechtlichen oder tatsächlichen Schwierigkeiten ist mit Blick auf den eindeutigen Wortlaut des Beteiligungstatbestands, den abschließenden Charakter der Beteiligungsrechte und ihrer Gestaltung gem. § 55 MAVO die Zulässigkeit entsprechender Vereinbarungen abzulehnen.[845] Nach dem Willen des kirchlichen Gesetzgebers wird von dieser Verbotsnorm jedwede Abweichung, also auch eine Erweiterung von Rechten der Mitarbeitervertretung erfasst.[846] Eine Verlängerung oder Verkürzung der Äußerungsfrist durch eine einvernehmliche Regelung der mitarbeitervertretungsrechtlichen Organe scheidet – wie im BPersVG – somit von vornherein aus.[847]

Auch aus dem Grundsatz der vertrauensvollen Zusammenarbeit lässt sich keine Verpflichtung des Dienstgebers ableiten, innerhalb der gesetzlich vorgesehenen Äußerungsfrist dem Wunsch der Dienstnehmervertretung nach einem Treffen zur gemeinsamen Erörterung zu entsprechen. Wenn es mit Blick auf die gem. § 30 Abs. 2 Satz 2

[844] S. 64 f.; *Frey/Coutelle/Beyer,* MAVO, § 30 Rdnr. 14; s. auch LAG Köln, Urteil v. 18.1.1995 – 8 Sa 1167/94, AP Nr. 1 zu § 42d MitarbeitervertretungsG-EK (Rheinland).
[845] *Bleistein/Thiel,* in: Bleistein/Thiel, MAVO, § 30 Rdnr. 48; *Etzel,* in: Lorenzen, BPersVG, § 79 Rdnr. 61; aA *Frey/Coutelle/Beyer,* MAVO, § 30 Rdnr. 10.
[846] *Bleistein/Thiel,* in: Bleistein/Thiel, MAVO, § 48 Rdnr. 1, § 30 Rdnr. 48.
[847] Der Abschluss einer diesbezüglichen Dienstvereinbarung scheitert bereits an dem abschließenden Regelungskatalog des § 38 Abs. 1 Nr. 1 bis 13 MAVO, der insoweit keinen Gestaltungsspielraum eröffnet; s. auch *Etzel,* in: Lorenzen, BPersVG, § 79 Rdnr. 61. Dagegen hält die überwiegende Meinung in Literatur und Rechtsprechung jedenfalls eine einvernehmliche Verlängerung der – ebenfalls höchstens eine Woche betragenden – Widerspruchsfrist iS des § 102 Abs. 2 Satz 2 BetrVG für zulässig, DKK-*Kittner,* BetrVG, § 102 Rdnr. 174; GK-*Raab,* BetrVG, § 102 Rdnr. 102; *Thüsing,* in: Richardi, BetrVG, § 102 Rdnr. 94; aA unter Hinweis auf den Charakter einer Ausschlussfrist, H/S/G-*Schlochauer,* § 102 Rdnrn. 37 aE, 74; *Stege/Weinspach,* BetrVG, § 102 Rdnr. 92, lehnen eine generelle Fristverlängerung ab, wird bei Massenentlassungen aber eine Verlängerung der Äußerungsfrist beantragt, könne dies im Einzelfall zulässig sein. S. auch S. 164.

MAVO obligatorische gemeinsame Sitzung von Dienstgeber und Mitarbeitervertretung nicht ohnehin an der sachlichen Notwendigkeit fehlt, so scheitert die Erweiterung des Mitbestimmungsrechts wiederum am abschließenden Charakter der Mitarbeitervertretungsordnung (§ 55 MAVO).[848] Dem kirchlichen Dienstgeber ist zur ordnungsgemäßen Erfüllung des Informationsanspruchs der Mitarbeitervertretung im Gegensatz zum staatlichen Bereich außerdem ausdrücklich ein Form- und Begründungszwang auferlegt worden, so dass für ihn sogar die Gefahr bestünde, durch weitergehende Ausführungen das gesetzlich vorgeschriebene Beteiligungsverfahren zu verletzen. Damit bestünde nicht nur das Risiko, gem. § 30 Abs. 5 MAVO die Unwirksamkeit der Kündigung insgesamt herbeizuführen, diese Ausführungen könnten in einem späteren Rechtsstreit um die Auflösung des Arbeitsverhältnisses wegen der Verletzung des § 30 Abs. 1 MAVO auch nicht eingebracht werden.

Im Anwendungsbereich des Betriebsverfassungsgesetzes ist zudem in § 102 Abs. 6 BetrVG die Möglichkeit vorgesehen, dass zwischen Betriebsrat und Arbeitgeber eine Vereinbarung getroffen wird, wonach Kündigungen[849] der Zustimmung des Betriebsrates bedürfen und für Streitigkeiten im Falle der Zustimmungsverweigerung eine Entscheidungskompetenz der Einigungsstelle hinsichtlich der geltend gemachten Verweigerungsgründe begründet werden kann.[850] Das durch § 102 Abs. 1 Satz 3 BetrVG sanktionierte Beteiligungsrecht des Betriebsrats kann durch Abschluss einer entsprechenden freiwilligen förmlichen Betriebsvereinbarung[851] iS des § 77 BetrVG somit zu einem echten Mitbestimmungsrecht aufgewertet werden.[852] Es kann somit eine qualitative Verstärkung in beteiligungsrechtlicher

---

[848] Davon unberührt bleiben Rückfragen beim Dienstgeber hinsichtlich des konkreten Gegenstands des Beteiligungsverfahrens natürlich zulässig.

[849] Nach hM gilt dies sowohl für ordentliche wie für außerordentliche Kündigungen, ErfK-*Kania*, BetrVG, § 102, Rdnr. 42; DKK-*Kittner*, BetrVG, § 102 Rdnr. 312; GK-*Raab*, § 102 BetrVG, Rdnr. 196; H/S/G-*Schlochauer*, BetrVG, § 102 Rdnr. 191; aA MünchArbR/*Matthes*, § 358 Rdnr. 3, da es sonst – mit Blick auf die Dauer einer gerichtlichen Überprüfung der Entscheidung der Einigungsstelle – zu einem faktischen Ausschluss der Möglichkeit des Arbeitgebers zur außerordentlichen Kündigung komme.

[850] In welchem Umfang die Entscheidung der Einigungsstelle der gerichtlichen Nachprüfung untersteht, wird – je nach Ansicht über den dem Betriebsrat hinsichtlich der Zustimmungsverweigerung zustehenden Ermessensspielraum (su. Fn. 501) – unterschiedlich beantwortet; für volle, also nicht nur gem. § 76 Abs. 5 Satz 4 BetrVG auf Ermessensüberschreitung begrenzte Überprüfbarkeit: GK-*Raab*, BetrVG, § 102 Rdnrn. 208; H/S/G-*Schlochauer*, BetrVG, § 102 Rdnr. 203; aA DKK-*Kittner*, BetrVG, § 102 Rdnr. 316; MünchArbR/*Matthes*, § 358 Rdnr. 10.

[851] H/S/G-*Schlochauer*, BetrVG, § 102 Rdnrn. 198 f.

[852] Diese zulässige Erweiterung der Mitbestimmung kann in unterschiedlichen Intensitätsstufen – von einem verfahrensrechtlichen über ein vergleichbar mit § 99 BetrVG an bestimmte Gründe gebundenes bis zur vollen paritätischen Mitbestimmung ausgeweitetes Mitbestimmungsrecht – ausgestaltet werden, *Rieble*, § 106 Abs. 2 BetrVG – eine funktionslose Vorschrift?, ArbuR 1993, 39 (44); allerdings darf das Recht des Arbeitgebers zur außerordentlichen Kündigung nicht „ineffektiv" gemacht werden, so dass insoweit eine paritätische Mitbestimmung des Betriebsrats ausgeschlossen ist, aaO, 39 (42); das Zustimmungserfordernis kann auch auf bestimmte Kündigungsgründe iS des § 1 Abs. 2 Satz 1

Hinsicht erreicht werden.[853] Je nach Inhalt der von den Betriebspartnern abgeschlossenen Vereinbarung kann sich der Arbeitgeber seiner – im Rahmen der einschlägigen arbeitnehmerschutzrechtlichen Bestimmungen – gegebenen Gestaltungsfreiheit zur Auflösung der arbeitsvertraglichen Beziehungen begeben.[854] In individualrechtlicher Hinsicht kann sich die erweiterte Mitbestimmung – jedenfalls bei paritätischer Beteiligung des Betriebsrats – auch nachteilig für den Arbeitnehmer auswirken. Soweit der Betriebsrat seine Zustimmung zur Kündigung erteilt, kann der betroffene Arbeitnehmer nach insoweit überwiegender Ansicht in der Literatur keinen Anspruch auf Weiterbeschäftigung gem. § 102 Abs. 5 Satz 1 BetrVG gegenüber dem Arbeitgeber geltend machen.[855]

Eine vergleichbare Möglichkeit wird der Mitarbeitervertretung durch die MAVO nicht gewährt. Die Beteiligungsformen und –gegenstände sind abschließend geregelt, so dass weder der einzelne kirchliche Dienstgeber einseitig entsprechende Rechte verleihen noch im Wege einer Vereinbarung mit der Mitarbeitervertretung begründen kann (§ 55 MAVO).

i) Gemeinsame Sitzung iS des § 30 Abs. 2 Satz 3 MAVO

Soweit die Mitarbeitervertretung rechtserhebliche, dh. nicht offensichtlich unbegründete oder rechtsmissbräuchliche Einwendungen fristgerecht erhoben hat, ist der Dienstgeber bei fortbestehender Kündigungsabsicht gem § 30 Abs. 2 Satz 3 und 4 MAVO verpflichtet, das vorgebrachte „Für und Wider" in einer gemeinsamen Sitzung mit der Mitarbeitervertretung bei echter Bereitschaft, eine Verständigung zu erzielen, zu beraten.[856]

Insoweit hat die Schlichtungsstelle Münster zutreffend entschieden, dass eine Beratung „in einer anderweitig vereinbarten Routinebesprechung" diesen Erfordernissen nicht entspricht. Eine in einer solchen Besprechung stattgefundene Erörterung der beabsichtigten Kündigung stellt eine Verletzung des Beteiligungsrechtes der Mitarbeitervertretung dar und führt somit gemäß § 30 Abs. 5 MAVO zu deren Unwirksamkeit, da die Besprechung „nicht zu diesem Zweck angesetzt oder vereinbart" war.[857]

---

KSchG oder auf bestimmte Arbeitnehmergruppen beschränkt werden, MünchArbR/*Matthes*, § 358 Rdnr. 4; H/S/G-*Schlochauer*, BetrVG, § 102 Rdnr. 190.

[853] GK-*Raab*, BetrVG, § 102, Rdnr. 197.

[854] Umstritten ist insoweit, ob – bei objektiv vorhandenem kündigungsrelevanten Sachverhalt – ein Anspruch des Arbeitgebers gegen den Betriebsrat auf Zustimmung besteht oder ob letzterer nach freiem Ermessen entscheidet, so: DKK-*Kittner*, BetrVG, § 102 Rdnr. 310; MünchArbR/*Matthes*, § 358 Rdnr. 9; aA ErfK-*Kania*, BetrVG, § 102 Rdnr. 45; GK-*Raab*, BetrVG, § 102 Rdnr. 208; für solch einen „qualitativen Sprung" des Mitbestimmungsrechts fehle es an einer notwendigen gesetzgeberischen Wertentscheidung.

[855] MünchArbR/*Matthes*, § 358 Rdnr. 11; aA DKK-*Kittner*, BetrVG, § 102 Rdnr. 313.

[856] *Bleistein/Thiel*, in: Bleistein/Thiel, MAVO, § 30 Rdnr. 76; *Frey/Coutelle/Beyer*, MAVO, § 30 Rdnr. 11.

[857] Schlichtungsstelle – Münster, Beschluss v. 2.11.1998.

6. Außerordentliche Kündigung, § 31 MAVO

Hinsichtlich der grundsätzlichen Beteiligungspflicht der Mitarbeitervertretung, der Rechtsfolgen eines Verstoßes dagegen[858], der Äußerungsfrist des Vertretungsorgans der Dienstnehmer und der „Letztentscheidungsbefugnis" des Dienstgebers stimmen die Regelungen der MAVO, des BetrVG und des BPersVG überein.

Im Falle einer außerordentlichen Kündigung besteht für den Dienstgeber zudem die Möglichkeit, die auf drei Tage verkürzte Anörungsfrist auf 48 Stunden zu reduzieren, § 31 Abs. 2 Satz 2 MAVO.

a) Einleitung des Beteiligungsverfahrens

Zur ordnungsgemäßen Einleitung des Beteiligungsverfahrens zählen neben der Mitteilung der Kündigungsabsicht und deren Gründe gem. § 31 Abs. 1 MAVO auch die Festsetzung der von der Mitarbeitervertretung einzuhaltenden Äußerungsfrist iS des § 31 Abs. 2 Sätze 2 und 3 MAVO. Will der Dienstgeber von der dreitägigen gesetzlichen Regelfrist abweichen, verletzt dabei aber die Mindestfrist von 48 Stunden, ist eine später ausgesprochene außerordentliche Kündigung bereits wegen der fehlerhaften Verfahrenseinleitung unwirksam, es sei denn die Mitarbeitervertretung hat in einer erkennbar abschließenden Stellungnahme der beabsichtigten Maßnahme ausdrücklich zugestimmt; anderweitige Stellungnahmen der Mitarbeitervertretung lassen die Unwirksamkeit der Kündigung unberührt.[859]

Liegen Gründe vor, die für sich genommen eine Kündigung aus wichtigem Grund rechtfertigen, liegt es im Ermessen des Dienstgebers, ob er das Arbeitsverhältnis fristlos beendet oder nicht. Um im Hinblick auf eventuelle Kündigungsklagen „auf der sicheren Seite" zu sein, bleibt es ihm unbenommen, das Beteiligungsverfahren sowohl für die primär intendierte außerordentliche Kündigung als auch für eine hilfsweise zu erklärende ordentliche Kündigung einzuleiten. Die Mitarbeitervertretung hat im Anschluss eindeutig zu erkennen geben, auf welche Maßnahme sich von ihr erhobene Einwendungen beziehen. Insbesondere hat sie dabei die unterschiedlichen Fristenregelungen der §§ 30 Abs. 2 Satz 1 und 31 Abs. 2 Satz 1 MAVO zu beachten. Geht die Mitarbeitervertretung hier nicht mit der notwendigen Genauigkeit vor, kann der Dienstgeber selbst dann, wenn die abgegebene Stellungnahme mit Einwendungen gegen die ordentliche Kündigung gleichzeitig als Äußerung zu der außerordentlichen Kündigung gemeint gewesen sein sollte, aber die

---

[858] § 31 Abs. 3 MAVO ordnet die Unwirksamkeit der ohne ordnungsgemäße Beteiligung der Mitarbeitervertretung ausgesprochenen außerordentlichen Kündigung an.

[859] LAG Köln, Urteil v. 2.2.2001 – 11 Sa 1292/00, ZTR 2001, 375 (Ls).

Dreitagesfrist des § 31 Abs. 2 Satz 1 MAVO versäumt wurde, eine außerordentliche Kündigung aussprechen.[860]

Leitet der Dienstgeber unter Verkennung der Rechtslage das Beteiligungsverfahren zu einer außerordentlichen statt zu einer ordentlichen Kündigung ein, kann er sich im nachfolgenden Kündigungsschutzverfahren vor dem staatlichen Arbeitsgericht nicht etwa darauf berufen, die von der Mitarbeitervertretung gem. § 31 Abs. 2 Satz 1 MAVO fristgerecht und abschließend erhobenen Einwendungen könnten iS des § 30 Abs. 2 Satz 1 MAVO als freiwillige – vor Ablauf der Wochenfrist – vorzeitige Stellungnahme angesehen werden. Ein solcher Bedeutungsgehalt kann der vom objektiven Empfängerhorizont auszulegenden Erklärung der Mitarbeitervertretung bereits mit Blick auf die unterschiedliche Ausgestaltung des Verfahrensablaufs – bei einer außerordentlichen Kündigung trifft den Dienstgeber keine Pflicht, in einer gemeinsamen Sitzung über die geltend gemachten Einwendungen zu beraten – nicht beigelegt werden.[861]

b) Umfang der Informationspflicht des Dienstgebers

Aus dem Gebot zur vertrauensvollen Zusammenarbeit gem. § 26 Abs. 1 Satz 1 MAVO will die Schlichtungsstelle Essen noch unter Geltung des § 31 Abs. 1 MAVO aF, der ausdrücklich nur die Mitteilung der Kündigungsabsicht in schriftlicher Form im Falle einer außerordentlichen Kündigung verlangte, die Verpflichtung des Dienstgebers ableiten, die für seinen Kündigungsentschluss maßgebenden Gründe ebenfalls schriftlich darzulegen.[862] Im Hinblick auf die ohnehin kurze Äußerungsfrist der Mitarbeitervertretung würden damit ihre Möglichkeiten, im Interesse des betroffenen Dienstnehmers tätig zu werden, deutlich verbessert, da sie nicht ausschließlich auf die möglicherweise unvollständigen Informationen des Betroffenen angewiesen wäre.

Dieser Zweckmäßigkeitsüberlegung contra legem stand auch unter der alten Rechtslage der abschließende Charakter der mitarbeitervertretungsrechtlichen Beteiligungsrechte und -formen gem. § 48 MAVO aF entgegen; § 31 Abs. 1 MAVO aF[863] war in seinem Wortlaut eindeutig und ließ keinen Auslegungsspielraum. Vor allem hatte der kirchliche Gesetzgeber – wie aus einem Vergleich zu § 30 Abs. 1 MAVO deutlich wird – die Mitteilungspflichten des Dienstgebers bewusst beschränkt, wofür auch die Abstimmung mit § 31 Abs. 2 Satz 1 MAVO

860 Schlichtungsstelle – Dresden - Meißen, Beschluss v. 25.8.1998 (MAVO 2-006/98); die gemeinsame Sitzung von Dienstgeber und Mitarbeitervertretung ist hier durchgeführt worden.

861 LAG Köln, Urteil v. 25.2.1999 – 10 Sa 1652/97, ZTR 1999, 424 (425); ob die Mitarbeitervertretung ihre Einwendungen den Voraussetzungen des § 30 Abs. 3 Satz 2 MAVO entsprechend erhoben hat, spielt insoweit keine Rolle.

862 Schlichtungsstelle – Essen, Beschluss v. 2.9.1997 (MAVO 637241-17/94); ebenso LAG Düsseldorf, Urteil v. 15.1.1991 – 16 Sa 1416/90, LAGE § 611 BGB Kirchliche Arbeitnehmer Nr. 4.

863 Rahmen-MAVO v. 20.11.1995 i.d. Fassung v. 21.06.1999.

aF[864] sprach. Grundgedanke war der Persönlichkeitsschutz des betroffenen Dienstnehmers, der die Mitarbeitervertretung, falls er ihr Tätigwerden wünscht, auch über den der Kündigung zugrundeliegenden Sachverhalt informieren musste.

c) Wahrung der Kündigungserklärungsfrist iS des § 626 Abs. 2 BGB

Bei der außerordentlichen Kündigung eines Arbeitsverhältnisses muss auch der kirchliche Dienstgeber die Zwei–Wochen–Frist iS des § 626 Abs. 2 BGB wahren.[865] Maßgebender Zeitpunkt für den Anlauf dieser Frist ist – entsprechend den Grundsätzen im staatlichen Betriebsverfassungs- und Personalvertretungsrecht – der Tag der Kenntnisnahme des kündigungsrelevanten Sachverhalts durch den Kündigungsberechtigten.[866] Eine Wissenszurechnung des unmittelbaren Vorgesetzten kommt nur dann in Frage, wenn dieser eine ähnliche Stellung wie der Kündigungsberechtigte selbst einnimmt und zur Aufklärung von Dienstverfehlungen verpflichtet ist.[867] Bei dieser zweiwöchigen Frist handelt es sich um zwingendes staatliches Recht, das weder einer abweichenden Regelung auf individual- noch auf kollektivvertraglicher Ebene zugänglich ist.[868]

Der Dienstgeber hat deshalb die Mitarbeitervertretung so frühzeitig von seiner Kündigungsabsicht zu informieren, dass selbst unter Ausschöpfung der Frist iS des § 31 Abs. 2 Satz 1 MAVO, die Kündigungserklärung innerhalb der Ausschlussfrist des § 626 Abs. 2 BGB dem betroffenen Dienstgeber zugeht. Die Kündigungserklärungsfrist wird durch die Beteiligung der Mitarbeitervertretung nicht berührt.[869]

Versäumt der Dienstgeber die an sich mögliche rechtzeitige Einleitung des Beteiligungsverfahrens, so berechtigt ihn das nicht, die Anhörungsfrist der Mitarbeitervertretung gem. § 31 Abs. 2 Satz 2 MAVO auf 48 Stunden zu verkürzen.[870] Unter welchen Voraussetzungen der Dienstgeber diese Fristverkürzung vornehmen kann, wird in § 31 Abs. 2 MAVO zwar nicht ausdrücklich geregelt; jedenfalls können aber Fehler aus der Sphäre des Dienstgebers keine zusätzliche Beschränkung der ohnehin bereits begrenzten Beteiligungsrechte der Mitarbeitervertretung rechtfertigen. Für den Dienstgeber gilt es, sich die Risiken einer solchen Maßnahme vor Augen zu führen: Zwar trifft ihn keine ausdrückliche

---

864 Ohne Einverständnis des/der Betroffenen durfte die Mitarbeitervertretung keine Einwendungen gegen die Kündigung gelten machen.

865 S. auch S. 154 ff.

866 Diese Position steht innerhalb der verfaßten Kirche in der Regel dem Generalvikar zu.

867 Schlichtungsstelle – Dresden - Meißen, Beschluss v. 25.8.1998 (MAVO 2-006/98); BAG, Urteil v. 28.10.1971 – 2 AZR 32/71, BAGE **23**, 475 (480 f.); BAG, Urteil v. 6.7.1972 – 2 AZR 386/71, BAGE **24**, 341 (344); vgl. *Schaub*, Arbeitsrechts-Handbuch, § 125 IV 4 c; an dieser Vergleichbarkeit fehlt es, wenn sowohl der Abschluss des Arbeitsvertrags als auch dessen Kündigung der Mitwirkung des Generalvikars bedarf.

868 Erman-*Belling*, BGB, § 626 Rdnr. 93; MünchArbR/*Wank*, § 120 Rdnr. 137.

869 Erman-*Belling*, BGB, § 626 Rdnr. 99.

870 *BleisteinThiel*, in: Bleistein/Thiel, MAVO, § 31 Rdnr. 15.

Pflicht, eine Fristverkürzung zu begründen, allerdings kann die ordnungsgemäße Durchführung des Beteiligungsverfahrens vor den staatlichen Arbeitsgerichten nachgeprüft werden.[871] Verfahrensverletzungen führen auch hier gem. § 31 Abs. 3 MAVO zur Unwirksamkeit der Kündigung.

[871] S. S. 162 f., 64 f.; s. auch Fn. 865.

## D. Zusammenfassung

Die Arbeit hat gezeigt, dass sich kirchlicher und staatlicher Entfaltungsraum nicht feindlich gegenüberstehen, sondern zwischen beiden mannigfache Berührungspunkte bestehen, in deren Schnittmenge sich auch die Beschäftigten kirchlicher Rechtsträger befinden. Zwischen beiden Rechts- und Lebensbereichen besteht eine wechselseitige Bezugnahme, die eine größtmögliche Entfaltung beider Wirkungsbereiche unter Wahrung der gebotenen Toleranz erfordert. Der Wahrheits- und Öffentlichkeitsanspruch eines Glaubens darf einerseits nicht zu einer Beeinträchtigung von „Pluralismus und religiöse[r] Toleranz" des Staates führen; andererseits ist gerade der moderne säkularisierte Staat im Rahmen politischer Willensbildung und der Ausübung seiner Ordnungsmacht auf Orientierungspunkte und Wertmaßstäbe angewiesen, zu deren Ausfüllung und Konkretisierung ihm die Substanz fehlt.[872] Die Erkenntnis der insoweit bestehenden eigenen Begrenztheit ist also Ausgangspunkt, um zu einer verfassungsrechtlichen Anforderungen entsprechenden Ausgestaltung der Beziehungen zu den Kirchen und sonstigen Religionsgemeinschaften zu gelangen.

Da sowohl der säkular staatliche als auch der (weltanschaulich) religiös kirchliche Bereich der individuellen Lebensentfaltung dienen und damit von vornherein auf eine dynamische Entwicklung angelegt sind, wird sich eine klare und eindeutige, ein für alle mal feststehende „Grenzziehung" nicht nur schwerlich finden lassen, sie kann mit Blick auf die Notwendigkeit eines diesen Prozess ermöglichenden Spielraums bereits kein anzustrebendes Ziel bilden.[873] Prägend für diesen Schnittbereich zweier wesensverschiedener, im jeweiligen Geltungsanspruch auf Universalität angelegter Systeme bleibt letztlich jedoch diese Aporie: „Wenn Kirche diesen Anspruch aufgibt, bewirkt sie gerade auch für den Staat nicht mehr, was er von ihr braucht. Wenn der Staat ihn aber annimmt, hebt er sich als pluralistischer auf und dabei verlieren dann Staat und Kirche sich selbst."[874]

---

[872] *Böckenförde*, Staat – Gesellschaft – Kirche, S. 67.
[873] *Hesse*, in: HdbStKirchR, § 17 II. 2., S. 533.
[874] *Ratzinger*, Christliche Orientierung in der pluralistischen Demokratie?, Das Europäische Erbe und seine christliche Zukunft, S. 20 (33); ähnlich *Heckel*, Die staatliche Gerichtsbarkeit in Sachen der Religionsgesellschaften, Gesammelte Schriften, Bd. IV, S. 1026 (1030): „Der weltliche Staat muß den religiösen Kern der Konflikte – die Wahrheitsfrage – notwendig offenlassen (suspendieren), aber zugleich muß er die religiösen Positionen berücksichtigen und auf weltliche Weise gewährleisten."

## A. Quellen

### I. Gemeinsamer Antrag der CDU/CSU, des Zentrums und der DP v. 29.11.1948

„ (1) Die Kirchen werden in ihrer Bedeutung für die Wahrung und Festigung der religiösen und sittlichen Grundlagen des menschlichen Lebens anerkannt. Es besteht keine Staatskirche.

(2) Die Kirchen und Religionsgesellschaften ordnen ihre Angelegenheiten selbständig aus eigenem Recht. Sie haben das Recht, ihre Ämter ohne Mitwirkung des Staates und der politischen Gemeinden zu verleihen und zu entziehen.

(3) Kirchen und Religionsgesellschaften sowie ihre Einrichtungen behalten, ohne deshalb einer besonderen Staatsaufsicht zu unterliegen, die Rechte von Körperschaften des öffentlichen Rechts, soweit sie diese bisher besaßen. Anderen sind die gleichen Rechte auf Antrag zu verleihen, wenn sie durch die Verfassung oder die Zahl ihrer Mitglieder die Gewähr der Dauer bieten. Bei der Ausübung des ihnen eigenen Rechts, Steuern zu erheben, können Kirchen und Religionsgesellschaften sich der staatlichen Steuerlisten bedienen.

(4) Das Eigentum und andere Rechte der Kirchen und Religionsgesellschaften sowie ihrer Einrichtungen in ihren für Kultus-, Unterrichts- und Wohltätigkeitszwecke bestimmten Anstalten, Stiftungen und sonstige Vermögen sowie das Recht zum Neuerwerb von Eigentum , auch von Grundbesitz, zur Erfüllung ihrer Aufgaben werden gewährleistet." ...

(abgedruckt bei *Schlief,* Die Entwicklung des Verhältnisses von Staat und Kirche und seine Ausgestaltung im Bonner Grundgesetz, Dissertation, S. 73 f.)

### II. Art. 9 Abs. 1 EMRK

Everyone has the right to freedom of thought, conscience and religion; this right includes freedom to change his religion or belief and freedom, either alone or in community with others and in public or in private, to manifest his religion or belief, in worship, teaching, practice and observance.

Jedermann hat Anspruch auf Gedanken-, Gewissens- und Religionsfreiheit. Dieses Recht umfasst die Freiheit des Einzelnen zum Wechsel der Religion oder Weltanschauung sowie die Freiheit, seine Religion oder Weltanschauung einzeln oder in Gemeinschaft mit anderen öffentlich oder privat, durch Gottesdienst, Unterricht, durch die Ausübung und Beachtung religiöser Gebräuche auszuüben.

III. Art. 6 EUV

(1) Die Union beruht auf den Grundsätzen der Freiheit, der Demokratie, der Achtung der Menschenrechte und Grundfreiheiten sowie der Rechtsstaatlichkeit; diese Grundsätze sind allen Mitgliedstaaten gemeinsam.
(2) Die Union achtet die Grundrechte, wie sie in der am 4. November 1950 in Rom unterzeichneten Europäischen Konvention zum Schutze der Menschenrechte und Grundfreiheiten gewährleistet sind und wie sie sich aus den gemeinsamen Verfassungsüberlieferungen der Mitgliedstaaten als allgemeine Grundsätze des Gemeinschaftsrechts ergeben.
(3) Die Union achtet die nationale Identität ihrer Mitgliedstaaten.

IV. Art. 4 II Satz 1 u. 2 der Richtlinie 2000/78/EG

Die Mitgliedstaaten können in Bezug auf berufliche Tätigkeiten innerhalb von Kirchen und anderen öffentlichen oder privaten Organisationen, deren Ethos auf religiösen Grundsätzen oder Weltanschauungen beruht, Bestimmungen in ihren zum Zeitpunkt der Annahme dieser Richtlinie geltenden Rechtsvorschriften beibehalten oder in künftigen Rechtsvorschriften Bestimmungen vorsehen, die zum Zeitpunkt der Annahme dieser Richtlinie bestehende einzelstaatliche Gepflogenheiten widerspiegeln und wonach eine Ungleichbehandlung wegen der Religion oder Weltanschauung einer Person keine Diskriminierung darstellt, wenn die Religion oder die Weltanschauung dieser Person nach der Art. dieser Tätigkeiten oder der Umstände ihrer Ausübung eine wesentliche, rechtmäßige und gerechtfertigte berufliche Anforderung angesichts des Ethos der Organisation darstellt. Eine solche Ungleichbehandlung muss die verfassungsrechtlichen Bestimmungen und Grundsätze der Mitgliedstaaten sowie die allgemeinen Grundsätze des Gemeinschaftsrechts beachten und rechtfertigt keine Diskriminierung aus einem anderen Grund.

V. Erklärung Nr. 11 zur Schlussakte des Vertrags von Amsterdam

Die Europäische Union achtet den Status, den Kirchen und religiöse Vereinigungen oder Gemeinschaften in den Mitgliedstaaten nach deren Rechtsvorschriften genießen, und beeinträchtigt ihn nicht. Die Europäische Union achtet den Status von weltanschaulichen Gemeinschaften in gleicher Weise.
(abgedruckt in: Handbuch des Europäischen Rechts – Systematische Sammlung mit Erläuterungen, hrsg. von *Claus-Dieter Ehlermann* und *Roland Bieber,* I A 8, S. 136).

## VI. Synopse der geänderten Vorschriften der Rahmen-MAVO

| Rahmenordnung für eine Mitarbeitervertretungsordnung - MAVO - in der Fassung des einstimmigen Beschlusses der Vollversammlung des Verbandes der Diözesen Deutschlands vom 20.11.1995 sowie der Änderungen gemäß Beschluss der Vollversammlung des Verbandes der Diözesen Deutschlands vom 21.06.1999 | ENTWURF<br><br>Änderung der Rahmenordnung für eine Mitarbeitervertretungsordnung Stand: April 2003 |
|---|---|
| Präambel | |
| **I. Allgemeine Vorschriften** | |
| (3) In den Fällen des Abs. 2 ist in allen Einrichtungen eines mehr-diözesanen oder überdiözesanen Rechtsträgers die Mitarbeitervertretungsordnung der Diözese anzuwenden, in der sich der Sitz der Hauptniederlassung (Hauptsitz) befindet. Abweichend von Satz 1 kann auf Antrag eines mehrdiözesan oder überdiözesan tätigen Rechtsträgers der Diözesanbischof des Hauptsitzes im Einvernehmen mit den anderen Diözesanbischöfen, in deren Diözese der Rechtsträger tätig ist, bestimmen, dass in den Einrichtungen des Rechtsträgers die Mitarbeitervertretungsordnung der Diözese angewandt wird, in der die jeweilige Einrichtung ihren Sitz hat, oder eine Mitarbeitervertretungsordnung eigens für den Rechtsträger erlassen. | |

**§ 1 a Bildung von Mitarbeitervertretungen**

(1) In den Einrichtungen der in § 1 genannten kirchlichen Rechtsträger sind Mitarbeitervertretungen nach Maßgabe der folgenden Vorschriften zu bilden.

(2) Unbeschadet des Abs. 1 kann der Rechtsträger regeln, was als Einrichtung gilt. Der Mitarbeitervertretung ist zuvor Gelegenheit zur Stellungnahme zu geben. Die Regelung bedarf der Genehmigung des Ordinarius.

**§ 1 a Abs. 2 wird wie folgt neu gefasst**

„(2) Unbeschadet des Abs. 1 kann der Rechtsträger nach Anhörung betroffener Mitarbeitervertretungen regeln, was als Einrichtung gilt. Die Regelung bedarf der Genehmigung durch den Ordinarius."

**§ 1 b wird eingefügt:**

"§ 1 b Gemeinsame Mitarbeitervertretung *

(1) Die Mitarbeitervertretungen und Dienstgeber mehrerer Einrichtungen verschiedener Rechtsträger können durch eine gemeinsame Dienstvereinbarung die Bildung einer gemeinsamen Mitarbeitervertretung vereinbaren, soweit dies der wirksamen und zweckmäßigen Interessenvertretung der Mitarbeiterinnen und Mitarbeiter dient. Dienstgeber und Mitarbeitervertretungen können nach vorheriger Stellungnahme der betroffenen Mitarbeiterinnen und Mitarbeiter Einrichtungen einbeziehen, in denen Mitarbeitervertretungen nicht gebildet sind. Die auf Grundlage dieser Dienstvereinbarung gewählte Mitarbeiter tritt an die Stelle der bisher bestehenden Mitarbeitervertretungen. Sind in keiner der Einrichtungen Mitarbeitervertretungen gebildet, so können die Rechtsträger nach vorheriger Stellungnahme der betroffenen Mitarbeiterinnen und Mitarbeiter die Bildung einer gemeinsamen Mitarbeitervertretung vereinbaren, soweit die Gesamtheit der Einrichtungen die Voraussetzungen des § 6 Abs.1 erfüllt.

* Muster für eine diözesane Fassung

(2) Die Dienstvereinbarung nach Abs. 1 Satz 1 und die Regelung nach Abs. 1 Satz 4 bedürfen der Genehmigung durch den Ordinarius. Sie sind, soweit sie keine andere Regelung treffen, für die folgende Wahl und die Amtszeit der aus ihr hervorgehenden Mitarbeiter-vertretung wirksam. Für die gemeinsamen Mitarbeitervertretungen gelten die Vorschriften dieser Ordnung nach Maßgabe des § 23a."

**§ 3 Mitarbeiterinnen und Mitarbeiter**

(1) Mitarbeiterinnen und Mitarbeiter im Sinne dieser Ordnung sind alle Personen, die bei einem Dienstgeber (§ 2) aufgrund eines Beschäftigungsverhältnisses, aufgrund ihrer Ordenszugehörigkeit, aufgrund eines Gestellungsvertrages oder zu ihrer Ausbildung tätig sind.

**§ 3 Abs. 1 Satz 2 wird eingefügt:**

„Mitarbeiterinnen oder Mitarbeiter, die dem Dienstgeber zur Arbeitsleistung überlassen werden im Sinne des Arbeitnehmerüberlassungsgesetzes, sind keine Mitarbeiterinnen und Mitarbeiter im Sinne dieser Ordnung."

**§ 8 Passives Wahlrecht**

(1) Wählbar sind die wahlberechtigten Mitarbeiterinnen und Mitarbeiter, die am Wahltag seit mindestens einem Jahr ohne Unterbrechung im kirchlichen Dienst stehen, davon mindestens seit sechs Monaten in einer Einrichtung desselben Dienstgebers tätig sind.

(2) Nicht wählbar sind Mitarbeiterinnen und Mitarbeiter,

1. deren Beschäftigungsumfang unter 50 % des Beschäftigungsumfangs einer vergleichbaren vollbeschäftigten Mitarbeiterin oder eines vergleichbaren vollbeschäftigten Mitarbeiters liegt,
2. die zur selbständigen Entscheidung in anderen als den in § 3 Abs. 2 Nr. 3 genannten Personalangelegenheiten befugt sind.

**§ 8 Abs. 2 wird wie folgt neu gefasst:**

„Nicht wählbar sind Mitarbeiterinnen und Mitarbeiter, die zur selbst-ständigen Entscheidung in anderen als den in § 3 Abs. 2 Nr. 3 genannten Personalangelegenheiten befugt sind."

**§ 13 d Übergangsmandat**

(1) Wird eine Einrichtung gespalten, so bleibt deren Mitarbeitervertretung im Amt und führt die Geschäfte für die ihr bislang zugeordneten Teile einer Einrichtung weiter, soweit sie die Voraussetzungen des § 6 Abs. 1 erfüllen und nicht in eine Einrichtung eingegliedert werden, in der eine Mitarbeitervertretung besteht (Übergangsmandat). Die Mitarbeitervertretung hat insbesondere unverzüglich Wahlausschüsse zu bestellen. Das Übergangsmandat endet, sobald in den Teilen einer Einrichtung eine neue Mitarbeitervertretung gewählt und das Wahlergebnis bekannt gegeben ist, spätestens jedoch sechs Monate nach Wirksamwerden der Spaltung. Durch Dienstvereinbarung kann das Übergangsmandat um bis zu weitere sechs Monate verlängert werden.

(2) Werden Einrichtungen oder Teile von Einrichtungen zu einer Einrichtung zusammengelegt, so nimmt die Mitarbeitervertretung der nach der Zahl der wahlberechtigten Mitarbeiterinnen und Mitarbeiter größten Einrichtung oder des größten Teils einer Einrichtung das Übergangsmandat wahr. Absatz 1 gilt entsprechend.

(3) Die Absätze 1 und 2 gelten auch, wenn die Spaltung oder Zusammenlegung von Einrichtungen und Teilen von Ein-richtungen im Zusammenhang mit einer Betriebsveräußerung oder einer Umwandlung nach dem Umwandlungsgesetz erfolgt.

(4) Führt die Spaltung, die Zusammenlegung oder Übertragung dazu, dass eine ehemals nicht in den Geltungsbereich nach § 1 fallende Einrichtung oder ein Teil einer Einrichtung nunmehr in den Geltungsbereich dieser Ordnung fällt, so gelten

Abs. 1 und 2 entsprechend. Die nicht nach dieser Ordnung gebildete Arbeitnehmervertretung handelt dann als Mitarbeitervertretung. Bestehende Vereinbarungen zwischen dem Dienstgeber und der nicht nach dieser Ordnung gebildeten Arbeitnehmervertretung erlöschen und zuvor eingeleitete Beteiligungsverfahren enden."

**§ 13 e wird eingefügt:**

**„§ 13 e Restmandat**

Geht eine Einrichtung durch Stilllegung, Spaltung oder Zusammenlegung unter, so bleibt deren Mitarbeitervertretung so lange im Amt, wie dies zur Wahrnehmung der damit im Zusammenhang stehenden Beteiligungsrechte erforderlich ist."

**Abschnittsüberschrift III a und § 22 a werden eingefügt:**

**„III a. Sonderregelungen für gemeinsame Mitarbeitervertretungen***

**§ 22 a Sonderregelungen für gemeinsame Mitarbeitervertretungen nach § 1 b**

(1) Die dem Dienstgeber gegenüber der Mitarbeitervertretung nach dieser Ordnung obliegenden Pflichten obliegen bei der gemeinsamen Mitarbeitervertretung den betroffenen Dienstgebern gemeinschaftlich. Dies gilt auch für die Einberufung der Mitarbeiterversammlung zur Vorbereitung der Wahl einer gemeinsamen Mitarbeitervertretung (§ 10) sowie die Führung des gemeinsamen Gesprächs nach § 39 Absatz 1 Satz 1. Die Informationspflicht des Dienstgebers nach § 27 Abs. 1, § 27 a und die Verpflichtungen aus den Beteiligungsrechten nach §§ 29 bis 37 sind auf die jeweils eigenen Mitarbeiterinnen und

* Muster für eine diözesane Fassung

| | |
|---|---|
| | Mitarbeiter beschränkt. Die betroffenen Dienstgeber können sich gegenseitig ermächtigen, die Aufgaben füreinander wahrzunehmen. |
| | (2) Die §§ 7 Absätze 1 und 2, 8 Absatz 1 und 13 c Ziffer 4 finden mit der Maßgabe Anwendung, dass der Wechsel einer Mitarbeiterin oder eines Mitarbeiters zu einem kirchlichen Dienstgeber innerhalb des Zuständigkeitsbereichs der Mitarbeitervertretung nicht den Verlust des Wahlrechts, der Wählbarkeit oder der Mitgliedschaft in der Mitarbeitervertretung zur Folge hat. |
| | (3) Für die Wahl der gemeinsamen Mitarbeitervertretung gelten die §§ 9 bis 11 c, soweit das Wahlverfahren nicht durch besondere diözesane Verordnung geregelt wird. |
| | (4) Die Mitarbeiterversammlung ist die Versammlung aller Mitarbeiterinnen und Mitarbeiter der Einrichtungen, für die eine gemeinsame Mitarbeitervertretung gemäß § 1 b gebildet ist." |
| | **§ 24 wird wie folgt neu gefasst:** |
| **§ 24 Gesamtmitarbeitervertretung*** | **„§ 24 Gesamtmitarbeitervertretung und erweiterte Gesamtmitarbeitervertretung**[875] |
| (1) Bestehen bei einem Dienstgeber (§ 2) mehrere Mitarbeiter-vertretungen, so kann im Einvernehmen zwischen Dienstgeber und allen Mitarbeitervertretungen eine Gesamtmitarbeitervertretung gebildet werden. | (1) (unverändert) |
| (2) Jede Mitarbeitervertretung entsendet in die Gesamtmitarbeitervertretung ein Mitglied. Außerdem wählen die Sprecherinnen oder Sprecher der Jugendlichen und Auszubildenden und die Vertrauensperson der Schwerbehinderten der beteiligten Mitarbeitervertretungen aus ihrer Mitte je eine Vertreterin oder einen Vertreter und je eine | (2) Die Mitarbeitervertretungen oder, soweit vorhanden, die Gesamtmitarbeitervertretungen mehrerer Einrichtungen mehrerer Rechtsträger können durch eine gemeinsame Dienstvereinbarung mit allen betroffenen Dienstgebern die Bildung einer erweiterten Gesamtmitarbeitervertretung vereinbaren, soweit dies der wirksamen |

*Muster für eine diözesane Fassung

875 Muster für eine diözesane Fassung

Ersatzvertreterin oder einen Ersatzvertreter in die Gesamtmitarbeitervertretung.

(3) Die Gesamtmitarbeitervertretung wirkt bei den Angelegenheiten im Sinne der §§ 26 bis 38 mit, die Mitarbeiterinnen und Mitarbeiter aus dem Zuständigkeitsbereich mehrerer Mitarbeitervertretungen betreffen. In allen übrigen Angelegenheiten wirkt die Mitarbeiter-vertretung der Einrichtung mit, unabhängig davon, wer für den Dienstgeber handelt.

(4) Für die Gesamtmitarbeitervertretung gelten im Übrigen die Bestimmungen dieser Ordnung sinngemäß mit Ausnahme des § 15 Abs. 3.

und zweckmäßigen Interessenvertretung der Mitarbeiterinnen und Mitarbeiter dient. Diese tritt an die Stelle bestehender Gesamtmitarbeitervertretungen.

(3) Jede Mitarbeitervertretung entsendet in die Gesamtmitarbeitervertretung oder erweiterte Gesamtmitarbeitervertretung ein Mitglied. Außerdem wählen die Sprecherinnen oder Sprecher der Jugendlichen und Auszubildenden und die Vertrauensperson der schwerbehinderten Mitarbeiterinnen und Mitarbeiter der beteiligten Mitarbeitervertretungen aus ihrer Mitte je eine Vertreterin oder einen Vertreter und je eine Ersatzvertreterin oder einen Ersatzvertreter in die Gesamtmitarbeitervertretung oder erweiterte Gesamtmitarbeitervertretung. Durch Dienstvereinbarung kann die Mitgliederzahl und Zusammensetzung abweichend geregelt werden.

(4) Die Gesamtmitarbeitervertretung oder erweiterte Gesamtmitarbeitervertretung wirkt bei den Angelegenheiten im Sinne der §§ 26 bis 38 mit, die Mitarbeiterinnen und Mitarbeiter aus dem Zuständigkeitsbereich mehrerer Mitarbeitervertretungen betreffen. In allen übrigen Angelegenheiten wirkt die Mitarbeitervertretung der Einrichtung mit, unabhängig davon, wer für den Dienstgeber handelt.

(5) Soll eine einmal eingerichtete Gesamtmitarbeitervertretung oder erweiterte Gesamtmitarbeitervertretung aufgelöst werden, so bedarf es dafür der Zustimmung aller betroffenen Mitarbeitervertretungen und Dienstgeber. Für die Gesamtmitarbeitervertretung kann anlässlich des Einvernehmens nach Abs. 1 und für die erweiterte Gesamtmitarbeitervertretung kann durch die zugrundeliegende Dienstvereinbarung eine ab-

| | |
|---|---|
| | weichende Regelung getroffen werden. |
| | (6) Für die Gesamtmitarbeitervertretung und erweiterte Gesamtmitarbeitervertretung gelten im Übrigen die Bestimmungen dieser Ordnung sinngemäß mit Ausnahme des § 15 Abs. 3.“ |
| **§ 30 Anhörung und Mitberatung bei ordentlicher Kündigung nach Ablauf der Probezeit** | **§ 30 Überschrift und § 30 Abs. 1 wird wie folgt geändert:** <br> **„§ 30 Anhörung und Mitberatung bei ordentlicher Kündigung** |
| (1) Der Mitarbeitervertretung sind vor jeder ordentlichen Kündigung nach Ablauf der Probezeit durch den Dienstgeber schriftlich die Absicht der Kündigung und die Gründe hierfür mitzuteilen. | (1) Der Mitarbeitervertretung ist vor jeder ordentlichen Kündigung durch den Dienstgeber schriftlich die Absicht der Kündigung mitzuteilen. Bestand das Arbeitsverhältnis im Zeitpunkt der beabsichtigten Kündigung bereits mindestens sechs Monate, so hat er auch die Gründe der Kündigung darzulegen.“ |
| (2) Will die Mitarbeitervertretung gegen die Kündigung Einwendungen geltend machen, so hat sie diese unter Angabe der Gründe dem Dienstgeber spätestens innerhalb einer Woche schriftlich mitzuteilen. Erhebt die Mitarbeitervertretung innerhalb der Frist keine Einwendungen, so gilt die beabsichtigte Kündigung als nicht beanstandet. Erhebt die Mitarbeitervertretung Einwendungen und hält der Dienstgeber an der Kündigungsabsicht fest, so werden die Einwendungen in einer gemeinsamen Sitzung von Dienstgeber und Mitarbeitervertretung mit dem Ziel einer Verständigung beraten. Der Dienstgeber setzt den Termin der gemeinsamen Sitzung fest und lädt hierzu ein. | |
| (3) Als Einwendung kann insbesondere geltend gemacht werden, dass nach Ansicht der Mitarbeitervertretung <br> 1. die Kündigung gegen ein Gesetz, eine | |

Rechtsverordnung, kircheneigene Ordnung oder sonstiges geltendes Recht verstößt,

2. der Dienstgeber bei der Auswahl der zu kündigenden Mitarbeiterin oder des zu kündigenden Mitarbeiters soziale Gesichtspunkte nicht oder nicht ausreichend berücksichtigt hat,
3. die zu kündigende Mitarbeiterin oder der zu kündigende Mitarbeiter an einem anderen Arbeitsplatz in einer Einrichtung desselben Dienstgebers weiter beschäftigt werden kann,
4. die Weiterbeschäftigung der Mitarbeiterin oder des Mitarbeiters nach zumutbaren Umschulungs- oder Fortbildungsmaßnahmen möglich ist oder
5. eine Weiterbeschäftigung der Mitarbeiterin oder des Mitarbeiters unter geänderten Vertragsbedingungen möglich ist und die Mitarbeiterin oder der Mitarbeiter sein Einverständnis hiermit erklärt hat.

Diese Einwendungen bedürfen der Schriftform und der Angabe der konkreten, auf den Einzelfall bezogenen Gründe.

(4) Kündigt der Dienstgeber, obwohl die Mitarbeitervertretung Einwendungen gemäß Abs. 3 Nrn. 1 bis 5 erhoben hat, so hat er der Mitarbeiterin oder dem Mitarbeiter mit der Kündigung eine Abschrift der Einwendungen der Mitarbeitervertretung zuzuleiten.

(5) Eine ohne Einhaltung des Verfahrens nach den Absätzen 1 und 2 ausgesprochene Kündigung ist unwirksam.

**§ 30 a wird eingefügt:**

**„ § 30 a Anhörung und Mitberatung bei Massenentlassung**

(1) Beabsichtigt der Dienstgeber, nach § 17 Abs. 1 des Kündigungsschutzgesetzes anzeigepflichtige Entlassungen vorzunehmen, hat er der Mitarbeitervertretung rechtzeitig die zweckdienlichen Auskünfte zu erteilen und sie schriftlich insbesondere zu unterrichten über

1. die Gründe für die geplanten Entlassungen,
2. die Zahl und die Berufsgruppen der zu entlassenden Mitarbeiterinnen und Mitarbeiter,
3. die Zahl und die Berufsgruppen der in der Regel beschäftigten Mitarbeiterinnen und Mitarbeiter,
4. den Zeitraum, in dem die Entlassungen vorgenommen werden sollen,
5. die vorgesehenen Kriterien für die Auswahl der zu entlassenden Mitarbeiterinnen und Mitarbeiter,
6. die für die Berechnung etwaiger Abfindungen vorgesehenen Kriterien.

Dienstgeber und Mitarbeitervertretung haben insbesondere die Möglichkeiten zu beraten, Entlassungen zu vermeiden oder einzuschränken und ihre Folgen zu mildern.“

**§ 31 Anhörung und Mitberatung bei außerordentlicher Kündigung nach Ablauf der Probezeit**

(1) Der Mitarbeitervertretung ist vor einer außerordentlichen Kündigung nach Ablauf der Probezeit durch den Dienstgeber schriftlich die Absicht der Kündigung mitzuteilen.

**§ 31 Überschrift und § 31 Abs. 1 und 2 werden wie folgt neu gefasst:**

**„§ 31 Anhörung und Mitberatung bei außerordentlicher Kündigung**

(1) Der Mitarbeitervertretung ist vor einer außerordentlichen Kündigung durch den Dienstgeber schriftlich die Absicht der Kündigung und die Gründe hierfür mitzuteilen.

(2) Will die Mitarbeitervertretung gegen die Kündigung Einwendungen geltend machen, so braucht sie das Einverständnis der oder des Betroffenen. Sie hat ihre Einwendungen unter Angabe der Gründe dem Dienstgeber innerhalb von drei Arbeitstagen schriftlich mitzuteilen. Diese Frist kann vom Dienstgeber auf 48 Stunden verkürzt werden. Erhebt die Mitarbeitervertretung innerhalb der Frist keine Einwendungen, so gilt die beabsichtigte Kündigung als nicht beanstandet. Erhebt die Mitarbeitervertretung Einwendungen, so entscheidet der Dienstgeber über den Ausspruch der außerordentlichen Kündigung.

(3) Eine ohne Einhaltung des Verfahrens nach den Absätzen 1 und 2 ausgesprochene Kündigung ist unwirksam.

**§ 41 Schlichtungsverfahren** [876]

(1) Das Schlichtungsverfahren findet statt:

1. bei einem Verstoß des Dienstgebers gegen § 10 Abs. 1, 1a und 2 auf Antrag mindestens eines Zehntels der wahlberechtigten Mitarbeiterinnen und Mitarbeiter,
2. im Falle des § 12 Abs. 3 bei Anrufung durch eine wahl-berechtigte Mitarbeiterin oder einen wahlberechtigten Mitarbeiter oder den Dienstgeber gegen Entscheidungen des Wahlaus-schusses oder der Wahlleiterin oder des Wahlleiters (§ 11c Abs. 4),
3. im Falle des § 13 Abs. 3 Nr. 6 auf Antrag des Dienstgebers oder eines Viertels der

(2) Will die Mitarbeitervertretung gegen die Kündigung Einwendungen geltend machen, so hat sie diese unter Angabe der Gründe dem Dienstgeber spätestens innerhalb von drei Tagen schriftlich mitzuteilen. Diese Frist kann vom Dienstgeber auf 48 Stunden verkürzt werden. Erhebt die Mitarbeitervertretung innerhalb der Frist keine Einwendungen, so gilt die beabsichtigte Kündigung als nicht beanstandet. Erhebt die Mitarbeitervertretung inwendungen, so entscheidet der Dienstgeber über den Ausspruch der außerordentlichen Kündigung."

[876] Diese Regelung ist vorläufig und gilt bis zum Inkrafttreten der Regelungen über eine umfassende kirchliche Gerichtsbarkeit nach Artikel 10 Abs. 2 Grundordnung.

wahlberechtigten Mitarbeiterinnen und Mitarbeiter, in den Fällen des § 13 c Nrn. 2 und 5 auf Antrag des Dienstgebers, der Mitarbeitervertretung oder eines Viertels der wahlberechtigten Mitarbeiterinnen und Mitarbeiter,

4. gemäß § 15 Abs. 5 und im Falle des § 16 auf Antrag der Mitarbeitervertretung bei ablehnender Entscheidung des Dienstgebers über die Teilnahme,

5. auf Antrag der Mitarbeitervertretung bei einem Verstoß des Dienstgebers gegen die §§ 3 Abs. 2 Satz 2, 11 Abs. 8 Satz 2, 17, 18 Abs. 1, 26 Abs. 2, 27 Abs. 2, 29 bis 32, 33 Abs. 1, 2 oder 3, 34 Abs. 1 oder 3, 35 Abs. 1, 36 oder 37 Abs. 3 Satz 1 und 2 und 39 Abs. 1,

6. gemäß § 33 Abs. 4 und § 37 Abs. 3 Satz 3,

7. auf Antrag der Mitarbeitervertretung über die Zulässigkeit einer vorläufigen Regelung gemäß § 33 Abs. 5,

8. auf Antrag des Dienstgebers oder der Mitarbeitervertretung bei wiederholten Verstößen gegen Inhalte einer Dienstvereinbarung gemäß § 38.

**§ 41 Abs. 1 Nr. 5 wird wie folgt neu gefasst:**

„auf Antrag der Mitarbeitervertretung bei einem Verstoß des Dienstgebers gegen die §§ 3 Abs. 2 Satz 2, 11 Abs. 8 Satz 2, 17, 18 Abs. 1, 26 Abs. 2, 27 Abs. 2, 27 a, 29 bis 32, 33 Abs. 1, 2 oder 3, 34 Abs. 1 oder 3, 35 Abs. 1, 36 oder 37 Abs. 3 Satz 1 und 2 und 39 Abs. 1,“

**§ 41 Abs. 1 Nr. 9, 10 werden eingefügt:**

„9. auf Antrag der Mitarbeitervertretung bei fehlerhafter Anhörung oder missbräuchlicher Festlegung der Einrichtung durch den Rechtsträger nach § 1 a Abs. 2,

10. auf Antrag der Mitarbeitervertretung bei missbräuchlicher Verweigerung der Zustimmung nach § 17 Abs. 1 Satz 2.“

Die Schlichtungsstelle entscheidet ferner über Anträge auf Feststellung der Nichtigkeit einer Wahl der Mitarbeitervertretung.

(2) Darüber hinaus kann die Schlichtungsstelle in allen sonstigen Rechtsstreitigkeiten mitarbeitervertretungsrechtlicher Art einschließlich solcher des Wahl- und Schlichtungsverfahrensrechts angerufen werden.
Antragsberechtigt sind

1. in Angelegenheiten der Mitarbeitervertretungsordnung einschließlich des Schlichtungsverfahrensrechts die Mitarbeitervertretung und der Dienstgeber,

**§ 41 Abs. 2 Satz 2 Nr. 1 wird am Ende wie folgt ergänzt:**

„sowie das einzelne Mitglied der Mitarbeitervertretung, die einzelne Mitarbeiterin und der einzelne Mitarbeiter, die Sprecherin oder der Sprecher der Jugendlichen und Auszubildenden, die Vertrauensperson der schwerbehinderten Mitarbeiterinnen und Mitarbeiter, der Vertrauensmann der Zivildienstleistenden und die Mitglieder des Wahlausschusses."

2. in Angelegenheiten des Wahlverfahrensrechts die Mitarbeitervertretung, der Dienstgeber und jede Mitarbeiterin oder jeder Mitarbeiter,
3. in Angelegenheiten des § 25 die Organe der Arbeitsgemeinschaften, jeder Dienstgeber und das (Erz-)Bischöfliche Ordinariat.

Der Antrag ist nur zulässig, wenn die Antragstellerin oder der Antragsteller geltend macht, durch eine Handlung oder Unterlassung in ihren oder seinen Rechten verletzt zu sein.

(3) Die Schlichtungsstelle verhandelt nicht öffentlich. Dem Dienstgeber und der zuständigen Mitarbeitervertretung ist Gelegenheit zur Stellungnahme zu geben. Auf Antrag eines Beteiligten soll eine mündliche Verhandlung stattfinden. Es können Zeugen und sachkundige Dritte herangezogen werden.

(4) Die Schlichtungsstelle hat in jedem Fall eine Einigung anzustreben und soll deshalb den Parteien einen Einigungsvorschlag unterbreiten. Kommt eine Einigung nicht zustande, so entscheidet die Schlichtungsstelle. Sie gibt dem Antrag statt oder lehnt ihn ab. In den Fällen der §§ 34 Abs. 2 und 35 Abs. 2 stellt sie fest, ob ein Grund zur Verweigerung der Zustimmung vorliegt.

**§ 41 Abs. 2 a wird eingefügt:**

„Die oder der Vorsitzende der Schlichtungsstelle entscheidet allein über die Notwendigkeit oder Zweckmäßigkeit einer Bevollmächtigung nach § 17 Abs. 1 Satz 2."

**LITERATURVERZEICHNIS**


| | |
|---|---|
| *Albers, Hartmut:* | Anmerkung zu BVerfG, Beschluss v. 27.7.1990 – 6 PB 12.89, ZBR 1990, 356 ff. |
| *Altvater, Lothar / Bacher, Eberhard / Hörter, Georg / Peiseler, Manfred / Sabottig, Giovanni / Vohs, Gerhard:* | Bundespersonalvertretungsgesetz, Basiskommentar mit Wahlordnung und ergänzenden Vorschriften für Gerichte, Bahn, Post, Bundeswehr und NATO, 3. Auflage, Frankfurt am Main 2000 |
| *Annuß, Georg:* | Betriebsbedingte Kündigung und arbeitsvertragliche Bindung, Habilitationsschrift, Köln 2004 |
| *– ders.* | Der Eingriff in den Arbeitsvertrag durch Betriebsvereinbarung, NZA 2001, 756 ff. |
| *– ders.* | Anmerkung zu BAG, Urteil v. 20.3.2002 – 4 AZR 101/01, AR-Blattei ES 960 Nr. 67 |
| *– ders.* | AGB-Kontrolle im Arbeitsrecht: Wo geht die Reise hin?, BB 2002, 458 ff. |
| *Annuß, Georg / Thüsing, Gregor (Hrsg.):* | Teilzeit- und Befristungsgesetz, Kommentar, Heidelberg 2002 |
| *Badura, Peter:* | Staatsrecht – Systematische Erläuterung des Grundgesetzes für die Bundesrepublik Deutschland, 2. Auflage, München 1996 |
| *Bartz, Alexander:* | „AGB"-Kontrolle nun auch im Arbeitsrecht, AuA 2002, 62 ff. |
| *Bassenge, Peter / Brudermüller, Gerd / Diederichsen, Uwe / Edenhofer, Wolfgang / Heinrichs, Helmut / Heldrich, Andreas / Putzo, Hans / Sprau, Hartwig / Thomas, Heinz / Weidenkaff, Walter:* | Palandt – Gesetz zur Modernisierung des Schuldrechts mit Unterlassungsklagengesetz, Gewaltschutzgesetz, Ergänzungsband zu Palandt, Bürgerliches Gesetzbuch 61. Auflage, München 2002 |

*Baumann-Czichon, Bernhard / Germer, Lothar:* Mitarbeitervertretungsgesetz der Evangelischen Kirche in Deutschland (MVG.EKD) – Der neue Kommentar für die Praxis, Hrsg. Gewerkschaft für Öffentliche Dienste, Transport und Verkehr, Bremen Boston 1997

*Becker, Friedrich / Etzel, Gerhard / Bader, Peter:* Gemeinschaftskommentar zum Kündigungsschutzgesetz und zu sonstigen kündigungsschutzrechtlichen Vorschriften, 6. Auflage, Neuwied Kriftel Berlin 2002

*Bemm, Wilfrid / Eisemann, Hans / Boldt, Gerhard / Gehring, Heinrich / Corts, Jochen / Recken, Heinz / Röhsler, Waldemar (Bearbeiter)* Das Bürgerliche Gesetzbuch mit besonderer Berücksichtigung der Rechtsprechung des Reichsgerichts und des Bundesgerichtshofes, Kommentar hrsg. von den Mitgliedern des Bundesgerichtshofes, Band II, Teil 3/2, §§ 621 – 630, BergarbeitsR, See- und Binnenschiffahrt, KirchenarbeitsR, §§ 651a – k, Register Arbeitsrecht, 12. Auflage, Berlin, New York 1997

*Berchtenbreiter, Angelika:* Kündigungsschutzprobleme im kirchlichen Arbeitsverhältnis – Zur Festlegung kirchenspezifischer Loyalitätspflichten und ihrer staatsgerichtlichen Kontrolle, Dissertation, Heidelberg 1984

*Bernards, Kordula:* Die Schlichtungsstelle im Mitarbeitervertretungsrecht der katholischen Kirche, Dissertation, Darmstadt 1991

*Bettermann, Karl August / Nipperdey, Hans Carl / Scheuner, Ulrich (Hrsg.):* Die Grundrechte – Handbuch der Theorie und Praxis der Grundrechte, Dritter Band, 2. Halbband, Rechtspflege und Grundrechtsschutz, 2 Auflage 1972, Berlin 1972

*– dies.:* Die Grundrechte – Handbuch der Theorie und Praxis der Grundrechte, Vierter Band, 1. Halbband, Grundrechte und institutionelle Garantien, 2. Auflage, Berlin 1972

*Bielitz, Klaus:* Privatrechtliche Organisationsformen in der evangelischen Kirche, ZevKR 47 (2002), 56 ff.

*Bietmann, Rolf:* Betriebliche Mitbestimmung im kirchlichen Dienst – Arbeitsrechtliche Probleme der kirchlichen Mitarbeitervertretungsordnungen, Dissertation, Königstein/Ts 1982

*Bitter, Walter:* Die Unwirksamkeit der Kündigung wegen nicht „ordnungsgemäßer Beteiligung der MAV, ZMV 1995, 59 ff.

*Bleckmann, Albert:* Von der individuellen Religionsfreiheit des Art. 9 EMRK zum Selbstbestimmungsrecht der Kirchen – Ansätze zu einem »Europäischen Staatskirchenrecht«, Schriftenreihe Völkerrecht – Europarecht – Staatsrecht, hrsg. von Albert Bleckmann, Band 12, Köln Berlin Bonn München 1995

*Bleistein, Franzjosef:* Schlichtungsverfahren in Streitigkeiten nach der Mitarbeitervertretungsordnung der Katholischen Kirche, RdA 1998, 37 ff.

*Bleistein, Franzjosef / Thiel, Adolf:* Kommentar zur Rahmenordnung für eine Mitarbeitervertretungsordnung (MAVO), 4. Auflage, München/Unterschleißheim 2004

*Blum, Nikolaus:* Die Gedanken-, Gewissens- und Religionsfreiheit nach Art. 9 der Europäischen Menschenrechtskonvention, Staatskirchenrechtliche Abhandlungen, Band 19, Dissertation, Berlin 1990

*Bock, Wolfgang:* Das für alle geltende Gesetz und die kirchliche Selbstbestimmung – Eine verfassungsrechtliche Untersuchung am Beispiel des Amtsrechts der evangelischen Kirchen, Dissertation, Tübingen 1996

*Böckenförde, Ernst-Wolfgang* Staat – Gesellschaft – Kirche, in: Enzyklopädische Bibliothek, Teilband 15, Christlicher Glaube in moderner Gesellschaft, hrsg. von Franz Böckle, Franz-Xaver Kaufmann, Karl Rahner, Bernhard Welte, Freiburg Basel Wien 1982

*Bötticher, Eduard:* Gestaltungsrecht und Unterwerfung im Privatrecht, Vortrag gehalten vor der Berliner Juristischen Gesellschaft am 8. November 1963, Schriftenreihe der Juristischen Gesellschaft e.V., Heft 17, Berlin 1964

*Borchardt, Klaus-Dieter:* Die rechtlichen Grundlagen der Europäischen Union, Heidelberg 2002

| | |
|---|---|
| *du Brel:* | Vom Parteienstaat zum Staat der Partei, JW 1934, Bd. 3, 2291 ff. |
| *Briza, Klaus:* | „Tarifvertrag" und „Dritter Weg" – Arbeitsrechtsregelungsverfahren der Kirchen, Dissertation, 1987 |
| *Buballa, Gerhard:* | Grundprobleme der kirchlichen Mitarbeitervertretung |
| *Busemann, Andreas / Schäfer, Horst:* | Kündigung und Kündigungsschutz im Arbeitsverhältnis, 4. Auflage, Berlin 2002 |
| *v. Campenhausen, Axel:* | Staatskirchenrecht, Ein Studienbuch, 3. Auflage, München 1996 |
| *– ders.:* | Neues zum staatlichen Rechtsschutz im kirchlichen Bereich, ZevKR 45 (2000), 622 |
| *– ders.:* | Die Trennung von Staat und Kirche in Deutschland und das kirchliche Selbstbestimmungsrecht, ZevKR 47 (2002), 359 ff. |
| *Clemens, Horst:* | Anmerkung zu BAG, Urteil v. 9.7.1980 – 4 AZR 579/78, AP Nr. 14 zu § 23a BAT |
| *Crüwell, Henriette:* | Der Einrichtungsbegriff in der Mitarbeitervertretungsordnung, ZMV 2002, 113 ff. |
| *Czermak, Gerhard:* | „Religions(verfassungs)recht" oder „Staatskirchenrecht", NVwZ 1999, 743 f. |
| *Dannhäuser, Wolfgang:* | Das Spannungsverhältnis zwischen Funktionstüchtigkeit der Verwaltung und rechtzeitigem Rechtsschutz für die Personalvertretung, PersV 1991, 193 ff. |
| *Däubler, Wolfgang:* | Die Auswirkungen der Schuldrechtsmodernisierung auf das Arbeitsrecht, NZA 2001, 1329 ff. |
| *Däubler, Wolfgang / Kittner, Michael / Klebe, Thomas (Hrsg.):* | BetrVG – Betriebsverfassungsgesetz mit Wahlordnung, §§ 121-128 InsO und EBR-Gesetz, Kommentar für die Praxis, 8. Auflage, Frankfurt am Main 2002 |

*Denninger, Erhard / Hoffmann-Riem, Wolfgang / Schneider, Hans-Peter / Stein, Ekkehart (Hrsg.):* Kommentar zum Grundgesetz für die Bundesrepublik Deutschland, Reihe Alternativkommentare, 3. Auflage, Neuwied Kriftel 2001

*Dieterich, Thomas / Müller-Glöge, Rudi / Preis, Ulrich / Schaub, Günter (Hrsg.):* Erfurter Kommentar zum Arbeitsrecht, 5. Auflage, München 2005

*Dietz, Rolf (†) / Richardi, Reinhard:* Bundespersonalvertretungsgesetz: Kommentar unter Berücksichtigung der Landespersonalvertretungsgesetze, Bd. 1, §§ 1-52, 2. Auflage, München 1978

*– dies.:* Bundespersonalvertretungsgesetz: Kommentar unter Berücksichtigung der Landespersonalvertretungsgesetze, Bd. 2, § 53 – Schluß mit Wahlordnung, 2. Auflage, München 1978

*Dreier, Horst (Hrsg.):* Grundgesetz – Kommentar, Bd. 1, Art. 1-19, Tübingen 1996

*Dütz, Wilhelm:* Aktuelle kollektivrechtliche Fragen des kirchlichen Dienstes, in: Essener Gespräche zum Thema Staat und Kirche, Band 18 (1984), hrsg. von Heiner Marrré und Johannes Stüting, 67 ff.

*– ders.:* Anmerkung zu BAG, Beschluss v. 11.3.1986 – 1 ABR 26/84, AP Nr. 25 zu Art. 140 GG

*– ders.:* Arbeitsgerichtliche Überprüfbarkeit von Einigungsstellensprüchen nach § 109 BetrVG, in: Festschrift für Dieter Gaul zum 70. Geburtstag, hrsg. von Dietrich Boewer und Björn Gaul, Neuwied, Kriftel, Berlin 1992, S. 41 ff.

*– ders.:* Neue Grundlagen im Arbeitsrecht der katholischen Kirche, NJW 1994, 1369 ff.

| | |
|---|---|
| *– ders.:* | Staatskirchenrechtliche Gerichtsschutzfragen im Arbeitsrecht, in: Festschrift für Wolfram Henkel zum 70. Geburtstag am 21. April 1995, hrsg. von Walter Gerhardt, Uwe Diederichsen, Bruno Rimmelspacher, Jürgen Costede, Berlin New York 1995, S. 145 ff. |
| *– ders.:* | Die „Tarif"-Wirkung von kirchlichen Arbeitsrechtsregelungen, in: Tarifautonomie für ein neues Jahrhundert, Festschrift für Günter Schaub zum 65. Geburtstag, hrsg. von Monika Schlachter, Reiner Ascheid, Hans-Wolf Friedrich, München 1998, S. 157 ff. |
| *– ders.:* | Arbeitsgerichtliche Überprüfung kollektiver kirchlicher Arbeitsrechtsregelungen, in: Dem Staate, was des Staates – der Kirche, was der Kirche ist, Festschrift für Joseph Listl zum 70. Geburtstag, hrsg. von Josef Isensee, Wilhelm Rees und Wolfgang Rüfner, Berlin 1999, S. 573 ff. |
| *Edenfeld, Stefan:* | Arbeitnehmerbeteiligung im Betriebsverfassungs- und Personalvertretungsrecht, Köln 2000 |
| *Eder, Joachim:* | Tarifpartnerin Katholische Kirche? Der »Dritte Weg« der katholischen Kirche in der Bundesrepublik Deutschland aus kanonistischer Sicht, Dissertation, Passau 1991 |
| *– ders.:* | Tarifdispositive Normen und Kirchenklausel, ZTR 1997, 482 |
| *– ders.:* | Individualverfahren vor kirchlichen Gerichten?, ZMV 1999, 120 ff. |
| *– ders.:* | Kirchengerichtliche arbeitsrechtliche Verfahren gegen Diözesanbischöfe im Bereich des Dritten Weges, KuR 1999, 9 ff. |
| *– ders.:* | Kirchlichkeit und kirchliche Einrichtung, ZMV 2000, 159 ff. |
| *– ders.:* | Anmerkung zu Supremum Signaturae Apostolicae Tribunal: Prot. N. 31493/00, VT vom 28.7.2001, ZMV 2001, 300 f. |

*Fabricius, Fritz / Kraft, Alfons / Wiese, Günther / Kreutz, Peter / Oetker, Hartmut / Raab, Thomas / Weber, Christoph:* Gemeinschaftskommentar zum Betriebsverfassungsgesetz, Band II, §§ 74 – 132 mit Kommentierung des BetrVG 1952, 7. Auflage, Neuwied Kriftel 2002

*Falterbaum, Johannes:* Caritas und Diakonie – Struktur und Rechtsfragen, Neuwied, Kriftel, Berlin 2000

*Felser, Michael / Roos, Bernd:* Rechte des Betriebsrats und ihre Durchsetzung, Frankfurt a.M., 2000

*Fey, Detlev / Rehren, Olaf (Hrsg.):* Kirchengesetz über Mitarbeitervertretungen in der Evangelischen Kirche in Deutschland, PraxisKommentar, Stuttgart, Loseblatt, Stand: Januar 2005

*Fink, Berthold:* Defizite des kirchlichen Gerichtsschutzes, ZMV 1995, 111 ff.

*Fischer, Alfred / Goeres, Hans Joachim:* Personalvertretungsrecht des Bundes und der Länder – Erläutert auf der Grundlage des Bundespersonalvertretungsgesetzes unter Einbeziehung des Personalvertretungsrechts der Länder, hrsg. v. Walther Fürst, Band V, Personalvertretungsrecht des Bundes und der Länder, Teil 3, Berlin 1974, Loseblatt, Stand 2001

*Fitting, Karl / Kaiser, Heinrich / Heither, Friedrich / Engels, Gerd / Schmidt, Ingrid:* Betriebsverfassungsgesetz mit Wahlordnung – Handkommentar, 21. Auflage, München 2002

*Frank, Hans (Hrsg.):* Nationalsozialistisches Handbuch für Recht und Gesetzgebung, 2. Auflage, München 1935

*Frank, Hans:* Nationalsozialismus im Recht, Zeitschrift der Akademie für Deutsches Recht, 1934, 8 ff.

– *ders.*: Das Führerprinzip in der Verwaltung, Vortrag vor der Verwaltungsakademie des Generalgouvernements in Krakau am 23.10.1943, Schriftenreihe der Verwaltungs-Akademie des Generalgouvernements, hrsg. v. Josef Bühler, Krakau 1944

*Franzen, August:* Kleine Kirchengeschichte, 5. Auflage, Freiburg 2000

*Frey, Hans-Günther / Coutelle, Reinhold / Beyer, Norbert* MAVO – Kommentar zur Rahmenordnung für eine Mitarbeitervertretungsordnung, 4. Auflage, Freiburg i.Br 2001

*Fritzsche, Jörg:* Unterlassungsanspruch und Unterlassungsklage, Berlin Heidelberg New York 2000

*Frowein, Jochen:* Die Bedeutung des die Gedanken-, Gewissens- und Religionsfreiheit garantierenden Artikels 9 der Europäischen Menschenrechtskonvention, in: Die Einigung Europas und die Staat – Kirche Ordnung, Essener Gespräche zum Thema Staat und Kirche, Band 27 (1993), hrsg. von Heribert Heinemann und Heiner Marré, 46 ff.

*Gamillscheg, Katharina:* Anmerkung zu BAG, Beschluss v. 23.7.1996 – 1 ABR 13/96, EzA § 87 BetrVG 1972 Nr. 56

*Geiger, Willi:* Die Rechtsprechung des Bundesverfassungsgerichts zum kirchlichen Selbstbestimmungsrecht, ZevKR 26 (1981), 156 ff.

*Gerber, Hans:* Staatsrechtliche Grundlinien des neuen Reiches, in: Recht und Staat in der Geschichte der Gegenwart – Eine Sammlung von Vorträgen und Schriften aus dem Gebiet der gesamten Staatswissenschaften, Bd. 105, Tübingen 1933

*Germelmann, Claas-Hinrich / Matthes, Hans-Christoph / Prütting, Hanns / Müller-Glöge, Rudi:* Arbeitsgerichtsgesetz, hrsg. von Götz Hueck und Dirk Neumann, 4. Auflage, München 2002

*Gillengerten, Engelbert:* Anmerkung zu BayVGH, Beschluss v. 5.6.1991 – 18 P 91.00944, PersR 1991, 351 ff.

*Görisch, Christoph:* „Staatskirchenrecht" am Ende?, NVwZ 2001, 885 ff.

*Gotthardt, Michael:* Der Arbeitsvertrag auf dem AGB-rechtlichen Prüfstand, ZIP 2002, 277 ff.

*Grabendorff, Walter / Ilbertz, Wilhelm / Widmaier, Ulrich:* Bundespersonalvertretungsgesetz mit Wahlordnung unter Einbeziehung der Landespersonalvertretungsgesetze, begr. v. Walter Grabendorff u. Clemens Windscheid, 9. Auflage, Stuttgart Berlin Köln 1999

*Grethlein, Gerhard / Spengler, Erhard:* Der Dritte Weg der Kirchen – Beschlüsse paritätisch besetzter Kommissionen mit verbindlicher Schlichtung statt Tarifverträge mit Arbeitskampf, Entstehung – Darstellung – Rechtswirkung, Beilage 10/1980 zu BB 1980

*Haastert, Achim:* Auf dem Weg zu einem gleichwertigen staatlichen Rechtsschutz für Beschäftigte im Kirchendienst? – Zur neueren Rechtsprechung bezüglich der sogenannten „verkappten Statusklagen" – (BVerwG, NJW 1994, S. 3367 f.), DÖV 1996, 363 ff.

*Hammer, Felix:* Die Verfassung des Deutschen Reichs vom 11. August 1919 – die Weimarer Reichsverfassung, Jura 2000, 57 ff.

*Hammer, Ulrich:* Die Rechtsqualität kirchlicher Arbeitsvertragsordnungen im Spiegel der BAG-Rechtsprechung, AuR 2002, 49 ff.

*Hammer, Ulrich (Hrsg.):* Kirchliches Arbeitsrecht, Handbuch, Frankfurt a.M. 2002

*Hanau, Peter / Thüsing, Gregor:* Änderungen der Arbeitsbedingungen in Kirche und Diakonie, KuR 1999, 143 ff.

*– dies.:* Europarecht und kirchliches Arbeitsrecht – Bestandsaufnahme und Perspektiven, Baden-Baden 2001

*Heckel, Martin:* Die Kirchen unter dem Grundgesetz, VVDStRL 26 (1968), Berlin 1968, 5 ff.

*– ders.:* Zur Entwicklung des deutschen Staatskirchenrechts von der Reformation bis zur Schwelle der Weimarer Verfassung, ZevKR 12 (1966/76), 1 ff.

*– ders.:* Die staatliche Gerichtsbarkeit in Sachen der Religionsgesellschaften, in: Gesammelte Schriften: Staat, Kirche, Recht, Geschichte, Bd. IV, hrsg. von Klaus Schlaich, Jus ecclesiasticum Bd. 58, Tübingen 1997, S. 1026 ff.

*– ders.:* Staatskirchenrecht und Kulturverfassung des Grundgesetzes 1949 – 1989, in: Gesammelte Schriften: Staat, Kirche, Recht, Geschichte, Bd. IV, hrsg. von Klaus Schlaich, Jus ecclesiasticum Bd. 58, Tübingen 1997, S. 917 ff.

*– ders.:* Religionsfreiheit. Eine säkulare Verfassungsgarantie, in: Gesammelte Schriften: Staat, Kirche, Recht, Geschichte, Band IV, hrsg. von Klaus Schlaich, Jus ecclesiasticum Bd. 58, Tübingen 1997, 647 ff.

*– ders.:* Kontinuität und Wandlung des deutschen Staatskirchenrechts unter den Herausforderungen der Moderne, ZevKR 44 (1999), 340 ff.

*Heinig, Hans-Michael:* Die Religion, die Kirche und die Europäische Grundrechtscharta – Anmerkungen zu einer Etappe im europäischen Verfassungsprozess, ZevKR 46 (2001), 440 ff.

*Heintzen, Markus:* Die Kirchen im Recht der Europäischen Union, in: Dem Staate, was des Staates – der Kirche, was der Kirche ist, Festschrift für Joseph Listl zum 70. Geburtstag, hrsg. von Josef Isensee, Wilhelm Rees und Wolfgang Rüfner, Berlin 1999, S. 29 ff.

*Henssler, Martin:* Arbeitsrecht und Schuldrechtsreform, RdA 2002, 129 ff.

*Henssler, Martin / Willemsen, Heinz Josef / Kalb, Heinz-Jürgen (Hrsg.):* Arbeitsrecht Kommentar, Hamburg 2004

*Herdegen, Matthias:* Europarecht, 4. Auflage, München 2002

*Hess, Harald / Schlochauer, Ursula / Worzalla, Michael / Glock, Dirk:* Kommentar zum Betriebsverfassungsgesetz, 6. Auflage, München/Unterschleißheim 2003

*Hesse, Konrad:* Der Rechtsschutz durch staatliche Gerichte im kirchlichen Bereich – zugleich ein Beitrag zur Frage des rechtlichen Verhältnisses von Staat und Kirche in der Gegenwart, Göttingen 1956

*– ders.:* Die Entwicklung des Staatskirchenrechts seit 1945, Jahrbuch des öffentlichen Rechts der Gegenwart, Bd. 10 nF, 1961, 3 ff.

*Hilf, Meinhard:* Die Charta der Grundrechte der Europäischen Union, in: Beilage zu NJW Heft 49/2000, 5 ff.

*Hörter, Georg:* Anmerkung zu BayVGH, Beschluss v. 26.3.1990 – Nr. 18 PC 90.00861, PersR 1990, 237

*– ders.:* Anmerkung zu BayVGH, Beschluss v. 5.6.1991 – 18 PE 91.00603, PersR 1991, 421 f.

*Hoffmann, Gerhard:* Die Inkorporation von Normen in eine Rechtsordnung – Zur rechtstechnischen Funktion des Art. 140 GG -, in: Festschrift für Klaus Obermayer zum 70. Geburtstag, hrsg. von Richard Bartlsperger, Dirk Ehlers, Werner Hofmann, Dietrich Pirson, München 1986, S. 33 ff.

*Hollerbach, Alexander:* Die Kirchen unter dem Grundgesetz, VVDStRL 26 (1968), 57 ff.

*– ders.:* Das Staatskirchenrecht in der Rechtsprechung des Bundesverfassungsgerichts (II), AöR **106** (1981), 218 ff.

*Hollós, Franz – Tibor:* Die gegenwärtige Rechtsstellung der katholischen Kirche in Deutschland auf Grund des Reichskonkordates und der Länderkonkordate, Würzburg 1948

*v. Hoyningen-Huene, Gerrick:* Betriebsverfassungsrecht, 4. Auflage, München 1998

*– ders.:* Öffnungsklauseln für Kirchen in Arbeitsrechts-Gesetzen?, RdA 2002, 65 ff.

*– ders.:* Anmerkung zu BAG, Beschluss v. 20.3.1990 – 1 ABR 20/89, EzA § 99 BetrVG 1972 Nr. 87

*Huber, Christian:* Der Diözesanbischof und die KODA, KuR 1999, 211 ff.

*Ilbertz, Wilhelm:* Personalvertretungsrecht des Bundes und der Länder – mit Wahlordnung, Praktisches Handbuch mit Erläuterungen, Rechtsprechungsübersicht, Begriffsbestimmungen und Mustern, Schriftenreihe des DBB, Bd. 110, 11. Auflage, Bonn 1999

*Isensee, Josef:* Wer definiert die Freiheitsrechte? – Selbstverständnis der Grundrechtsträger und Grundrechtsauslegung des Staates, in: Schriftenreihe Juristische Studiengesellschaft Karlsruhe, Heft 145, Heidelberg, Karlsruhe 1980

*Isensee, Josef / Kirchhof, Paul (Hrsg.):* Handbuch des Staatsrechts der Bundesrepublik Deutschland, Bd. I., Grundlagen von Staat und Verfassung, Heidelberg 1987

*– dies.:* Handbuch des Staatsrechts der Bundesrepublik Deutschland, Bd. III, Das Handeln des Staates, Heidelberg 1988

*– dies.:* Handbuch des Staatsrechts der Bundesrepublik Deutschland, Bd. VI, Freiheitsrechte, Heidelberg 1989

*Joussen, Jacob:* Die Folgen der europäischen Diskriminierungsverbote für das kirchliche Arbeitsrecht, RdA 2003, 32 ff.

*Jurina, Josef:* Der Rechtsstatus der Kirchen und Religionsgemeinschaften im Bereich ihrer eigenen Angelegenheiten, Dissertation, Schriften zum Öffentlichen Recht, Bd. 180, Berlin 1972

*– ders.:* Das Dienst- und Arbeitsrecht im Bereich der Kirchen in der Bundesrepublik Deutschland, Staatskirchenrechtliche Abhandlungen, hrsg. von Ernst Friesenhahn, Alexander Hollerbach, Josef Isensee, Joseph Listl, Hans Maier, Paul Mikat, Klaus Mörsdorf, Ulrich Scheuner, Band 10, Berlin 1979

*– ders.:* Zur Entwicklung des „Dritten Weges" in der Katholischen Kirche, in: Dem Staate, was des Staates – der Kirche, was der Kirche ist, Festschrift für Joseph Listl zum 70 Geburtstag, hrsg. von Josef Isensee, Wilhelm Rees und Wolfgang Rüfner, Berlin 1999, S. 519 ff.

*Kästner, Karl-Hermann:* Staatliche Justizhoheit und religiöse Freiheit – Über die Frage nach der staatlichen Kompetenz zur Rechtsschutzgewährung im Wirkungsbereich der Kirchen und Religionsgemeinschaften, Jus ecclesiasticum, Bd. 41, Tübingen 1991

*– ders.:* Tendenzwende in der Rechtsprechung zum staatlichen Rechtsschutz in Kirchensachen, NVwZ 2000, 889 ff.

*Kahl, Wilhelm:* Die Verschiedenheit katholischer und evangelischer Anschauung über das Verhältnis von Staat und Kirche – Vortrag gehalten auf der Leipziger lutherischen Pastoralconferenz am 17. Juni 1886, Leipzig 1886

*– ders.:* Die deutsche Kirche im deutschen Staat, in: Staat, Recht und Volk – Wissenschaftliche Reden und Aufsätze, v. Wilamowitz-Moellendorff (Hrsg.), Berlin 1919

*Kienitz, Andreas:* Die Beteiligung der Mitarbeitervertretung bei Kündigungen nach dem Mitarbeitervertretungsgesetz der EKD, Neuwied Kriftel 2000

*Kimminich, Otto:* Deutsche Verfassungsgeschichte, Frankfurt (M.) 1970

*Kirchberg, Christian:* Staatlicher Rechtsschutz in Kirchensachen, NVwZ 1999, 734 f.

*Kirn, Michael:* Verfassungsumsturz oder Rechtskontinuität? – Die Stellung der Jurisprudenz nach 1945 zum Dritten Reich insbesondere die Konflikte um die Kontinuität der Beamtenrechte und Art. 131 Grundgesetz, Dissertation, Berlin 1972

*Klein, Friedrich:* Neues Deutsches Verfassungsrecht, Frankfurter Grundrisse für das juristische Studium, hrsg. von Friedrich Giese, Bd. 26, Frankfurt a.M. 1949

*Klimpe-Auerbach, Wolf:* Die Grundordnung des kirchlichen Dienstes im Rahmen kirchlicher Arbeitsverhältnisse, ArbuR 1995, 170 ff.

*Klostermann, Götz:* Der Öffentlichkeitsauftrag der Kirchen – Rechtsgrundlagen im kirchlichen und staatlichen Recht, Eine Untersuchung zum öffentlichen Wirken der evangelischen Kirchen in der Bundesrepublik Deutschland, Dissertation, Tübingen 2000

*Köhler, Helmut:* Vertragliche Unterlassungspflichten, AcP 190 (1990), 496 ff.

*Köttgen, Arnold:* Kirche im Spiegel deutscher Staatsverfassung der Nachkriegszeit, DVBl. 1952, 485 ff.

*Krämer, Achim:* Verfassungsrechtliche und staatskirchenrechtliche Probleme kirchlicher Gerichtsbarkeit, DVBl. 1981, 1 ff.

*Krüger, Herbert:* Verfassungsänderung und Verfassungsauslegung, DÖV 1961, 721 ff.

*Larenz, Karl:* Methodenlehre der Rechtswissenschaft, 6. Auflage, Berlin 1991

*Laun* Zu den Eingriffen in das Versicherungswesen in der östlichen Besatzungszone, Rechtsgutachten, Versicherungswirtschaft 1946, Nr. 3 Sondernummer, 1 ff.

*Leser, Peter:* Brauchen wir Bußgelder zur Durchsetzung von Schlichtungssprüchen?, ZMV 1996, 121 ff.

*Link, Christoph:* Staat und Kirche in der neueren deutschen Geschichte – Fünf Abhandlungen, in: Schriften zum Staatskirchenrecht, Bd. 1, hrsg. v. Axel Frhr. von Campenhausen und Christoph Link, Frankfurt a.M. 2000

*Listl, Joseph / Pirson, Dietrich (Hrsg.):* Handbuch des Staatskirchenrechts der Bundesrepublik Deutschland, Erster Band, 2. Auflage, Berlin 1994

*Listl, Joseph / Schmitz Heribert (Hrsg.):* Handbuch des katholischen Kirchenrechts, 2. Auflage, Regensburg 1999

*Löwisch, Manfred:* Arbeitsrecht: Ein Studienbuch, 5. Auflage, Düsseldorf 2000

*Lorenz, Stephan / Riehm, Thomas:* Lehrbuch zum neuen Schuldrecht, München 2002

*Lorenzen, Uwe / Schmitt, Lothar / Etzel, Gerhard / Gerhold, Diethelm / Schlatmann, Arne / Rehak, Heinrich* Bundespersonalvertretungsgesetz, Kommentar, Heidelberg, Stand: Juli 2002

*Magen, Stefan:* Zum Verhältnis von Körperschaftsstatus und Religionsfreiheit, NVwZ 2001, 888 f.

*Maunz, Theodor / Zippelius, Reinhold:* Deutsches Staatsrecht – Ein Studienbuch, 29. Auflage, München 1994

*Maunz, Theodor / Dürig, Günter / Badura, Peter / Di Fabio, Udo / Herdegen, Matthias / Herzog, Roman / Klein, Hans H. / Lerche, Peter / Papier, Hans-Jürgen / Randelzhofer, Albrecht / Schmidt-Assmann, E. / Scholz, Rupert:* Grundgesetz Kommentar, Bd. I, Art. 1-11, Stand: Juli 2001

*– dies.:* Grundgesetz Kommentar, Bd. II, Art. 12-20, Stand Juli 2001

*– dies.:* Grundgesetz Kommentar, Bd. V, Art. 89-146, Stand: März 2001

*Maurer, Hartmut:* Kirchenrechtliche Streitigkeiten vor den allgemeinen Verwaltungsgerichten, in: System des verwaltungsgerichtlichen Rechtsschutzes – Festschrift für Christian-Friedrich Menger zum 70. Geburtstag, hrsg. v. Hans-Uwe Erichsen, Werner Hoppe, Albert v. Mutius, Köln Berlin Bonn München 1985

*Mayer-Maly, Theo:* Anmerkung zu BAG, Urteil v. 28.10.1987 – 5 AZR 518/85, AP Nr. 1 zu § 7 AVR-Caritasverband

*Menges, Karl:* Fallgruppenänderung und Mitbestimmung des Personalrats – Zur Frage der Mitbestimmung des Personalrats im Geltungsbereich des BPersVG bei der Änderung der Fallgruppe eines Angestellten im öffentlichen Dienst ohne Änderung der Vergütungsgruppe (Rechtsgrundlage Bundesangestelltentarifvertrag BAT), PersV 1977, 251 f.

*– ders.:* Mitbestimmung des Personalrats bei Änderung der Fallgruppe ohne Änderung der Vergütungsgruppe eines Angestellten im öffentlichen Dienst, PersV 1980, 233 ff.

*Morlok, Martin / Müller, Markus:* Keine Theologie ohne die Kirche / keine Theologie gegen die Kirche?, JZ 1997, 549 ff.

*Müller, Hans Martin:* Diakonie in Deutschland, ZevKR 47 (2002), 475 ff.

*Müller-Volbehr, Gerd:* Europa und das Arbeitsrecht der Kirchen, Dissertation, Abhandlungen zum Arbeits- und Wirtschaftsrecht, Band 82, Heidelberg 1999

*– ders.:* Teilzeitarbeit und kirchliche Arbeitsverhältnisse, NZA 2002, 301 ff.

*v. Münch, Ingo / Kunig, Philip (Hrsg.):* Grundgesetz – Kommentar, Bd. 1 (Präambel bis Art. 19), 5. Auflage, München 2000

*Nawiasky, Hans:* Die Grundgedanken des Grundgesetzes für die Bundesrepublik Deutschland – Systematische Darstellung und kritische Würdigung, Stuttgart und Köln 1950

*v. Nell-Breuning, Oswald:* Arbeitnehmer im kirchlichen Dienst, AuR 1979, 1 ff.

*Nipperdey, Hans Karl (Hrsg.):* Die Grundrechte und Grundpflichten der Reichsverfassung, Kommentar zum zweiten Teil der Reichsverfassung, Bd. II, Art. 118 – 142, Berlin 1930

*Pahlke, Armin:* Der „Dritte Weg" der Kirchen im Arbeitsrecht, NJW 1986, 350 ff.

*– ders.:* Anm zu LAG Berlin, Urteil v. 03.05.1984 – 7 Sa 8/84, AP Nr. 19 zu Art 140 GG

*Peters, Hans:* Die Gegenwartslage des Staatskirchenrechts, VVDStRL Heft 11, Berlin 1954, 177 ff.

*Picker, Eduard:* Tarifautonomie – Betriebsautonomie – Privatautonomie, NZA 2002, 761 ff.

*Picker, Henry:* Hitlers Tischgespräche im Führerhauptquartier – Hitler, wie er wirklich war, 3. Auflage, Stuttgart 1976

*Pirson, Dietrich* Kirchliches Recht in der weltlichen Rechtsordnung, in: Festschrift für Erich Ruppel zum 65. Geburtstag am 25. Januar 1968, hrsg. v. Heinz Brunotte, Konrad Müller und Rudolf Smend unter Mitwirkung von Klaus Bielitz und Johann Frank, Berlin und Hamburg 1968, S. 277 ff.

*– ders.:* Kirchliches Arbeitsvertragsrecht, RdA 1979, 65 ff.

*– ders.:* Die zeitlose Qualität der Weimarer Kirchenartikel, in: Festschrift für Hartmut Maurer zum 70. Geburtstag, hrsg. von Max-Emanuel Geis, Dieter Lorenz, München 2001, S. 407 ff.

*Pree, Helmuth:* Zur Frage nach dem Proprium kirchlicher Einrichtungen: Eine kanonistische Perspektive, in: Das Staat – Kirche Verhältnis in Deutschland an der Schwelle zum 21. Jahrhundert, Essener Gespräche zum Thema Staat und Kirche, Band 34 (2000), hrsg. von Heiner Marrré, Dieter Schümmelfeder und Burkhard Kämper, S. 47 ff.

*Ratzinger, Joseph Kardinal:* Christliche Orientierung in der pluralistischen Demokratie? Über die Unverzichtbarkeit des Christentums in der modernen Gesellschaft, in: Kongreß Das Europäische Erbe und seine christliche Zukunft, hrsg. von Nikolaus Lobkovicz, Bachem Köln 1984, S. 20 ff.

*Rebmann, Kurt / Säcker, Franz Jürgen (Hrsg.)* Münchener Kommentar zum Bürgerlichen Gesetzbuch, Band 2, Schuldrecht Allgemeiner Teil, §§ 241-432, 3. Auflage, München 1994

*Reichold, Hermann:* Europäisches Rahmenrecht für die kirchliche Mitbestimmung?, ZTR 2000, 57 ff.

*– ders.:* Europa und das deutsche kirchliche Arbeitsrecht – Auswirkungen der Antidiskriminierungs-Richtlinie 2000/78/EG auf kirchliche Arbeitsverhältnisse, NZA 2001, 1054 ff.

*Reuß:* Partei und Staat im Dritten Reich, JW 1935, Bd. II, 2314 ff.

*Richardi, Reinhard:* Kollektivgewalt und Individualwille bei der Gestaltung des Arbeitsverhältnisses, Habilitationsschrift, München 1968

*– ders.:* Arbeitsrecht und kirchliche Ordnung, Betrachtungen zu den arbeitsrechtlichen Regelungen des Diakonischen Werkes, ZevKR 15 (1970), 219 ff.

*– ders.:* Anmerkung zu BAG, Beschluss v. 9.10.1970 – 1 ABR 18/69, AP Nr. 4 zu § 63 BetrVG

*– ders.:* Kirchlicher Dienst und Arbeitsrecht, ZevKR 19 (1974), 275 ff.

– ders.: 25 Jahre Bundesarbeitsgericht, hrsg. von Franz Gamillscheg, Götz Hueck, Herbert Wiedemann, München 1979

– ders.: Anmerkung zu BAG, Urteil v. 10.12.1992 – 2 AZR 271/92, AR-Blattei ES 960 Kirchenbedienstete Nr. 48

– ders.: Anmerkung zu BAG, Beschluss v. 3.5.1994 – 1 ABR 24/93, AP Nr. 23 zu § 23 BetrVG 1972

– ders.: Die Bedeutung der Grundordnung für die Zuständigkeit der Schlichtungsstelle, ZMV 1995, 3 ff.

– ders.: Kehrtwende des BAG zum betriebsverfassungsrechtlichen Unterlassungsanspruch des Betriebsrats, NZA 1995, 8 ff.

– ders.: Neugestaltung im kollektiven Arbeitsrecht der katholischen Kirche, NZA 1998, 1305 ff.

– ders.: Betriebsverfassungsgesetz mit Wahlordnung, Kommentar, 7. Auflage, München 1998

– ders.: Staatlicher und kirchlicher Gerichtsschutz für das Mitarbeitervertretungsrecht der Kirchen, NZA 2000, 1305 ff.

– ders.: Arbeitsrecht in der Kirche, Staatliches Arbeitsrecht und kirchliches Dienstrecht, 3. Auflage, München 2000

– ders.: Tarifvertrag mit Arbeitskampf oder „Dritter Weg“ in der Kirche?, NZA 2002, 929 ff.

– ders.: Die neue Betriebsverfassung – Ein Grundriss, 2. Auflage, München 2002

– ders.: AGB-Kontrolle kirchlicher Arbeitsverträge nach dem Schuldrechtsmodernisierungsgesetz, ZMV 2002, 161 ff.

– ders.: Geltungsbereich des kirchlichen Arbeitsrechts, ZMV 2005, 5 ff.

– ders.: Kirchliche Arbeitsgerichtsordnung für die Bistümer der katholischen Kirche, NJW 2005, 2744 ff.

| | |
|---|---|
| *– ders.:* | BAG, Urteil v. 20.03.2002 – 4 AZR 101/01, AP Nr. 53 zu Art. 140 GG |
| *Richardi, Reinhard (Hrsg.):* | Betriebsverfassungsgesetz mit Wahlordnung, Kommentar, 9. Auflage, München 2004 |
| *Richardi, Reinhard / Annuß, Georg:* | Neues Betriebsverfassungsgesetz: Revolution oder strukturwahrende Reform?, DB 2001, 41 ff. |
| *Richardi, Reinhard / Thüsing, Gregor:* | Kein Arbeitskampf in der Diakonie – Erwiderung auf Kühling, AuR 2002, 94 ff. |
| *Richardi, Reinhard / Wlotzke, Otfried (Hrsg.)* | Münchener Handbuch zum Arbeitsrecht, Band 1, §§ 1 – 113, Individualarbeitsrecht I, 2. Auflage, München 2000 |
| *– dies.:* | Münchener Handbuch zum Arbeitsrecht, Band 2, §§ 114 – 239, Individualarbeitsrecht II, 2. Auflage, München 2000 |
| *– dies.:* | Münchener Handbuch zum Arbeitsrecht, Band 3, §§ 240 – 394, Kollektives Arbeitsrecht, 2. Auflage, München 2000 |
| *Rieble, Volker:* | § 106 Abs. 2 BetrVG – eine funktionslose Vorschrift?, ArbuR 1993, 39 ff. |
| *Robbers, Gerhard:* | Die Kirchen und das Europarecht, in: Staatliches Religionsrecht im europäischen Vergleich, Freiburger Veröffentlichungen aus dem Gebiete von Kirche und Staat, Band 40, hrsg. von Richard Puza und Abraham Peter Kustermann Freiburg Schweiz 1993, S. 177 ff. |
| *– ders.:* | Religionsfreiheit in Europa, in: Dem Staate, was des Staates – der Kirche, was der Kirche ist, Festschrift für Joseph Listl zum 70 Geburtstag, hrsg. von Josef Isensee, Wilhelm Rees und Wolfgang Rüfner, Berlin 1999, S. 201 ff. |

*– ders.:* Die Fortentwicklung des Europarechts und seine Auswirkungen auf die Beziehungen zwischen Staat und Kirche in der Bundesrepublik Deutschland, in: Die Einigung Europas und die Staat – Kirche Ordnung, Essener Gespräche zum Thema Staat und Kirche, Band 27 (1993), hrsg. von Heribert Heinemann und Heiner Marré, 81 ff.

*– ders.:* Religionsrechtliche Gehalte der Europäischen Grundrechtecharta, in: Festschrift für Hartmut Maurer zum 70 Geburtstag, hrsg. v. Max-Emanuel Geis und Dieter Lorenz, München 2001, S. 425 ff.

*Rudolph, Wolf-Dieter* Anmerkung zu BAG, Beschluss v. 11.06.2002 – 1 ABR 43/01, AuR 2003, 232 f.

*Rüfner, Wolfgang:* Staatlicher Rechtsschutz gegen Kirchen und kirchliches Selbstbestimmungsrecht, in: Festschrift für Hartmut Schiedermair, hrsg. von Dieter Dörr, Udo Fink, Christian Hillgruber, Bernhard Kempen, Dietrich Murswiek, Heidelberg 2001, S. 165 ff.

*– ders.:* Staatskirchenrecht im pluralistischen Staat – Wertungsdifferenzen zwischen Staat und Religionsgemeinschaften, in: Verfassung – Philosophie – Kirche, Festschrift für Alexander Hollerbach zum 70. Geburtstag, hrsg. von Joachim Bohnert, Christof Gramm, Urs Kindhäuser, Joachim Lege, Alfred Rinken, Gerhard Robbers, Berlin 2001, S. 691 ff.

*Rüthers, Bernd:* Gemeinsame Anmerkung zu BAG, Urteil v. 21.10.1982 – 2 AZR 591/80 und BAG, Urteil v. 21.10.1982 – 2 AZR 628/80, EzA § 1 KSchG Tendenzbetrieb Nr. 12, 13

*Sachs, Michael:* Staatliche und kirchliche Gerichtsbarkeit, DVBl 1989, 487 ff.

*Sachs, Michael / Battis, Ulrich (Hrsg.):* Grundgesetz Kommentar, 2. Auflage, München 1999

*Säcker, F. J.:* Anmerkung zu BAG, Urteil v. 1.7.1970 – 4 AZR 351/69, AP Nr. 11 zu § 71 PersVG

*Schaub, Günter / Koch, Ulrich / Linck, Rüdiger:* Arbeitsrechts-Handbuch, Systematische Darstellung und Nachschlagewerk für die Praxis, 11. Auflage, München 2005

*Schenke, Wolf-Rüdiger:* Die verfassungsrechtliche Garantie eines Rechtsschutzes kirchlicher Bediensteter, in: Festschrift Hans Joachim Faller, hrsg. v. Wolfgang Zeidler, Theodor Maunz, Gerd Roellecke, München 1984, S. 133 ff.

*Schilberg, Arno:* Die Rechtsnormqualität kirchlicher Arbeitsrechtsregelungen im Rahmen des Dritten Weges, ZevKR (41) 1996, 40 ff.

*Schliemann, Harald:* Tarifdispositiver Arbeitszeitschutz – Zur Abänderbarkeit staatlicher Arbeitszeitnormen durch Tarifverträge, Betriebsvereinbarungen, Dienstvereinbarungen und kirchliche Arbeitsrechtsregelungen, in: Tarifautonomie für ein neues Jahrhundert, Festschrift für Günter Schaub zum 65. Geburtstag, hrsg. Von Monika Schlachter, Reiner Ascheid, Hans-Wolf Friedrich, München 1998, 675 ff.

*Schlodder, Antje:* Der Arbeitsvertrag im neuen Schuldrecht – Auswirkungen des Schuldrechtsmodernisierungsgesetzes auf das Arbeitsrecht, Dissertation, Heidelberg 2004

*Schlosser, Peter / Schmidt, Jürgen:* J. von Staudingers Kommentar zum Bürgerlichen Gesetzbuch mit Einführungsgesetz und Nebengesetzen, Zweites Buch, Recht der Schuldverhältnisse, Einleitung zu §§ 241 ff; §§ 241, 242; Gesetz zur Regelung des Rechts der Allgemeinen Geschäftsbedingungen, 12. Auflage, Berlin 1983

*Schmitt, Carl:* Unsere geistige Gesamtlage und unsere juristische Aufgabe, Zeitschrift der Akademie für Deutsches Recht, 1934, 11 ff.

*– ders.:* Staat, Bewegung, Volk in: Der deutsche Staat der Gegenwart, hrsg. von Carl Schmitt, 2. Auflage, Hamburg 1934.

*Schröder, Meinhard:* Wirkungen der Grundrechtscharta in der europäischen Rechtsordnung, JZ 2002, 849 ff.

*Schultze, Alfred:* Die kirchenrechtliche Judikatur des Reichsgerichts. in: Schreiber, Otto (Hrsg.):Die Reichsgerichtspraxis im deutschen Rechtsleben, Festgabe der juristischen Fakultäten zum 50jährigen Bestehen des Reichsgerichts (I. Oktober 1929) in 6 Bänden, Erster Band – Öffentliches Recht, Berlin und Leipzig 1929

*Seelemann, Ulrich:* Kirchenmitgliedschaft als Voraussetzung kirchlicher Anstellungsverhältnisse, ZevKR 44 (1999), 226 ff.

*Smend, Rudolf:* Staat und Kirche nach dem Bonner Grundgesetz, ZevKR 1 (1951), 4 ff.

*Sonnauer, Heinz:* Die Kontrolle der Schiedsgerichte durch die staatlichen Gerichte, Dissertation, Schriftenreihe Internationales Wirtschaftsrecht, Band 10, Hrsg. v. Böckstiegel

*Spengler, Erhard:* Die Rechtsprechung zum Arbeitsrecht in kirchlichen Angelegenheiten – insbesondere zur Loyalitätspflicht der kirchlichen Mitarbeiter, NZA 1987, 833 ff.

*Starck, Christian (Hrsg.):* Das Bonner Grundgesetz – Kommentar, Bd. 1: Präambel, Artikel 1-19, 4. Auflage, München 1999

*– ders.:* Das Bonner Grundgesetz – Kommentar, Bd. 3: Artikel 79-146, 4. Auflage, München 2001

*Starek, Lutz:* Die Zulässigkeit der einstweiligen Verfügung auf Feststellung, Dissertation, Publikation im Internet unter http://www.dissertation.de/ – Band Nr. 274, 2000

*Stege, Dieter / F. K. Weinspach / Schiefer, Bernd:* Betriebsverfassungsgesetz – Handkommentar für die betriebliche Praxis, 9. Auflage, Köln 2002

*Steiner, Udo:* Staatliche und kirchliche Gerichtsbarkeit, NVwZ 1989, 410 ff.

*Stern, Klaus:* Das Staatsrecht der Bundesrepublik Deutschland, Band I, Grundbegriffe und Grundlagen des Staatsrechts, Strukturprinzipien der Verfassung, 2. Auflage, München 1984

*Stern, Klaus / Sachs Michael:* Das Staatsrecht der Bundesrepublik Deutschland, Band III/1, Allgemeine Lehren der Grundrechte, München 1988

*Thiel, Adolf:* Wirkung der Beschlüsse der KODA und der Arbeitsrechtlichen Kommission im Arbeitsverhältnis, ZMV 1995, 213 ff.

*– ders.:* Kirchliche Arbeitsvertragsregelungen nicht ohne KODA, KuR 2000, 65 ff.

*– ders.:* Kirchliche Arbeitsgerichtsordnung (KAGO) zum 1. Juli 2005 in Kraft gesetzt, ZMV 2005, 165 ff.

*Thieme, Werner:* Kirche und Arbeitsrecht, DÖV 1986, 62 ff.

*Thüsing, Gregor:* 20 Jahre „Dritter Weg" – Rechtsnatur und Besonderheiten der Regelung kirchlicher Arbeitsverhältnisse, RdA 1997, 163 ff.

*– ders.:* Anmerkung zu BAG, Urteil v. 28.1.1998 – 4 AZR 491/96, ZevKR **44** (1999), 90 ff.

*– ders.:* Mitbestimmung und Tarifrecht im kirchlichen Konzern, ZTR 2002, 56 ff.

*– ders.:* Das Arbeitsrecht in der Kirche – Ein Nachtrag der aktuellen Entwicklung, NZA 2002, 306 ff.

*– ders.:* Was sind die Besonderheiten des Arbeitsrechts?, NZA 2002, 591 ff.

*Turowski, Leopold:* Staatskirchenrecht der Europäischen Union? – Überlegungen zu einer nicht nur für die Kirchen wichtigen Diskussion, KuR 1/1995, 13 ff.

*Vogelsang, Klaus:* Grundsätze der Rechtsprechung des BVerwG zum Personalvertretungsrecht im Wandel der Zeit, ZTR 2000, 145 ff.

*Wagner, Dietrich:* Die staatsrechtliche Stellung der Reichsregierung im nationalsozialistischen Verfassungsrecht nach dem Stand vom 30. Januar 1934, Dissertation, Nürnberg 1934

*Wahlers, Wilhelm:* Mitbestimmung des Personal- (Betriebs-)Rats bei Fallgruppenänderung innerhalb derselben Vergütungsgruppe, PersV 1996, 433 ff.

*de Wall, Heinrich:* Europäisches Staatskirchenrecht, ZevKR 44 (2000), 157 ff.

*– ders.:* Neue Entwicklungen im Europäischen Staatskirchenrecht, ZevKR 47 (2002), 205 ff.

*Weber, Hermann:* Staatliche und kirchliche Gerichtsbarkeit, NJW 1989, 2217 ff.

*– ders.:* Neuralgische Punkte in den Grundsatzfragen des Staatskirchenrechts, in: Staat – Kirche - Verwaltung, Festschrift für Hartmut Maurer zum 70. Geburtstag, hrsg. von Max-Emanuel Geis und Dieter Lorenz, München 2001, S. 469 ff.

*– ders.:* Geltungsbereiche des primären und sekundären Europarechts für die Kirchen, ZevKR 47 (2002), 221 ff.

*– ders.:* Die individuelle und kollektive Religionsfreiheit im europäischen Recht einschließlich ihres Rechtsschutzes, ZevKR 47 (2002), 265 ff.

*Weber, Klaus (Hrsg.):* Creifelds Rechtswörterbuch, 16. Auflage, München 2000

*Weber, Werner:* Die staatskirchenrechtliche Entwicklung des nationalsozialistischen Regimes in zeitgenössischer Betrachtung, in: Rechtsprobleme in Staat und Kirche, Festschrift für Rudolf Smend zum 70. Geburtstag, Göttingen 1952, S. 365 ff.

*– ders.:* Die Gegenwartslage des Staatskirchenrechts, VVDStRL Heft 11, Berlin 1954, 153 ff.

*Weiß, Andreas:* Die Richtlinien über persönliche Anforderungen an Diakone und Laien im pastoralen Dienst im Hinblick auf Ehe und Familie vom 28. September 1995, in: Dem Staate, was des Staates –

der Kirche, was der Kirche ist, Festschrift für Joseph Listl zum 70 Geburtstag, hrsg. von Josef Isensee, Wilhelm Rees und Wolfgang Rüfner, Berlin 1999, S. 543 ff.

*Weiss, Manfred / Weyand, Joachim:* Betriebsverfassungsgesetz, 3. Auflage, Baden-Baden 1994

*Weiß, Thomas:* Anmerkung zu OVG Schleswig-Holstein, Beschluss v. 12.4.1996 – 12 L 7/95, PersR 1996, 294

*Westermann, Harm Peter (Hrsg.)* Erman, Bürgerliches Gesetzbuch, Handkommentar mit AGBG, EGBGB, ErbbauVO, HausratsVO, HausTWG, ProdHaftG, SachenRBerG, SchuldRAnpG, VerbrKrG, 10. Auflage, Band II, Köln Münster 2000

*Winter, Jörg:* Die Wissenschaft vom Staatskirchenrecht im Dritten Reich, Europäische Hochschulschriften, Reihe II, Rechtswissenschaft, Bd. 2/2, Frankfurt a.M. Bern Las Vegas 1979

*– ders.:* Das Verhältnis von Staat und Kirche als Ausdruck der kulturellen Identität der Mitgliedstaaten der Europäischen Union, in: Verfassung – Philosophie – Kirche, Festschrift für Alexander Hollerbach zum 70. Geburtstag, S. 893 ff., hrsg. von Joachim Bohnert, Christof Gramm, Urs Kindhäuser, Joachim Lege, Alfred Rinken, Gerhard Robbers, Berlin 2001

*Zeuner, Albrecht:* Gedanken zum arbeitsrechtlichen Vertragsprinzip im Bereich des kirchlichen Dienstes – Eine Skizze –, ZfA 1985, 127 ff.

FSC
www.fsc.org
MIX
Papier | Fördert gute Waldnutzung
FSC® C083411

Kolibri 360 GmbH
Ferdinand-Jühlke-Straße 7
99095 Erfurt, Deutschland
produktsicherheit@kolibri360.de

Druck:
CPI Druckdienstleistungen GmbH
im Auftrag der
Kolibri 360 GmbH
Ferdinand-Jühlke-Str. 7
99095 Erfurt